유인호
평전

일러두기

- 본문에 나오는 일본어 인명, 지명 등의 표기는 원어 발음을 한글로 표시한 후 괄호 안
  에 한자를 병기하고 한글 표기는 외래어 표기법을 따르는 것을 원칙으로 삼았다.
- 인용문 중 괄호 안의 내용은 독자의 이해를 돕기 위해 인용자가 삽입한 것이며 굵은
  글씨도 인용자가 임의로 표시한 것이다.

유인호 평전

사회변혁을 꿈꾼 민중경제학자의 삶

조용래 지음

인물과
사상사

일곡 유인호 교수의
'내일'을 기다리며

이 책은 민중경제학자 일곡(一谷) 유인호(1929~1992) 교수의 삶과 학문을 조명한 것이다. 한국에서는 인물에 대한 연구가 그리 활발하지 않은 까닭에 '유인호 연구' 역시 사실상 처음으로 시도된 작업이다. 지금까지 유 교수에 대한 논평은 다른 학자들과 마찬가지로 저서가 발표되었을 때의 책 소개나 서평 그리고 생을 마감할 당시 고인의 업적을 조명하는 신문 기사 정도로 제한적이었다.

2007년에 유 교수의 15주기를 기념하여 열린 심포지엄에서 유인호와 관련한 논문 두 편이 발표되었다. 〈유인호 경제학과 한국 사회—새로운 패러다임으로서의 민중·민족·민주 경제론〉(김종걸)과 〈일곡 유인호 경제학의 현재적 함축성—농업·환경 분야를 중심으로〉(권영근)가 그것이다. 이 두 논문은 유 교수가 생전에 추구한 경제학과 사회 활동 등에 대한 첫 공식 논평이라고 할 수 있다. 유 교수가 이렇게 다시 거론되는 것은 생전에 그가 추구한 가치와 주장이 아직도 현재진행형이기 때문이다.

고인의 20주기에 맞춰 내놓는 이 평전 역시 그 같은 인식과 궤를 같이한다. 평전이 초점을 맞추고 있는 것 역시 유인호의 현재성, 그에 입각한 그의 학문적 지향점을 돌아보는 데 있다. 그와 관련해 구체적인 예를 들자면 한이 없지만 최근 한국 사회에서 벌어지고 있는 몇 가지 사안만으로 충분히 설명될 것이다.

우선 한국의 선진국 진입론이다. 2012년 5월 말 한국 사회에서는 대한민국의 선진국 진입을 알리는 팡파르가 요란하게 울려 퍼졌다. 그것은 한달 뒤에 인구가 5000만 명을 돌파하면 한국은 세계에서 일곱째로 이른바 '20-50 클럽'에 진입한다는 내용이었다.

하지만 '20-50 클럽'은 한국에서 만든 용어일 뿐 선진국을 의미한다는 국제적인 평가가 별도로 있는 것도 아니다. 그럼에도 '20-50 클럽'은 세간의 주목을 끌기에 충분한 듯 보였다. 인구 5000만 명이 2만 달러 이상 소득 수준을 유지하고 산다는 것은 한국 경제의 자랑스러운 겉모습이기 때문이다. 그러나 1인당 GDP라는 것은 어디까지나 평균치라는 점에서 그 속내를 들여다봐야 할 필요가 있다.

비슷한 자랑거리는 또 있다. 2011년에 한국은 수출입 규모가 1조 달러를 돌파하였다. 교역 규모 1억 달러(1951년)를 돌파한 지 60년 만에, 세계에서 아홉째로 1조 달러대에 올라선 것이다. 수출 입국 대한민국의 놀라운 저력이라 자랑하고 싶은 대목이지만 이 역시 내용을 차분하게 들여다보면 걱정스러운 점이 적지 않다.

비로 수출 주도형 한국 경제의 구조적 문제다. 수출·내기업 내 내수·

중소기업의 대립적 구조에서 내수·중소기업의 위축이 심화되고 있는 가운데 그 이면에는 경제적 이중구조, 그로 인한 사회 전반적인 양극화 현상이 걷잡을 수 없이 확산되고 있기 때문이다.

더욱 우려되는 것은 지나칠 정도로 높은 무역의존도다. 내수 시장보다 세계시장을 겨냥해 무작정 달려왔던 까닭에 세계경제가 흔들리면 고스란히 그 여파에 떼밀려 휘청거리는 것이 한국 경제의 특징이 되고 말았다. 외풍에 취약한 체질이 이미 고착화되어 근본적인 변화를 모색하기에는 너무 멀리 와버린 것이 아닌가 하는 생각을 지우기 어렵다.

이러한 문제들은 이 책의 주인공 유인호 교수가 평생 동안 '고도성장의 그늘', '국내 자원 주도형 발전 전략 모색', '한국 경제의 허상과 실상' 등의 문제 제기를 통해 끊임없이 거론해온 것이다. 그동안 한국 경제는 규모도 커지고 내로라할 성과를 자랑하고 있음에도 유 교수가 본격적으로 주장을 펴기 시작한 1960년대나 생을 마감한 1990년대 초반에 이르기까지 줄곧 제기해온 문제군(群)에서 크게 벗어나지 못하고 있음을 말해준다. 이는 뒤집어 말하면 유 교수의 문제 제기가, 그의 학문적 사정거리가 오늘날도 여전히 유효하다는 뜻이다.

18대 대선을 앞두고 정치권에서 날 선 공방전을 벌이는 '경제 민주화'라는 화두 역시 유 교수가 생전에 주장해온 것이다. 그는 1987년 6월항쟁 이후의 당면 과제로서 경제 민주주의의 실현을 꼽았다. 유 교수의 경제 민주주의는 민중이 경제의 주인이 되는 것이 목적이었지만 현실은 그렇지 못했다. 그것은 작금 보수, 진보 진영을 막론하고 모든 정파가 경제 민주화를 내건다는 사실에서 여실히 증명된다.

유 교수는 경제 민주화의 목표를 모든 계층이 고루 잘살 수 있는 경제, 적은 빈부 격차, 산업 간의 고른 발전 등 '가짐과 나눔의 상대적 공정화'에 두었다. 초점은 '상대적'이란 말에 담겨 있다. 구성원 간의 산술적인 평등을 추구하거나 체제 전복적인 주장을 담고 있지 않다는 뜻이다. 유 교수는 세간에서 거론되는 재벌 해체 등을 주장한 것이 아니라 각 계층 간 상호 공존을 위한 민주적 관리를 역설한 것이다. 이를 위해 그는 세 가지 기본 골격과 네 가지 세부 과제를 제시하였다. 세 가지 기본 골격은 국민·민중 본위 경제 운영, 경영 민주화·분배 공정화·금융 민주화, 경제 정책 결정에서의 왜곡 시정이다. 네 가지 세부 과제는 국민적인 합의의 계획화 기구 창설, 국민경제의 자립화와 국민 구매력 향상을 위한 생활 밀착형 공공투자 확대, 재벌 중심의 경제·산업구조의 개선, 재정과 금융의 민주적 개혁 등이다.

15주기 기념 심포지엄은 의미 있는 결실을 보았지만 유 교수의 학문과 삶 전체를 조명한 것은 아니었다. 그러던 차에 일곡기념사업회는 유인호 교수의 삶과 학문 전체를 조명하는 차원에서 '유인호 평전' 집필을 추진하였다. 필자도 제자로서 15주기 기념 심포지엄에 직접 관여한 터라 유 교수가 생전에 추구한 '더 나은 내일'의 의미를 치밀하게 조명하는 작업의 필요성에는 크게 공감하였다. 그렇지만 그때까지만 해도 필자가 평전 작업을 맡게 되리라고는 전혀 예상하지 못하였다. 유 교수의 부인인 김정완 일곡기념사업회 이사장의 권유가 있었으나 신문사에서 하루하루 쫓기는 일상을 보내는 필자로서는 도무지 시간을 낼 수가 없어 물리적으로 불가능하다며 손사래를 쳤다. 사실은 능력에 부치는 일에서 도망치고 싶은 마음이었다는 것이 더 솔직한 심정이었다.

그러나 김 이사장의 거듭된 요청, 무엇보다 유 교수가 유학 시절에 쓴 일기 다섯 권이 대부분 일본어로 쓰여 있기 때문에 이를 해독할 사람이 필요하다는 말씀에는 더 이상 뿌리치고 돌아설 수 없었다. 그때가 2009년 11월이었으니 이후 꼬박 3년 가까운 사투 끝에 이 책을 내놓게 되었다. 유 교수의 방대한 저작을 하나씩 점검하고 특히 젊은 날에 쓴 일기를 꼼꼼히 읽으면서 유 교수의 삶과 학문에 대한 집요한 투쟁 정신 속으로 자연스럽게 빨려 들어갔다. 사상투쟁, 생활투쟁, 학문 투쟁이라는 유 교수의 3대 투쟁을 만나면서 고인과 처음으로 대면했을 때의 기억이 또렷이 떠올랐다.

유 교수와의 사제 관계는 30여 년 전인 1981년 봄에 필자가 군 복무를 마치고 복학하면서 시작되었다. 유 교수가 초창기 지도 교수를 맡은 학술 동아리 스키안(제15장 참조)에 가입한 것이 계기였다. 당시 유 교수는 1980년 김대중내란음모 사건에 얽혀 대학에서 쫓겨난 이른바 해직 교수 신분이라서 지도 교수는 아니었지만 재학생과 졸업생이 더불어 어울리는 스키안의 창립 기념행사, 송년회 모임에는 늘 참석하였다. 그 덕분에 필자는 유 교수와 자연스럽게 만나 말씀을 들을 기회가 적지 않았다. 필자의 대학 재학 기간이 유 교수의 해직 교수 시기와 겹치는 바람에 정식으로 강의를 통해 사사하지는 못했으나 기회 있을 때마다 선생님의 말씀을 듣고 저서를 탐독하면서 사제지간의 정이 쌓여간 것으로 기억한다.

그러던 중 필자가 1984년 대학 졸업과 더불어 일본 유학을 꾀하면서 선생님을 개인적으로 찾아뵈었다. 마침 그해 2학기부터 선생님은 중앙대 복직이 결정되었기에 추천장을 써주십사 부탁도 드리고 일본 유학의 대선

배이니만큼 현지 학적 풍토나 연구 상황에 대한 조언도 얻고 싶었다. 그런데 그 자리에서 선생님은 필자에게 집요하게 질문 공세를 폈다. "왜 일본에 유학하려고 하는가?", "경제사는 왜 공부하려고 하는가?", "경제적인 준비는 충분한가?", "누구의 지원을 받을 것인가?" 등에 대해 꼬치꼬치 따져 물었다.

겨우 반년 남짓에 지나지 않은 체류 비용을 어렵게 조달한 터라 대답이 옹색할 수밖에 없었다. 아무리 존경하는 선생님이라지만 왜 그리 생활 경제적인 문제에만 집중해서 질문하시는지 이해하기 어려울 정도였다. 경제적인 뒷받침이 없으면 학문을 하기 어렵다는 말씀도 있었다. 그때는 그 말의 진의를 전혀 알지 못하였다. 하지만 이번 평전 작업 중에 선생님의 유학 시절 일기를 읽으면서 의문이 확실히 풀렸다. 아니, 깨달았다고 하는 편이 더 낫겠다. 상상을 초월할 정도로 힘들었을 선생님의 고학 생활(선생님은 이것을 "생활투쟁"이라고 불렀다)을 확인하면서 그때의 질문 공세가 아프게 가슴에 다가왔다. 선생님께서 비교적 이른 연세에 병환을 얻으신 것도 젊었을 때의 처절한 고학 생활과 과도한 마음고생과 무관하지 않을 것이라는 생각이다.

한 인물에 대해 이렇게 저렇게 논평하는 것이 평전이라면 이 책은 평전으로서 실격인지 모르겠다. 지난 3년 가까이 유인호 교수의 삶을 추적하고 학문을 따져 물으면서 결과적으로 객관적인 논평자의 자리를 내놓고 말았기 때문이다. 평전 작업 과정에서 선생님의 주장을 분석·비판하기보다 공감하기에 바빴고, 목표를 향해 달려가는 가쁜 삶에 경의를 표할 수밖에 없는 상황에 자주 직면하였다. 이를 그나마 만회하기 위해 선생님이 살았던 해방 공간의 한국 사회, 1950년대를 전후로 한 재일 교포 사회의 아픔 등을 소개하는 데 고심하였다. 워낙 오래된 이슈인 데다 재일 교포 사회라는 특수성까지를 감안하면 마땅히 필요한 평전 기술 방식이라고 보았다. 인물사는 그를 둘러싼 컨텍스트를 전제하지 않으면 안 되는 것이기 때문이다. 특히 오늘날 한국 젊은이들에게는 쉽게 이해되기 어려운 문제들이라는 점을 고려하여 이 책은 비록 평론으로서는 부족할지라도 적어도 당시의 시대사적 배경이 충분히 전달될 수 있도록 하는 데 유념하였다.

이 책의 목차 역시 주인공의 탄생부터 시작하는 여느 평전과는 달리 1980년부터 1984년까지, 즉 유인호 교수의 해직 교수 시절을 제1부로 내세웠다. 굴곡 많은 한국 현대사의 한 장면을 통해서 행동하는 지식인 유인호 교수에 대한 독자들의 이해, 그의 존재감을 먼저 확인하는 게 필요하다고 보았기 때문이다. 이어 제2부에서는 탄생과 청년기, 제3부에서는 일본 유학 시절, 제4부에서는 귀국 후 경제학자로서 펼친 여러 주장과 활동을 다루었다. 제5부에서는 정년 이후의 못 다한 계획과 지금 우리에게 던지는 유인호 교수의 메시지에 대해서 거론하였다.

유인호 경제학을 한마디로 요약한다면 필자는 '민중·민족·민주를 앞세운 비판경제학'이라고 감히 명명하였음을 밝혀둔다. 문제는 유인호 교수가 앞세웠던 '민중·민족·민주'의 의미가 중시되고 구현되는 세상, 즉 그가 꿈꾼 '더 나은 내일'은 아직까지 등장하지 않았다는 점이다. 따라서 이 책은 유인호 교수가 강조했던 '내일'을 기다리는 사람들이 함께 더불어 연대할 수 있는 계기가 되었으면 하는 바람을 담고 있다.

이 책이 나오기까지 많은 분들의 지원과 협조가 있었다. 무엇보다 이 평전은 일곡기념사업회의 굳은 의지와 전폭적인 지원이 없었으면 빛을 보기 어려웠을 것이다. 일곡기념사회 김정완 이사장을 비롯해 유권 이사, 유선진 이사, 이상현 이사께 감사한다. 특히 유선진 이사는 책 말미에 실린 '연보'를 직접 작성해주었을 뿐 아니라 필요한 자료들을 하나하나 꼼꼼히 챙겨주었다.

그리고 인터뷰에 응해주신 분들, 일본에서의 인터뷰를 위해 도움을 아끼지 않은 리쓰메이칸대학 우리동창회 신준우 회장, 초고를 읽고 논평을 아끼지 않은 일곡기념사업회, 한양대 김종걸 교수, 게이오대학 오종현 박사 등에게 사의를 표하지 않을 수 없다. 출판을 맡아주신 인물과사상사에도 적잖은 빚을 졌다. 두루 감사할 뿐이다.

마지막으로 유인호 선생님께는 죄송한 마음을 금할 길 없다. 당신의 삶과 학문에 대해 제대로 거론한 것인지 하는 걱정과 두려움이 먼저 앞서기 때문이다. 행여 선생님께서 의도하지 않은 내용을 주저리주저리 담아낸 것이라면 그 송구함을 어찌할 것인지⋯⋯. 이 책을 평전이란 이름으로 선생님의 20주기에 맞춰 봉정(奉呈)하게 되니 필자의 미욱함을 더욱 탓하지 않을 수 없다. 유인호 선생님께서 꿈꿔온 '더 나은 내일'을 지금 이 땅에 거듭 환기(喚起)하는 것으로 최소한 질타를 면할 수 있었으면 한다.

2012년 9월

조용래

차례

1부

역사 앞에 서다

I
'1980년
서울의 봄'

1980년 봄은 우리의 가까운 역사에서 잊혀질 수 없는 시간이다. 유신 독재의 화신이 쓰러진 다음 해의 봄이기도 하지만, 4월에서 5월로 이어진 민주화와 통일을 위한 겨레의 함성이 하늘을 찌르게 함으로써 독재를 민주로 바꾸고 분단을 통일로 바꾸고 굴종을 자존과 자주로 바꿀 수 있는 힘이 솟구쳤기에 80년 봄은 잊을 수 없다.

놀라운 민족의 역량이 1945년 8월의 감격과 좌절, 1960년 4월의 '미완성의 혁명'을 제자리에 놓을 수 있는 봄이었기에 잊을 수 없다.

'서울의 봄'과 '무등산의 철쭉꽃'이 군화발로 짓밟힌 5월 17일과 18일 그리고 19일, 20일. 민주화와 통일을 향한 겨레의 행진은 피로 물들었고 또다시 독재와 분단 그리고 굴종의 어둡고 괴로운 세월이 시작되었다.[1]

지난 세기 우리 봄은 퍽 옹골차게 전개되었다. 3월의 3·1운동(1919), 4

유인호 평전, 사회변혁을 꿈꾼 민중경제학자의 삶

월의 4·19혁명(1960), 5월의 5·16군사쿠데타(1961)와 5·18광주민주화운동(1980) 등 혁명과 반혁명의 기운이 간헐적으로, 때로는 집중적으로 몰아쳤다. 그중에서도 1980년 '서울의 봄'은 군사독재에서 벗어날 기회로 다가왔음에도 '역코스(역주행, reverse course)'로 마무리되었다는 점에서 잊을 수 없는 역사의 한 순간이다.

역코스는 원래 1945년 패전국 일본에서 등장한 용어다. 당시 연합국이 제기·추진한 '일본의 민주화·비군사화'에 역행하는 정치·경제·사회적 흐름을 총칭하는 것이다.[2] 1948년부터 시작된 A급 전범에 대한 감형, 일본 재무장, 군국주의자 공직 추방 해지 등을 꼽을 수 있다. 이는 마치 식민지에서 해방된 한반도가 자주독립과 민주주의를 향해 순조로운 코스(순행·順行)로 들어서지 못하고 분단, 대립, 억압 등이 주가 된 역사 과정(역행·逆行)으로 들어선 점을 지적하는 것과 같다. 한국판 역코스, 역주행의 시작이었던 셈이다.

해방 후 한국 사회는 역주행을 여러 번 겪었다. 해방과 더불어 맞이한 남북 분단과 동족상잔이 그랬고 이승만 대통령을 하야시킨 1960년 4·19혁명이 1년 남짓 만에 5·16군사쿠데타로 물거품이 된 일이 그랬다. 해방 이후 두 번 역주행이 일어나 한국 사회는 민주주의는커녕 분단이라는 치명적인 굴레에서 헤어나지 못했다.

이어 세 번째 맞이하는 역주행이 바로 '1980년 서울의 봄' 이후의 상황이다. 1979년 20년 가까운 군사독재 정권이 10·26 박정희 대통령 시해 사건으로 주저앉자 본격적인 민주화의 기운은 사방에서 요동치기 시작했다. 그렇게 해서 맞이한 '1980년 서울의 봄'은 박정희 군사정권의 대를 잇겠다는 신군부에 여지없이 짓밟히고 말았다. 유인호가 '1980년 서울의 봄'을 각별하게 기억하는 것은, "독재를 민주로 바꾸고 분단을 통일로 바꾸고 굴종을 자존과 자주로 바꿀 수 있는 힘이 솟구쳤"던 시기였음에도 현실은 정반대 방향으로 주저앉았기 때문이다. 그가 1980년을 "군화발로 짓밟힌 5월 17일과 18일 그리고 19일, 20일. 민주화와 통일을 향한 겨레의 행진은 피로 물들었고 또다시 독재와 분단 그리고 굴종의 어둡고 괴로운 세월이 시작되었다"고 고백하는 이유가 바로 여기에 있다.

유신 체제 붕괴 그리고 '서울의 봄'

'서울의 봄'이란 이름은 1968년 당시 소련의 동구권 위성국가 가운데 하나인 체코슬로바키아(현 슬로바키아)에서 알렉산드르 두브체크 등 공산당 내 개혁파가 추진한 자유 민주화 운동인 '프라하의 봄'에서 빌려왔다. '프라하의 봄'은 체코슬로바키아의 자유 민주화 운동이 동구권 전체로 확산될 것을 두려워한 소련이 체코슬로바키아를 무력 침공함으로써 끝장났다. 두브체크 등은 소련군에 체포되었으며 시민들은 군사 폭력 앞에 무릎을 꿇을 수밖에 없었다. 그렇게 '프라하의 봄'은 막을 내렸다.

'프라하의 봄'이 소련을 등에 업은 체코슬로바키아 공산당의 일당독재에 공산당 내부와 시민들이 반발한 것이었다면, '서울의 봄'은 1960년대와 1970년대 군사독재와 유신 통치에 시민들의 불만이 분출된 것이었다. '프라하의 봄'이 소련의 군사력에 진압되고 짧은 수명을 다한 것처럼 '서울의 봄'도 신군부에 가로막힌다. 다행히 '프라하의 봄'은 소비에트 러시아가 붕괴되어가는 도중인 1989년 12월에 시민포럼을 중심으로 한 민주화 운동의 결과 공산당이 자진 퇴진함으로써 영원한 '봄'을 맞이하게 되었다. 그렇지만 '1980년 서울의 봄'은 1987년 6월항쟁이 성공리에 마무리될 때까지 폐기 처분된 상태에 놓일 수밖에 없었다.

그런데 '서울의 봄'의 좌절에 결정적인 역할을 한 신군부의 등장은 우연이 아니었다. 당시 박정희 군사독재·유신 정권의 권력 구조는 청와대를 주축으로 하면서 중앙정보부, 대통령 경호실과 비서실, 군부 등이 주도하는 것이었다. 국가 경영이 행정부를 중심으로 하지 않고 최고 권력자를 보좌하는 비서실·경호실·정보기관·군부를 중심으로 돌아간다는 것은 군사독재·유신 정권의 태생적 한계를 보여주는 것일 뿐 아니라 만에 하나 상층 권력 구조가 조금이라도 삐끗하면 국가의 모든 기구가 일시에 주저앉을 수 있다는 사실을 뜻하는 것이기도 했다. 그 틈을 타서 신군부가 부상한 것이다. 실제로 1979년 10월 26일, 서울시 궁정동에 있는 중앙정보부의 한 안가(安家·안전가옥)에서 박정희 대통령이 친위 세력인 김재규 중앙정보부장에게 살해되자 권력 구조는 급속하게 흔들리기 시작하였다. 이른바 10·26사태다.

'서울의 봄' 전후 주요 사건(굵은 글씨체는 '서울의 봄' 기간)

1979년 5월 30일: 신민당 정당 대회에서 김영삼 총재 선출(김대중과 공조)

8월 9일: YH무역 여공, 폐업 반대 신민당사 농성 사건(YH사건)

10월 4일: 국회, 김영삼 신민당 총재 국회의원 변직 제명

18일: 부산 · 마산 시민 · 학생 데모(부마민주항쟁), 부산에 비
상계엄 선포

20일: 마산 · 창원에 위수령 발동

26일: 박정희 대통령, 김재규 중앙정보부장에게 피살(10 · 26사태)

27일: 비상국무회의, 계엄사령부(사령관 정승화 육군 참모총장)와
예하 합동수사본부(본부장 전두환 보안사령관) 설치

12월 6일: 통일주체국민회의, 10대 대통령으로 최규하 대통령권한대행 선출

7일: 긴급조치 9호 해제, 구속자 석방

12일: 보안사, 정승화 비상계엄사령관 체포(12 · 12사태)

20일: 김재규 등 일곱 명 사형 선고

1980년   2월 28일: 공민권 회복 조치에 따라 김대중, 윤보선 정치 활동 재개,
김영삼 신민당 총재, 김종필 민주공화당 총재 정치 활동 본격화

3월 27일: 조선대 학내 민주화 주장 데모(이후 전국으로 확산)

4월 14일: 전두환 보안사령관, 중앙정보부장 서리 취임

21일: 사북 광부 유혈 노동 항쟁(사북 사태)

5월 12일: 여야 임시국회 소집, 계엄 해제안 상정

15일: '지식인 134인 시국선언'

17일: 전군주요지휘관회의 비상계엄 전국 확대 결의, 정부 실시,
주요 정치인 · 재야운동가 체포, 가택 연금

18일: 정치 활동 금지, 언론 검열, 대학 휴교령(포고령 10호).
광주민주화운동 시작(~27일)

24일: 김재규 등 다섯 명 교수형 집행

27일: 국가보위비상대책위원회 설치(이후 상임위원장으로 전

두환 선출)

8월 16일: 최규하 대통령 하야

9월 1일: 전두환 11대 대통령 취임

청와대를 중심으로 한 대통령 비서실 · 경호실과 보안사를 비롯한 군부와 중앙정보부 등 이른바 군사독재 · 유신 체제의 상층 권력 집단은 10 · 26사태로 흔들릴 수밖에 없었다. 우선 청와대의 주인인 박정희 대통령과 차지철 경호실장이 죽음을 맞았다. 피격 사건 직후 사태 수습 과정에서 최규하 국무총리는 유명무실한 내각 체제를 동원하고 군을 앞세워 중앙정보부장 김재규를 대통령 살해 혐의로 27일 구속하였다. 이어 박 대통령의 살해 소식을 최 총리에게 알려 사태 수습 조치를 하도록 한 김계원 대통령 비서실장 역시 내란공모죄로 29일 구속되었다. 하루아침에 군사독재 · 유신 체제의 상층 권력 집단 다섯 곳 중 네 곳이 조직의 장을 잃은 것이다. 한국의 권력 지형은 급작스럽게 무주공산 사태에 직면하기에 이르렀다.

당시 최규하 대통령권한대행은 국가적 위기 사태를 풀어갈 수 있는 위치에 있지 못하였다. 유신 체제는 사실상 와해되었으나 이를 어떤 방향으로 수습할 것인지에 대해서는 아무도 몰랐다. 대통령권한대행을 비롯한 행정부 요인들이나 일반 시민들은 이제 새 시대가 오겠거니 하고 그저 막연하게 기대할 뿐이었다. 암울한 유신 체제의 암흑기에서 벗어나 그토록 열망한 민주 사회로 갈 수 있을 것이라는 희망은 넘쳐났지만 어떤 수순으로 유신 체제에서 민주 사회로 이행해질 것인지에 대해서는 확실치 않았

다. 전국 곳곳에서는 민주화 쟁취를 위한 시위가 잇따랐고 사람들의 마음
은 이미 민주화가 이뤄진 것처럼 들뜨기 시작하였다.

'서울의 봄'을 정확하게 따지면 1979년 10월 26일부터 다음 해 5·18광
주민주화운동이 시작되기 직전인 1980년 5월 17일까지라고 해야 할 것이
다. 광주민주화운동 직전을 '서울의 봄' 종료 시점으로 꼽는 것은 신군부
가 5월 17일 전군주요지휘관회의를 소집하여 제주도를 포함한 전국으로
비상계엄을 확대할 것을 주장하고 국무회의가 이를 수용했기 때문이다.
이로써 한국 사회는 10·26사태 이전의 암흑기로 돌아갈 수밖에 없었던
것이다.

신군부의 역주행과 좌절

1979년 10월 27일 새벽, 최규하 대통령권한대행은 비상 국무회의에서 대
통령 유고 사태를 선포하고 계엄사령부를 설치해 정승화 육군 참모총장
이 계엄사령관을 맡도록 했다. 동시에 계엄사령부 휘하에 설치된 합동수
사본부에 전두환 보안사령관을 임명했다. 구색으로만 보면 합동수사본부
는 계엄사령부의 지휘를 받는 셈이었지만 대통령 피살 사건을 맡으면서
어떤 조직보다 막강한 권한을 휘두르기에 이른다. 그것이 사전에 준비된
수순이었는지 사태 수습 과정에서 눈치 빠르게 목표를 설정하고 무주공
산의 권력을 쟁취한 것인지는 논란의 여지가 있으나 분명한 것은 합동수
사본부의 설치와 함께 신군부가 역사 무대에 본격적으로 등장했다는 점

이다. 여기서 신군부란 합동수사본부장을 맡은 전두환 보안사령관과 그를 따르는 동료, 후배 군 고급장교들을 말한다. 유신 체제 권력 기반의 한 축을 이루어온 옛 군 권력과 구별하자는 뜻이라고 하겠다.

낡은 체제의 붕괴 이후, 새로운 체제를 원한다면 당연히 절차부터 내용에 이르기까지 모든 문제를 해결하는 방식이 이전과는 달라져야 하는 것이 옳겠지만 최규하 과도 체제는 그것을 실천하지 못했다. 오히려 12월 6일에 최규하는 낡은 유신헌법에 입각해 대통령에 취임한다. 흔히 '체육관 대통령'으로 희화화되는, 통일주체국민회의 대의원들에 의해 간접선거로 뽑힌 것이다.

신군부는 한 걸음씩 권력을 확대해간다. 급기야는 10·26사태 때 현장에 있었다는 이유로 정승화 계엄사령관을 내란방조죄 혐의로 체포하였다. '서울의 봄'은 10·26사태로 시작되었으나 신군부의 역주행 속에서 일찌감치 좌절될 수밖에 없는 한계를 지녔다.

그럼에도 '서울의 봄'이 어느 정도 이어질 수 있었던 것은 10·26사태 이후 민주화를 열망하는 한국 사회의 분위기를 신군부조차 쉽게 저지하기 어려웠기 때문이다. 최규하 정부 역시 신군부의 눈치를 보면서도 국민의 열망에 맞춰 대응하였다. 1980년 2월 28일 정부는 '공민권 회복 조치'를 발표한다. 이는 그간 정치 활동이 규제된 김대중, 윤보선 등 이른바 반(反)유신 인사에게 정치적 자유를 보장하는 것이었다. 이로써 정치권은 활기를 띠기 시작한다. 재야 지도자 김대중을 비롯하여 김영삼 신민당 총재, 김종필 민주공화당 총재 등 이른바 정치권 '3김 시대'가 열린 것이다.

대학가도 꿈틀거리기 시작하였나. 유신 체세에서 해직·세적된 교수와 학생들이 정부의 2월 29일 복권 조치로 다시 학교로 돌아왔다. 3월 신학기가 시작되면서 그동안 문을 닫을 수밖에 없었던 학생회, 교수회가 다시 부활한다. 민주화 바람이 '학원 민주화', '어용 교수 퇴임', '이사회 운영 개선' 등 구체적인 요구로 등장하였다. 3월 27일 대학으로서는 처음으로 조선대가 학내 데모를 벌였고 이어 학내 민주화 바람은 전국적으로 확산되었다. 특히 전두환 합동수사본부장이 4월 14일 중앙정보부장 서리로 취임하면서부터 신군부 세력은 권력 장악을 위한 움직임을 드러내기 시작했는데 이에 대응하여 대학생들은 투쟁 목표를 학내 민주화에서 유신 세력 퇴진, 계엄령 철폐, 정부 주도 개헌 반대 등으로 확대하며 길거리로 나섰다. 가두시위가 다시 시작된 것이다. 노동계도 이러한 사회적 흐름에 가세해 저임금 · 장시간 근로에 대한 불만을 터뜨렸다.

대학생들의 가두시위는 5월 들어 연일 계속되었다. 마침내 정치권이 움직이기 시작한다. 여야 정치권은 5월 12일 '계엄령 즉시 폐지안'을 국회에 상정하고 20일에 임시국회를 열기로 결정하였다. 3김도 민주화 추진을 위해 보조를 맞추겠다고 선언한다. 그런데 신군부는 17일 전군주요지휘관회의를 소집하여 내각을 압박하자 최규하 정부는 신군부의 요구에 굴복한다. 정치권을 비롯한 대학생, 시민들은 5월 17일 군부의 결정에 반발할 수밖에 없었다. 왜냐하면 그것은 곧 '서울의 봄'의 좌절을 의미했기 때문이다.

5월 18일 0시를 기해 계엄령은 전국으로 확대됐으나 이미 하루 전인 17일부터 신군부는 주요 정치가와 재야 운동가를 체포하고 가택 연금을 시켰다. 한편 신군부는 계엄령 확대에 반발하는 곳을 시범적으로 탄압하려는 듯이 광주를 향해 달려간다. 이후의 아픔은 이 자리에서 더 설명할 필요가 없을 것이다. 그리고 마치 예정되었다는 듯이 최규하 대통령이 그해 8월 15일에 하야를 선언하고 16일에 청와대를 떠난다. 8월 22일에는 신군부의 좌장인 전두환 당시 국가보위비상대책위원회 상임위원장이 대장으로 예편하고는 27일에 장충체육관에서 11대 대통령으로 선출된다. 최규하 과도정부의 무능과 신군부의 역주행으로 '서울의 봄'은 그렇게 잊혔다.

그러나 '서울의 봄'은 완전히 주저앉지 않았다. 좌절을 아파하는 사람들이 있고 그 때문에 어려움을 겪으면서도 희망을 버리지 않은 이들이 있었기 때문이다. 이 책의 주인공인 유인호도 그중 한 사람이다. '서울의 봄'을 겪으면서 새 꿈을 꾸었고 그 때문에 옥고를 치러야 했으니 그의 가슴엔 '서울의 봄'이 남다르게 남아 있었을 것이다.

다행인지 불행인지 우리는 비교적 조용한 산실(産室)에서 새것을 낳으려 하고 있다. 껍질이 깨지는 아픔마저 피한 진공상태에서 새것을 가져보려 하고 있다. 확실히 우리는 인류사에서 처음으로 시험관 아기를 분만해보려는 것이다. 순산일까, 난산일까? 이미 대답이 나왔다고 말하는 사람도 있겠지. 그러나 울다 지쳐 기다리고 있다.

분명히 새것은 헌것을 짓밟고 피어난다. 다름 아닌 헌것을 냉엄하게 청산해야 한다는 말이기도 하다. 정치 면에서, 경제 면에서, 문화 면에서 헌것과 새것은 비교되어야 하고 과감하게 헌것을 버려야 한다. 헌것과 새것을 비교할 장소는 넓을수록 좋다. 울타리를 쳐서는 새것이 깨끗하게 나오기 어렵다. 아무도 '세 세대를 이견인수(我田引水)' 해서는 안 된다. 모두가 침여할 수

있는 새 시대가 만들어져야 한다. 다시는 울지 않기 위해서.[3]

유인호는 '서울의 봄'을 "인류사에서 처음으로 시험관 아기를 분만해 보려는 것"에 비유한다. 한편에서는 못내 불안해한다. 하지만 아무도 새 시대를 제 맘대로 차지할 수는 없다고 강조한다. 모두가 참여 불가능한 새 시대는 없노라고, 왜냐하면 이제 또 울 수는 없기 때문이라고 다짐하고 있다. 이 다짐을 지키기 위해 그의 고통과 파란은 '서울의 봄'을 거치면서 이미 잉태되어 있었던 것이다. 과감하게 헌것을 버리기 위한 평생의 투쟁은 그렇게 다시 시작되었다.

2

지식인
134인
사국선언

유신 체제가 흔들리고 있다는 조짐은 1970년대 후반으로 오면서 확연하게 드러난다. 특히 1978년 12월에 실시된 국회의원 선거에서 유신 독재 세력은 3분의 2에 가까운 의석을 차지했지만 지역구 선거에서는 당시 여당인 공화당의 득표율이 야당인 신민당보다 1.1퍼센트 적었다.[4] 유신헌법에 입각해 대통령이 국회의원 정수의 3분의 1을 추천하고 통일주체국민회의에서 선출하는 전국구 국회의원 그룹인 유신정우회(유정회)를 제외하면 집권 여당의 패배라고 해도 과언이 아니었다. 유정회를 포함한 범(凡)여당은 수적으로는 우세했지만 민심은 이미 유신 정권에 등을 돌린 셈이다. 이에 대해 일본《요미우리신문》은 "현 체제에 대한 국민의 불만이 허용된 범위 내에서 최대한 분출된 것"[5]이라고 분석하였다.

일반 국민이 유신 정부에 대한 불만은 민주회에 대한 열망에서 비롯된 측면이 적지 않았으나 구체적으로는 주로 경제적인 요인에서 빚어졌다.

바로 고도성장의 그늘에 대한 문제다. 당시 경제학자로서 유인호의 주된 관심 역시 고도성장의 모순, 이른바 고도성장의 이면(裏面) 문제에 있었던 만큼 연구자들뿐 아니라 학생·시민·지식인·종교인들이 유인호의 주장에 귀 기울이게 된 건 자연스러운 일이었다.

대중 경제평론가 유인호

유신 체제의 모순이 점점 더 심화되면서 유인호의 주장은 꽉 막힌 유신 체제에서 변화를 열망하는 학생·시민·지식인·종교인들에게 빼놓을 수 없는 길잡이였다. 덕분에 1970년대를 거치며 유인호는 명성을 얻는다. 대중 경제평론가 유인호의 탄생인 셈이다.

한국 경제는 1962년부터 경제개발5개년계획에 입각해 괄목할 만한 성과를 냈지만 유인호는 성장 이면의 감추어진 문제들에 대해 지속적이고 꾸준하게 지적했다. 예컨대 1962년부터 1966년까지 추진된 제1차 경제개발5개년계획은 투자 자금 부족 등으로 중도에 수정될 수밖에 없었던 점을 예외로 한다면 1·2차 계획(1962~1971) 10년 동안 실질 국민총생산(GNP) 성장률은 연평균 9.85퍼센트 정도로 고속 성장을 이루었다. 하지만 유인호의 고도성장 이면 비판은 1970년을 전후해 본격화되었다. 정부가 성과를 내세우면 내세울수록 그의 비판의 강도는 높아졌다.

당시 《창작과 비평》, 《문학과 지성》, 《재정》 등의 잡지에 발표된 유인호의 글은 주로 '고도성장의 그늘'에 대한 문제 제기 그리고 그 해법을 담

유인호 평전, 사회변혁을 꿈꾼 민중경제학자의 삶

았다. 이전에 발표된 그의 저작들, 즉《경제정책원리》(1962),《경제학》(1965),《한국농업협업화의 연구》(1967) 등이 교과서 또는 이론에 치중한 저작이었다면 1970년대 초반에 발표한 글들은 주로 현실 문제를 깊이 파고든 경제평론이었다. 각각의 주제가 현안과 밀접했던 만큼 대중성이 높았다. 1978년에 펴낸《한국경제의 실상과 허상》(평민사)과 1979년의《농업경제의 실상과 허상》(평민사) 등은 1970년대 초반에 발표한 경제평론 등을 중심으로 다시 묶어낸 책이다.

늘 유인호는 개발 연대 고도성장을 똑바로 봐야 한다고 주장하였다. 고도성장 경제의 뒷면, 그 만만치 않은 반대급부에 주목해야 한다는 것이었다. 그는 그 반대급부로 눈덩이처럼 불어나는 대외 부채, 독과점 산업과 중소기업·농업 사이에 심화되는 불균형 경제구조, 계층 갈등으로 비화되는 빈부 격차, 환경오염 등을 꼽았다. 유인호는 우선 고도성장의 겉과 속을 중층적으로 봐야 한다고 주장한다.

고도성장으로 표현되는 경제적 물량의 확대는 과연 어떤 뜻을 가지며 그것이 근대화를 상징할 수 있을 것인가? 오늘 고도성장의 사실을 어떤 각도에서 보거나 이러한 의문을 누구나 스스로에게 반문해보는 문제다.

더욱이 경제성장이란 국민총생산(GNP)의 증가를 의미하는 것이며, GNP란 경제적 활동을 나타내는 지표이지 경제적 효용, 즉 복지(福祉)를 가리키는 것이 아니라고 할 때 고도의 성장률이 곧 고도의 복지와 직결되는 것은 아니며(무관하다는 것은 아니다), 경우에 따라서는 활동의 증가가 복지의 파괴 또는 감소를 가져올 수 있다.[6]

어느 누가 국민경제의 성장을 싫다 하겠는가. 요는 '성장 이론'의 토대에 문제가 있다는 것이다. 현재와 같은 방식으로써는 GNP의 성장은 이루어질 지언정 국민경제의 자주·자립은 쉽지 않다.[7]

유인호가 경제성장 그 자체를 비판하는 것은 물론 아니었다. 성장 과정에서 누적된 여러 가지 경제적 모순들을 꼼꼼하게 들여다봐야 한다는 것이었다. 경제학이 단순한 숫자 놀음이나 물량주의의 나팔수가 아니라는 점을 강조하는 그의 주장은 유신 체제 비판에 과학성을 제공하였다. 유인호의 주장은 비판경제학이라는 경제학 본연의 자세에서 출발한 것이다. 이와 같은 인식에서 《한국경제의 실상과 허상》의 머리말에 그는 "지금 우리는 격동하는 경제의 실상과 허상을 냉정히 관찰해야 할 중요한 갈림길에 서 있다"라고 쓴다.

아울러 그는 고도성장 비판을 한 차원 높여 한국 사회에서 그전까지 한 번도 제대로 논의되지 못한 근대화 문제에 대한 본격적인 성찰을 요청하는 쪽으로 주장을 이어갔다. 근대화·산업화·공업화가 절대선으로 비치는 바로 그 시대에 근대화를 논의의 쟁점으로 도마에 올려 치밀하게 그 공과를 따져봐야 한다고 문제를 제기하기 시작한 것이다.

우리는 근대화를 어떤 이념형(理念型)으로 또는 쟁점으로만 매몰시킬 것이 아니고 살아 있는 '민중의 역사' 속에서 내일을 향해 걸어가는 '대중의 생활'에서 그것의 개념 목표 수단이 찾아져야 할 것이다. 과연 **지난날의 가난과 비참과 모순의 원인은 규명되었으며 또한 해결되었는가? 민중을 지배하고 억압하고**

사기하던 제 요인은 제거되었는가? 경제적 물량의 확대는 반드시 이러한 '제 요인'의 제거를 전제 조건으로 하지 않는다고 할 때 '고도성장'이라는 사실이 '근대화 논의 쟁점'으로 부각될 수밖에 없는 것이다.[8]

유인호의 1970년대 주요 저작들과 신문·잡지에 실린 경제 논평들이 시대를 아파하는 학생·시민·지식인·종교인들이 반드시 읽어야 하는 책과 글로 자리 잡으면서 그는 대중 경제평론가로서 지명도를 더욱 높일 수 있었다. 특히 1979년 10·26사태를 거치면서 민주화 요구가 거세게 일어나고 유신 체제 비판의 과학성이 강하게 요청되는 상황에서 그의 행보는 더욱 열정적으로 전개되었다.

유인호는 "오늘 우리는 싫건 좋건 새 장을 열지 않으면 안 된다. …… 한 시대가 끝났으니 새로운 시대의 장을 열어야 하는 것은 너무나도 당연한 일이다"[9]며 10·26을 새 시대를 맞는 계기로 삼아야 한다고 주장하였다. 유인호의 핵심은 유신 정권이 한국 경제의 모순을 해결하기는커녕 오히려 방조하고 확대했다는 데 있었던 만큼 그는 유신 체제의 붕괴를 새로운 내일을 준비하기 위한 결정적인 계기라고 판단한 것이다. 아울러 그는 새로운 내일을 위해 몇 가지 전제 조건을 피력한다.

첫째는, 성장 우선보다 생활 우선에 대한 문제라고 하겠다. 수치로써 표현되는 여러 가지 변화와는 달리 생활의 기조 조건이 언제나 흔들리고 있으니 사람의 마음이 불안에서 헤어날 수 없다, 그래서 성장은 이뤄졌어도 생활은 불안하다는 말이 나올 수밖에 없다. 모두가 원하는 것은 **성장을 위한 경제가**

아니라 생활을 위한 경제가 되어주는 것이다.

둘째는, 공평의 원칙에 대한 문제라고 하겠다. 지난 시대의 고도성장 과정은 한편으로 경제적 평등도를 지나치게 해치는 것이 되었다. 그리고 경제 윤리도 전체적으로 바람직한 상태가 못 된다는 것이 확인되었다. 새 시대의 큰 과제의 하나로 등장되는 것이 **분배 질서의 교정**이란 문제라 하겠다.

셋째로, **파괴된 생활환경을 복구**하는 문제라 하겠다. 우리들의 생활 구석구석에 숨어든 공해를 어떻게 하면 막을 수 있을 것인가? 신생아의 탯줄에서마저 중금속이 검출되게 되었으니 마침내 **공해**는 살인적 상태에 이르고 있다. 더 이상 방치할 수 없다. 성장 전체를 무로 돌릴 염려마저 하게 된다. 결코 형식적인 구호로써는 막을 수 없게 되었다. 어떻게 할 것인가? 큰 결단을 기다리고 있다.

넷째로, 국내 자원의 개발에 대한 문제라고 하겠다. 이것은 한때의 어려움을 극복하려는 시도에서 제기될 문제가 아니다. 우리의 국민경제가 존립하기 위한 근본적 토대가 되는 것이다. 얄팍한 계측(計測)이론으로는 이해될 수 없다. **국내 자원 활용 주도형 경제**를 이룩해야 한다.[10]

성장보다 생활 우선, 분배 질서 교정, 공해 대책, 국내 자원 활용형 경제 등이 바로 새 시대를 맞이하기 위한 전제였다. 그리고 그는 이러한 전제 조건을 전체적으로 조정하고 통일적으로 이끌기 위해서는 '국민경제 조정위원회' 같은 것이 있어야 한다고 결론지었다. 이는 이미 그가 1970년대 초부터 줄기차게 주장해온 '산업 기반의 혁명적인 재편성'[11]에 대한 내용이다. 이 주장은 1979년 10·26사태 이후 전개된 '서울의 봄' 내내 전국 곳곳에서 열린 '유인호 교수 초청 강연'에서는 물론 이후 그가 유명을 달리할 때까지 빼놓지 않고 제기하는 주제였다.

유인호가 그렇게 주장할 수 있었던 건 유신 정권 경제정책에 비판적인 그의 태도가 작용했겠지만 당대를 함께한 지식인들과의 연대가 있었기에 가능했다는 측면도 무시하기 어렵다. 1970년대 후반 유신 체제가 동요를 거듭하면서부터 유신 체제 필멸론(必滅論)에 동조하는 연구자, 지식인들과의 모임도 부쩍 늘었다. 이는 그동안 그가 해온 저작·집필 작업이 대중 경제평론가로서의 활동과 무관하지 않음을 말해준다. 줄기찬 그의 유신 체제 비판이 있었기에 암울한 시절에도 지식인들끼리 유유상종하면서 서로 격려할 수 있었을 것이기 때문이다.

1978년 어느 날, 유인호는 서울 돈의동에 있는 초동교회에서 한국기독교사회문제연구원 원장인 조승혁 목사를 비롯한 목회자 몇 명과 장을병 성균관대 교수, 탁희준 성균관대 교수 등을 만났다. 조승혁 목사의 사회로 진행된 이날 모임에서 참석자들은 유신 체제의 종말이 얼마 남지 않은 것 같다는 견해에 동의하고 대책을 논의한다. 장을병은 이날 모임과 관련해 "유신 군부 체제가 무너지기를 아무 준비 없이 기다릴 것이 아니라 분야별로 대비해둘 필요가 있다는 데는 모두가 동의하고 있었다"[12]고 전한다. 이러한 주변 인사들과의 동지적인 회동은 유인호로 하여금 일찍부터 10·26 이후, 즉 유신 체제 이후를 모색하게 하는 계기가 되었을 것이다.

그 종말이 언제일지는 알 수 없지만 그리 멀지 않은 미래에 변화가 일어날 것이라는 인식의 공유는 그가 대중 경제평론가로서 더욱 치열하게 발언하도록 했을 것이다. 그의 시국 강연과 경제평론은 이제 구체적인 새 시대의 방향을 염두에 두지 않을 수 없었다. 시대를 고민하는 학생·시민·지식인들과 정의를 갈망하며 행동하는 기독교인들과 함께하며 그들의 길잡이 노릇에 힘을 쏟았던 것이다. 유신 체제 붕괴 뒤에 나타난 '서울의 봄' 상황, 하루가 다르게 신군부의 힘이 점점 더 구체화되는 가운데서도 새 시대를 열자면 낡은 틀을 무너뜨리는 노력이 필요할 뿐 아니라 그 같은 사실을 국민 모두가 함께 인식해야 한다고 강조한다.

첫째로 오늘의 '공포'를 낳게 한 원인을 국민이 알아야 하겠다. 모두가 지난날의 꿈에서 깨어나서 한마음으로 뭉쳐질 수 있어야 한다. 가려졌던 문제들이 국민 앞에 펼쳐짐으로써 새로운 방향을 모색할 수 있고, 모두가 모두의 문제로 받아들일 수 있는 것이다.

둘째로 우리 모두가 살아가기 위하여 국민경제를 밑바닥부터 수술하지 않으면 안 된다. 경제적 자립의 올바른 모습을 '국민적 합의' 위에서 작성하여 그것에 맞도록 오늘의 헝클어진 여러 가지 경제활동을 조정해야만 하겠다. 여기서 수반될 '고통'은 상상할 수 없는 것이겠지만 국민의 뭉친 힘이라면 극복할 수 없는 것은 아니겠지. 이 길만이 남아 있다.[13]

지식인 134인 시국선언[14]

'서울의 봄'이 물거품이 되지 않도록 하려는 노력이 잇달았다. 그 시작이 바로 1980년 5월 15일 오전 9시 30분, 서울의 법원 기자실에서 내외신 기

자들을 초청해 발표한 '지식인 134인 시국선언'(이하 '134인 선언')이다. 이
날 유인호는 '134인 선언'을 두 번이나 낭독하였다. 선언문 발표 현장에
뒤늦게 나온 방송기자들이 영상에 담지 못했다며 다시 낭독할 것을 요청
했기 때문이다.

그러나 '134인 선언'은 모든 언론 매체들이 경쟁적으로 취재하고 녹화
했지만 단 한 줄, 단 한 장면도 보도되지 못했다. 당시 모든 언론 보도는 계
엄사령부가 사전에 검열했는데, 계엄사령부가 '134인 선언'을 보도하지
못하게 했기 때문이다. 지난 두어 달 동안 사람들의 눈을 피해 조심스럽게
만나고 회의를 거듭하면서 한 구절 한 구절 준비한 선언문 작업이 허망하
게 마무리되는 순간이었다.

'134인 선언'은 평소에 유신 체제를 반대해온 그룹들 가운데서 자연스럽
게 거론되었다. 당시 유인호는 사회변혁 운동에 적극적인 기독교계, 대학
생·시민·지식인·종교인 그룹의 단골 초청 연사였다. 대체로 시국 강연은
정치·경제·사회·문화 등 당대의 주요 이슈를 묶어서 시리즈로 열리는 경
우가 적지 않았던 탓에 각 분야 전문가들과 자주 회동했다. 주로 만난 사람은
장을병 교수, 송건호《동아일보》전 편집국장, 서남동 연세대 교수 등이었다.
만날 때마다 당시 한국 사회의 모순은 1차적으로 분단에 있으며 이를 극복하
는 것이 가장 큰 과제라는 점을 재확인했다. 마찬가지로 이러한 큰 과제를 위
해 지식인들의 노력이 어느 때보다 필요하다는 것이 중론이었다. 그 과정에
서 1980년에는 민족사를 올바르게 전개하기 위해 각계 지식인 80명 정도가
모여 다듬어진 목소리를 준비해야 한다는 쪽으로 의견을 모았다.

1980년 2월 유인호는 1차로 장을병과 숙의하고 송건호, 서남동 등과 의

1980년 5월 15일 법원 기자실에서 유인호 교수가 〈지식인 134인 시국선언문〉을 발표하고 있다. 이 자리에는 지식인 134명을 대표해 이돈명 변호사, 김병걸 교수, 장을병 교수, 홍성우 변호사 등이 함께했다.

논하여 3월 12일 오후 4시 세종문화회관 옆 초원다방에서 첫 모임을 열었다.[15] 여기에 서남동의 제안에 따라 백낙청 서울대 교수도 참여해 준비위원은 다섯 명으로 늘었다. 발의를 위한 이 모임에서 유인호가 진행을 맡았고 이후 모든 준비위원회 회의에서도 사회를 전담하였다.

선언에 동참할 지식인들의 수는 80명에서 100명으로 하되, 참가 범위는 학계는 물론 종교계 · 언론계 · 법조계 · 문화계를 아우르기로 하였다. 준비위원에 이문영(고대 교수), 한완상(서울대 교수), 이호철(소설가), 현영학(이화여대 교수), 이효재(이화여대 교수), 홍성우(변호사), 임재경(《한국일보》 논설위원), 변형윤(서울대 교수), 김철수(서울대 교수) 등 아홉 명을 추가하여 모두 열네 명으로 준비위원회를 구성하였다.

제1차 준비위원회는 3월 28일 오후 6시 세실 레스토랑에서 열렸다. 장을병에게 위임한 임재경과 김철수, 서남동에게 위임한 현영학, 해외 체류 중인 한완상을 제외한 아홉 명이 참석하였다. 백낙청은 1978년 전남대 교육지표 사건으로 집행유예 상태였기 때문에 만일의 사태를 감안하여 준비위원을 사퇴하고 대신 김병걸(문인)을 추천하였다. 이날 회의에서 임시 연락 간사로 서남동, 송건호, 유인호를 선출했고 회의 명칭은 보안 차원에서 당분간 '3·28친목계'로 정했으며 필요 경비는 준비위원들이 십시일반 충당하기로 하였다. 선언에 동참할 회원은 1차로 재경 인사로 하되, 준비위원은 법조계와 문단의 요청에 따라 부문 대표로서가 아니라 개인으로 참여하였다. 참가 회원 추천 후보자 명단을 작성하기로 하고 다음 준비위원회 모임에서 각 준비위원들이 후보자 명단을 마련하기로 정하였다. 아울러 모임의 의사 표현, 즉 선언의 발표 시기에 대해서는 계엄 해제 이후로 의견을 모았다.

제2차 준비위원회는 4월 8일 오후 7시 세실 레스토랑에서 열렸다. 준비위원 열세 명이 참가한 이날 회의에서는 서명 회원 후보자를 120명으로 늘리기로 했으며 심사를 완료한 인사에 대해서는 준비위원들이 각각 별도로 연락하기로 하였다. 유인호는 이날 임시 안건으로서 이 모임의 성격에 대해 발의한다. 정치적 중립성을 보장하고 회원이 정당에 가입하면 자동으로 회원에서 제외하기로 하되, 특정 정치인에 대한 회원의 개인적 자문은 회원의 자유의사에 맡기는 것이 발의되어 토론을 거쳐 확정되었다.

제3차 준비위원회는 5월 6일 오후 7시 세실 레스토랑에서 열렸다. 이문영,

변형윤, 김철수, 김용준(고대 교수)을 제외한 준비위원 열한 명이 참석했고 준비위원에 길현모(서강대 교수), 리영희(한양대 교수), 이돈명(변호사), 조요한(숭전대 교수), 김승훈(신부), 법정(승려) 등 여섯 명을 추가하기로 결정하였다.

당초 이 모임의 의사 표현 시기에 대해 계엄 해제 이후로 상정했다. 그러나 유인호는 상황이 급변하고 있음을 들어 계엄 해제를 기다리지 말고 의사 표시를 하자는 의견을 발의하여 논의 끝에 '시국선언' 형식으로 5월 14일에 발표하기로 결정하였다. 4월 14일 전두환 보안사령관이 중앙정보부장 서리를 겸임했으며 한편에서는 노동문제가 가열되고 4월 24일 재경 교수 361명이 학원민주화를 위한 〈최근의 학원 사태에 대한 성명서〉를 발표하는 등 사회 각계에서 정국의 모호함을 염려하는 의사 표시가 잇달았기 때문이다. 이와 더불어 선언문 작성을 위한 기초위원으로 공동 간사인 서남동, 송건호, 유인호 외에 이호철, 장을병을 추가해 다섯 명으로 결정하였으며 시국선언의 명칭은 '지식인 ○○○인 시국선언' 으로 합의하였다.

선언문의 초안[16]은 송건호가 작성하여 기초위원 모임에 제출하기로 하되, 책임은 다섯 명이 함께 지기로 결정하였다. 이에 이튿날인 5월 7일 오후 6시 한국기독교장로회 기독교선교교육원에서 첫 기초위원 모임을 열어 송건호의 초안을 검토하였다. 기초위원회는 송건호 초안의 기본 틀에 찬성하고 전문(前文)과 당면책 일곱 개 항 그리고 맺음말로 마무리하기로 하였다.

제4차 준비위원회는 5월 9일 오후 6시 기독교선교교육원에서 열렸다. 준비위원 열네 명이 참석해 기초위원회에서 검토한 선언문 초안을 심의하였다. 이에 국군보안사령관의 중앙정보부장(서리) 겸직은 위법이므로 당면책 7항에 이 내용을 포함시키기로 결정하였으며 그 외 초안은 자구 수정 정도를 거쳐 통과되었다. 이날 준비위원들은 시국선언의 공동 책임을 재확인하고 심의 완료한 초안은 각자 서명한 후 회원들의 서명은 준비위원들이 나누어 받아오기로 하였다.

제5차 준비위원회는 5월 13일 오후 5시 기독교선교교육원에서 위임자 세 명을 포함해 모두 열여섯 명이 참석하였다. 선언 발표일을 하루 늦춰 5월 15일로 결정하였고 서명자 순서는 논의 끝에 가나다순으로 하기로 하고 선언문과 명단 인쇄 등의 잡무는 공동 간사들이 맡기로 하였다. 5월 14일 서남동, 송건호, 유인호는 최종 선언자로 학계 76명, 언론계 열아홉 명, 종교계 열 명, 법조계 열 명, 문단 열아홉 명 등 총 134명을 확인하고 선언문과 명단 등을 기독교선교교육원에서 필사한 후 200부를 복사하였다.

마침내 5월 15일 '134인 선언' 선언일을 맞았다. 서남동, 송건호, 유인호, 장을병 등 기초위원을 비롯해 이효재, 김병걸, 이돈명, 임재경, 홍성우 등 아홉 명이 오전 8시 40분 서울 서소문에 있는 법원 신관(현 서울시청 별관)에 모여서 각 언론사에 연락했다. 5층 기자실에서 기자들에게 선언문을 배포한 다음 9시 30분께 유인호가 낭독하였다. 유인호는 연장자인 서남동, 이돈명에게 낭독할 것을 요청하였으나 두 사람 모두 유인호가 낭독할 것을 권했다.

'134인 선언'은 계엄사령부의 보도 금지에 걸려 보도되지 못했지만 그 의미는 적지 않았다. 장을병은 '134인 선언'을 '최초의 범지식인 시국선언'이라고 평가한다.[17] 예컨대 1978년 6월의 '오늘의 교육지표 선언'은 교수 위주였고 1980년 4월에 나온 〈최근의 학원 사태에 대한 성명서〉 역시 교수들만의 주장이었다. 그런데 '134인 선언'은 각 분야의 중견 인사들이 한 목소리를 낸 것이있다. 그 한복판에 유인호가 있었다.

지식인 134인 시국선언

우리들 뜻을 같이하는 134명 일동은 민주 발전에 대한 과도정부의 모호한 태도, 더욱 심화되어가는 경제 위기 그리고 민주화와 생존의 권리를 외치며 전국적으로 격화되고 있는 학생과 근로자들의 항의 시위에 다만 강압적으로 맞서고 있는 당국의 무능무책을 더 이상 좌시할 수 없다.

오늘의 난국은 기본적으로 지난 19년간 독재 정권의 반민중적인 경제 시책과 강권 정치의 소산이다. 이는 민주 발전을 저해하는 비상계엄령의 장기화로 빚어진 필연적인 사태 악화다. 군이 국민이 납득할 만한 발전적 조치를 과정(過政) 당국이 하루 빨리 취하지 않는다면 정국 불안에 경제적 위기까지 겹쳐 회복할 수 없는 파국이 초래되지 않을까 염려된다. 이에 우리는 오늘의 시국을 근본적으로 타개할 몇 가지 당면책을 제시코자 한다.

1. 비상계엄령은 즉각 해제되어야 한다. 비상계엄령은 10·26, 12·12사태 등 전적으로 집권층의 내부 사정에서 선포된 것으로 이는 분명히 위법일 뿐 아니라 정치 발전을 저해하는 가장 큰 요인이다.

1. 최규하 과도 정권은 평화적 정권 이양의 시기를 금년 안으로 단축시켜야 하며 그 일정을 구체적으로 밝혀야 한다. 현 과정은 의당 폐기될 유신헌법의 절차에 의한 시한부 정권으로서 명분 면에서 보나 체질 면에서 보나 허약하여 난국의 극복을 기대할 수 없다. 우리는 현 과정(過政)이 개헌에 관여하는 것을 명분 없는 개입으로 보고 (이를) 반대한다. 국회의 개헌 심의는 정권 야욕에 사로잡힌 작태를 청산하고 민중의 의사를 올바로 반영해야 한다.

1. 학원은 병영적 성격을 일체 청산하고 학문의 연구와 발표의 자유는 보

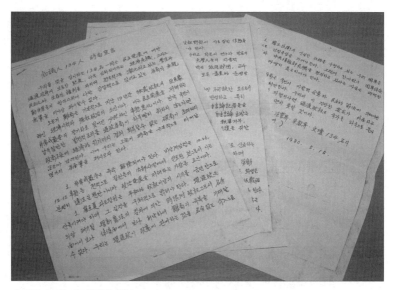

〈지식인 134인 시국선언문〉 원본

장되어야 한다. 이 같은 자유를 위한 대학인들의 자율적인 민주화 운동은 존중되어야 한다. 사학에 뿌리박은 족벌 재단, 교수 재임용제 등 학원의 민주화 발전을 가로막는 모든 독소적 운영 방식과 제도는 폐기되어야 한다.

1. 언론의 독립과 자유는 민주 발전에 가장 불가결한 요소로서 절대 보장되어야 한다. 언론인들은 그간의 잘못을 반성하고 특히 동아, 조선 두 신문사는 부당하게 해고한 자유 언론 기자들을 전원 지체 없이 복직시켜야 한다. 그들의 복직 없는 자유 언론 표방은 국민에 대한 기만이다. 우리는 필요한 경우 성토, 집필 거부, 불매 운동 등 가능한 모든 방법을 써서 그들의 원상회복을 위한 운동을 벌일 것이다.

1. 일터를 잃고 거리에서 방황하거나 기아 임금으로 신음하는 수많은 근

로자들을 위한 시급한 생활 대책을 강구해야 하며 근로자들의 양보할 수 없는 권리, 단체행동권을 포함한 노동기본권은 보장되어야 한다. 대기업 편중의 지원 정책으로 희생을 강요당하고 있는 중소기업은 시급히 구제·육성되어야 한다. 저곡가 정책으로 영농 의욕을 잃은 농민들에 대한 정책적 전환이 있어야 한다.

1. 일인 독재의 영구화로 억울하게 희생당하고 있는 많은 민주 인사에 대한 석방·복권·복직 조치는 지체 없이 이루어져야 한다.

1. **국토 방위의 신성한 의무를 수행하고 있는 우리 국군은 정치적으로 엄정 중립을 지켜야 한다.** 그런데 **한 사람이 국군 보안사령관직과 중앙정보부장직을 겸하고 있다는 사실은 명백한 불법이므로 시정되어야 한다.**

오늘의 난국은 국민의 자발적 합의와 민주적 절차에 의해서만 극복될 것이라고 확신한다. 우리의 이 정당한 요구가 외면되고 강권 정치가 계속 진행된다면 과도 정권은 국가를 파국으로 몰아넣는 역사적 책임을 면치 못할 것이다.

서명자

강만길 강문규 강신옥 고은 구중서 길현모 김준보 김철수 김용준 김관석 김승훈 김윤환 김성훈 김병태 김정위 김우창 김치수 김병걸 김규동 김국태 김상근 김용복 김태홍 김명걸 김기태 김욱곤 김용섭 김찬국 김숙희 김진균 김제형 남정현 남천우 노명식 문익환 모혜창 문동환 박두진 박홍 박현채 박태순 박완서 박연희 박순경 박종만 백기범 백낙청 백재봉 변형윤 서남동 서정미 서광선 서인석 서제숙 성유보 소흥렬 손보기 송건호 송상용 송원희 송

정석 신일철 신경림 신홍범 신상웅 심윤종 안병무 안병직 안성열 양승규 유종호 유인호 유재방 유재천 윤호미 윤석범 윤흥길 이상일 이영호 이우정 이선영 이문원 이문구 이종범 이상희 이호철 이시영 이문영 이영희 이남덕 이효재 이병주 이종욱 이경일 이재정 이해동 이우정 이돈명 이돈희 이세중 임철규 임종률 임재경 장을병 장윤환 장희익 장명수 정태기 정자환 정창렬 정희성 정윤형 정석해 정춘용 조남기 조성 조태일 조요한 조기준 조준희 진덕규 차하순 차기벽 천관우 최명관 최동식 최민지 한승원 한남철 한완상 함세웅 현영학 홍성우 황인철(학계 76명, 언론계 19명, 법조계 10명, 종교계 10명, 문단 19명, 총 134명)

날조된 김대중내란음모 사건

유인호는 유신 체제의 종언과 더불어 엉뚱한 결과를 맞이하게 된다. 발단은 '서울의 봄' 끝자락에서 나온 '134인 선언'이었다. 시국선언 이틀 후인 5월 17일 밤, 계엄은 전국으로 확대되었고 모든 집회는 금지되었다. 22일로 예정됐던 시국선언 준비위원회 회의 역시 열릴 수 없었다. 선언문에 서명한 사람들 중 일부는 이미 17일 밤 계엄사령부에 연행되었고 붙잡히지 않은 사람은 피신할 수밖에 없었기 때문이다. 당시의 상황을 유인호는 이렇게 회상한다.

5일 15일 오전 '지식인 134인 시국선언'을 내외신 기자 앞에서 대대적으로 발표한 일이 있기도 한 터라 16, 17일의 상황은 예민하게 인식될 수밖에. 17일 저녁 밥상에서 반주 한 잔을 드는 순간 요란한 벨소리는 "선생님 피신하세요. 지금 곧"이라는 외마디 소리. 도망 다니는 괴로움, 어느 날 세 사람의 건장한 청년들의 난폭한 안내로 몇 겹의 철문 소리를 귀로 확인할 뿐, 내던져진 곳은 하늘도 없고 새 소리, 바람 소리도 없는 수십 길 땅 밑 밀폐된 방. 조사관들은 나를 지옥으로 몰기 위한 노력을 밤낮없이 반복한다. 정리할 수 없는 헝클어진 정신, 어렴풋이 느껴지는 조사 방향은 '내란음모'가 만들어지고, 과도정부가 구성되고, 나는 그 정부의 '농수산부 장관'의 감투를 쓰게 되는 시나리오, 말하자면 내란의 괴수 중 한 사람이 된다. 이 시나리오가 잘 갖추어진다면 괴수 전원은 형장의 이슬로 사라지는 법.[18]

계엄사령부는 비상계엄을 전국으로 확대하기 전에 이미 김대중 등 37명을 내란음모 혐의로 체포했다. '민주주의와 민족 통일을 위한 국민연합'을 중심으로 한 민주화 추진 국민 운동 계획을 내란음모 사건으로 몰아간 것이다. 여기에 '134인 선언' 발표를 주도한 유인호가 예외일 수는 없었다. 그것도 계엄사령부는 단순히 유인호가 시국선언문에 깊이 관여한 것을 문제 삼은 것이 아니라 듣도 보도 못한 내란음모 사건의 일원으로 거론한 것이다.

사실 '134인 선언'은 신군부가 용인하기 어려운 점을 날카롭게 지적하였다. 당면책 가운데 마지막 일곱째 항목, 즉 "국토 방위의 신성한 의무를 수행하고 있는 우리 국군은 정치적으로 엄정 중립을 지켜야 한다"와 "한 사람이 국군 보안사령관직과 중앙정보부장직을 겸하고 있다는 사실은 명백한 불법이므로 시정되어야 한다"는 문장이 문제로 부각된 것이다. 첫째 내용은 군의 정치 개입 불가론을 편 것으로 오랫동안 군사독재를 겪어온 상황에서 맞이한 '서울의 봄'을 감안하면 군부 역할에 대한 일반론을 편 것이지만, 둘째 내용은 직접 신군부의 최고 핵심인 전두환을 비판한 것이기 때문이다. 첫째 내용이 박정희 이래의 구(舊)군부에 대한 회고적 지적이었다고 한다면, 둘째 내용은 신군부의 앞날을 내다보는 적극적인 비판이라고 하겠다.

어쨌거나 신군부가 추구한 권력 확보 수순에 대해 방해가 되거나 비판을 내놓는 그룹은 누구나 할 것 없이 계엄사령부의 압력에서 자유롭지 않았다. '서울의 봄'은 이미 짓밟혔다. 여기에 계엄사령부는 유인호를 위시한 '134인 선언'의 주도적 관련자들과 5월 17일 밤 체포한 김대중 그룹을 한 묶으로 엮어내는 지혜를 발휘한다. 이름 하여 '김대중내란음모 사건'이다. 물론 이 사건이 날조된 것임은 더 말할 위 없다.

당시의 긴박한 상황을 이해하는 데는 박형규 목사의 증언이 도움이 된다. 그즈음 박 목사는 세계교회협의회(WCC) 회의에 참석하려고 출국한 덕분에 체포되지 않았다. 그는 일본에서 머물며 사태를 관망하고 있었기에 비교적 신군부의 전체적인 음모를 정확하게 간파할 수 있었다.

1980년 초 김대중 선생은 민주화 운동 및 정치 활동의 근거지로 민주제도연구소를 구상하고 있었는데, 계엄사는 이 연구소를 과도 정권 역할을 할 기구로 몰아갔다. 과도 정권의 분야별 담당자로, 통일 문익환, 민족재생 박형규, 역사 · 문화 백낙청, 종교 · 교육 서남동, 언론 · 사회 송건호, 여성 이효재, 민주정치 상을병, 노동 탁희준, 농업정책 유인호, 경제 임세경, 안보 · 외

교 양호민, 도의정치 안병무, 교육 한완상, 행정 이문영 등의 명단을 증거랍시고 공개했다.[19]

유인호가 김대중내란음모 사건의 한 축으로 거론된 것이다. 유인호는 정치에 발을 내디딘 적이 없다. 당연히 김대중과는 교류가 전혀 없었다. 하지만 유인호는 유신 체제에 대한 강력한 비판자로 알려져 있을 뿐 아니라 학생·시민·지식인·종교인들의 현실 비판에 꾸준히 과학성을 제공해온 터라 재야 정치인 김대중과 한통속으로 엮는 일쯤은 어렵지 않았을 것이다. 이것이 '134인 선언'과 직접적으로 무관한 내란음모가 기묘하게 엮히는 사태의 전말이라 하겠다. 그리고 그해의 불안한 봄이 지나고 초여름으로 접어드는 6월 26일 마침내 올 것이 왔다. 계엄사령부의 체포조가 홍제동 유인호의 집으로 들이닥친 것이다. '서울의 봄'이 광주를 거치면서 철저하게 짓밟혔을 때 일찌감치 예고된 상황이었지만 그가 실제로 직면한 현실은 상상 이상으로 고통스러운 것이었다.

유인호 평전, 사회변혁을 꿈꾼 민중경제학자의 삶

3

서대문과
남한산성 창살 아래 핀
가족 사랑

1980년 6월 26일 목요일은 화창한 초여름이었다. 대학은 계엄이 확대되면서 진작부터 휴교 상태였다. 답답한 마음에 훌훌 털고 교외로라도 나가고 싶도록 유혹하는 날씨였지만 네 자녀들은 모두 학교에 가고 없어 유인호 내외만 홍제동 집을 지키고 있었다. 불안한 정적을 깬 것은 오전 10시가 좀 못 되어 울린 전화 벨소리였다.

'서울의 봄'이 확실히 주저앉은 5월 17일, 저녁을 먹는데 한 제자한테서 "피하셔야 한다, 지금 당장"이라는 연락을 받고 유인호는 바로 집을 떠나 23일까지 일주일 동안 피신해 있었다. 이후 더는 형사들이 찾아오지 않자 유인호는 슬그머니 집으로 돌아왔다. 그런 때인 만큼 불안하지 않은 날이 없었다. 특히 아이들이 학교에 가고 집 안이 고요해지면 위태로운 긴장감이 더욱 고조되는 듯했다.

세사라고나 밝힌 서화 서위에서는 "유 교수님 계십니까?"라고 묻고는 전화를 바로 끊었다. 그리고 바로 들이닥친 체격 좋은 사내들은 다짜고짜 유인호를 끌고 나갔다. 부인 김정완은 속절없이 남편을 그들에게 내주고 말았다. 어디서 왔는지 어디로 데려가는지조차 알 수 없었다. 세월이 너무나도 수상했던 터라 김정완은 대응도 제대로 하지 못하고 애만 태울 수밖에 없었다고 당시를 회상한다.[20]

그리고 7월 4일자 도하 신문 1면 머리기사에 '김대중내란음모 사건'이 대문짝만 하게 보도되었고 관련자 가운데 한 사람으로 유인호가 등장했다. 그것도 과도정부의 농업경제 담당이었다. 김대중과는 한 번도 만난 적이 없다는 것은 유인호 자신은 물론 김정완을 비롯한 가족들도 잘 알고 있는 터라 날조된 사건인 것이 너무나도 분명했다. 그로부터 유인호의 인고, 부인과 네 자녀들의 눈물 마를 날 없는 시련이 6개월 가까이 이어졌다. 하지만 그것은 얄궂게도 유인호가 그 무엇보다 애지중지한 가족들과의 애틋한 사랑을 확인하고 가슴에 깊이 아로새길 수 있는 색다른 추억이기도 했다.

남산 합동수사본부, 서울구치소 그리고 남은 다섯 식구

유인호에게 붙은 혐의는 계엄포고령 위반이었다. 7월 15일이 되어서야 계엄사령부는 유인호가 그와 같은 혐의로 서울구치소(서대문구치소, 옛 서대문형무소)에 수감되었다고 가족에게 통보했다. 하지만 당시 계엄사령부는 처음부터 유인호를 서울구치소에 수감하지 않았다. 처음 끌려 간 곳은 남산 합동수사본부 지하 취조실이었다. 그럴싸한 죄목과 함께 그들이 만들

유인호 평전, 사회변혁을 꿈꾼 민중경제학자의 삶

어낸 날조 사건의 씨줄 날줄을 채우자면 당연히 거쳐야 하는 수순이었다.

사실 유인호의 체포는 계엄사령부가 날조 각색한 '김대중내란음모 사건'의 실재감을 살리기 위한 과정이었다. 예컨대 '134인 선언'을 함께 주도한 송건호는 이미 5월 20일에 체포되어 남영동 대공분실을 거쳐 남산 지하 취조실로 이송되어 있었다.《송건호 평전》을 보면 계엄사령부가 송건호에게 씌운 혐의는 "'134인 선언' 서명자들이 김대중으로부터 돈을 받아 '학생 선동, 대중 규합, 민중 봉기, 정부 전복, 민중 정부 수립'을 기도했다"[21]는 데 있었다. 그리고 이미 당시 송건호는 모진 고문에 못 이겨 받지도 않은 김대중 자금을 받았노라고 시인하였고 그러한 과정에서 계엄사령부는 '김대중–송건호–언론계'라는 연결 고리를 조작해냈다. 또한 김대중의 내란음모 증거를 충분히 날조해놓았고 다른 민주 인사들을 닦아세워 날조한 증거들이 적지 않았기에 굳이 한 사람을 더 희생자로 만들어낼 이유가 없었다.

그러나 계엄사령부는 이왕 내란음모 사건을 엮어내는 마당이니만큼 인물의 면면이라든가 사건의 규모 등을 감안해 유인호를 내란음모 혐의자로 추가한 것으로 보인다. 계엄령 확대와 더불어 김대중을 비롯한 민주 투사들을 대대적으로 검거한 5월 17일 밤 또는 그 직후인 것과 비교하면 유인호가 체포된 시점이 한 달 이상이나 차이가 난다는 점은 그와 같은 배경이 있었음을 방증하는 것이다. 분명한 것은 신군부가 권력을 취하는 데 장애가 되는 모든 이들을 한데 묶어내고 최악의 경우 그들을 죽음으로까지 몰아넣어서라도 자신들을 비판하지 못하도록 철저하게 짓밟았다는 사실이다.

뒤늦은 체포였지만 유인호가 겪어야 했던 고문과 겁박은 먼저 온 이들이 받은 것과 크게 다르지 않았을 것이다. 당시 남산 취조실 바로 옆방에 있었던 예춘호는 유인호가 조사 과정에서 할 말은 다하고 버티는 바람에 무수한 매질을 당했다고 회상한다.[22] 다만 이미 계엄사령부가 내란음모와 관련하여 날조된 증거를 어느 정도 확보한 상황이었던 만큼 고문 기간이 상대적으로 길지 않았다는 점은 다행이었다. 기록을 남기는 데 열심이었던 다른 사안과는 달리 유인호가 체포 직후 겪은 고통을 자세하게 기록하지 않은 이유[23]는 그에게 감옥살이가 처음이 아닌 덕에 견딜 수 있는 자신이 있었기 때문이다. 또한 그 같은 사실을 살아생전에 단 한 번도 구체적으로 밝히지 않았던 것은 자신의 젊은 시절에 비밀이 있었기 때문이다. 그렇다고 하더라도 만 51세인 그가 직면한 물리적 고난은 견디기가 쉽지는 않았을 것이다. 특히 처음으로 가족과 떨어져 있음으로써 이제까지 겪어보지 못한 고통에 휩싸일 수밖에 없었다. 유인호가 체포된 직후 남은 다섯 식구들의 상황에 대해 그의 부인은 이렇게 회고했다.

우리 아이들은 어렸지만 늘 저녁상에서 아버지와 대화를 했다. 아이들은 아버지가 무엇을 생각하고 있는지 알고 또 아버지에게 저희들의 생각도 알리는 생활을 해왔다. 그랬기에 더더욱 이와 같은 말도 안 되는 일(내란음모 사건과 연루되었다는 사실)이 있을 수 있는가 하면서 납득하지 못했다. 대학 1학년인 아들은 이런 엄청난 조작극에 자기 나름대로 의견이 있지만, 고등학교 3학년인 맏딸은 그 중요한 시기에 너무나 큰 충격을 받았고, 감수성이 가장 예민할 때인 중학교 3학년의 둘째딸은 억울한 그 심정을 아버지께 전하려고 편지도 많이 했다. 그리고 구치소의 편지 검열에 통과하려고 감정을 눌러가며 애를 썼으나 검열에 걸려 전달되지 않은 적도 허다했다. 초등학교 6학년인 막내딸은 너무 억울하여 아버지 생각에 언제나 굵은 눈물을 뚝뚝 떨어뜨려 나의 가슴을 아프게 했다.[24]

'수번 82' 유인호는 홍제동과 불과 1.5킬로미터 떨어진 서대문구 현저동 서울구치소에서 하루하루를 기다림으로 지냈다. 집에서 가까운 곳인 만큼 안타까움은 더욱 컸다. 더구나 창살 밖으로 멀리 보이는 등산로는 예전에 현저동에서 살 때 자주 오르내리던 곳이었고, 아침이면 산에 오른 사람들이 외치는 "야호" 소리가 아주 잘 들리는 곳이었다. 착잡한 마음은 쉽게 가라앉지 않았다. 한 달이 넘도록 가족과 연락도 할 수 없었고 면회는 커녕 편지도 주고받을 수 없었다.

당시 계엄사령부는 '김대중 죽이기'를 위한 마무리 연출에 여념이 없었다. 마침내 8월 1일 공소장을 마련했다. 이미 육군교도소로 이감된 김대중, 문익환, 이문영, 예춘호, 고은태(고은), 김상현, 이신범, 조성우, 이해찬, 이석표, 송기원, 설훈, 심재철 등은 내란음모죄가, 유인호를 비롯해 서남동, 한완상, 송건호, 이호철, 김종완, 이해동, 한승헌, 김윤식, 이택돈, 김녹영 등은 계엄포고령 위반죄가 적용되었다.

계엄 당국은 김대중내란음모 사건에 대한 방향을 잡고 당초 계획대로 몰아세울 수 있다는 자신감 때문인지, 아니면 국내외 이목을 의식한 것이었는지 가족들의 면회를 허락한다. 유인호는 8월 9일, 체포된 지 45일 만에 면회가 허락되었다. 김정완은 당시 대학 1학년인 아들 권과 함께 면회를 왔다. 면회장은 철창끼 말소리만 통하도록 구멍을 몇 개 뚫어놓은 두꺼운 플라스틱 칸막이가 이중으로 가로막고 있어 제대로 접견할 수 없었다. 그날 첫 면회를 마치고 돌아온 김정완은 8월 9일 일기에 당시의 참담함을 이렇게 이야기한다.

45일 만에 당신을 보니 말문이 막혀 말이 안 나오고, 너무나 초췌한 당신의 모습을 보니 가슴이 메는 것 같군요. 여보, 인생을 고해라고 하잖아요. 결혼 후 이렇게 오랜만에, 게다가 철창을 사이에 두고 당신을 보게 되다니.

그래서 두절된 곳에서 밖의 사정을 통 모르시니 당신께 하나라도 더 많이 알려드리려고 그동안 궁금했던 것, 특히 농장 이야기나 또 엉뚱하게 이 어마어마한 사건에 연류된 것 등을 수첩에 많이 적어 가긴 했었는데 그 짧은 시간을 보내고 나오니 이야기 못 한 것이 너무나 많고 또 당신 얼굴에 수염이 하얗게 센 것만이 눈에 어른거려요.

모든 시련은 다 지나간 줄 알았는데 이런 어처구니없는 일을 당하다니. 하지만 당신을 조금도 원망 안 해요. 나와 권 그리고 당신이 다 의견의 일치를 보았던 것이니.[25]

본격적인 법정 공방도 시작되었다. 사실 법정 공방이라고 하지만 의도된 대로 진행되는 법정인 까닭에 재판은 일방적으로 진행되었다. 8월 14일 서울 삼각지에 있는 육군본부 보통군법회의장에서 첫 번째 공판이 열렸다. 하지만 구속자 가족들은 말도 안 되는 군사 법정을 무시한다는 차원에서 재판 방청도 하지 않은 채 종로 5가 기독교회관에 있는 한국기독교교회협의회(NCCK) 인권위원회에 모여 기도회를 열었다. 구속자 가족은 한 사람도 방청하지 않았지만 당시 신문은 구속자 가족을 포함해 200여 명이 방청하는 가운데 재판이 열렸다고 보도했다.

8월 9일 면회가 허락된 뒤 13일부터는 편지도 주고받을 수 있게 되었다. 유인호는 8월 13일자 첫 옥중 서신을 "여보, 미안하구려. 이제는 옥바라지까지 시키게 되었으니. 그동안에도 다른 사람이 경험하지 않은 너무나 많은 고통을 겪게 하였는데"[26]라는 말로 시작한다. 이로부터 유인호는 옥중에서 편지를 57통 쓰지만 그중에는 검열에 걸려 배달되지 않은 것도 있다. 마지막 편지는 12월 11일 출옥한 후에 자신이 받아본다. 편지 소통이 가능하게 된 이후 꼬박 120일 동안 보낸 편지가 57통에 이르는 것을 보면 거의 이틀에 한 통씩 쓴 셈이다. 11월 3일에 남한산 육군교도소로 이감된 뒤로는 편지를 쓸 수 있는 회수가 일주일에 한 번으로 줄어들어 그곳에서 쓴 편지가 네 통뿐임을 감안하면 서대문구치소에서는 거의 매일 편지를 보냈다고 해도 과언이 아니다. 그리고 다섯 식구들이 쓴 편지가 50여 통. 다른 구속자 가족들이 "유 교수님은 편지 쓰러 오신 것 같다"[27]라고 말한 것도 무리가 아니었다. 그해 여름 유난히 지루했다. 편지라도 쓰지 않으면 좁은 공간은 더욱 힘겹게 다가왔을 것이다.

그동안 언제나 학교에서 돌아올 때면 꼭 아버지가 돌아오셔서 "선주야!" 부르시고 눈썹을 위로 치키시면서 장난스러운 표정으로 반기실 것 같아 마음을 졸이고 들어가곤 했지만, 아버지가 서대문(구치소)으로 넘어가셨다는 통지를 받고는 어쩔 수 없는 현실이구나 생각했어요.

그러니 우리는 엄마의 깅하고 딩딩한 모습에서 아버지를 느끼거나, 오빠에

유인호의 가족은 구속 통지서를 받고 더욱 안타까운 마음을 금할 수 없었다(왼쪽). '김대중내란음모 사건'에 연루되어 서울구치소와 육군교도소에 수감되었을 때 가족과 주고받은 편지들.

게는 아버지 대신 우리들의 어둠을 지켜주는 파수꾼이 될 만큼 성장했다는 것을 느끼지요.[28]

아버지, 아버지란 이름을 무척 부르고 싶었어요. 아버지 건강은 어떠하세요. 아버지가 가신 날 학교를 갔다 오니 갑자기 이런 일이 생겨서 놀라고 한편으로는 슬프기도 했어요. 그때는 아버지가 빨리 오실 줄로 믿고 있었어요.

아버지가 가신 뒤부터 우리 식구들의 모습이 다시 보였어요. 엄마는 너무 자랑스러워 보였고요. 그렇게 꿋꿋하고 당당할 수가 없었어요. 엄마는 아버지의 동반자로서 너무 적당해요. '동반자'란 말은 작은언니가 한 얘기잖아요. 생각나시죠.

오빠는 엄마를 도와 열심히 집안을 돌보고 있어요. 그래도 오빠가 있으니

유인호 평전, 사회변혁을 꿈꾼 민중경제학자의 삶

엄마와 의논도 하고 참 다행이에요.

그리고 우리는 별 어려움 없이 명랑하게 학교에 잘 다녀요. 지금은 방학이라 집에서 쉬지만. 우리는 아버지한테 훈련(?)을 잘 받았기 때문에 누구보다도 당당하고 떳떳했어요. 저는 작기는 하지만 이것도 다 인생 경험 아니겠어요(웃으시겠죠. 제가 이런 말을 해서).[29]

요사이 우리 집 식구 모두가 습관이 생겼어요. 저는 저 이외의 식구들 태도에 대한 것은 모르나(학교에 가므로) 저는 학교에서 돌아오면 아버지의 편지를 찾는 버릇이 생겼어요. 하루도 빠지지 않고 편지 주시는 데에 대한 정성과 우리들을 향한 근심이 담긴 편지.

극한 상황에서 사람의 모습이 다시 나타나고 또 혹은 그 사람의 참모습이 보인다고 하는데요, 아버지의 하루도 빠짐없는 편지를 보고서 여태까지 제가 본 아버지를 다시 우리 아버지로 보게 됩니다. 무뚝뚝한 것 같아도 따뜻하고 정 깊이 담긴 글월, 정말 우리 아버지세요. 이런 말이 '아버지 귀에는 너무 달다' 하실지 몰라도 하여튼 제 느낌이에요.[30]

남은 다섯 식구들이 쓴 편지는 유인호를 울리기에 충분했을 것이다. 그러나 그것은 슬픔보다는 위안이었고 자랑스러움이 더 강했을 것이다. 유인호는 이렇게 응답한다.

어제 오후 너희들의 15일 편지를 받아보았다, 읽고 또 읽었지, 그러다보니 휴지 한 통이 다 없어지고 말았구나. 너희들 편지 속에 남긴 우리 식이 너무나 곱고 아름답구나. 내가 여기서 제일 염려하던 일이 아침 안개가 개이듯이 활짝 개여 상쾌하기 이만저만이 아니다.[31]

선진아! 너의 편지 또 읽었다. 엄마의 일기장 첫 장에 '꿋꿋한 아내, 당당한 아이들'이라는 말이 이 아버지에게는 한없이 위안이 되는구나. 어떠한 어려움에 부딪히더라도 몸가짐이 흐트러지지 않고 꿋꿋하고 당당하게 유지될 수 있어야 한다. 네 말에 '엄마는 너무 자랑스러웠어요'라고 하였는데 자기의 엄마를 자랑스럽다고 생각할 수 있는 것이 얼마나 어려운 일인지 너희들은 아직 잘 모를 거야.[32]

징역 3년 6개월

두 번째 보통군법회의 재판은 8월 28일부터 시작되었다. 구속자 가족들은 어차피 언론에서 적당히 보도하는 마당에 재판을 거부하는 것이 의미 없다는 쪽으로 결론을 내리고 차라리 구속자들을 격려하는 마음으로 재판을 방청하기로 한다. 방청은 구속자 한 사람당 가족 두 명에 한해서 허용되었으나 필기도구 반입을 금지하는 통에 법정 진술은 방청한 구속자 가족이 내용을 잘 기억했다가 법정이 끝난 후 전체적으로 다시 복기하는 식으로, 마치 퍼즐을 맞춰가는 것처럼 종합하여 그날 법정 진술을 재구성하였다. 현재 남아 있는 법정 진술은 녹취록이라기보다 암기해서 취합한 기록, 즉 '암취록(暗取錄)'이라고 하는 편이 정확하다. 28일 암취록에는 다음

유인호 평전, 사회변혁을 꿈꾼 민중경제학자의 삶

과 같은 기록이 있다. 어려운 상황이었지만 가족의 애틋한 정을 다시금 확인한 유인호는 그날 법정에서 자신의 주장을 가감 없이 펼쳤다.

법무사: 유인호 피고 입정하시오.

검찰관: 1957년 귀국하셨죠?

유인호: 네.

검찰관: 세종문화회관 부근 초원다방에서 6인이 회합, 피고인 제안으로 시국선언 준비위원회를 구성했습니까? (공소장1)

유인호: 그때는 아직 시국선언이란 말도 나오지 않았습니다.

……

검찰관: (선언문을) 피고가 낭독했습니까?

유인호: 네.

……

검찰관: 이 선언문이 당시 시위하는 학생들을 선동했다고 생각하지 않습니까?

유인호: 아닙니다. 그 당시 양심적인 지식인으로서 그 이상의 주장도 그 이하의 주장도 아닌 가장 중용적인 주장이라고 생각했습니다.

변호사: 김대중 노선을 압니까?

유인호: 모릅니다.

……

변호사: 현재의 심정은?

유인호: 원래 의도와는 달리 본의 아닌 결과에 대해 죄송하게 생각합니다.[30]

이날 유인호의 진술은 남은 다섯 가족들에게 자존감을 적잖게 심어주었다. 특히 부인 김정완은 당시를 회상하면서 재판에 임하는 가족의 마음은 이율배반적이었다고 고백한다. "부드럽고 약한 진술을 하면 선고에 참작되리라고 생각은 하면서도 꿋꿋하고 당당한 진술을 바라는 것이 그때 가족들의 솔직한 심정이었다"[34]는 것이다. 김정완은 "양심적인 지식인으로서 그 이상의 주장도 그 이하의 주장도 아닌 가장 중용적인 주장"이라는 유인호의 진술에 힘을 얻었다. 셋째 딸 선진은 편지에 이날 "엄마의 표정이 그렇게 환할 수 없었다"라고 썼다.[35] 아들 권 역시 자랑스럽게 그날을 기억하고 있다.

28일 공판에서 저는 다시 한 번 아버지가 자랑스러웠습니다. 재판정을 압도하는 목소리와 아버지 특유의 음성으로 아버지의 지론을 펴시는 모습을 보고 말입니다.

……

재판정에서 하신 말씀 중에서 엄마가 가장 인상 깊게 느꼈다고 하는 말씀은 "나는 그 당시 그 시점에서 양심 있는 지식인으로서 그 이상도 그 이하도 아닌 중용을 말했을 뿐이다"라는 말씀이었다고 합니다.

제가 가장 인상 깊게 느낀 것은 그날 마지막 하신 "본래 의도와는 달리 본의 아닌 결과에 대해 미안하게 생각한다"는 말씀이었습니다. 이 말을 몇 번이고 되뇌어보면서 그 말이 풍기는 의미를 생각하면 할수록 아버지의 언어를 다루는 솜씨가 각별하다는 것을 다시 한 번 느꼈습니다.

PS. 아들로서가 아니라 한 인간으로서 아버지를 존경합니다.[36]

옥중에서 가족과 애틋한 편지를 주고받는 가운데 보통군법회의는 9월로 들어서면서 속도를 내기 시작한다. 11일엔 드디어 구속자들에게 구형이 내려졌다. 김대중에게는 사형이 구형되었고 다른 관련자들에게는 징역형이 떨어졌다. 유인호에게는 징역 4년이 구형되었다. 고작 '134인 선언'을 주도했다는 이유로 징역 4년이 구형되었다는 점을 유인호는 도무지 이해할 수 없었다. 하기야 처음부터 조작되고 날조된 상황에서 그렇게 진행되리라는 것은 짐작했지만 결과는 정말이지 뜻밖이었다. 구형의 내용을 예상이라도 한 듯 구형 직전 편지에서 유인호는 '전화위복'이라는 얘기를 하면서 가족들을 먼저 다독이는 것을 잊지 않았다.

아이들은 지난날 매사에 내가 '전화위복'이라는 말을 잘했는데 지금의 상태를 또 어떻게 말할 것인가에 대해 궁금하게 생각하겠지. 나는 또 지금의 내 생활을 '전화위복'이라 생각하며, 지난날 어느 때보다도 여러 가지 의미에서 가장 큰 뜻을 가지는 것이라고 생각하지. 다른 사람이 들으면 놀라겠지만 나는 앞으로 40년은 더 살 테니 40년을 살면서 간직할 수 있는 조건들이 마련되는 오늘의 영어 생활이라고 생각하기도 하지. 앞으로 아마 생활을 더 알뜰하고 그리고 뜻을 가질 수 있게 할 수 있을 것 같다.[37]

유인호가 '전화위복'을 거론하면서 남은 식구들을 위로하고 자신에게 곧 벌어질 군사 법정의 일방적인 폭거에 대해 마음을 가라앉히려고 했지만 현실은 예상 이상으로 심각하게 다가온 것이었다. 게다가 힘든 영어 생활이 있었던 만큼 앞으로 40년은 더 살겠다고 한 신인은 겨우 12년 만에 지키지 못한 약속이 되고 말았다. 다시 다섯 식구들을 뒤로 하고서.

재판은 계속되었다. 9월 13일 유인호는 최후진술의 날을 맞는다. 그날 암취록은 다음과 같이 기록하고 있다.

지식인 선언 관계에 대하여는 앞에서 두 분(이호철, 송건호)이 충분히 얘기했으므로 중복하여 얘기하지 않겠습니다. 25년간 경제학을 공부하는 사람으로서 그동안의 경제정책이 고도성장을 위주로 하여 고도성장 뒤에 오는 여러 가지 문제점이 많았습니다. 10·26사태 이후 유신 체제에 대한 많은 문제점이 해결되어야 한다는 요구를 받게 되었습니다.

그러한 시점에서 양식 있는 지식인으로서 가만히 묵과하고 그대로 있느냐, 그렇지 않으면 그러한 시국에 정부 당국에 시국 수습을 요구해야 하느냐 하면 본인은 후자에 속합니다. 그 당시 현존법을 생각해서 우리도 시국선언을 계엄 해제 후 하려고 했으나 교수 선언 등 각계의 선언문과 또 각 학교에서 선언문이 나와서 정부 당국에서도 개방하여 여론을 듣는 것으로 알았습니다. 더 구구한 얘기는 하지 않겠습니다.

포고령 위반은 달게 받겠습니다. 그러나 끝부분에 "정치적 집회를 하고" 운운은 지금도 납득이 가지 않습니다. 결과적으로 보아 지식인 선언문이 사태를 역행시킨 결과가 되었습니다. 지식인 선언에 관계된 사람들 모두 선처해주기 바랍니다.[38]

명색이 최후진술일 뿐 군사 법정은 피고인의 최후진술에 눈곱만큼도 배려하지 않았다. 훗날 유인호는 자신의 최후진술과 관련해 이렇게 회고한다.

유인호 평전, 사회변혁을 꿈꾼 민중경제학자의 삶

나에게도 최후진술의 순간은 돌아왔다. 스물네 명이 길게 짧게 쏟아놓은 웅변(?), 첫 번째 최후진술은 근 100분, 생사를 초월하고 욕심을 초월한 순수한 것이었다. 모두가 감탄했다. 지옥으로 보내려는 주역들도 감탄한 모양(나는 지금 그분을 그 시간으로만 기억하고 싶다. 모든 것을 초월한 그 순간의 그 사람의 진실한 모습만을 기억하고 싶다). 나는 스물둘째다. 별 볼일 없는 존재임을 순번이 말해준다. 잡아놓고 보니 구색 차림으로 활용할 수밖에. 그래서 나의 최후진술은 두 가지 요점. 내가 여기에 서게 된 이유를 지금도 모르겠다는 것. 이 사건의 주역인 김대중 씨는 여기서 처음 만나게 되었다는 것. 기소장에 의하면 1) 김대중 씨와 인터뷰를 약속했고, 2) 지식인 134인 시국선언을 주도했다고 되어 있는데 그것이 무슨 놈의 내란음모인가를 되물어볼 수밖에.[39]

그저 군 검찰이 구형을 내렸으니 군 재판부는 부지런히 정해진 대로 선고를 내릴 뿐이었다. 9월 17일 유인호는 징역 3년 6개월을 선고받는다. 모든 것이 계엄사의 수순대로 착착 진행되었다. 검찰 기소, 법정 공방, 변호인 변호, 구형, 선고 등이 일사천리로 넘어갔다. 결국 재판을 통해서 서대문구치소에서 벗어날 수 있을 것이라는 기대는 어그러지고 말았다. 모양새로는 김대중내란음모 사건 관련 피고인 스물네 명 중 한 사람으로 묶여 있었지만 실제로는 '134인 선언'에만 관여된 유인호, 이호철, 송건호의 가족들은 이후 사태를 어떻게 풀어야 할 것인지 고민하지 않을 수 없었다.

매일처럼 면회는 허용되었지만 처음엔 10분이던 면회 시간이 슬그머니 5분으로 줄어들었다. 할 말은 많은데 면회 시간은 짧고 편지는 네댓새씩 걸리니 답답하기만 했다. 가족들의 불만도 고조되었지만 그래도 진득한 힘은 편지 소통에 있었음은 두말할 나위도 없다. 내란음모 사건 피고인들은 항소를 결정했고 마침내 유인호와 가족들도 항소에 동참하기로 마음먹는다. 유인호는 항소이유서를 작성해 10월 16일 제출한다.

유인호는 그 과정에서 보통군법회의의 검찰 '공소장'과 재판부 '판결문'이 완벽하게 똑같다는 것을 확인하고 깜짝 놀란다. 이에 그는 항소이유서에 "왜 공소장의 내용과 판결문의 내용이 똑같은데 구형량(4년)과 선고량(3년 6개월)이 다른 것인지?", "검찰이 제시한 증거를 다 인정하면서 왜 선고 형량은 줄어든 것인지?" 등에 대해 거론한다. 하지만 이미 군사 법정의 모순투성이 행보에 대해 충분히 겪어 알고 있는 터라, 유인호는 항소 그 자체에 큰 기대를 하지 않고 되레 '구경꾼' 입장에 섰다고 가족들에게 말한다.[40]

고등군법회의는 10월 24일부터 30일까지 진행되었다. 28일 변호인 심문에서 유인호는 이전보다 더욱 확실한 태도로 임하였다.

> 변호사: 공소장에 김대중 노선에 호응해오던 중이라고 돼 있는데?
>
> 유인호: 김대중 씨와는 일면식도 없는 사람입니다. 그분의 비서가 와서 농업경제에 관하여 대담을 요청했어요. 과거 박정희 씨도 경제문제에 관하여 대담을 요청하여 응한 바 있고 또 각 부 장관들 그리고 각 정당 당수들과도 경제문제를 대담한 바 있는데 왜 단지 비서와 대담하기로 약속한 것이 문제가 됩니까?
>
> 변호사: 지식인 선언의 동기는?
>
> 유인호: 그 당시 4월이면 우리나라 국민이면 누구나 지식층이건 서민층이건 심지어는 날품팔이 하는 사람들까지도 이 나라를 걱정 안

하는 사람이 없었습니다. 과거 을사보호조약 때 더 많은 우국지
사들이 자기주장을 끝까지 했더라면 이완용 무리들의 의견은 묵
살되어 일제 40년(나는 36년이 아니고 40년이라고 주장합니다)이 없
었을 겁니다. 이 나라를 걱정하는 것이 죄가 된다면 우리 국민 모
두가 이 자리에 서야 합니다.

변호사: 당시 선언문이 학생들을 선동했다고 생각하지 않습니까?

유인호: 당시 5월 14일, 15일이면 교내 시위가 교외로 확대됩니다. 그 전
후해서 교수들 선언문이 각 대학에서 나왔고 또 근로자들 선언문
이 신문에 실렸습니다. 그때 모든 신문들은 계엄 당국에서 검열
하여 발간되므로 각계각층의 의견을 듣는 것으로 알았습니다.

변호사: 지금 심정은?

유인호: 여러 달 구속 상태에 있으므로 건강이 좋지 못합니다. …… 여기
에 있는 우리들도 다 같이 이 나라를 걱정하는 사람들입니다.[41]

하지만 계엄사는 법정 공방을 확실하게 끌고 가기 위해서 엉뚱한 증인
을 세워 재판은 파국으로 치달았다. 검찰이 내세운 증인의 발언이 문제가
되었다.[42] 여흥진(당시 신문 보도에는 '呂興珍·가명'으로 소개되었으나 암취록
에는 '윤여동' 또는 '윤여송'으로 나타난다)이라는 재일 교포는 북한의 간첩
으로 활동하다가 전향한 사람으로, 김대중내란음모 사건에서 주요 혐의
로 거론된 '김대중과 한민통', '한민통과 조총련', '한민통과 북한' 등의
관계를 엮어내기 위해 억지 증언을 하였다. 김대중과 그와 연루된 이들을
모두 시지로 몰이넣겠다는 계엄사의 의지가 고스란히 드러난 상황이었

다. 이런 군 검찰의 속내를 간파한 구속자들과 구속자 가족들은 "우리를 공산주의자로 몰아세우지 말라", "우리를 간첩으로 삼을 셈이냐?", "우리 쪽 증인은 한 사람도 안 세우면서 간첩만을 증인으로 세우느냐?"라고 항의하였다. 일부 구속자 가족들은 몸싸움까지 벌였다. 가족들은 모두 퇴장하였고 밖으로 나와서도 항의를 계속하자 군 당국은 가족들을 강제로 버스에 실어 외부로 내보내는 사태가 벌어졌다.

이런 해프닝 속에서 고등군법회의는 11월 3일 유인호에게 2년 형을 선고했다. 3년 6개월 형보다는 줄어들었지만 이번에는 익숙해진 서울구치소에서 남한산 육군교도소로 이감되는 처지에 놓였다. 언도를 받은 그날 면회를 하고 돌아온 유인호는 이감 명령을 받는다. 호송차 속에서 확인하니 구속자 스물네 명은 열일곱 명으로 줄어 있었다(내란음모죄로 체포된 열세 명 중 한 명은 석방). 계엄 포고령 위반 혐의로 체포된 열한 명 중 오전 선고에서 세 명이 집행유예로 풀려났고 나머지 세 명은 서울구치소에 그대로 남았다. 말하자면 남은 이들은 형 집행정지나 면제로 곧 석방될 사람들이었다. 아무튼 자유의 몸으로 나가는 사람이 많아진다는 점은 다행스런 일이었지만 그 무리에 유인호는 해당되지 않았다. 서울구치소에 남게 된 구속자 중에는 '134인 선언'만으로 억지로 걸린 이호철이 있었다. 유인호는 새로운 수감지로 떠나야 하는 게 불만이었지만 동료들이 어둠의 골짜기에서 빠져나가는 것 자체는 반갑기만 하였다. 그만큼 자신의 처지는 안타까울 뿐이었다.

유인호 평전, 사회변혁을 꿈꾼 민중경제학자의 삶

꿋꿋한 아내, 당당한 아이들

11월 3일 고등군법회의에서 선고를 받고 육군교도소로 이감된 그날 밤 유인호는 상고를 포기하기로 한다. 군사 법정에서 상고의 의미를 찾을 수 없었기 때문이다. 그렇게 여유롭고 넉넉한 마음은 어디에서 오는 것인지, 이미 자신을 쥐어짜는 군사 법정의 행보를 구경꾼의 심정으로 본다는 유인호는 새로운 터전을 덤덤하게 맞이한다.

나는 지금 내가 할 수 있는 유일한 것은 상고를 포기하고 형을 확정 지어 (상고의 뜻을 찾을 수 없으므로. 지금 나에게 그것은 아무 뜻도 없고 또한 다른 사람 에게 어떠한 영향을 주지 않는다) 하늘도 볼 수 있고 시간도 알 수 있는 노역장 (勞役場)으로 가는 것이다. 거기에서 조금 지나면 봄이 올 것이고 계엄도 해 제된다. 그러면 나는 석방된다. 어차피 시작한 경험이다. 그곳은 또 어떤 곳 인지.[43]

그리고 같은 편지에 유인호는 가족들에게 선언하듯 의지를 밝힌다. 육 군교도소에 도착한 다음 날인 11월 4일에 고등군법회의의 선고 확인서를 받은 유인호는 즉시 상고 포기를 밝히고 5일 아침에 교도소장과 면담하고 상고 포기의 절차를 마무리 지었다.

여보, 지금 내 심정을 그대로 당신에게 알리고 있소. 이 심정을 토대로 하 여 내가 할 수 있는 일을 치르고 있소. 정정당당하고 떳떳하게 그리고 이세

까지의 내 모습에서 한 치의 후퇴도 없이 말이오.[44]

그런데 바로 그날, 부인 김정완은 계엄사로부터 "곧 석방될 것"이라는 통보를 받는다. 4일 석방에 필요한 서류를 내라는 통지를 받은 것이다. 가족들은 그날로 육군교도소에 서류를 제출하였다. 이어 송건호가 6일 형 집행정지로 석방되었다는 소식을 그의 가족에게 들은 터라 유인호의 남은 다섯 식구들은 유인호의 석방을 고대한다. 하지만 기다림은 초조함으로 바뀔 만큼 오래 지속되었다.

육군교도소에서는 서울구치소 이상의 시련이 기다리고 있었다. 교도소 이감은 옥살이가 장기화된다는 것을 암시하는 것이기 때문에 그 자체만으로도 견디기 어려운 일이었지만 무엇보다 육군교도소의 독방 환경은 서대문교도소와는 비교할 수 없을 정도로 폐쇄적이고 심리적인 압박감을 주었기 때문이다. 창문 없는 감옥살이는 유인호를 폐쇄공포증으로 몰아갔다. 김정완은 육군교도소로 이감된 후 첫 면회에서 유인호가 "여기서는 도저히 못 있겠다. 차라리 노역장으로 나를 보내달라"고 노발대발했다고 회고한다. 서울구치소에서 여유만만했던 유인호와는 사뭇 다른 모습에 직면한 김정완은 면회에서 돌아온 이후에도 오랫동안 견딜 수 없는 괴로움에 시달려야 했다.

이처럼 폐쇄적인 환경에 유인호뿐만 아니라 다른 수감자들도 어렵기는 마찬가지였다. 결국 육군교도소 측에서는 소장이 가끔씩 유인호 등을 독방에서 불러내서 차를 대접하기도 하고 목욕하는 날에는 같은 사건으로 입소한 동료들과 함께 시간을 보낼 수 있도록 배려했다. 하지만 기약 없는 기다림, 창문도 없는 폐쇄 공간에서 견뎌야 하는 시간들은 하루가 1년처럼 길고 지루할 뿐이었다.

그런데 현실적으로 더 다급한 것은 육군교도소의 편지 발송 규칙이었다. 원래 수감자의 편지 발송이 한 달에 한 번으로 제한되어 있었기 때문이다. 기다림을 견디고 고통을 잊게 해주는 중요한 가족과의 소통에 문제가 생긴 것이다.

> 여기서는 편지를 자주 쓸 수 없다. 여기의 규칙은 한 달에 한 번인데 우리의 부탁으로 우리에게는 일주일에 한 번 허락해주겠다는 것이다(그래서 부탁하다보니 이렇게 두 장을 쓰게 되었다). 어쩌지? 자주 자주 편지로 어린 너희들을 내 품속에 꼭꼭 품고 있었는데, 그것이 안 되게 되었으니, 나에게는 이 이상의 형벌이 없는 것 같구나. 편지로 너희들과 한 묶음이 되어 있었는데 어쩌면 좋지? 일주일이나 기다렸다 편지를 써야 되다니.[45]

유인호에게는 감옥에 갇힌 것보다 편지를 보내지 못하는 것이 더 가슴 아팠다. 면회도 반갑고 좋았지만 그 시간이 너무나 짧아 후련함보다 미진한 마음이 더 컸기에 그의 마음에 위안이 되는 것으로 편지만 한 것이 없었다. 편지를 쓰는 시간은 온전히 가족과 함께할 수 있는 시간이었고 자신의 일로 마음 졸이고 있을 가족들에게 편지가 힘이 되어줄 것이라 생각했기 때문이다. 그의 편지에서 가끔씩 놀랄 정도로 태연하게 일상생활을 염려하는 내용이 발견되기도 한다. 그가 손수 마련해 열정과 관심을 쏟은 양평의 실험 농장[46]에 대해 쓴 편지 대목도 그러니다.

오늘은 농장의 작업(9월 이후의 작업)에 관한 나의 생각을 적어볼까 하오. 참고가 될른지. 현장을 보지 못하고 생각한 것이니 차이는 많겠지만.

① 대추밭은 8월 말까지 다 정리되었다고 보고(비료 V.S34, 주위 고르기, 풀 덮기), 참 금년 1기분 농장 재산세 영수증(이장에게 지불한 것)을 꼭 받아 두어야겠소.

② 호두 페칸 주위를 직경 1미터 정도 개간하여 뿌리에서 한 자 정도 되는 곳에 고형복합비료를 40~50개 정도 뿌리고.

③ 밤나무 순 따기(밑동에서 나는 순도 함께)를 깨끗이 해야 되겠지(주위 개간은 내년으로 미루고).

④ 오미자 작업은 매우 중요할 것 같아서 좀 상세히 적어두겠소.

⑤ 강변의 은사시 가지치기도 해야 되겠지. 대추밭 아래쪽으로 다닐 오솔길을 내게 되면 더욱 좋고, 강변 전체를 손보아야 될 것 같아.[47]

이는 유인호가 얼마나 세밀하고 치밀한지를 엿볼 수 있는 대목이기도 하지만 편지를 쓰는 그 시간만큼은 감옥에서도 그가 철저하게 자유로웠다는 점을 보여준다. 이처럼 강인할 수 있었던 건 30년 전에 일본에서 겪은 고학생활과 그 와중에 사상투쟁으로 두 번 수감된 경험이 있었기 때문이라 하겠다. 유인호의 일본 유학 시절에 대해서는 이 책 제3부에서 자세하게 거론하겠지만 그는 옥중 편지에서도 살짝 자신의 경험을 토로하기도 했다. 고등군법회의에서 2년 징역 선고를 받고 쓴 편지에서 그는 다음과 같이 이야기한다. 당시 그는 다른 구속자들과 함께 나흘째 단식투쟁을 하고 있었다.

권아, 주·경·진아,[48] 좀 더 참자. 더 참는 것이 더 큰 기쁨을 안겨줄지도 모르잖아. 그렇게라도 생각해야지 별도리가 없구나. 여기 모두가 파김치와 같은 상태다.

그리고 '설거지' 안 하는 일, 오늘 낮으로 끝냈다(다같이). 그러니 열한 번 안 한 셈이구나.[49] 몸에는 아무 지장도 없다. 오히려 위에는 자극이 될는지도 모르겠구나. 절식이나 단식에 대해서는 나도 일견 정도가 아니라 챔피언 정도는 되는 사람이니. 물론 나의 경우는 특수한 조건과 특이한 목적을 위한 것이었지만, 형태는 단식이라는 것이었지. 30년 전의 일이구나. 나는 철저했다. 그래서 효과도 대단했고.[50]

그렇게 유인호는 가족에게 위로를 보내며 스스로 견딜 수 있는 힘을 다지고 있었다. 서대문구치소에 있던 8월, 그가 재직한 중앙대학교에서는 김정완을 통해 해직을 통보하고 서류에 서명할 것을 요청한다. 그는 감옥이라는 물리적 격리뿐 아니라 직장에서 쫓겨났다는 것으로 세상에서 격리되었음을 실감한다. 대학에서 쫓겨나는 이른바 '해직 교수'[51]는 이번이 처음은 아니기 때문에 다시 한 번 견뎌보자는 마음도 당연히 필요하였다. 이러한 마음 다짐을 지켜준 것은 남산에서, 서대문구치소에서 내내 유지해온 가족들과의 소통이었다. 부인 김정완의 일기장 첫 대목에 쓰여 있었다는 '꿋꿋한 아내, 당당한 아이들'이 그의 마음에 슬로건처럼 각인되었음은 두말하면 잔소리다.

또 한 가지 유인호를 위로한 것은 그의 존재감, 정확하게 말하자면 그동안 끊임없이 계속해온 대중 경제평론가로서의 지위기 수감 현장에서도 확인되고 있었다는 점이다. 그해 7월 14일 남산 합동수사본부에서 서대문 구치소로 이송되었을 때 입소 절차를 맡은 직원은 이렇게 물었다.[52]

"아니, 유인호라면《한국경제의 실상과 허상》의 저자 말씀이신가요?"

"그렇소."

"책만 들어오는 줄 알았더니 저자 자신이 오셨군요."

조금 전까지 처절했던 남산에서 지내다가 서대문구치소에 도착하자마자 자신을 알아주는 이가 있다는 것은 적잖은 행복이었을 것이다. 특히나 글을 쓰고 강연을 하는 사람 입장에서는 자신의 글을 읽거나 강연을 듣고 내용에 공감하는 이가 있음을 확인하는 일은 그 어떤 것보다 귀하고 소중한 경험이기 때문이다. 독재 정권의 설거지를 도맡은 구치소에도 민주화를 열망하고 바른 경제정책에 귀 기울이려는 사람이 있다는 사실은 또 다른 감회가 아닐 수 없었다. 후일 유인호는 이 일을 기회 있을 때마다 거론하였다.

유인호가 항소도 포기하고 쓰라린 마음을 삭이며 육군교도소에서 무료함을 달래고 있을 무렵 가족들은 하루하루 뒤틀리는 경험을 한다. 부인 김정완은 한국기독교교회협의회 인권위원회에 호소도 해보고 육군교도소 소장을 만나 사정도 해보았지만 날짜만 흐를 뿐이었다. 무엇보다 육군교도소 쪽에서 왜 유인호만 남아 있는 것인지 자기들도 잘 모르겠다고 하는 판국이니 더 말해 무엇 하겠는가. 그 와중에 초등학생인 막내딸은 근 6개월 만에 처음 아버지를 만났다. 육군교도소는 서울구치소와 달리 면회 연령에 따로 제한이 없는 덕분이었다. 뭐든 귀에 걸면 귀걸이 코에 걸면 코

유인호 평전, 사회변혁을 꿈꾼 민중경제학자의 삶

걸이인 시대의 기묘한 현실이었다.

마침내 인고의 세월은 끝났다. 12월 11일 새벽 5시, 유인호는 풀려났다. 6개월을 며칠 남기고 악몽 같은 세월이 끝난 것이다. 권력을 쟁취하기 위해 수단과 방법을 가리지 않던 신군부가 유인호를 체포할 때의 기세등등함은 다 어디로 가고 이번에는 야반도주하듯 슬그머니 몰래 풀어주는 것인지 참 모를 일이었다.

4
해직 교수,
그 새로운 도전

6개월 만에 집으로 돌아온 유인호는 한동안 홍제동 집이 익숙하지 않았다. 시간적·육체적 구속 상태가 오래 지속된 탓이다. 권력의 압박을 온몸으로 저항하면서 그나마 자아를 지켜온 유인호였지만, 정신은 자유로웠을지라도 육체는 그들이 정해놓은 규율과 시간에 익숙해졌던 까닭이다. 1980년 12월 11일 깜깜한 새벽 신군부로부터 유인호를 인계받은 부인 김정완은 6개월 만에 집으로 돌아온 그의 모습을 안타깝게 바라볼 수밖에 없었다고 회상한다.

사람의 습관이란 참 무서운 것이다. 그이는 집으로 돌아왔지만 감옥에 있던 습관대로 방에 가만히 앉아서 손만 만지작거리거나 시간을 가늠하려고 햇빛만 쳐다보기를 한동안 했다(시계 볼 생각은 하지 않고).[53]

하지만 안타까움은 정작 다른 곳에 있었다. 구금된 지 한 달 남짓 만인 8월 5일에 중앙대학교가 유인호를 해직했기에 사회적 공인으로서 그가 돌아갈 곳은 어디에도 없다는 점이었다. 연구실도, 강단도 없는 상황이 시작된 것이다. 이는 두 가지를 뜻했다. 직장을 잃었으니 월급이 사라졌다는 것이며 동시에 강단, 대학, 연구실 같은 활동 근거지가 없어졌다는 것이다.

그러나 직장에서 쫓겨나 월급 생활자에서 떠밀렸다는 사실과 그 때문에 활동 근거지를 잃는다는 것은 같은 의미가 전혀 아니었다. 적어도 유인호에게는 그랬다. 월급 때문에 받는 경제적 애로는 있을 수 있지만 출감 이후 그의 활동만큼은 이전보다 더욱 다양해지고 활발해졌기 때문이다.

재야의 명강사

새해로 접어든 1981년 1월 15일, 남한산성에서 벗어난 지 한 달 만에 유인호는 처음으로 강연을 의뢰받는다. 대한예수교장로회(통합) 총회 사회부가 그해 2월 말에 개최되는 제4차 교회 지도자 훈련 세미나에 유인호를 강사로 초청한 것이다. '한국사회연구' 라는 시리즈 강좌에서 각각 '정치적 측면' 과 '사회적 측면'을 맡은 진덕규, 한완상과 더불어 유인호는 '경제적 측면' 을 담당했다. 유인호는 신군부의 억압에서 풀려난 지 한 달이 겨우 지났을 뿐이었지만 두말할 것 없이 요청에 응하였다.

그는 유신 정권의 경제정책에 날선 비판을 마다하지 않았고 유신 정권을 잇는 신군부의 정책 또한 기조가 이전과 크게 다르지 않다면 강연은 기

육군교도소에서 출감한 이튿날인 1980년 12월 12일, 홍제동 자택을 방문한 송건호 선생과 이야기를
나누고 있다.

존 정책을 비판하는 내용이었을 것이기 때문에 그로서는 쉽지 않은 선택
이었다. 유인호는 출옥 후 처음 하는 강연을 앞두고 쓴 강의 메모에서 당
시 심정을 다음과 같이 고백한다.

강의 의뢰를 받고, 해야 하는가? 한다면 무슨 말을 할 것인가? 무중력 상
태라는 말, 요즘의 나의 생활을 말하는 것 같다. 어리둥절하고, 판단이 서지
않고, 몇몇 사람과 얘기해봐도 모두가 무중력 상태. 강연의 의미가 있을까?
특히 70년대 후반 많은 장소에서 거의 비슷한 말, 개신교의 여러 모임에서
많은 이야기를 했다. 청년, 학생들과 많은 얘기를 했다. …… 반성해본다. 오
늘 돌아볼 때 전부가 물에 씻겨 내려가버린 것 같다. 아무 흔적도 찾을 길 없

유인호 평전, 사회변혁을 꿈꾼 민중경제학자의 삶

는 것 같다. **설사 흔적이 없이 씻겨가고 말지언정 파도치는 모래사장에 글을 쓰는 심정으로 쓸 수밖에. 생각에 차이가 있고 현실을 보는 각도가 다르다 해도 더 나은 내일을 위해서 계속 노력할 수밖에.**[54]

"흔적이 없이 씻겨가고 말지언정 파도치는 모래사장에 글을 쓰는 심정"으로 "더 나은 내일을 위해서 계속 노력할 수밖에" 없다는 다짐으로 그는 수락하였다.[55] 신군부가 그를 6개월 동안이나 감옥살이를 시켰던 만큼 그에 대한 감시의 눈초리가 어느 때보다도 매서운 상황이었지만 그는 개의치 않았다. '134인 선언'을 준비하면서 내세운 그의 한결같은 지론, '지식인의 맡은 바 할 바'가 가장 우선적으로 작동한 덕분이었을 것이다.

이후 유인호의 대외 활동은 본궤도에 오른다. 특히 2월 24일 서울 수유리 아카데미하우스에서 열린 첫 강연은 바로 입소문을 탔다. 그 덕분에 여기저기에서 강연 의뢰가 쏟아졌다. 신군부가 정치 전면에 나선 1979년 12 · 12사태 이후 신군부의 수장인 전두환이 11대, 12대 대통령으로 취임하는 등 반민주화 역주행이 본격적으로 대세를 구축해가기 시작한 1981년, 나라를 걱정하는 많은 학생 · 시민 · 종교인들은 시대의 방향을 그의 강연에서 찾으려고 했다. 비슷한 강의가 3월 18일 한국기독교교회협의회 선교정책협의회 주최로 열렸고 4월 6일 한 조찬 모임에도 초대되는 등 마치 앙코르 공연처럼 강연은 이어졌다. 유인호가 재야의 명강사로 거듭나는 순간이었다.

출옥한 다음부터 중앙대에 복직해 강단에 다시 선 1984년 9월까지 3년 반 동안 그는 120여 치례 강연을 했다. 거의 매주 강연이 이어진 셈이다.

강연 장소도 다양했고 지역도 전국적이었다. 강연 주제는 출옥 후 처음 행한 '한국 사회문제─경제적 측면'을 비롯하여 '한국 경제 전망', '한국 경제와 농촌문제', '한국 경제의 실과 허', '경제 발전과 농업', '한국 경제 당면 과제', '다국적 기업의 이해와 한국 경제' 등 한국 경제가 주축을 이루었다. 그 외에도 '민주주의와 경제', '경제성장과 공해 문제', '공해란 무엇인가', '인간과 환경' 등 민주주의와 공해 문제가 테마로 등장했으며 '일제 치하의 경제 수탈', '한일 경제 관계의 구조', '한일 경제 협력의 반성' 등 한일 경제 관계를 비롯하여 '현대 국제경제 질서', '국제경제의 상황 변화', '제3세계의 경제 발전', '전후 자본주의 세계경제의 체제적 인식' 등 세계경제의 동향 분석과 한국 경제의 대응을 주제로 삼기도 하였다.

> 81년은 얼음장의 한 해였다. 봄이 시작한 것은 82년부터. 그동안의 축적도 있었으니 용기백배로 오늘은 동쪽, 내일은 서쪽, 잘려진 이 강산의 동서남북 전체가 나의 경제학 강의실, '경제 부흥사'라는 호칭도 받고.
>
> 신바람 나는 세월, 피로를 몰랐다. 그곳이 교회당이건 불당이건 일터의 마당이건 농촌의 길목이건 나의 강의의 초점은 "믿음과 가짐 그리고 앎의 차를 박차고 우리 하나 되어 더 좋은 내일을 창조하자. 외세에 눌리지 않고 독재자에 굴복하지 않고 우리의 힘으로 통일을 달성하자"로 집약되었다.[56]

유인호는 출감 후 해직 교수 시절 그야말로 현장을 누비며 시대를 진단하고 한국 경제의 왜곡된 현실을 비판하는 한편, 해결해야 할 선결 과제들

유인호 평전, 사회변혁을 꿈꾼 민중경제학자의 삶

'김대중내란음모 사건' 관련자가 전원 석방된 뒤 1982년 12월 25일에 한빛교회(담임목사 이해동)에서 환영 기도회가 열렸다. 아래에서 둘째 줄 가운데(십자가 밑부분) 안경 쓴 이가 유인호 교수다.

을 지적하면서 재야의 명강사로서 명성을 떨치는 세월을 보냈다. 시대를 아파하는 학생·시민·종교인들에게 그는 가이드였고 그의 주장은 크나큰 울림이었다. 당시 사회 구원을 강조하던 진보적인 개신교계나 천주교 목회자와 청년·신도들 사이에서 유인호는 고도성장의 그늘을 들춰내는 시대적인 아이콘이었다.

기독교사회문제연구소를 비롯해 전국의 교회가 그의 강연장이 되었다. 한때 기독교인임을 자임했던 그였지만 교회를 떠난 지금, 기묘하게도 그의 강연장에는 언제나 목사, 신부, 신도들이 가득했다. 당시 거대 교회가 유명 '부흥사'를 초빙해 교세를 키워가는 것처럼 그는 '경제 부흥사'가 되어 진국을 누볐다. 정확하게 말하자면 '경제 부흥'이 아니라 '고도성장 비판 부흥사' 였지만 그의 말 그대로 전국 곳곳이 강연장이었고 연구실이었다. 강연 내용은 조금씩 다듬어지면서 그의 글로 재탄생하였고 그렇게 마련된 글은 책이 되고 다시 책은 강연 현장에서 유인호를 만난 수많은 청중들이 경제 지침서로 읽었다.

지방 강연은 주로 해직 교수와 재야인사들이 함께 짝을 지어 그룹으로 진행되는 경우가 대부분이었다. 그 덕분에 에피소드도 적지 않았다. 암울한 가운데서도 재야인사들은 이런저런 모임을 만들어 교유하고 때로는 시민강좌에 함께 나서 시대의 아픔을 공유하였고 때로는 자연으로 나가 답답한 세월을 박찰 듯 넓은 하늘과 산과 들판을 가슴에 품었다. 당시 주로 리영희, 백낙청, 변형윤, 이호철, 송건호, 박현채, 조태일(시인), 정기용(건축가), 김영덕(화백), 박중기(사업가), 윤형두(출판인), 박석무(다산 연구가), 김상현(정치인) 등과 어울렸다.[57] 이들 멤버 중 한 사람이 '의악새 슬피 우니' 로 시작하는 가요를 잘 부른다고 해서 '의악새클럽'이라는 명칭도 나왔고 또 일부 중에는 등산을 좋아하는 이들로 뭉친 '거시기산악회' 란 이름도 나왔다. '웃자고 하는 말에 죽자고 덤빈다' 는 말처럼 정색하고 모임 이름을 정하면 형사들이 발끈하고 달려드는 시절인지라 모임 이름이 대단히 풍자적이었다. 하지만 유인호는 등산에는 별 흥미가 없었던 탓에 거시기산악회와 함께하는 등정은 거의 없었다. 하지만 그들은 시대를 함께 고민하는 동지이자 무엇보다 전국을 가로지르며 열리는 재야 시민강좌의 주축 연사들이었기 때문에 함께 술을 마시고 밥을 먹는 교류는 왕성했다. 말술을 불사하는 유인호인 데다 세월의 아픔을 공유하는 이들과의 만남은 허전한 마음을 메워주는 대단히 중요한 의식이었다.

유인호 평전, 사회변혁을 꿈꾼 민중경제학자의 삶

일곡은 중앙대에서 해직된 뒤로 전국 방방곡곡을 누비며 강연을 했다. 사진은 1982년 9월에 흥사단에서 '한일 경제 관계의 구조 재조명'을 주제로 강연하는 장면이다.

1975년부터 유인호가 농업 실험장으로 활용하고 있던 양평농장[58]도 해직 교수 그룹이 자주 찾은 공간이었다. 김정완은 1982년과 1983년에 으악새클럽, 거시기산악회 멤버들과 양평농장에서 자주 회동했다고 회고한다. 동리에서 조금 떨어진 산자락에 있는 농장이기에 주변 사람들을 의식할 필요도 없고 자유롭게 큰소리로 울분을 터뜨리기에는 그만한 곳이 없었다. 유인호가 해직 4년이란 세월을 "우리 현실을 같이 생각하고 살아남을 방법을 토론하던 4년은 잃은 것은 없고 얻은 것의 일방통행의 시간"[59]이라고 고백하는 까닭이기도 했다.

당시의 분위기를 미루어 짐작할 수 있는 일화가 있다. 2007년 10월 10일 유인호의 15주기를 기념하여 열린 기념·심포지엄의 '회고과담' 코니에서 빅형규 목사가 소개한 이야기도 그런 교유 과정에서 나온 에피소드 가운데 하나일 것이다. 당시 유인호는 이런저런 자리에서 "이런 상태로 가면 한국 경제는 망할 수밖에 없다"는 주장을 자주 폈는데 한국 경제가 그 후로도 여전히 건재한 것을 두고 하루는 박형규 목사가 유인호에게 농을 걸었다.

"유 교수님, 그간 '이대로 가다가는 한국 경제는 망하고 말 것'이라고 말한 게 벌써 몇 년째인데 왜 한국 경제는 안 망하는 겁니까?"

"때가 안 된 모양이지요. 그런데 목사님께 하나 물어봅시다. 교회에서 예수님이 다시 오신다고 한 지가 벌써 2,000년이 다 되어가는데 예수님은 왜 안 오십니까? 목사님들은 지난 2,000년 동안이나 온다 온다 해놓고 오지 않는 것을 아직도 여전히 주장하면서 한국 경제 망할 것이라고 말한 지 겨우 몇 년밖에 안 된 것을 가지고 제게 따져도 되는 겁니까?"

1983년 5월 유인호는 오랜만에 휴식을 얻는다. 정확히 말하자면 4월 30일부터다. 그의 생각과 주장을 지지하는 주변 사람들이 마련해준 일종의 포상 외유였다. 네덜란드 자유대학에서 한국의 경제개발과 관련한 연구 프로젝트를 추진하는 일에 유인호를 협력 연구자로 거론한 것이다. 그 과정에 한국기독교교회협의회가 다리를 놔주었다.

그러나 자유대학과 유인호는 협력 관계를 이루지 못하였다.[60] 자유대학은 연구 프로젝트의 방법론으로 계량 분석에 초점을 맞췄지만, 유인호는 한국 경제의 특수한 상황과 발전 과정을 고려해야 하므로 계량 분석으로는 현실을 정확하게 분석하지 못한다는 입장이었다. 국민총생산, 성장률 등 수치만 앞세운 고도성장 만능론에 비판으로 일관해온 유인호가 자유대학의 주장을 수용할 리는 만무했다. 당시 유인호는 자유대학에서 연구하면서 시간이 나는 대로 한국 교계의 재야 활동가들을 통해 독일 교포 사회를 방문하고 더불어 유럽을 돌아볼 계획이었는데 결국 자유대학 연구협력은 물거품이 되고 교포 사회 방문과 유럽 견학으로 초점이 모였다. 그것도 무려 45일 동안이나. 이미 파리를 거쳐 암스테르담에서 나흘을 지내고 독일로 들어가서는 본, 쾰른, 뮌스터, 뒤셀도르프, 베를린, 프랑크푸르트, 뮌헨 등을 섭렵하고 오스트리아, 이탈리아, 스위스, 프랑스, 영국 등 7개국을 돌아보는 여행 계획을 짜게 되었다. 한 달짜리 유레일 표도 구입해 유럽 곳곳을 직접 발로 더듬어보려고 계획한다. 진작부터 한 번 둘러보고 싶었던 선진국의 현장 견학이 뜻하지 않게 시작된 셈이다.

그런데 그곳에서도 유인호의 강연은 계속된다. 원래는 자유대학에서도 강연이 계획되었으나 때마침 벌어진 대학의 파업 사태로 성사되지 못했다. 하지만 독일에서는 사정이 전혀 달랐다. 유인호는 당시 독일 교포 사회에 김대중내란음모 사건으로 옥살이를 한 재야인사, 《한국경제의 실상과 허상》과 《민중경제론》의 저자로 잘 알려져 있었기에 교포 사회에서는 물론 한국에 관심이 있는 독일 지성 사회에서도 명사급 연사였다. 그렇게 해서 유인호는 독일 곳곳에서 '한국 경제의 반성과 과제'라는 제목으로 강연을 수없이 이어갔다.[61] 강연장은 교회, 공회당, 경우에 따라서는 교포의 집이었는데 한국의 민주화를 갈망하는 그곳 교포들의 성원이 어찌나 대단했던지 강연 후에 질문과 답변이 끊이지 않아 초저녁에 시작한 강연이 자정을 넘기기 일쑤였다. 무엇보다 교포들이 조국을 사랑하는 마음에 유인호는 큰

1983년 5월 독일 여러 곳을 방문해 재독 학자, 유학생들과 교류하며 수차례 강연을 했다. 베를린에서 송두율 교수 가족과 당시 유학 중이던 김세균 교수 가족과 함께 시내를 관광했다.

감동을 받았다. 교포들의 거듭된 환대에 감사하면서도 유인호는 어려움을 함께 겪은 민주화 투사들이 생각나 가슴이 아팠다.

나라를 생각하는 마음은 하나다. 생전 처음 만나면서도 수십 년의 친구보다 더 진한 포옹, 눈물밖에 나오지 않는다. 모두가 눈물을 흘리면서 서로 얼굴을 쳐다본다. 나는 꼭 죄를 짓고 있는 느낌이다. 그 숱하게 고통받는 수많은 사람들에게 미안할 뿐이다. 내가 꼭 그들이 받아야 할 대접을 빼앗는 것 같다. 나보다 고문을 당해도 몇 배 몇십 배 더 당했고, 생활고를 겪어도 몇 배, 몇십 배 더 겪었다. 마땅히 그들이 받아야 할 대접이 아닌가. 미안할 뿐이다.[62]

진지함 가운데서도 유인호는 늘 여유를 잃지 않았다. 사실상 강행군이 이어지는 강연 때문에 유인호는 잠도 충분히 자지 못했지만 충만한 정신적 자유를 만끽할 수 있었다.

(강연 모임을 마치고) 장 아무개 목사 댁에 돌아온 것은 새벽 1시가 약간 넘었다. 놀라운 두 가지. 1) 하루 평균 4시간 이상 자지 못하는데도 건강은 끄떡없다. 어떻게 된 셈인가? 바로 쓰러져야 할 상황인데도 3시간 또는 4시간 자고 나면 몸은 찌뿌듯하지만 견딜 만하다. 2) 독일에서(베를린에서도) 단 한 사람의 군인을 보지 못했다. 베를린에서는 4개국 군대가 주둔하고 있는 것이 분명한데 그들은 눈에 뜨이지 않은 곳에 숨어 사는지. 그만큼 평화를 소중히 여기는 때문일까?[63]

유럽 곳곳을 몸소 거닐면서도 그는 한국 사회를 한시도 잊지 못했다. 스위스의 명산 융프라우에도 올랐지만 그의 고민은 한시도 사그라지지 않았다. "스위스는 이렇게 험한 국토를 아름답게 가꾸고 잘사는데 왜 우리는 기초산업(농업)을 망각하고 시행착오만 거듭해온 것일까?"[64] 오스트리아에 가서는 "지세가 우리나라와 흡사하다. 도나우 강을 멀리 바라보는 풍경은 우리나라와 착각할 정도다. 그런데 이 나라는 어째서 이렇게도 잘 산단 말인가? 농촌과 도시는 완전히 모든 면에서 평준화되었다. 아니, 농촌이 오히려 더 잘산다고 한다"[65]며 놀라워한다. 그의 연구에 대한 열정이 다시 솟구치는 순간이었다.

하지만 유인호는 흔한 선진국 동경심과는 한 발짝 물러나 있었다. 오스트리아 빈에서 슈테판대성당을 견학하고 호텔로 돌아가는 길에 탄 택시에서 유인호는 택시 기사와 이야기를 나누다 유럽 견학의 본질을 떠올린다.

"빈은 참 좋은 곳이네요."

"일부 층에게는 좋겠지만 대부분은 못산다. 여행자가 뭘 안다고 좋다고 하느냐."

'아차 내가 빈의 한 면만 보고 있구나. 어디든 사회적 문제는 대두하고 있는 법이니.' [66]

강연은 이제 국내외를 막론하고 그가 어디에 있든 유인호의 생활이 되었다. 45일 동안 유럽을 견학하고 돌아온 6월 16일, 유인호는 김포공항에서 곧바로 유학 시절을 보낸 일본으로 이동한다. 꼬박 28년 만에 맛보는 일본이다. 감회가 새로울 수밖에 없었다. 이종구, 이종원 등 유학생들의 안내를 받아 도쿄 재일한국와이엠시에이(YMCA)에 여장을 풀었다. 낯익은 글씨를 보니 가슴 속 깊이 묻어둔 유학 시절의 친구들과 선생님들의 얼굴이 눈에 삼삼하다.

도쿄에서는 서울의 조승혁 목사(당시 기독교사회문제연구원 원장)가 미리 배려한 덕분에 김군식 목사(당시 재일대한기독교총회 총무), 지명관(당시 도쿄 여자대학 교수) 등과 회동하면서 근 30년 만에 다시 도쿄를 만끽하였다. 그리고 6월 20일 마침내 그렇게도 꿈에 그리던 교토를 향해 신칸센에 올랐다. 유럽으로 떠나기 전에 도시샤(同志社)대학의 강연 초청을 받았기 때문이다. 그러나 너무나 많은 세월이 흐른 탓에 마음에 그리던 교토역은 이미 옛 모습이 아니었다.

유인호와 대학 동기인 모토오카 교수는 유인호의 일기를 50여 년 동안 대신 보관해줬다. 2007년 5월, 모토오카 교수는 교토로 찾아온 유인호의 아들 권에게 일기를 돌려준다.

6월 21일 도시샤대학에서는 '한국의 경제와 민중' 이란 주제로 강연을 했다.[67] 강연을 마치고 근 30년 만에 리쓰메이칸(立命館)대학 유학 시절 학우인 모토오카 아키요시(本岡昭良) 류코쿠(龍谷)대학 교수, 시미즈 사다토시(清水貞俊) 리쓰메이칸대학 교수를 만났다. 특히 모토오카와는 학부와 대학원에서 깊은 우정을 나눈 사이인 데다 28년 전 유인호가 일본을 떠날 때 물건을 맡길 만큼 각별했다. 맡겨놓은 물건이란 유인호가 1949년부터 1955년까지 6년 동안 일본에서 생활하면서 기록한 일기장과 신변 기록 등이다. 자신의 속내 전부를 기록한 내용은 맡겨놓은 정도니 유인호와 모토오카가 얼마나 진문이 누터웠는지 짐작하고도 남을 것이다. 그날 유인호는 모토오카에게 맡겨놓은 물건을 좀 더 가지고 있어달라고 요청한다. 나중에 아들이 찾으러 오거든 그때 전해달라는 부탁과 함께.[68]

유인호는 그때 무슨 생각을 하였을까? 한국 사회의 레드 컴플렉스(극단적인 반공주의)가 아직 진행 중이라는 생각 때문이었을까? 아니면 옛 기록을 곁에 두는 것이 자신에게는 물론 주변 모두에게 부담이 된다고 보았던 것일까? 아니면 10년 후에 맞을 자신의 운명을 읽은 것일까? 정확한 속내는 알 길이 없겠지만 그가 모토오카에게 맡긴 일기 등은 나중에 결국 그의 유품이 되어 돌아왔다. 유인호가 고인이 된 지 15년이 흐른 2007년, 아들 권과 막내 딸 선진이 교토의 모토오카 교수를 찾아가 유품을 받아왔다.

교토에서 보낸 일주일은 만감이 교차하는 시간이었다. 젊음을 구가하며 토론을 하면서 고민을 풀었던 리쓰메이칸대학 교정(현 리쓰메이칸 수자쿠캠퍼스)[69]뿐만 아니라 그곳에서 가까워 당시 자주 들러 꿈을 키운 교토교엔(京都御苑)도 반가웠다. 교토교엔은 교토를 상징하는 도심 공원으로, 넓이가 무려 19만 평에 이른다. 유인호는 근 30년 만에 그곳의 벤치, 숲, 자갈길 등을 앉아보고 걸어보고 더듬어보면서 세월을 돌아보았다.

이 넓은 잔 자갈길, 숲속의 잔디밭, 얼마나 많은 토론을 한 곳인가? 이 자갈길에서 나는 형성되었다. 30년도 더 되는 때. 나는 30년 후는 알 수 없었고, 그때 주어진 환경에서 최선의 생활을 살고 있을 때였다.[70]

교토에서는 고학생 시절이라 워낙 여기저기 이사를 많이 했지만 그래서 첫 정이 들었던 우메즈(梅津) 골목을 더듬어보기도 했다. 참으로 오랜만

유인호 평전, 사회변혁을 꿈꾼 민중경제학자의 삶

에 맛보는 차분한 안정감이었다.

해직 교수, 연구자로 거듭나다

연구자는 연구실을 떠나면 불안하다. 이삼 일만 책상에서 벗어나도 좌불안석이 따로 없다. 여행 중에라도 읽을거리를 찾아 읽고 사물을 관찰하면서 생각하고 돌이켜보는 것이 사회과학자들의 모습이다. 자신들이 의식하든 의식하지 않든지 그러한 모습은 실제로 그들을 관성처럼 지배한다. 유인호 또한 사회과학자이자 연구자인지라 감옥살이와 출옥, 해직을 겪으면서 몇 년 동안을 연구실에서 떠나 있을 수밖에 없었기 때문에 연구자로서 고민이 적지 않았을 것이다.

그러한 고민의 출구가 강연이었음은 이미 앞에서 거론한 대로지만 문제는 연구자에게 강연이 줄 수 있는 카타르시스 효과가 그리 크지 않다는 점이다. 왜냐하면 강연은 연구자가 이미 습득한 정보와 분석한 해석을 제3자에게 펼쳐내는 행위이기 때문에 정작 연구자 자신에게는 조금도 새롭지 않기 때문이다. 강연이 반복되면 연사의 논리가 분명해지고 주장의 강약 조율이 섬세해지는 효과를 볼 수 있다. 하지만 새로운 연구, 더 큰 그림을 체계적으로 연구하는 데까지 이르지 못하고 정해진 범주 내에서 최소 분량만을 거론해야 하기 때문에 연구자 자신의 갈증을 풀어주기에는 한계가 있다.

이에 유인호는 다시 새롭게 도전한다. 해직 교수 연구자로서의 자체 위상을 스스로 규정한다. 그가 그동안 부분적으로 나눌 수밖에 없던 강연 수

해직교수협의회가 결성된 뒤로 해직 교수들은 더 자주 만났다. 지금은 고인이 된 성래운 교수, 김병걸 교수, 장을병 교수, 김진균 교수 등의 얼굴이 보인다. 뒷줄 오른쪽에서 넷째가 일곡이다.

제와 전체적이고 큰 주제를 다루었다고 하더라도 시간 제약과 다양한 청중이란 변수 때문에 제대로 거론할 수 없었던 강연 주제를 종합적으로 보완키로 한 것이다. 그 결실이 바로《민중경제론》(1982),《한일경제 100년의 현장》(1984),《민족경제의 발전과 왜곡》(1985)임은 두말할 것도 없다.

그의 많은 저서 가운데 '론'으로 명명된 것은 첫 저서인《경제정책론》(1960)과《민중경제론》둘뿐이다. 이 둘 가운데《경제정책론》은 강의용으로 집필된 것으로 교과서적인 성격이 강하다는 점에서 평론이 중심인《민중경제론》과 구별된다.《민중경제론》은 유인호의 민중을 중시하는 역사인식이 스며 있다는 점에서 '론'이라는 이름을 붙이기에 조금도 부족함이 없다. 유인호는《민중경제론》서문에서 '민중'에 대해 이렇게 설명한다.

돌이켜보건대 70년대란 밖으로는 '공포의 균형'의 연대로 불리며 안으로는 대립과 갈등의 결정판으로 이어졌다. 그것은 **권력과 민중의 대결장이었으며 대결의 지속은 '민중 시대의 개막'**을 알리게 하였다. 그리하여 80년대는 모름지기 '대결의 승화'가 객관적으로 요망되고 있으며, 70년대가 남긴 갖가지 모순의 극복과 80년대에 요망되는 새로운 사고·가치·질서의 구현은 다름 아닌 '승화'의 논리로서만 이룩될 수 있다는 교훈을 우리들은 지난 연대의 역사에서 배웠다.

그리고 오늘 어느 누구도 부인할 수 없는 또 한 가지 교훈은 앞으로의 **역사는 민중의 요구를 외면하고서는 진행될 수 없다는 점이며 경제의 주인은 민중이어야 된다는 점이다.** 물론 이것은 하루아침에 이루어질 수 있는 것이 아니라고 하더라도 이미 우리에게는 역사의 당위적 과제로서 제시되고 있다는 것은 사실이다.[71]

물론 《민중경제론》은 1972년에서 1980년 초까지 여기저기에서 발표한 평론 스물두 편으로 구성되었기 때문에 '민중경제'라는 한 가지 주제를 염두에 두고 새롭게 장절을 구성하고 주장을 다듬어 쓴 책은 아니다. 하지만 유인호의 관심 주제가 '고도성장의 그늘에 대한 재조명', '국제경제 질서 안에서 한국 경제가 자립하는 문제' 등에 집중되어왔으며 1960년대와 1970년대 내내 그와 관련된 평론만을 발표해왔음을 감안하면 《민중경제론》은 한 가지 주제, 즉 '민중'이라는 테마에 대해 10년이라는 시간적 범주 안에서 여러 가지를 각각 다른 각도에서 다루고 있다고 해도 과언이 아니다. 스물두 편은 〈한국경제 인식의 좌표〉, 〈60년대 경제성장의 반성〉,

〈70년대 고도성장의 회고〉, 〈경제협력과 국제경제〉 등 크게 넷으로 구분되어 있으며 각 주제와 관련된 각각은 마치 한 방향을 향해 목소리를 모아가는 것 같은 느낌을 받는다.

《민중경제론》의 스물두 편 중 다섯 편은 1978년에 출간한 《한국경제의 실상과 허상》에 담긴 글을 그대로 게재했으며 또 1972년에 내놓은 《한국경제의 재평가》에서 여섯 편(이 가운데 한 편은 《한국경제의 실상과 허상》에도 게재되었다)을 전재(轉載)했다. 이렇게만 보면 '민중경제론'으로서 신선함이 떨어지는 듯하지만 실상은 그렇지 않다. 유인호는 그즈음 한 기고문에서 《민중경제론》에서 거론하는 민중 인식의 필요성에 대해 이렇게 지적한 바 있다.

> 70년대는 민중이 확인되고 또한 그들의 주장이 한곳으로 묶인 연대라고 하겠다. 그리고 80년대는 이들이 더욱 성장하여 역사를 창조하는 주인의 모습을 갖추는 시대가 되어야 한다. 더욱이 스스로 민중임을 자각하지 못한 다중(多衆)이 자기 존재의 위치를 확인하는 연대가 될 것이다.[72]

말하자면 《민중경제론》은 민중의 시대를 열어가기 위해 아직 민중의 시대를 자각하지 못한 다중, 스스로 민중임을 의식하지 못한 다중에게 러브콜을 보내는 심정으로 재구성된 것이다. 그의 민중 중심 역사관은 《한국경제의 재평가》(1972)에서 일찌감치 확인할 수 있다. 《한국경제의 재평가》 역시 《민중경제론》이나 《한국경제의 실상과 허상》과 같이 여기저기에서 발표한 평론을 묶어놓았다는 공통점이 있는데 책 서문에서 유인호는 왜 평론집을 묶어냈는지에 대해 세 가지로 나누어 설명한다.

이미 발표한 논문들을 그대로의 문장으로(몇 편의 제목을 고쳤을 뿐) 한 권의 책으로 엮은 데는 필자 나름의 이유가 있다.

첫째는 대부분이 최근의 문제를 다룬 것이므로 그것은 그대로 현실성을 지닐 수 있으며 '현재를 해부' 하는 성격을 유지할 수 있다고 생각되었기 때문이다.

둘째는 발표의 장소가 여러 곳에 흩어져 있는 것을 한곳에 모음으로써 필자의 '한국 경제관' 을 통일적으로 제시하고, 그렇게 함으로써 독자로 하여금 한국 경제의 오늘의 '상(像)' 을 전체적으로 관찰할 수 있게 해보고 싶었던 점이다. 이 점은 동시에 필자에 대한 독자로부터의 종합적인 비판에 도움도 될 것으로 안다.

셋째는 성장의 밝은 면에만 집착하는 정책 당국과 일부 식자들에게 정반대의 견해를 묶어서 제시함으로써 위기 상태인 경제문제를 해결하는 데 조금이나마 보탬이 되었으면 하는 점이다.[73]

이렇게 보면 《민중경제론》은 유인호에게 단순한 평론 모음집이 아니었다. 10년 전에 《한국경제의 재평가》를 묶어낼 때의 심정과 해직 교수로서 그가 세상을 바라보는 심정이 크게 다르지 않았다. 유인호가 《민중경제론》의 서문에서 《한국경제의 재평가》(1972)의 서문을 두 쪽이나 그대로 인용한 것이 그 증좌가 될 것이다.

어쩌면 해직 교수로서 느끼는 압박감은 10년 전보다 훨씬 더 절박하게 다가왔을 것이다. 더구나 '민중' 에 대한 관심을 고려할 때 자신의 논리를 다시 한 번 재정리하여 모으고 묶어서 비판이 날을 세워가야 한다는 당위감이 적지 않았을 것이다. 유인호가 민중 주체 역사관에 입각한 민중에 대한 자신의 고백을 위해, 민중이 자신을 스스로 민중이라고 의식해주기를 바라는 마음에서 탄생한 것이《민중경제론》인 것이다. 《민중경제론》은 그의 해직 교수 시절을 관통하는 도전이고 남은 삶에 대한 방향성을 자기 규정하는 인생 고백이었다.

그리고《민족경제의 발전과 왜곡》역시 평론집으로, 그 안에 담겨 있는 평론 네 편은 모두 교수로 복직한 뒤에 발표한 것이다. 하지만 각 평론의 내용과 방향은 기본적으로《한국경제의 재평가》,《한국경제의 실상과 허상》,《민중경제론》의 연장선상에 있다고 해야 할 것이다.《민족경제의 발전과 왜곡》이《민중경제론》을 묶어낼 때보다 한결 유화되었을지라도 내용에서만큼은 이전 문제의식과 전혀 다르지 않다.

해직 교수 연구자로서 유인호의 도전은《한일경제 100년의 현장》에서 가장 빛난다. 사회과학 분야가 법학, 정치학, 경제학, 사회학 등 다양한 학문적 갈래를 지니고 있지만 한국의 사회과학자들이 자신을 둘러싼 시대적 컨텍스트(context)를 감안한다면 개별 학문 분야가 무엇이든 일본이라는 문제를 피해 갈 수 없을 것이다. 일본의 식민지 경험, 한일 양국의 법적 · 제도적 유사성, 후련하게 청산되지 않은 대일 감정 등에서 아무도 자유로울 수 없기 때문이다. 특히 일본에서 학문을 시작한 유인호는 일본을 빼놓고서 자신의 학문을, 아니 삶 전체를 거론할 수 없다고 인식한다. 그 때문에 유인호에게 일본은 각별한 연구 주제였으며 누구보다 예의 주시하지 않으면 안 되는 대상이었다.

한일 관계의 맥을 짚다

그 이전에도 유인호는 일본 관련 글들을 적지 않게 발표해왔지만 해직 교수라는 무관의 연구자로서 본격적으로 일본 연구에 몰두하기로 작정하였다. 그렇게 해서 탄생한 것이 《한일경제 100년의 현장》이다. 유인호의 단독 저서 열세 권 가운데 1975년 출간한 《한국농지제도의 연구》이후의 저작은 현실을 직시하는 경제평론이 중심을 이루었으나 《한일경제 100년의 현장》은 다시 본격적인 학술 연구 저작이다. 이 저작은 유인호의 마지막 전문 학술 연구의 결실인 셈이다.

> 많은 해직 교수들이 해직 기간에 남긴 연구 업적은 크다. 그들 모두가 놀지 않고 보람을 찾고 있었다. 나도 10년 이상이나 미루어오던 숙제를 풀어보기로 했다. 연구의 중간보고이기는 하지만 《한일경제 1백년의 현장》은 4년간 남긴 몇 권의 책 중에서 두고두고 간직하고 싶은 나의 한(恨)의 일부분이다.[74]

유인호에게 《한일경제 100년의 현장》이라는 책은 각별했다. 그가 고백하는 '두고두고 간직하고 싶은 나의 한(恨)의 일부분'은 과연 무엇일까? 힘들었던 일본 유학 시절을 뜻할 수도, 찬바람 몰아치던 서대문구치소에서 겪은 수난을 지칭하는 것일 수도 있겠지만 분명한 것은 일본 연구, 한일 관계 연구에 대한 그의 열정은 고도성장의 이면 비판 이상으로 중대한 의미를 지닌다는 사실이다.

그는 맹목적인 반일 감정의 숭배사가 아니었다. 오히려 양국 민중의 서리낄 것 없는 교류를 회복하고 제도와 이념에 구애받지 않는 민중의 연대를 위해서라도 지난 반목의 역사, 일방적인 지배의 논리, 협력이란 이름으로 빚어지는 의존 체계의 본질을 직시해야 한다고 주장한다. 친일은 물론 당연히 아닐 테지만 반일 또한 아니었다. 오히려 한일 양국의 민중 연대를 전제로 한 제3의 길을 모색했다는 편이 더 정확할 것이다. 특히 그가 일본의 지배층과 일본 민중을 구분함으로써 단순한 일본 비판론을 뛰어넘는 민중의 연대 가능성을 피력하고 있다는 점은 오늘날에도 시사하는 바가 적지 않다. 이는 21세기 한류 붐이 일본 전역을 흔들고 하루 1만 명 이상이 양국을 오가는 오늘의 현실을 앞서 내다본 유인호의 선견지명이자 한일 관계의 바람직한 미래상이기도 하다. 《한일경제 100년의 현장》 서문에서 그는 이렇게 주장한다.

한국과 일본은 너무나 가까운 이웃이다. 그러므로 예나 지금이나 두 나라는 싫건 좋건 서로가 오기도 하고 가기고 하고, 주기도 하고 받기도 하고, 좋아하기도 하고 미워하기도 하면서 끊을 수 없는 이웃으로 연결되고 있다. 앞으로도 두 나라는 지난날의 연결을 어떠한 모습으로건 간에 이어갈 수밖에 없다. 한때 두 나라의 권력 지배층은 그들의 권력 기반의 유지와 보강을 위하여 두 나라 민중의 역사 창조의 올바른 방향을 억압함으로써 민중의 희생을 강요한 바 있다. 권력 지배층의 사주에 속아 두 나라 민중은 반목하기도 하고 미워하기도, 싸우기도 하였다. 이러한 역사는 단절되어야 한다. 두 나라의 민중이 반목하고 미워하고 싸워야 할 이유는 없다. 권력 지배층의 요구가 어떠하거나 **두 나라 민중은 굳게 손잡아야 하며 힘을 합하여 권력 지배층의 요구를 무찔러야 한다.** 그리하여 서로가 가기도 하고 오기도 하고, 주기도 하고 받기도 하고, 얼싸안기도 하고 눈물을 흘리기도 해야 한다. 억압도 없고 수탈도 없고 지배도 없는 곳에서 오고 가고, 주고받고 얼싸안을 수 있어야 한다. 그리하여 이 폭을 세계로 넓혀나가야 한다. 제도와 이념에 구애받지 않는 민중의 연결이 곧 오늘 세계 평화의 기틀이 될 수 있지 않을까? 우리는 이것을 가까운 곳에서 찾아야 한다.

……

한일 간의 과제는 두 나라에 관련되어 전개된 근세사를 솔직하게 인식하고 그 위에서 손잡아야 한다. **과거에 대한 이해와 반성을 생략하고 손잡는 것은 잘못이다. 두 나라 젊은이들이 10년 후, 100년 후 '이웃사촌'으로 지내야 하며 그러기 위해서도 서로의 과거를 냉혹하게 비판하고 반성할 수 있어야 한다.** 그리하여 앞으로 두 나라 민중은 두 번 다시 괴로운 과거를 반복해서는 안 된다. **권력 지배층의 필요에 따라 움직여서도 안 된다. 그러기 위해서도 괴로웠던 과거를 덮어두지 말고 파헤쳐야 하고 거기에서 민중의 연대 논리를 찾아야 한다.**[75]

유인호는 한국이 당시 직면하고 있는 가난과 고통이 지난 100년의 뒤틀린 역사 때문이라고 진단한다. 이 때문에《한일경제 100년의 현장》은 지난 100년의 수난사를 '한일 경제'라는 창문을 통해 바르게 파악하는 지침서로서 자리매김할 수 있을 것이다. 그러한 100년을 파악하는 작업이 제대로 진행될 때 비로소 '자주·자립·독립'의 역사 창조 원리를 찾을 수 있다고 보았다. 그는 지난 100년이 뒤틀리게 된 원인이 비단 일본의 침략 세력에만 있다고 보지 않는다. 침략 세력과 그들을 앞세워 자기 몫을 챙겨온 특권 지배층의 존재를 지적한다.

침략 세력과 그 침략 세력의 품 안에서만 스스로를 보전할 수 있었던 특권 지배층, 이 양자에 비친 '민족·민주·민중'의 성장 운동은 그들의 생존 조건을 부인하는 것이었으므로 말살의 대상으로 간주되었던 것이다. 그들은 이 땅에서 영원히 '민족·민주·민중'을 추방함으로써만 이미 획득한 권리와 수탈 질서를 보존할 수 있는 것이다. 일제 식민지하에서 그들 침략 세력은 거의 '완벽'하게 기득권과 수탈 질서를 유지하기 위한 장치들을 마련하여 영구히 지배하려 하였다.[76]

하지만 유인호는 '한일 경제 100년의 역사'를 파악하는 목적이 양국의 권력 지배층을 찾아내어 미워하고 응징하고 복수하는 데 있는 것이 아니라고 강조한다. 오히려 유인호는 그 같은 사람들이 두 번 다시 역사의 현장에서 등장하지 않도록 하기 위하여 비판하고 반성함으로써 민중이 제자리를 다시 한 번 확인할 수 있도록 하자는 데 그 목적이 있다고 주장한다. 이렇게 보면 《한일경제 100년의 현장》과 《민중경제론》은 '민중 주체 역사관'이라는 동일한 입장에 서서 각각의 주제를 다루고 있다 하겠다.

《한일경제 100년의 현장》은 논문 세 편 〈일제의 조선 침략 사고—그 연속성과 미결의 장〉, 〈일제의 조선 강점과 식민지하의 민중경제〉, 〈한일 경제 협력의 전개 과정—경제 협력의 반성〉으로 짜여 있다. 그중 〈일제의 조선 침략 사고〉는 일본 지배 계층의 조선 침략 발상을 시기적으로 정리한 것이다. 유인호는 고대로부터 시작된 왜구의 준동이 있기는 했지만 그것은 일시적인 해적 행위였을 뿐 본격적인 침략적 사고는 1592년의 임진왜란을 계기로 시작되며 이로써 일본 내셔널리즘이 태동되었다는 지적을 비롯하여, 메이지유신(1868년)의 주역들이 대외 문제에서는 한결같이 강력한 대외 침략론을 지지하는 자들이었으며 이러한 일본의 특권 지배층의 침략적 사고는 식민지 시대를 거쳐 오늘에까지 면면히 이어져왔다고 하는 지적[77]은 이 논문에서 가장 돋보이는 대목이라고 하겠다.

특히 이 논문에서 유인호는 일본의 특권 지배층을 거론할 때마다 '일본의 민중과 대립되는 계층' 이라는 설명을 달 정도로 일본의 지배 계층과 민중을 분리해 대응한다. 그가 한일 민중의 연대 가능성을 열어놓고 한일 관계의 새로운 관계 정립을 꿈꾸고 있음을 짐작할 수 있다.

아울러 이 논문은 2012년 현재 한일 양국의 최대 쟁점인 '일본군위안부' 문제에 대해서도 매우 깊숙하게 다룬다. 유인호는 일본군위안부 이외에도 원폭 피해자, 한국인 B·C급 전범[78]들을 거론하며 "식민지 시대 문제들이 여전히 미결로 남아 있다"[79]고 지적한다. 당시로 보면 한국 사회가 거의 관심을 두지 않았던 '식민지 시대 미결 문제'에 대해 유인호는 경종을 울리면서 이들의 복권이 해결되지 않는다면 한일 관계는 그 어떤 경제 협력의 성과가 나온다고 해도 본질적으로 회복된 것이라고 볼 수 없다고 주장하였다.

셋째 논문인 〈한일 경제 협력의 전개 과정―경제 협력의 반성〉에서 유인호는 '식민지 시대 미결 문제'가 나오게 된 원인을 1965년 한일기본조약에서 찾는다. 박정희 정권이 앞뒤 따지지 않고 한일 국교 정상화를 밀어붙인 탓이라는 것이다. 1965년 당시 대일 굴욕 외교 반대 운동이 전국적으로 번지면서 한일기본조약을 제2의 한일합방조약이라고 비판한 배경이 바로 그것이라는 지적이다.

한일 간의 기본조약은 일본 제국주의에 의한 조선의 식민지 통치가 끝난 지 20년이 경과한 시점에서 체결된 것이지만 거기에 있어서는 마땅히 과거의 역사(통감 정치 이후 40년간의 식민지 약탈 시대)에 대한 청산의 표현이 있어야 한다. 즉, 일제 침략 40년간에 대하여 어떠한 형식으로든지 평가가 있어야 한다. 그러나 기본조약에서나 '공동성명(기본조약 조인 후의 양국 외무 장관의 공동성명)'에서나 과거 침략 시대에 대한 일본 측 태도는 '사과'한다든가 '반성'한다는 의사 표시는 단 한 번도 없었다. 다만 기본조약 제2조에서 "1910년 8월 22일 및 그 이전에 대한제국과 대일본제국 간에 체결된 모든 조약 및 협정이 이미 무효임을 확인한다"고 하였을 뿐이다.

　　......

일제에 의한 침략과 수탈의 역사를 마무리 짓고 앞으로의 관계를 정상화하는 조약으로서는 너무나 굴욕적이다.[80]

이뿐 아니라 굴욕적인 조약보다 더 심각한 문제는 한일기본조약을 계기로 한국 경제가 빠르게 일본 경제로 예속됐다는 점이다. 그 구체적인 증거로 그는 한일 무역 불균형 구조, 일본 공해 산업의 한국 유입 등을 꼽는다. 예컨대 1966년부터 1982년 사이 17년간 대일 무역역조 규모가 같은 기간 한국의 대일 수출 총액인 249억 7000만 달러에 육박하는 239억 2000만 달러라고 지적[81]하며 문제의 심각성을 호소한다. 2011년 대일 무역수지 적자 규모가 전년보다 76억 달러나 축소되었다고는 하지만 285억 8900만 달러를 기록하고 있음을 보면 한일 양국의 수지 불균형 문제는 지금까지 계속 이어지는 난제다.

둘째 논문인 〈일제의 조선 강점과 식민지하의 민중경제〉는 여러 가지 구체적인 지표들을 동원하여 식민지 초기(1910~1919년)의 경제사를 치밀하게 재현했다. 유인호는 "일본 제국주의에 의한 침략과 약탈 과정은 조선 민중의 몰락 과정을 뜻한다"[82]고 전제하기 때문에 1919년 이후 사정에 대한 연구 관심 또한 지대했다. 그것이 바로 그가 《한일경제 100년의 현장》을 하나의 '중간보고'로 자리매김하는 까닭이다.

당초 그의 경제사 연구 계획은 좀 더 포괄적인 것이었다. 그것은 《한일경제 100년의 현장》의 후속 연구를 통해 식민지기 전반은 물론 19세기의 서세동점(西勢東漸) 속에서 흔들리는 동아시아 각국의 변화, 전후 한국 경제와 동아시아 경제 동향 등을 포함한 총체적인 내용이었다.

> 19세기 세계사 전개 속에서 일어나는 아시아의 변화, 그 속에서 중국 대륙이 찢겨가는 모습, 한편 일본의 위기와 그 극복의 특수성, 그 속에서 짓밟히는 우리의 역사, 참으로 '대하소설'로써나 쓸 수 있는 갖가지 양태가 세계사라는 하나의 줄기에 엮어져가는 것이었다.
>
> ......
>
> 그리고 그때는 (이 모든 계획이 제대로 이루어진다면) '현장 인식'을 주로 한 이 책 《한일경제 100년의 현장》과는 달리 사회 발전의 과정에서 본 '한국 경제의 근세사'가 될 것이며 19세기에서 20세기에 이르는 근 200년에 걸친 과정에 우리나라의 사회경제가 어떠한 역사적 변질을 하였으며 또한 발전을 하게 되었는가에 초점이 놓일 것이다.[83]

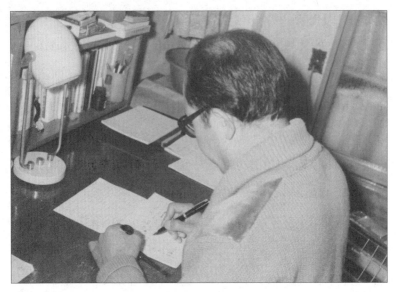

일곡은 옥고를 치르고 나와 저술 작업에 더욱 매진한다. 서재에서 원고를 쓰면서 파이프 담배를 즐겼다(1981년 2월).

하지만 안타깝게도 유인호는 총체적인 경제사 기술이라는 꿈을 이루지 못했다. 그의 원대한 꿈은 《한일경제 100년의 현장》 뒷부분에 첨부된 1차 자료에서도 충분히 확인할 수 있다. 자료는 우선 1876년 2월 26일 체결한 조일수호조규(강화도조약)를 비롯하여 '1876년부터 1910년 사이에 한(조선)일 두 나라가 체결한 주요 조약과 협정문'을 꼼꼼하게 번역해놓았다. 다음으로 '조선(한국) 문제에 관한 제3국 간의 주요 조약과 협정문', '일제 총독부 치하의 주요 법령과 일본 자본의 주요 회사 목록(1910~1945)' 그리고 한일기본조약 등 '한국과 일본 간의 조약과 협정문(1965~)'이 포함되어 있다.

《한일경제 100년의 현장》은 후학들에게 본격적인 일본 연구와 한일 관계 연구를 위해 적지 않은 가이드 구실을 했음은 물론 자료집만으로도 큰

의의가 있다고 하겠다. 유인호가 당초 계획한 대로 후속 경제사 연구에 뛰어들지 못한 것은 우리 경제사학계로서 아쉬움이 크지만 그가 남긴 자료집은 관련 연구에 많은 도움이 되었음은 두말할 나위도 없다. 한 해직 교수의 연구에 대한 집념을 읽을 수 있는 대목이다.

5

4년 만에
다시 선
대학 강단

시작이 있으면 끝도 있는 법이다. 12 · 12와 5 · 18을 거쳐 권력을 장악한 신군부는 헌법을 새로 만들고 1981년 3월 3일 신군부의 수장인 전두환이 제5공화국 12대 대통령으로 취임하면서 특사, 감형, 복권 조치 등으로 유화 분위기를 연출하였다. 하지만 전두환 정권은 태생 자체가 정통성이 결여했기 때문에 좀처럼 국민의 지지를 얻지 못하였다. 그러자 정권은 다시 정보 정치를 강화하고 사회 통제를 확대하였다. 이어 반발하는 학생 · 노동자들에 대한 가혹한 검거 선풍이 일어났지만 되레 전두환 정권에 대한 반감을 더욱 고조시킬 뿐이었다.

결국 정부는 다시 유화 정책으로 돌아설 수밖에 없었다. 1983년 2월 25일 전두환 정권은 '국민 화합'을 명목으로 내세워 정치 활동 규제자 555명 가운데 250명에 대해 해금을 단행한다. 그보다 앞서 1982년 12월, 군사 법정에서 사형을 언도받은 김대중은 형 집행정지로 풀려난 후 치료차 미국에 망명 아닌 망명을 떠난 상태였다.

그즈음 전두환 정권은 두 가지 결정적인 위기적 상황에 직면한다. 우선 1983년 5월 18일 김영삼 전 신민당 총재가 민주 회복을 요구하면서 상도동 자택에서 무기한 단식을 시작한 사건이다. 단식 투쟁으로 정국은 긴장 상태로 돌입했다. 그달 25일 경찰은 김 전 총재를 서울대병원에 강제 입원시키고 30일에는 2년여에 걸쳐 이어진 가택 연금을 해제한다. 그러나 김영삼은 자신이 단식하는 목적이 가택 연금 해제를 얻기 위한 것이 아니라며 6월 9일까지 23일간 단식을 이어갔다. 그 과정에서 김영삼은 반정부·민주화 투쟁을 주장하는 재야인사들의 중심 아이콘으로 부상했는데 이는 나중에 신당 창당을 가능하게 하는 기틀로 작용한다.[84]

또 다른 위기적 상황은 그해 10월 9일 버마를 방문한 전두환 대통령 일행을 북한 공작원이 암살하려 한 사건이다. 이른바 랭군 테러 사태에서 당시 서석준 부총리를 비롯해 이범석 외무부 장관, 김동휘 상공부 장관, 함병춘 대통령 비서실장 등 열일곱 명이 순직하고 열다섯 명이 중경상을 입었다. 이들 사건 이후 전두환 정권은 본격적인 유화 정책으로 돌아선다.[85]

잃은 것과 얻은 것

일부 정치인들이 해금되면서 반정부 운동으로 제적된 대학생들의 복교와 해직 교수들의 복직이 거론되기 시작한 것이 바로 그 무렵이다. 더 이상 해직 교수들을 그대로 방치해둘 수 없다는 판단이 작용차였다. 유인효를 비롯한 해직 교수들은 진보 기독교계와 학생운동 단체가 주최하는 시국 강연의 단골 연사였는데 해직 기간이 길어지면서 아예 자체적으로 커리큘럼을 구성하는 시민대학을 추진하려는 움직임이 있었다. 이러한 흐름을 감지한 당국은 해직자들에 대한 감시를 강화하는 한편 해직자 문제를 풀고 넘어가야 한다는 인식에 이르게 된 것이다.

1983년 12월 5일 문교부는 해직 교수 86명에 대해 복직을 허용한다. 이어 12월 21일 학원 사태 관련 제적생 1,363명에 대해서도 1984년 신학기 복교 허용을 골자로 한 학원자율화 조치를 단행한다.

5·18 이후 3년 반 만에 '해직 교수들에게 빛이 오는 소리' 가 들려온 것이다. 당시 해직 교수들 사이에서 나돌던 일화 중에는 이런 얘기가 있었다. 해직 교수 복직 결정에 즈음하여 김동길 전 연세대 부총장에게 한 정부 인사가 "어떻게 지내시냐?"고 물었다고 한다. 김동길은 "하루는 놀고 하루는 쉽니다"며 뼈 있는 농담으로 되받았다.[86] 그러던 해직 교수 생활에 끝이 보이기 시작한 셈이다.

그러나 문제는 정부가 해직 교수 복직 문제를 소극적으로 다루었다는 점이다. 12월 8일자《동아일보》기사를 보면 해임된 학교로 돌아가는지 여부는 해당 학교가 받아들여야 가능하다는 등 소극적인 입장을 고수했기 때문에 해직 교수 사이에서는 "정부가 말로 생색만 내려고 한다", "실제로 복직은 어려운 게 아니냐"는 불만이 터져 나왔다.

그보다 조금 앞서 1983년 11월에 변형윤(서울대 해직 교수)을 중심으로 해직 교수 간담회가 서울 세검정 평창면옥에서 열렸는데 엄한 감시의 속에서도 해직 교수 40여 명이 모였다.[87] 이 대열에 유인호가 포함되어 함께 활동했음은 두말하면 잔소리다. 장을병은 1984년 1월 16일에 다시 해직 교수 간담회가 개최되었다며 다음과 같이 소개한다.

1984년 1월 16일 복직 문제를 협의하기 위한 해직 교수 간담회가 열렸다. 당시 이 모임을 주도했던 나는 "해직 교수들의 형편이 각기 다르니 일률적으로 결정할 일은 못 되고, 다른 대학으로라도 가겠다는 사람들이 있으면 박수를 쳐서 보내드리자"고 제의했다. 그러자 "당신은 어떻게 하겠느냐?"고 묻기에 "나는 부당하게 당한 만큼 원상회복을 바라고 있으므로 다른 대학으로는 가지 않겠다"라고 대답했다. 당시 다른 대학으로라도 갈 수밖에 없다고 한 사람은 대여섯 명이었고 나머지 대다수는 나와 의견이 같았다.

이틀 뒤인 18일에 다른 대학으로는 가지 않겠다는 사람들끼리 다시 모여 '해직교수협의회' [88]를 구성하고는 원적 대학으로의 복직을 위해 적극적인 투쟁을 전개하기로 했다.

……

사회를 보는 의식도 같았지만 똑같이 부당한 대우를 받고 있던 처지라 서로 쉽사리 친해질 수 있었고, 동지애마저 느낄 수 있었다. 해직 교수들 사이에 싹튼 우정은 지금도 이어지고 있고, 역으로 이런 우정을 싹트게 만들어준 5·17 군부 세력에 감사할 때도 있다. [89]

해직교수협의회가 정식으로 구성된 것은 1984년 1월 18일이다. 당시 변형윤이 해직교수협의회 회장 격이었지만 스스로 밝히기로는 회장이 아니라 운영 위원 중 한 사람이었다고 말한다. [90] 안병무(한신대), 이효재(이화여대)와 더불어 운영 위원을 맡았다는 것이다. 당시 해직교수협의회는 '타 대학으로는 복직하지 않는다"는 주장으로 뭉친 사람들이었고 "다른 직업과 달리 교수는 대학에 가야 하고 그것도 전에 있던 대학으로 가는 것이 복직"이라는 입장을 분명히 했다. 다만 정부의 입장이 이후 바로 궤도를 수정하여 1984년 6월 14일 원적 대학 복귀 원칙을 공식 수용하였기 때문에 해직교수협의회 자체는 오래 이어지지 않았다. 혹독한 겨울이 그렇게 마무리되어가고 있었다. 적어도 겉으로는.

유신 독재와 5·17의 정치적 희생자였던 우리 해직 교수들은 이제 대부분 다시 대학으로 돌아간다. 4년에서 10여 년 동안 부당한 탄압을 받아오던 우리들이 늦게나마 권리를 회복하게 된 것을 다행으로 생각한다.
우리들은 이 나라의 지식인으로서 지식인이 이 시대에 짊어지고 있는 사명을 한 번도 잊어본 적이 없다. 우리는 과거에도 지식인의 시대적 사명에 충실하려고 노력을 했고, 바로 그것이 해직의 사유가 되어 대학에서 추방당하거나 투옥당하는 등 갖은 탄압을 받아왔으나, 우리는 앞으로도 각자가 처한 위치에서 그 사명에 더욱 충실할 것이다.[91]

해직 교수들은 복직이 마치 은혜처럼 거론되는 것에 대해 단호하게 비판했다. 성명서에서 지적한 것처럼 유인호 역시 '당연한 권리의 회복'으로 인식했다. 인간의 기본권이 침해된 한 예가 해직 교수라고 한다면 그러한 일들은 반드시 극복되어야 한다고 믿었기 때문이다.
마침내 해직 교수들은 1984년 2학기부터 원적 대학으로 대부분 복귀한

유인호 평전, 사회변혁을 꿈꾼 민중경제학자의 삶

"전 중앙인과 더불어 유인호 교수님의 복직을 환영합니다" 일곡이 1984년 2학기 복직이 결정되고 대학에 돌아가게 되자 중앙대학교에 일곡을 환영하는 현수막이 나붙었다.

다. 지식인의 사명을 다시 한 번 되새기면서 그들은 1984년 9월 22일자로 내놓은 해직 교수들의 성명서에서 각자의 입장을 그렇게 피력하였다. 유인호는 당시의 심정을 이렇게 고백한다.

나 자신 복직된다고 가정하고 '해직 4년'을 반성해본다. 얻은 것은 무엇이며, 잃은 것은 무엇인가를 냉정히 생각해본다. 그리고 4년간의 생활이 가깝게는 내 가족에게, 나아가서는 이 땅에서 생활하고 있는 모든 사람들에게, 더 나아가서는 민족과 역사에 과연 어떤 것을 남겼는가도 생각해본다. 부족했다는 생각은 들시만 부끄러운 생각은 들지 않는다. 솔직히 밀한다면 잃은 것은 '월급' 뿐이고, 얻은 것만이 생각난다. 해직 교수 중에서도 나는 '형(刑) 집행정지, 형 면제, 복권'이라는 유별난 경험을 했다. 경험 때마다 나는 내 얼굴을 비쳐보는 거울을 가지고 있었다. 다름 아닌 민족과 역사라는 거울이었다. 모두가 간직한 거울이지만 나는 더 소중히 간직하고 싶었다. 혹시 다음에 내 자식들에게 원망 듣지 않기 위해서 나는 내 거울을 항상 깨끗이 닦으며 살았다.[92]

　유인호에게도 복직은 만감이 교차하는 일대 사건이었던 셈이다. 그렇지만 만 4년이란 기간은 그에게 연구자로서 더 열심히 일할 것을 재촉하는 기간이었을 뿐만 아니라 무엇보다 '민족과 역사'라는 거울 앞에 자신을 비춰보는 귀중한 시간이었다. 그렇기에 그는 "잃은 것은 '월급' 뿐이고, 얻은 것만이 생각난다"라고 자신 있게 고백할 수 있었다. 외압으로 역사 앞에 온전히 발가벗겨졌으나 유인호는 스스로 이 상황을 자신의 역사관으로 환원, 수용하면서 역사 앞에 올곧게 서기를 마다하지 않았던 4년이었다.

　하지만 4년 만에 돌아온 대학은 그리 활기 있어 보이지 않았다. 학원자율화 조치라는 말이 내포하는 것 자체가 자율의 수준과 범위를 학원 내부가 아니라 학원 외부, 즉 문교 당국이나 정부가 정하겠다는 의미가 깔려 있었기 때문이다. 그러나 그것이 제한된 자율이든, 의도가 의심스러운 자율이든 한번 시작된 자유화의 바람은 쉽게 사그라지지 않고 다음 단계를 준비하는 동력으로 작용하기 마련이다. 자율의 의미는 인간의 기본권임을 감안하면 자율을 어떻게 받아들이느냐에 따라 사뭇 다르다. 학원 자율화에 대한 유인호의 문제 제기는 마치 이후 펼쳐질 정치 상황을 예고하는 듯했다.

사실 자유화라든가, 자율화라는 개념은 인간의 기본권이라고 할 수 있는데 인간의 기본권이 한때의 필요에 의해서 제약을 받게 되는 것은 있어서는 안 되는 일이지요. 그러니까 정부가 문교부에서 지시하는 요구 사항에 맞추어 자율화의 폭을 규정짓는 자체부터가 모순된 일이라고 할 수밖에 없지요. 하지만 정부에서 말하는 대로 한국적 상황을 너무 앞세운다면 자율의 의미가 모호해져요.[93]

일곡 유인호 교수 화갑 기념 논문집[94]

1986년 11월 유인호는 멋진 선물을 받는다. 오랫동안 더불어 시대를 고민하고 미래를 걱정하면서 교유하고 옥살이까지 같이한 해직 교수들 그리고 재야인사들에게서 회갑을 기념하는 논문집을 선사받은 것이다. 바로 《일곡(一谷) 유인호 교수 화갑 기념 논문집－우리 시대 민족운동의 과제》다.

기념 논문집이 탄생하기까지에는 논란도 적지 않았다. 우선 기념 논문집을 간행할 것인가 보류할 것인가부터 시작해 논문집의 주제를 무엇으로 내세울 것이냐 등의 세부 의견 조율 문제가 제기되었기 때문이다.

우선 기념 논문집 간행을 유인호가 한사코 반대하였다. 유인호는 회갑 논문집보다는 정년 퇴임 때나 기념 논문집을 만들면 좋겠다는 주장을 폈다. 이에 대해 장을병은 시대가 여전히 어수선한데 퇴임이 꼭 보장된 것도 아니니 기회가 될 때 추진해야 한다고 우겼다. 장을병은 기념 논문집 서문에서 그 과정을 이렇게 기록한다.

일곡의 회갑을 맞아 동료 교수와 학자들이 논문을 모아 화갑 기념 논문집 《우리시대 민족운동의 과제》를 헌정하였다. 1986년 11월에 열린 출판 기념회에서 일곡이 감사 인사를 하고 있다.

이 책을 펴낸 직접적인 동기는 일곡(一谷) 유인호 교수님의 회갑을 기념하기 위해서였다. 솔직히 말해서 금년 봄 유 교수님의 회갑 기념 논문집의 발간 문제로 몇몇이 모여 상의했더니, 남달리 정열적이고 늙기에 인색한 유 교수님이라, 한사코 사양하면서 '정년 퇴임' 때나 고려해봄 직하다는 것이었다. 이 풍진 세상을 고되게 살아가고 있는 유 교수님의 경우 행복한 '정년 퇴임'을 보장받을 수 있을지 필자로서는 도무지 가늠이 서지 않았다. 그래서 필자는 뼈아픈 소리였겠지만, "유 교수님, 진정 정년 퇴임을 보장받고 있습니까?"라고 물었다. 유 교수님의 삶의 철학이나 방식으로 보아서는 정년 퇴임을 보장받을 수 있을 것 같은 생각이 도무지 들지 않았기에 회갑 때나마

기회를 놓치지 말고 기념 논문집을 마련해보자고 우겨댔다.[95]

"정년 퇴임이 진정으로 보장되고 있느냐?"는 말에는 더 이상 유인호도 반대할 수 없었다. 그런데 유인호는 못내 아쉬웠다. 왜냐하면 자신의 진짜 회 갑은 3년이나 더 남았기 때문이다. 호적에는 1926년생으로 되어 있지만 실은 1929년생인 탓에 3년이나 빨리 회갑 기념 논문집을 만든다는 게 그리 내키지 않았을 것이다.[96]

유인호 사후 14년째인 2006년 6월 19일, 그의 황골(黃骨)은 원래 자리인 경 기도 양평 앙덕리 산소에서 광주광역시 망월동 국립 5 · 18민주묘지로 면봉 (緬奉 · 산소를 옮겨 장사를 다시 지냄)을 하게 되었는데 그때 비로소 유인호의 생년은 원래로 수정된다. 새로 국립 5 · 18민주묘지에 입주하는 그에게 명당 토나마 뿌리고자 기꺼이 생전의 지인들이 참례했다. 그 가운데 김병태 전 건 국대 교수가 바뀐 유인호의 생년을 들먹였다. "유 교수가 형님 노릇을 너무 나 완벽하게 했어. 난 수십 년을 동생으로 살았지 뭔가. 실제로는 1927년생인 내가 형님이었는데"라고 하면서 고인에게 농을 걸었다.

또 다른 문제는 논문집의 주제와 관련된 것이다. 처음에는 유인호의 전 공 분야인 경제 관련 논문집을 만들자는 의견도 있었으나 유인호 회갑 기 념 논문집에 참여하겠다는 사람이 워낙 다양했기 때문에 모두가 공감할 수 있는 시대적 당면 과제를 주제로 삼기로 하였다. 그래서 나온 것이 '당 대의 민족운동'이었다. 민족운동을 어떻게 평가할 것인가, 장래는 어떠한 가, 이를 위한 우리의 과제는 무엇인가를 조목조목 짚어가기로 했다.

기념 논문집에는 '134인 지식인 시국선언' 이전부터 군사독재와 유신 체제 반대론을 펴면서 의견을 함께 모아온 이들이 적잖이 참여하였다. 우선 장을병, 박현채, 김진균, 이호철, 정윤형, 리영희가 편집위원을 맡았다. 논문집은 열일곱 명이 열여섯 가지 주제를 다룬다. 이는 경제학자 유인호가 얼마나 많은 이들과 교유했는지를 미루어 짐작하게 한다. 게재된 각 논문을 유인호가 직접 집필한 것은 아니지만 각 주제에 대한 유인호의 관심을 엿볼수 있는 대목이다. 그 분야는 외채, 농업, 노동자 문제와 같은 경제적 주제를 포함하여 한반도의 미래, 통일, 정치, 사회학, 민중의 삶, 농민문학, 민중 신학 등에 이르기까지 다양하게 전개된다. 기념 논문집의 목차를 보자.

이미 해직 교수 시절을 거쳐오면서 유인호의 관심 영역은 크게 넓어졌다. 대표적인 분야가 공해 추방 운동이다. 사실 유인호는 일찍부터 공해 문제에 주목해왔다. 고도성장의 그늘에 주로 관심을 쏟아온 까닭이니 당연한 귀결이었다. 1970년대 초부터 공해 문제를 연구 대상으로 삼아왔다. 그 첫 결실은 공해의 의미와 위상을 규명한 것이었다.[97] 그는 《창작과 비평》에 발표한 〈경제성장과 환경 파괴 – 성장과 대가에서 본 경제성장〉에서 공해가 경제성장과 밀착한 점, 과거의 공해는 국부적이고 한정적인 데 반해 경제개발이 본격화되는 1960년대와 1970년대에는 전국적이고 무한정적으로 발생했다는 점, 급속한 경제성장이 심각한 공해 문제의 배경이라는 점 등을 지적했다. 이러한 공해 문제에 대한 규명은 유인호 자신도 대단히 큰 자부심을 느낀다고 고백할 정도였다.[98] 유인호가 1982년부터 1988년까지 한국공해문제연구소 이사를 역임하고 1988년부터 죽음을 맞는 1992년까지 공해추방운동연합 고문직을 맡았던 건 그가 공해 문제에 남다른 관심이 있었기 때문이다.

유인호는 입버릇처럼 공해 추방 운동은 반정부 운동이 아닐뿐더러 반기업 운동은 더더욱 아니라고 주장하면서 이 땅에 생존하고 있는 모든 사람의 운동이요, 정권을 초월한 운동이라고 지적했다. 이 운동은 막을 수 있는 게 아니라고 강조하며 더불어 사람이 만든 공해는 역시 사람이 제거할 수 있다고 보았다. 유인호는 공해 문제의 본질과 더불어 해법의 실마리를 지적한다.

생활 환경의 파괴는 '하나님의 섭리'와 같은 불가항력적인 것이 아니다. 사람에 의해 꾸며진 것이다. 사람에 의해 꾸며진 것이기 때문에 사람에 의해 중단될 수 있고 원상으로 회복될 수도 있다. 정부의 '조국 근대화=공업화=수출 증대'라는 구호 아래 자본가들의 이윤 추구 욕심이 무한대로 발휘됨으로써 생활환경은 무참하게 망가졌다. 공해 방지에 비용이 지출되면 물건값이 오르고, 물건값이 오르면 수출 경쟁력이 떨어진다고 한다. 그래서 환경 파괴는 묵인되어왔다.

사람이 살 수 없는 곳에서 경제성장이 이루어진들 무슨 뜻이 있겠는가? 사람은 자기의 행동을 통제할 수 있다. 많은 사람이 환경을 지키는 데에 합심한다면 공해 전체를 통제할 수 있다. 그때 공해는 없어지고 금수강산은 살아나리라.[99]

마치 2011년 3월 11일 동일본대지진의 여파로 후쿠시마(福島) 원자력발전소가 폭발하고 방사성물질이 터져 나올 것을 예견한 듯하다. '경제성장을 위해, 전력 공급을 위해, 원전 가동을 위해'를 강조해왔지만 이제 원전 부근은 사람이 살 수 없는 지경에 이르렀다. 그 회복이 얼마나 걸릴지는 전문가들조차 명확한 답을 내놓지 못하고 있는 형국이다. "사람이 살 수 없는 곳에서 경제성장이 이루어진들 무슨 뜻이 있겠는가?"라는 질문은 오늘 우리에게 보내는 그의 외침이다.

유인호는 공해를 막아야 할 중요한 배경으로 민중을 꼽는다. 공해 피해가 결국은 공해 난민, 곧 민중에게 고스란히 전가되기 때문이다. 역사의 주체로서 민중을 꼽기에 주저하지 않은 유인호의 반공해 인식은 그의 민중 주체 역사관과 일맥상통한 것이라 하겠다.

유인호가 민중 주체 역사관의 연장선장에서 관심을 쏟았던 것은 분단이었다. 해직되기 전에 유인호의 주요 관심은 농업 분야를 중심으로 한 경제학이었다고 한다면(공해 문제는 고도성장 비판 차원에서 자연스럽게 이어졌지만) 해직 교수를 거치면서는 분단, 한반도의 미래, 통일 등으로 확대된다. 특히 분단은 직접적으로는 민중을 고통스럽게 만든다. 게다가 분단을 극복해야 할 주체 또한 민중이라는 점에서 그의 민중 주체 역사관에서는 빼놓을 수 없는 주제다.

> 우리나라가 안고 있는 가장 어려운 문제가 무엇인가에 대하여 모두가 자기 위치에서 정치적 · 경제적 · 사회적으로 생각해볼 수 있는데, 내가 볼 때는 남한만이 아니고 우리 민족의 가장 문제가 되는 것은 분단의 극복입니다. 결국 사회의 민주화 · 자유화라고 하는 것은 나아가서는 결국 분단 극복을 앞당기는 조건의 정비로 보아야 하는데, 분단되어 있기 때문에 외세가 더욱 더 우리를 억압하고, 우리 자체가 외세에 자꾸 얼굴을 돌리게 된다고 볼 수 있지요.[100]
> 오늘 우리 거레에게 주어진 최고 · 최상의 기치는 민주화와 통일을 실현

하는 것이다. 그러므로 우리들은 어떠한 고난과 희생을 치르더라도 민주화와 통일을 달성하지 않으면 안 된다. 민주화를 유보한 통일도 잘못이고 통일을 유보한 민주화도 잘못이다. 민주화와 통일은 별개의 것이 아니고 하나의 실체인 민족의 역사 전개의 불가분의 내용인 것이다.

⋯⋯

오늘 우리 겨레에게 부여된 과제, 이것을 실천할 주체는 누구인가? 그것은 민중이다. 그들은 민주화가 이루어지고 통일이 달성됨으로써 가난과 비참과 서러움의 굴레를 벗어 던질 수 있는 사람들이다. 민주화가 유보됨으로써 안팎의 힘에 눌려 사람다움을 발휘할 수 없는 사람들, 이들이 시대의 가치를 실천할 주체인 것이다.[101]

유인호의 인식 체계는 해직 교수 시기를 거치면서 융합된다. 경제학에서 출발한 관심 틀은 고도성장의 그늘에 초점을 맞추면서 자연스럽게 공해 문제를 경계하게 되었다. 그리고 시민사회와 깊숙이 연계되었으며 민중 주체 역사관을 고백하기 시작한다. 그는 민중의 애환, 민주화와 통일이란 문제로 인식을 확장한 것이다. 그 상징이 바로 그의 회갑 기념 논문집이었다. 오늘날 휘발유와 충전기를 더불어 활용하는 하이브리드카(hybrid car)처럼 그의 사고와 관심 영역은 복합 구성으로 전환되어갔던 것이다.

시대를 이해하는 도구가 단편적일 수 없다는 사실은 누구나 동의할 것이다. 적확한 현실 인식과 미래에 대한 비전 제시가 가능하려면 적어도 정치 · 경제 · 사회 · 역사 · 문화 등 여러 영역에 대한 이해가 전제되어야 한다는 것 역시 사람들은 부인하지 않을 것이다. 대학에 다시 복귀한 유인호는 마치

유인호 평전, 사회변혁을 꿈꾼 민중경제학자의 삶

그와 같은 문제를 의식하기라도 하듯 관심의 폭을 넓혀갔다. 이는 그의 사물 인식에 대한 무한한 호기심과 시대적으로 특수한 배경도 작용했을 것이지만 젊은 시절부터 현실 인식을 위해 부단하게 자기 계발을 했기 때문에 가능했다. 그는 배곯던 일본 유학 시절에도 신문을 정기 구독했을 정도로 신문 읽기, 즉 신문을 통한 당대의 흐름을 파악하는 일을 게을리하지 않았다.

6월항쟁과 마르크스 해금

한편 제5공화국 전두환 정권은 초기의 강권 정책을 폐기하고 1984년을 전후로 유화 정책을 확대하면서 국내외 비판 여론을 잠재우는 한편 어느 정도 민주적 절차를 용인하여 정권의 정통성 부족을 만회하려고 했다. 하지만 한 번 돌아선 민심은 쉽게 돌아서지 않았다.

1985년 2월 12일에 치른 12대 국회의원 선거에서 여당인 민주정의당(민정당)은 사실상 참패를 면치 못했다. 선거 전 고작 25일을 앞두고 급조된 신한민주당(신민당)이 돌풍을 일으키며 제1야당으로 떠올랐다. 12대 국회의원 선거는 두 가지 큰 특징이 있다. 우선 84.6퍼센트라는 높은 투표율이다. 다음으로 신민당이 기존 제1야당인 민주한국당(민한당)을 제치고 민정당을 위협하는 존재로 떠올랐다는 점이다. 변화를 갈망하는 민심이 높은 투표율로, 비록 신생 정당이지만 신민당에 한 번 기대를 걸어보겠다는 결과로 나타난 것이다.

여당의 형식논리대로 한다면 여당의 국회의석 '안정세' 유지가 곧 유권

자의 안정 선택이라고 보아야 할 것인지 아니면 야당의 선명(鮮明) 바람과 보수 야당세인, 신민당과 민한당을 합친 의석수의 증가를 혼란 지향 선택이라고 판단해야 할 것인지 혼란이 온다. 이런 말의 논리보다 중요한 것은 4대 총선(1958년) 이래 27년 만의 최고 투표율, 대통령 선거에 비견할 만한 유세 군중 폭발, 쟁점의 심도(深度), 거의 전 대도시에서의 여세(與勢) 퇴조 등은 분명히 개혁 지향이지, 형식상의 기존 체제 안주적인 것은 아니다.[102]

276개 의석은 민정당이 148석(11대 151석), 신민당이 67석, 민한당이 35석(81석) 등으로 나뉘었으나 제1당에 비례대표 의석의 절반을 몰아주는 제5공화국 선거법의 간교함을 감안하면 민정당의 위상은 그리 높지 못하다. 정당별 득표율은 민정당 35.25퍼센트, 신민당 29.26퍼센트, 민한당 19.68퍼센트 순이어서 신민당과 민한당의 득표율을 합하면 48.94퍼센트로 여당인 민정당 득표율을 크게 웃돌았다.[103]

이후 정국은 정치범 추가 석방, 정치가 추가 해금, 광주항쟁 진상 규명 등으로 휘청거리기 시작했다. 국정조사권, 대통령 직선제 등이 본격적으로 거론되었다. 신민당은 당헌에 아예 대통령 직선제 추구를 못 박고 있을 정도였으니 바야흐로 유신적 질서 청산은 시대적 과제인 셈이었다.

12대 선거 직후부터 전두환 정권은 신민당 약진에 대학생들이 적잖게 기여한 것으로 판단하고 학원자율화 조치를 사실상 폐지하는 방향으로 돌아선다. 특히 그해 봄부터 정부는 학생운동에 대한 원천 봉쇄, 정신교육 실시 등을 내용으로 하는 학원안정법[104]을 추진하였다. 사실상 대학을 감옥으로 만들어 정부가 완전히 장악하겠다는 것이었다. 이에 복직교수협의회 공동대표를 맡고 있던 유인호는 유신 시대에 해직된 안병무, 김성식, 이효재, 송기숙, 김윤수, 명노근, 이상신, 성내운, 김찬국, 정윤형, 이만열, 이남덕, 장을병 등과 더불어 '학원안정법 저지 서명운동'을 시작한다.[105]

이러한 반발에 못 이겨 전두환 정권은 학원안정법 추진을 폐기한다. 그럼에도 정권은 1985년 가을 학기부터 다시 학원 사찰을 강화하기 시작한다. 벅차게 달아오른 민주화의 열기를 어떻게든 눌러보겠다는 것이었다. 전두환 정권은 강온 양동 작전으로 접근한다. 그러나 근본적으로 권위적인 기존 지배 구조를 유지하겠다는 의지가 워낙 강했기 때문에 강온 양동 작전은 최종적으론 늘 강경책으로 수렴할 수밖에 없었다.

온건론에 입각해 헌법 개정도 감수할 것처럼 움직이던 전두환 정권은 국민의 거센 민주화 요구와 더불어 정권의 위기를 감지하면서 1987년 4월 13일 '호헌 조치(대통령 간선제를 담고 있는 제5공화국 헌법을 고수한다는 조치)'를 선언함으로써 사태는 더욱 꼬이기 시작하였다. 이어 5월 18일 천주교정의구현전국사제단이 '박종철 고문치사 사건'이 조작, 은폐되었다는 사실을 폭로함에 따라 국민의 분노는 극에 이른다. 이에 민주헌법쟁취 국민운동본부는 6월 10일 '박종철 고문 살인조작 · 은폐 규탄 및 호헌철폐 국민대회'를 전국적으로 개최하면서 전국의 도심에서는 시민들의 평화적 행진이 계속되었다. 결국 전두환 정권은 대통령 직선제 개헌과 제반 민주화 조치 시행을 약속하는 '6 · 29선언'을 발표한다.

6월항쟁이 일차적인 승리를 거둔 뒤 더 본질적인 이차적 승리는 신군부 독재의 종식으로 이어지는 그해 12월의 대통령 선거에 달렸다고 하겠지만 일단 일차적 승리를 얻은 후부터는 빠른 속도로 노동운동이 중심에 섰다. 그리고 12월 대통령 선거는 재야 그룹의 분열로 다시 신군부 세력의 승리로 마무리되고 말았다. 결과적으로 6월항쟁은 부분적인 승리로 기록되는 데 머물렀으나 사회 여러 분야에 엄청난 변화를 몰고 왔다.

유인호는 대학으로 복귀는 했지만 한국 사회가 매일처럼 요동치는 상황이 이어지고 있기에 마음 편할 날이 없었다. 그럼에도 유인호는 정치권과는 처음부터 강하게 선을 긋고 정치 활동에는 전혀 참여하지 않았다. 오로지 그는 연구자로서, 경제평론가로서 한국 경제의 문제를 글과 강연으로 비판하고 문제를 해결하는 방안을 실천하는 쪽에 여념이 없었다.

한국 사회는 여전히 권위주의적인 신군부 독재가 이어졌지만 학문의 세계에서는 조금씩 진보적 요구가 확산되었다. 그중 가장 의미 있는 변화는

일곡은 서울민중연합이 세운 민족학교에서 이사장으로 활동했는데 깊은 애정으로 적극 참여했다. 1988년 1월, 이효재 교수의 교장 취임을 축하하며 인사말을 하고 있다.

유인호 평전, 사회변혁을 꿈꾼 민중경제학자의 삶

그동안 한국 사회에서 금기처럼 여겨진 마르크스의 등장이다. 경제학계에서도 마르크스주의경제학은 중요한 지위를 차지하기 시작한다. 그 성과는 이미 1980년대 중반부터 나타나기 시작한다. 바로 그즈음에 한국 사회와 한국 자본주의 성격 규정에 대한 논쟁이 진행되었다.[106] 당시만 해도 마르크스경제학의 기본적인 텍스트라고 할 수 있는 《자본론》이 한국 사회에서 공개적으로 시민권을 확보하지 못하였으나 6월항쟁을 계기로 변화가 시작되었다. 1987년부터 《자본론》 번역본이 시중에 나돌기 시작했다.[107]

이와 더불어 1988년부터 각 대학에서는 마르크스주의경제학을 정규 과목에 포함해야 한다는 주장, 이른바 '커리큘럼 투쟁'이 시작된다. 몇몇 대학에서는 이 주장과 관련해 대학원생들을 중심으로 점거 농성을 벌이기도 했다. 유인호가 재직한 중앙대에서도 같은 주장이 쏟아져 나오면서 경제학과 학부와 대학원 개설 과목을 개편하지 않을 수 없는 상황에 이르렀다. 유인호는 마르크스주의경제학 분야를 교과과정에 포함하는 개편안을 마련하기 위해 당시 일본에 유학 중이던 필자에게 일본 대학 학부와 대학원의 마르크스주의경제학 커리큘럼을 수집해달라고 연락해왔다. 1988년에 필자가 공부하던 게이오대를 비롯해 도쿄대, 히토쓰바시대, 릿쿄대, 교토대, 오사카시립대, 리쓰메이칸대 등의 커리큘럼을 부랴부랴 구하여 서울로 보내드린 기억이 새롭다.

그렇게 해서 각 대학마다 조금씩 차이는 있지만 마르크스주의경제학이 뿌리를 내리게 되었다. 중앙대 경제학과의 경우 학부 교과과정에 새로 포함된 과목은 '현대자본주의론', '사회주의경제론' 등이었으며 경제사 분야에서는 '일반 경제사'와 '한국 경제사' 외에 '동양 경제사'가 새로 추가되었고 기존 '비교 경제 제도론'은 '경제체제론'으로, '경기변동론'은 '경제변동론'으로 과목 이름이 바뀌었다. 또한 신고전학파와 케인스학파 등의 경제학, 이른바 근대경제학(주류 경제학)의 '경제학 원론'에 상응하는, 마르크스주의경제학의 기초라고 할 수 있는 '정치경제학 원론'이 경제학과 교양과목으로 추가되었다. 중앙대에서 마르크스주의경제학이란 말이 과목 이름으로 등장한 것은 아니지만 근대경제학 일변도인 풍토에서 마르크스주의경제학으로까지 경제학의 저변이 넓어진 데는 유인호의 노력이 적지 않았다.

그러나 새로 개설된 과목들은 초보적인 수준에 그친 데다 전체적인 얼개를 제대로 구축하지 못하는 바람에 마르크스주의경제학 과목은 하나둘씩 없어지고 말았다. 중앙대 경제학과의 경우 2011년 현재 '현대 자본주의론'과 '사회주의경제론'은 개설 과목이 아니다.[108] 여기에는 여러 가지 원인이 있겠지만 시대적인 변화와 더불어 교수·연구자·학생들의 문제인식이 풍화(風化)되고 있다는 점이 주요인이 아닐까 싶다. 유인호 그가 생존해 있었더라면 어떤 반응을 보일까 걱정되는 대목이 아닐 수 없다.

한국에서 처음으로 《자본론》 전권을 번역한 김수행은 한국에서 마르크스주의경제학이 반공법, 국가보안법 등에 밀려 해방 이후 경제학 연구 무대에서 사라지고 말았지만 경제사와 농업경제학 분야는 근대경제학으로 다루는 데 한계가 있기 때문에 이 분야는 "대학민국 정부 수립 이후의 '정신병적인 빨갱이 검거 선풍'에도 마르크스주의적 분석 방법과 학술 용어가 계속 지배할 수밖에 없었다"[109]고 지적한다. 유인호는 경제학 연구의 상당 부분을 농업경제 분야에 기울여온 만큼 마르크스주의경제학에 대한 이해가 남달랐다. 따라서 6월항쟁 이후 마르크스주의경제학이 반짝 등장했다 점차 후퇴한 작금의 상황에 대해 누구보다 더 안타까워했을 것이다.

6월항쟁 직전 한국은 그야말로 민주화와 반민주화가 일진일퇴를 거듭하는 혼돈을 보이는 가운데 유인호는 두 번째 유럽 여행을 떠날 기회를 얻는다. 유인호의 복권은 1983년 8월 11일자로 이루어졌으나 이번 유럽행에서도 그는 홀로 길을 나선다. 그는 1987년 6월 21일 김포공항을 떠나면서 그 속내를 이렇게 적고 있다.

떠나기 전까지 두 가지 문제를 심각하게 생각할 수밖에 없었다. 첫째는 출국이 가능하겠는가? 무사히 통과시켜줄 것인가? 혹시나 출국 카운터에서 돌아 나오게 되지나 않을지. 또 한 가지는 '6 · 10대회'[110] 이후 급박하게 돌아가는 서울의 사정이다. 한국 전체가 활활 타고 있는데 떠나야 하는가? 이 문제 때문에 결국 아내는 여행 계획을 백지로 돌리고 말았지만.[111]

두 번째 유럽행은 독일 브레멘대학 경제학부의 하이데(Heide) 교수의 초청 덕분이다. 4년 전 독일 교포들과 뜨거운 만남이 재현되었다. 이번에도 이해동 목사, 김용복 박사 등 기독교계 인사들의 도움이 적지 않았다. 브레멘대학에 유학 중인 김호균을 비롯한 독일 교포와 유학생들과 깊은 교감을 할 수 있었다. 우선 그달 24일 브레멘대학에서 '한국의 경제성장 과정에 있어서의 농업의 역할'이란 제목으로 강연을 한다. 강연 후에는 라디오 브레멘의 요청으로 한국 사정에 관한 인터뷰도 하였다.

26일에는 프랑크푸르트를 거쳐 27일 서베를린으로 이동한다. 그곳에서 4년 전에도 도움을 많이 받았던 유학생 김세균 등과 재회하였다. 유인호는 그날 오후 3시 베를린자유대학에서 시국 강연을 맡았다. 곳곳에서 달

일곡이 독일 브레멘대학의 초청으로 그곳에서 '한국의 산업화 과정에 있어서의 농업정책의 역할'에 대한 내용을 발표하고 있다. 서 있는 이가 초청한 홀거 하이데 교수다(1987년 6월).

려온 유학생 90명 정도가 모였는데 그중에는 450킬로미터나 떨어진 괴팅겐에서 온 중앙대 경제학과 졸업생 이재웅도 있었다. 모임은 4년 전보다 훨씬 더 성황이었다. 그런데 강연이 끝나고 이어진 저녁 자리에서 유학생 그룹은 둘로 나뉘어 으르렁댄다. 그런 유학생들을 보고 유인호는 "당신들이 이런 꼴로 하겠다는 민주화는 하등의 가치도 없고 국내에 대한 도움은 커녕 오히려 방해밖에 되지 않는다. 모두가 자기중심의 민주화를 주장하나 문제가 너무 많다. 지금 국내에서 부르짖는 구호에 왜 같은 목소리를 내지 못하는가"라고 큰소리로 호통을 쳤다.[112]

당시 해외 유학생들은 6·10대회 이후 대통령 직선제 개헌을 호소하는 유학생 성명을 내는 상황이었으나 유학생들 가운데 여기에 찬성하는 쪽과 반대 내지 비협조적인 쪽으로 나뉜 경우가 적지 않았다.[113] 이날 벌어진 해프닝

유인호 평전, 사회변혁을 꿈꾼 민중경제학자의 삶

도 그 한 장면이었다. 찬성하는 쪽은 7월 4일 당시 서독의 수도 본에서 '조국 민주화를 위한 재독 한국 학생 실천대회'를 열려고 했다. 그날 유인호의 호통이 효과를 본 것인지 한국 유학생들은 더 이상 대립 없이 대회에 함께 참석하기로 결정한다. 반독재 민주화를 주장하면서도 당파성 문제에서만큼은 철저한 비판을 가하는 유인호의 모습이 두드러진다. 마치 6월항쟁의 최종 목표 달성에 찬물을 끼얹었던 재야 그룹의 분열, 즉 김영삼 지지파와 김대중 지지파의 대립을 미리 예언이라도 하는 것 같다. 이는 그가 일본 유학생 시절 학생들 간의 노선 대립을 그 누구보다 뼈아프게 경험했기 때문이리라.

6·29선언으로 7월 4일 열릴 재독 한국 학생 실천대회는 구호를 수정하기로 했다는 소식을 뒤로 하고 7월 1일 유인호는 프랑크푸르트로 다시 돌아왔다. 프랑크푸르트 이해동 목사 집에서 권호경 목사, 김경남 목사 등 반가운 얼굴들을 다시 만났다.[114] 권호경 목사는 아시아기독교협의회(CCA)에서 근무하는데 출장을 왔다고 했다. 2일에는 독일 서부의 아헨대학에서 한국 유학생을 대상으로 강연을 했다. 강연 요청은 계속 쇄도했지만 일정을 더 늘릴 수는 없었다.

일주일만 더 있으면 몇 군데 모임에서 강연해달라는 부탁을 들어줄 수 있겠지만 마음이 바쁘다. 지금 본국은 무통분만을 위한 큰 산고를 치르려 하고 있다. 내 자리가 비어 있으니 메울 사람이 없다. 나는 빨리 가야 하고 거기서 할 일을 해야 한다.[115]

유인호의 마음이 급해졌다. 그럼에도 정해놓은 일정은 마무리채야 했기에 결국 7월 6일에서야 유인호는 한국행 비행기에 몸을 싣는다. 첫 번째 유럽 견학보다는 짧았지만 2주 동안 4년 전 이상으로 의미 있게 여행을 마치고 돌아오면서 그는 결심을 하나 한다. '다음엔 홀로가 아니라 꼭 가족과 함께 유럽을 다시 찾아야지.'

마침내 가족과 함께 유럽을 방문하겠다는 꿈이 실현된다. 1989년 2학기부터 1년 동안 안식년을 얻은 것이다. 30년 교수 생활 중 처음으로 얻는 안식년이다. 서울대 김수행 교수가 주선해 1989년 7월 27일, 유인호는 아내 김정완과 막내딸 선진과 함께 런던대학(LSE)으로 떠난다. 가족 사랑이 누구보다 극진한 유인호에게는 그만한 호사도 없었을 것이다. 행복한 추억거리가 넘치는 시간이 시작되었다. 그러나 호사다마였을까? 병마가 기웃거리기 시작한 것이다.

2 부

해방 공간의 소년 노동자,
사회변혁을 꿈꾸다

6
유인호의
눈물

경상남도 밀양시 산내면 가인리 2231번지. 그곳에서 1929년 7월 17일(음력 6월 12일) 유인호(兪仁浩), 아니 유흥준(兪興濬)은 태어났다.[1] 한여름에도 얼음이 언다는 얼음골로 유명한 밀양 산내면은 중산, 육화산, 가지산, 능동산, 건지봉, 정각산 등으로 둘러싸인 분지 지형으로, 이름 그대로 '산 안쪽(山內)'에 자리한 조그마한 산골 마을이다. 동남쪽으로는 가지산에서 운문산, 천황산, 신불산, 영축산, 고헌산, 간월산 등으로 이어지는 해발 1,000미터를 훌쩍 넘는 태산준령으로, 이른바 영남알프스로 가로막혀 있는 곳이다.

산내면은 그렇듯 심산궁곡이다. 외부로 통하는 길은 영남알프스에서 솟아나 얼음골을 거쳐 흘러내려오는 산내천을 따라 밀양 읍내로 통하는 길 그리고 병풍처럼 둘러쳐진 산을 뛰어넘어 하늘로 날아오르는 수밖에 없다. 산악 지형에 속하지만 그나마 산내천 주변에는 논밭이 이어지고 있어서 사람들이 일찌감치 터를 잡고 삶을 이어가던 곳이다.

유인호 평전, 사회변혁을 꿈꾼 민중경제학자의 삶

지도상으로 보면 산내면은 마치 주둥이를 밀양 시내로 내놓고 있는 호리병처럼 생겼다. 유홍준의 고향은 산으로 둘러싸인 장벽 때문에 어찌 보면 폐쇄적인 지형처럼 보인다. 하지만 읍내를 향해 앞으로 달려가는 산내천이 있고, 고공으로 치솟아보려는 의지를 자극하는 산들이 있어 산내면은 실제 이상으로 꽤나 품이 너르다. 앞을 향해 쉬지 않고 내달려온 유홍준의 삶은 그의 고향을 닮았다.

바뀐 본적지

유인호의 원래 이름은 유홍준이다. 유홍준이란 이름을 버리고 유인호로 거듭나게 된 데에는 그가 1945년 해방 직후 철도노조의 노조원으로 활동한 것과 무관하지 않다. 그리고 그는 이름과 더불어 태어난 해도 3년 앞당겨 1926년으로 삼았다. 1949년 5월 1일 일기에는 메이데이(노동절)를 기념하여 이날로 이름을 바꾼다고 썼다.[2]

　　당시 그는 학업을 위해 일본으로 가려는 계획을 구체적으로 추진하던 상황으로, 철도노조 활동은 손을 뗀 지 이미 오래였다. 아마도 몸과 마음을 새롭게 하면서 거듭나는 심정으로 이름을 바꾼 것으로 보인다. 하지만 그 배경에는 철도노조 활동 중 체포되어 10일 동안 부산 철도경찰서 유치장에 수감된 점이 작용했을 것이다. 유인호는 당시 시대가 너무나도 어수선하여 행여 예전 사건에 연루될까 걱정하곤 하였다.[3]

　　다시 말하자면 새로운 도야을 꿈꾸는 상항에서 그는 기존 이름과 태어난

해를 모두 바꾸고 심기일전을 기약한 것이다. '인호'라는 이름은 동료 노조원으로 함께 노동운동에 참여한 김구보가 당시 법학자로 명성이 있던 '유진오'와 비슷하게 하는 편이 어감에도 좋겠다면서 지어주었다고 한다.[4]

태어난 해를 3년이나 앞당긴 데에는 너무 어린 나이에 일자리를 찾아나서야 했던 그의 가쁜 삶이 고스란히 담겨 있다. 유인호는 중학교 입학시험에 합격하고도 학비가 없어 밥벌이에 뛰어들어야 했다. 가난이 그를 그렇게 내몰았다. 나이를 한두 살 더 먹은 것으로 하는 편이 직업을 얻는 데 더 유리했기 때문이다. 아마 이름을 바꾸기 훨씬 전부터 그의 나이는 실제보다 두세 살 많은 것으로 주변에게 알려졌을 것이다. 철도노조 동료이자 그 뒤로도 친하게 지낸 이하삼, 김구보 등에 대해 유인호가 일기장 여기저기에 '형'이라는 호칭을 쓰는 것을 보면 자신의 부풀려진 나이를 의식했던 것으로 보인다.[5] 유인호는 1944년 봄부터 철도 관련 일에 뛰어들었으니 당시 그의 나이는 만으로 열다섯 살도 되지 않았다. 그 나이로는 노동자로서 대우받기는커녕 일자리를 구하기조차 어려웠을 것이다.

그런데 유인호가 1980년 김대중내란음모 사건으로 체포되어 작성한 육군 계엄사령부 검찰 조서에는 전혀 다른 고향 주소(원적)가 등장한다. 이름과 태어난 해는 이미 바뀐 대로지만 원적 주소는 밀양시 산내면이 아니라 진주시 상봉동이다.

유인호: 1926년 6월 12일생
원적: 진주시 상봉동 953
본적: 서울시 은평구 갈현동 136-16

유인호 평전, 사회변혁을 꿈꾼 민중경제학자의 삶

위 유인호는 농업에 종사하는 유진영의 독자로, 1926년 6월 12일 출생. 3
세 때 아버님이 돌아가시고 어머니 이분석과 포항으로 이사. 1938년 모친도
돌아가셔서 숙부 유진삼 밑에서 포항초등학교 졸업 후, 숙부와 함께 일본으
로 이주. 숙부 역시 1944년 돌아가시고 난 후에는 고학으로 일본 교토 제2중
학을 졸업했다. 1954년 3월 리쓰메이칸대학 경제학부를 졸업하고 1957년 3
월 동 대학원 경제학연구과를 수료한 후 바로 귀국하였다.[6]

현재 유인호의 공식 고향은 계엄사령부 피의자 신문조서에 나타난 원
적 주소지다. 하지만 그것은 어디까지나 서류상이다. 그가 일본 유학 후
한국으로 돌아올 당시 국적 회복 과정을 거치게 되는데 그때 새롭게 서류
를 꾸미는 상황에서 쓴 주소이기 때문이다. 유인호가 유학한 일본 리쓰메
이칸대학과 대학원 학적부에는 본적이 '경상남도 밀양군 산내면 가인리
2231번지'로 기록되어 있다. 아마도 대학 학적부 기록이 정확할 것이다.
대학을 입학하는 과정에서 주소를 허투루 기록할 까닭은 전혀 없기 때문
이다. 따라서 '진주시 상봉동' 주소는 귀국과 관련해 원적을 새로 마련했
던 것으로 보인다.

당시 일본에는 한국에서 밀항한 사람들이 적지 않았다. 밀항자는 여권
이나 비자가 있을 리 없기 때문에 한국으로 완전히 귀국하거나 일시 귀국
하자고 해도 한국 국적을 새로 취득하지 않으면 안 되었다. 유인호도 일본
에 밀항하면서 한국 국적이 사실상 말소되었다. 새로 국적을 획득할 때 본
적을 '밀양 산내면'으로 하면 과거 자신의 좌파 노조 활동이 문제가 될 수
도 있겠다 생각한 듯하다. 그 때문에 아버지 이름과 부모의 사망 연도도

1976년 6월, 양평 농장에서 어머니와 함께. 유인호는
오랜만에 서울에 올라오신 어머니에게 양평 농장을 자
랑스럽게 보여드렸다.

다르게 기록되어 있다. 한국전쟁 당시 진주시는 등기소가 불에 타 호적 기
록이 사라졌기 때문에 호적 재등록이 필요한 사람들 가운데는 그와 같은
진주시의 사정을 이용하는 사람도 적지 않았다.

　다시 정리해보자. 유인호는 밀양시 산내면 가인리에서 아버지 유진영
(兪鎭營)과 어머니 이분석(李粉錫) 사이에서 오남매 중 차남으로 태어났다.
아버지 유진영은 장남이었기에 부모님을 모시고 살았다. 자연스럽게 유
인호는 할아버지, 할머니 손에서 자랐다. 친척들 사이에 전해 내려오는 이
야기로는 유년 시절 유인호는 아버지보다 할아버지 유치형(兪致澄)의 가르
침을 더 많이 받았다고 한다. 일본 체류 시절인 1949년 12월 유인호는 형

　　　유인호 평전, 사회변혁을 꿈꾼 민중경제학자의 삶

병준(炳濬)한테서 할아버지가 별세하셨다는 소식을 듣고 "나를 길러주셨고 내 손을 잡고 학교에도 데려다주시던 할아버지"라며 안타까워한다.[7] 유인호가 다닌 산내초등학교 학적부의 보호자란에도 할아버지 유치형의 이름이 올라 있을 정도다. 할아버지는 유인호를 비롯해 근처에 사는 유인호의 또래들과 사촌·오촌 형제들을 모아 한문을 가르쳤을 정도로 동리의 중심인물이었다. 유인호는 집안에서는 "우학"이라고 불렸는데 한문 수업에는 우학이 단연 돋보였다고 한다. 학교에서도 일본어(당시에는 국어)와 산수(산술)를 특히 잘했다.

가인리는 산내면 안에서도 평야 지대를 이루는 곳이었다. 유치형은 바로 그곳에 논밭을 비교적 많이 가지고 있었을 뿐 아니라 소도 많이 키웠기에 식민지 시대에는 보기 드문 중농(中農) 이상의 재산가라고 할 수 있다. 유인호의 친형수인 김필순은 시할아버지 유치형의 재산에 대해 "시할아버지 땅을 동네에서 안 밟는 사람이 없을 정도"[8]라며 그 규모가 매우 컸다고 전한다. 하지만 김필순이 시집온 것은 1951년으로, 유인호의 식구들이 모든 재산을 처분하고 산내면을 떠난 지 10년 정도 된 시점이라 그리 정확하지 않은 증언 같다. 과거 재산 규모는 흔히 부풀려지기 마련이기 때문이다. 유인호는 산내면을 회고하면서 "논 20마지기 4,000평, 밭 1,500평 정도인 상농(上農)이었다"고 기억한다.[9] 어떻든 중농 이상이었기 때문인지 유치형은 유인호가 다녔던 산내국민학교의 사친회장직까지 맡을 만큼 마을 유지였던 것으로 보인다. 유인호의 어린 시절이 비교적 유복했음을 짐작하게 하는 대목이다.

1937년 유인호는 집 근처 팔풍(八風)에 있는 산내공립보통학교(현 산내초등학교)에 입학한다. 전해 내려오는 유인호 관련 이야기 가운데는 이런 것이 있다. 초등학교 입학 후 얼마 지나지 않은 어느 날, 교실에서 일본인 교사가 "이 학교에서 장이 몇 명인지 아는 사람은 나와서 이야기해보라" 고 하자, 유인호는 손을 번쩍 들고 앞에 나가 "교장, 회장, 고장(고추장), 된 장"이라고 되는 대로 주워섬겼다는 것이다. 유인호의 재치, 좌중을 웃음 으로 이끄는 재주가 돋보인다. 무엇보다 그는 어릴 때부터 용감하고 배짱 이 두둑했던 것 같다. 이러한 그의 적극적인 태도와 유머 감각 덕분에 할 아버지 유치형을 비롯해 작은할아버지 등 집안 친척 어른 모두가 어린 유 인호를 많이 아끼고 귀여워해주었다. 그런데 유인호는 어린 시절 음력으 로 따져서 세 살 터울인 형 병준과 자주 다퉜다. 유인호는 자신의 고집 세 고 강한 성격 때문이라고 회고한 바 있다.[10]

산내면 가인리(佳仁里)에는 인근 억산(億山)에서 흘러나온 인곡(仁谷)의 물 이 인곡저수지를 이루고 있는데 이 '인곡'은 유인호의 아호 '일곡(一谷)'을 떠 올리게 한다. 이미 개명하면서 인곡과 가인리의 '인(仁)'자는 활용했으니 '인 (仁)' 대신 '일(一)'로 대체해 '일곡'으로 정한 것으로 보인다. '일곡'은 그러 니까 유인호의 고향에 대한 그리움이 은근히 드러나는 아호인 셈이다. 전 국 회의원인 예춘호는 '일곡'이란 아호에 대해 고향 지명이기 때문에 서로 자기 가 붙이겠다고 하다가 결국 유인호에게 양보했다고 회고한다.[11]

산내를 떠나다

어린 시절의 유복함은 그리 오래가지 못했다. 그 많던 할아버지 재산은 아버지 유진영의 노름빚으로 하나둘 없어지고 결국 아버지는 밤 보따리를 쌀 수밖에 없었다. 유진영은 아직 초등학생이던 큰아들 병준과 작은아들 유인호를 산내면의 친척에게 맡기고 포항으로 야반도주하였다. 김필순은 할아버지 유치형이 아들은 떠나보내더라도 맏며느리인 이분석에게는 산내면에 머물면서 고향을 지키고 자식들을 건사하는 것이 좋겠다고 제안했다고 회고한다. 하지만 이분석은 위로 두 아들은 아랫동서에게 맡기고 아래로 두 아이, 유인호의 여동생 순임(順任)과 남동생 치준(治濬)만을 데리고 남편을 따라 나섰다. 이후 이분석은 포항에서 오징어 장사를 하면서 어느 정도 경제적인 여유가 생기자 큰아들 병준이 산내보통학교를 졸업한 1942년 봄에 두 아들을 포항으로 데려온다. 산내초등학교 학적부 기록에는 유인호가 초등학교 5학년을 마친 1942년 4월 1일자로 포항초등학교로 전학한 것으로 되어 있다. 그렇게 해서 유인호는 나고 자란 밀양 산내면 가인리를 뒤로 한다. 이어 포항초등학교를 졸업하고 1943년 4월 포항중학교 입학이 결정되었으나 경제 형편 때문에 진학을 포기하고 만다.[12] 유인호의 시련이 본격적으로 시작된 것이다.

어머니의 오징어 장사는 한동안 반짝하더니 얼마 못 가 주저앉고 말았다. 여기에 아버지마저 첩실을 들여 따로 살림을 내면서 가족을 돌보지 않는 바람에 도저히 학교를 이어갈 형편이 못된 것이다. 노름빚으로 고향을 등진 아버지는 이번엔 첩실에 빠져 가족에게 또다시 씻지 못할 아픔을 떠안겼다.

결국 유인호의 학교생활은 당분간 그것으로 마감했다. 등록금을 감당하지 못하는 것은 물론이고 정상적인 식생활이 어려운 형편이 이어지다보니 자연스럽게 학교는 뒷전으로 밀려나고 일자리를 찾아 나서야 했다. 유인호가 본격적으로 취업 전선에 뛰어든 것은 중학 진학에 실패한 1943년 봄 이후겠지만 정확하게 언제부터인지는 확실치 않다. 어린 나이였지만 비교적 체격이 큰 편인 유인호는 당시 형 병준이 이미 1944년부터 철도 기관사 보조로 일하고 있었음을 감안하면 그즈음이 아닌가 싶다. 그는 우선 철도국의 문부터 두드렸다. 일이라고 해봐야 허드렛일이 고작이었지만 어쨌거나 만으로 14세가 채 되기도 전에 유인호는 밥벌이 전선에 나선다.

그러나 그 뒤로도 유인호는 배움에 대한 열정을 버리지 못했다. 아니, 하루하루 시간이 지날수록 배움을 향한 갈급은 오히려 커져가기만 하였다. 배움을 꿈꿔온 그가 최종적으로 일본 유학을 선택하게 된 것은 지극히 당연한 귀결이었다. 그런데 유인호는 당시 자신의 배움에 가장 큰 장애를 아버지라고 보았다. 가난 그 자체보다 아버지 유진영의 엉뚱한 삶, 그로 인한 온 가족의 불행이 자신 앞에 가로놓인 가장 큰 장애라고 꼽은 것이다. 그가 평생을 두고 가족의 중요성, 아버지로서 마땅히 해야 할 노릇에 대해 누구보다 각별히 의식하게 된 배경도 바로 이러한 자신의 실제 체험에서 비롯되었다 하겠다.

철도국 시절 동료인 김구보는 유인호가 1945년 3월부터 1947년 중반까지 경주역에서 철도국 직원으로 일했다고 한다.[13] '구내 담당'이었다. 기차가 오면 깃발을 흔들어서 신호를 보내고 승객이 열차에 안전하게 타고 내리는지 확인하는 일이었다. 해방 전에 철도 운영을 맡은 일본인들이 해방 이후 빠져나가면서 일손이 부족해졌기 때문에 하루하루를 정신없이 보내야 했다. 유인호의 철도노조 활동과 관련해서는 제7장에서 다루고 여기서는 유인호와 아버지 유진영의 관계에 대해서만 좀 더 살펴보자.

철도노조에서 사실상 몸을 뺀 이후 생업을 위해 부지런히 몸을 놀리는 가운데서도 유인호는 책을 손에서 놓지 않았다. 낮에는 일해야 했지만 기회 있을 때마다 밤에는 학원에 다니면서 학습 능력을 키웠다. 그런 노력 덕분에 1948년 11월에는 부산의 동아대 입학시험에 당당히 합격하였다. 하지만 아버지의 반대로 결국 등록을 하지 못하고 말았다.[14]

당시 아버지는 노름꾼에서는 벗어났다. 목재상을 하면서 어느 정도 돈을 모아 첩살림을 차릴 정도까지 이르렀다. 하지만 늘 작은집 살림만 챙기는 바람에 유인호의 어머니와 형제들은 생활고에 시달려야 했다.

동아대 입학하지 못한 것도 아버지가 등록금을 주지 않았기 때문이다. 울릉도에 출장을 간 아버지가 돌아오지 않아 등록 기일을 최대한 늦추며 기다렸지만 아버지가 약속을 어긴 것이다. 대학 등록비만큼은 꼭 대주겠다던 말이 공수표로 전락하는 순간이었다. 아버지의 첩실이 기를 쓰고 반대한 탓이 컸다. 그렇듯 아버지는 둘째 부인의 치마폭서 헤어날 줄을 몰랐다.

옷 사는 데는 2만 원씩 펑펑 쓰면서. 내 등록금은 4만 원밖에 안 되는데……. 자식의 장래를 이렇게 막아도 되는 건가요. 너무 심합니다. 과합니다. 남의 사무는 잘 보시면서 자식의 앞길은 이렇게 막나요. 경주(어머니가 동생들과 사는 집)에도 가시면서 한 번도 집에는 안 가고 그러면서 내게도 경주에는 왜 가지 못하게 합니까? 모친은 인생이 아닙니까? 동생들에게도 아버지라고 부르게 해야 하지 않나요. 여기는 김장을 했지만 경주에서는 김장이라도 했는지 알지도 못하지요. 광준(유인호의 배다른 큰 동생)이는 하루에 과자값 100원 이상 들이면서 치준(경주에 사는 유인호 친동생)이 공부에는 돈 한

푼 안 주시잖아요. 연필 한 자루도.[15]

그 와중에 할아버지 유치형 못지않게 유인호를 사랑했던 작은할아버지가 세상을 떠난다. 유인호는 진학을 향한 열정을 놓지 않았지만 하루하루 불확실성 속에서 고민하면서 살았다. 작은할아버지의 부음을 듣고 "윤림정(輪林亭) 뒷산인 선산에 작은할아버지를 묻었다고 한다. 인생이란 가엽고 덧없다"[16]고 기록했다. 유복한 시절도 가고, 작은할아버지도 세상을 떠나는 사태를 보면서 마치 자신의 미래도 그렇듯 허무하게 흘러가는 것은 아닐까 하는 불안함이 읽히는 대목이다.

둘째 부인만 애지중지하는 아버지였지만, 대략 1948년부터 유인호는 둘째 부인과 함께 사는 아버지 집에서 지내는 경우가 많아진다. 철도노조 파업 이후 유진영은 아들 유인호를 옆에 두고 싶어 했다. 그러면서도 아버지는 유인호의 학비 지원에는 인색했다. 그런 아버지의 이중적인 태도를 둘째 부인은 잘 간파해 유인호를 끊임없이 괴롭히며 학대하였다. "밥만 축내고 있다", "패놓으라는 장작은 반도 끝내놓지 않고 밖으로 쏘다니기만 한다"는 둘째 부인의 거짓말에 유인호는 거의 매일 아버지의 폭행을 견뎌야 했다.

여우(아버지의 둘째 부인에 대한 멸칭)와 손을 잡고 영화 보러 나갔다 온 아버지는 또 폭력을 휘두른다. 발로 차고 손찌검을 한다. 욕도 한다. 차라리 나에게 나가라고 하지. '때리려거든 힘껏 때리시오' 라는 마음으로 맞아주었다. 작년 이맘때는 몽둥이가 세 개나 부러지도록 맞았지.[17]

유인호는 그래도 그 자리를 지켰다. 뾰족한 수가 없으니 우선은 매를 맞든, 욕을 먹든, 치욕을 당하든 오로지 진학과 미래를 위해 참고 또 참았다. 그즈음 부산 대신동에 사는, 연배는 위이지만 조카뻘인 유원근(兪元根)과 접촉하면서 자신의 미래를 상의하는 경우가 자주 있었다. 군인인 유원근은 유인호에게 육군사관학교 진학을 권유한다.[18] 유인호도 육군사관학교 진학을 적극적으로 고려하면서 열심히 시험을 준비한다.[19] 한시라도 빨리 아버지를 벗어나 독립해야겠다는 일념, 어서 독립해서 어머니와 동생들을 돌봐야겠다는 마음이 앞섰다. 그러나 육군사관학교 입학시험은 당시 군 경력자만을 대상으로 한다는 결정 때문에 시험도 치르지 못한다.[20] 그해 7월에 시험이 또 있을 것이라는 정보가 들렸지만 유인호에게는 하루하루가 힘든 나날이었기에 당장 무엇을 어떻게 할 것인가 하는 좀 더 구체적인 복안이 필요했다.

그래서 손재주를 이용해 양초 만들기 사업을 벌여도 보지만 좋은 원료를 구하자면 비용이 많이 들고, 싸구려 파라핀으로는 좋은 양초를 만들 수 없으니 여기저기서 돈만 빚지고 만다.[21] 1940년대 후반 기승을 부렸던 고물가[22]는 유인호의 사업 구상에도 큰 차질을 야기한 셈이다. 가마, 석탄, 유리관, 주전자 등 설비만 해도 7만 원이나 들었지만 갚을 길이 막막했다. 빌린 돈은 이익이 나면 반반씩 나누기로 하는 출자 형태였기에 당장 갚지 않아도 상관없었다는 것이 그나마 다행이었다.

마지막 선택, 일본으로

유인호에게 이제 남은 선택은 거의 없었다. 학교 진학은 엄두를 못 내고, 취업을 하려고 해도 이렇다 할 기술이나 전문 지식이 있는 것도 아닌 데다 1940년대 후반의 넘치는 인력, 높은 실업률 등을 감안하면 일자리 얻기가 하늘의 별 따기 이상이었다. 가내수공업식으로 무엇인가를 만들어보려고 해도 부족한 자본과 천정부지로 뛰는 재료값을 볼 때 사실상 그가 할 수 있는 일은 아무것도 없었다.

그러던 참에 유인호는 일본에서 귀국한 집안의 먼 친척을 만나게 된다. '돈을 많이 벌어왔다'는 말보다 '공부하자면 일본이 좋다'는 말에 다시 본격적으로 일본 유학을 생각하기 시작한다.[23] 사실 일본행은 유인호가 1947년 중반부터 고려해온 문제였다. 김구보는 철도노조 파업으로 수배를 받던 당시에 유인호가 이하삼, 김구보와 더불어 경주에서 기관사 모르게 새벽 기차를 타고 부산으로 가서 일본으로 밀항하겠다는 계획을 세웠다고 한다. 하지만 그때는 너무나도 준비가 부족했던 탓에 밀항을 못했으나 밀항 계획은 이후로도 꾸준히 준비해왔던 것이다.[24] 1948년 유인호가 외항선에 취직했을 때 일본 요코하마 항에 도착해서는 그곳에 주저앉을까 하는 생각도 여러 번 했으나 감시가 심해 성사되지는 못했다.

일본행으로 확실하게 방향은 잡힌 것 같은데 문제는 여비였다. 적어도 3만원에서 4만 원은 있어야 된다는데 도무지 여비를 마련할 엄두가 나지 않았다. 아버지에게 기댈 상황도 못 되어서 밀양 고향 마을을 찾기로 한다. 당장 움직일 차비도 없으니 가지고 있던 가죽 구두를 팔아 버스비를 마련했다.[25] 하지만 산내면, 산중면의 할아버지와 할머니, 작은아버지, 외삼촌 등이 모두 어려운 때인지라 결국 아무런 도움을 얻지 못하고 돌아올 수밖에 없었다. 할아버지 유치형은 "이 일은 아버지가 전적으로 책임을 져야 한다"고 말했지만 이미 사태는 아버지와 무관하게 유인호의 행보가 진행되고 있었다.

유원근은 동생 세근을 일본에 보낼 요량이었기 때문에 유인호의 일본행 계획을 비교적 적극적으로 지원하였다.[26] 세근의 일본행은 결국 성사되지 못했지만 유인호가 나중에 일본에 도착해서 찾아간 유석준(兪錫濬)[27]이 유원근의 삼촌이었음을 감안하면, 유원근은 당시 유인호에게 매우 중요한 존재였다.[28] 유인호는 소지하고 있는 물건 중에서 돈이 될 만한 것은 뭐든지 부산 국제시장에 내다팔기로 작정하였다. 전에 다녔던 외항선사에서 받지 못했던 급여 일부를 다시 졸라서 챙겨 받기도 했지만 여전히 여비가 부족해서 유인호는 아버지에게 마지막으로 다시 한 번 매달린다. 그렇지만 아버지는 꿈쩍도 하지 않았다. 결국 유인호는 아버지 집에서 아버지 옷가지며 가방 등을 들고 나와 내다 팔았다. 그 과정에서 아버지의 둘째 부인은 유인호에게 "도둑놈 잡아라"라고 외치며 마지막까지 괄시했다고 한다.[29]

다들 축복하는데 'F & Fox'(아버지와 아버지의 둘째 부인)만 방해한다. 여비 좀 달라는데 거절한다. 자식의 성공을 방해하는 F가 어찌 애비인가? 나는 F란 글자조차 쓰기 싫다. 모친은 피로 땀으로 젖은 돈까지 주는데. 앞으로 나의 삶은 모친에 대한 효성, 아버지에 대한 복수요, 친구들에게 면목을 세우는 것이 되어야겠다.[30]

경주에 살고 있는 어머니도 외삼촌을 졸라서 여비 일부를 마련해 주었다. 마침내 1949년 4월 3일 유인호는 일본을 향해 출발한다. 동행자 예닐곱 명과 함께였다. 하지만 비가 오는 새벽에 출발한 동1호는 산 같은 파도에 떼밀려 다시 되돌아오고 만다. 다음 날 다시 출발은 했으나 이번엔 삼천포까지만 간다. 일행을 이끌고 갈 일본인 가이드 우에키(植木) 일행이 내리니 어쩔 수 없이 따라 내려야 했다.[31] 아마도 우에키의 한국인 부인이 삼천포에 있었기에 그곳에서 부인과 함께 일본으로 들어가려고 했던 모양이나 일이 꼬이려는 것인지 우에키가 삼천포 경찰서의 단속에 걸리고 말았다. 다시 일정은 이삼 일 늘어졌다. 가뜩이나 가진 돈이 적은 유인호로서는 일본에 도착하기도 전에 여관비며 식비 등으로 돈을 써야 하는 상황이라 하루하루 불안하지 않을 수 없었다.

계속 기다리는데 몇몇 사람이 더는 기다릴 수 없다면서 부산으로 되돌아가는 사태가 벌어진다.[32] 유인호도 부산으로 되돌아갈까 생각했으나 한 번 작정한 것이니 끝까지 기다려보기로 한다. 하지만 다음 날인 4월 9일 형사대가 들이닥치면서 결국 유인호는 부산으로 되돌아올 수밖에 없었다. 다시 원점에 섰다. 일이 이렇게 꼬여가는 것이 눈에 밟혔다. 유인호는 불안해서 견딜 수 없는 지경이 되었다. 그래서 찾은 곳은 다시 산내면 고향이었다.

외삼촌은 그간의 사정을 듣고 이전과는 다른 태도를 보인다. 보리밭이라도 팔아서 도와줄까 하는 말도 건넨다. 하지만 유인호는 거절할 수밖에 없었다. 외삼촌의 사정을 뻔히 알면서 냉큼 제안을 받아들일 만큼 유인호의 마음은 단순하지 않았다.[33] 결국 빈손으로 밀양에서 부산으로 돌아와 오갈 데 없이 여기저기를 돌아다니다가 어머니라도 만나고 싶은 마음에 초량으로 간다.

유인호 평전, 사회변혁을 꿈꾼 민중경제학자의 삶

당시 어머니는 경주에 살았는데 부산 등을 오가면서 봇짐장사를 하였다. 부산에 오면 늘 초량의 아는 사람 집에 머물렀다. 그런데 마침 어머니는 경주에 가고 계시지 않았다. 하루를 지나면 다시 온다는 얘기를 듣고 기다렸다.

어머니 모습은 햇빛에 그을려 새까만 얼굴. 죄송한 마음 가득하다. 어머니는 푸념을 내게 늘어놓는다. "산천초목이 변할망정 너의 마음과 내게 대한 효심은 변하지 않으리라 믿었더니 너까지 이렇게 변하면 나는 이제 누구를 의지해서 살란 말이냐?"는 말씀에 가슴이 미어진다. 여비는 고사하고 더이상 아무 말도 붙이지 못하고 말았다.[34]

유인호는 어머니의 불만을 잘 알고 있었다. 남편에게 버림받은 어머니는 동동거리며 장사를 해보지만 생활은 나아지지 않았다. 하루라도 빨리 둘째아들이 취직해서 돈 벌어오기만을 고대하고 있는데 아들은 일본으로 아주 떠난다고 한다. 돈을 가져다주기는커녕 되레 여비를 달라고 하는 상황이니 마음이 좋을 리 없었을 것이다. 눈물이 쏟아지는 상황이 이어졌지만 무엇보다 유인호의 마음을 제대로 이해하고 지지하는 사람이 주변에 거의 없었다는 점이 더 가슴 아픈 일이었다.

그러던 어느 날 여비를 당장 지불하지 않고 현지에 도착해서 후불하는 방법도 있다는 사실을 알게 된다. 물론 여비란 결국 지불하지 않으면 안되는 것. 그런데 당시 일본 정부가 한국, 중국에서 넘어오는 밀항자가 속출한다는 것을 알고 적극적으로 대응하기 시작한다는 말이 나돌면서 상대적으로 이전보다 밀항자 수가 줄어들었고 덩달아 뱃삯도 적당히 지불

하면 되는 분위기가 생겼다. 유인호는 1만 원에 갈 수 있는 배편을 수소문하기에 이른다.[35]

일본행을 추진한 유인호로서 그나마 다행인 것은 그때까지만 해도 일본 정부가 밀항에 본격적으로 대응하지 않았다는 점이다. 각 지역별로 밀항자를 조치하는 경우는 있었지만 중앙정부 차원에서는 1950년 10월 이후에나 대책이 마련되었기 때문이다.

당시 일본 경찰은 한반도에서 일본으로 넘어오는 밀항자 규모를 연간 1만 명 정도로 추정했다. 그러나 실제로는 훨씬 더 많은 이들이 일본으로 불법 입국했을 것으로 보인다. 예컨대 1949년 9월 12일자 일본 《마이니치 신문》은 패전 이후 나가사키 현 사세보 송치국이 한국인 밀항자 3만 5,000명을 취급했다고 보도했다.[36] 적발된 수가 4년 남짓 만에 3만 5,000명이라고 한다면 적발되지 않은 불법 입국자를 포함하면 실제 밀항자 수는 훨씬 더 많았을 것으로 짐작할 수 있다.

이처럼 이미 매년 상당한 규모로 일본 밀항이 이루어지고 있던 것으로 보이나 일본 정부 차원에서는 1950년 하반기에나 본격적으로 대응한다. 1950년 10월 1일 일본 정부는 한국전쟁 발발 이후 한반도에서 난민이 밀려오는 사태에 적극적으로 대응하기 위해 외무성 외국(外局)에 출입국관리청을 설치하고 입국자 수용소를 나가사키 하리오에 마련해 밀항 입국자를 관리하기 시작했다. 그해 12월 26일 일본 정부는 하리오 입국자 수용소를 폐쇄하고 그 유명한 오무라 입국자 수용소를 설치한다.[37]

1949년 5월 8일 밤 0시 15분, 마침내 예약한 선박은 일본을 향해 떠난다. 지난 한 달 동안 일본행을 염두에 두고 몸부림친 시간을 떠올리며 칠흑 같은 밤, 보이지 않는 고향 산천을 조금이나마 더 보겠다는 일념으로 유인호는 두 눈을 부릅뜨고 사위(四圍)를 바라보았다.[38] 만 스무 살을 두어 달 남긴 그날 유인호는 새로운 세상을 향하여 첫발을 내디딘 것이다. 그 길이 희망과 더불어 또 다른 아픔을 잉태하고 있었음에도.

7

해방 공간의
소년 노동자

해방 공간은 해방 직후부터 대한민국 정부가 수립될 때까지를 말한다. 정치적 측면을 강조할 경우 해방 정국으로도 표현되는데 해방 공간은 과도기이자 혼돈의 시기였다. 해방은 맞았지만 그 과정이 타율적으로 진행된 탓에 일본의 식민지에서 벗어난 이후에 대한 막연함만 가득했을 뿐 구체적이고 치밀한 준비는 없었다. 해방된 한국 사회는 혼란을 겪을 수밖에 없었다.

흔히 해방 공간은 사회주의자·공산주의자들이 전면으로 등장함에 따라 좌우 대립이 첨예하게 노출된 시기로만 인식하는 경우가 적지 않지만 당시 사람들은 사회주의·공산주의를 민족운동의 한 수단으로 받아들였음을 감안한다면 좌우 대립, 이념 대립은 당시의 상층 엘리트들 간의 정치투쟁, 권력투쟁을 뜻한다고 보는 편이 더 정확할 것 같다. 이는 변화를 기대하는 민중의 경우, 결과적으로 일부 엘리트들의 정치투쟁이나 권력투쟁의

유인호 평전, 사회변혁을 꿈꾼 민중경제학자의 삶

소용돌이에 휩쓸릴 수밖에 없었다는 점을 기억할 필요가 있다는 뜻이다. 이념 대립은 종종 이념 중심의 순수한 싸움처럼 보이지만 실제로는 이념을 앞세운 권력의 편 가르기에 불과했고, 그 가운데 낀 민중의 참여 행태 또한 처음에는 자신들의 변화를 기대했던 만큼이나 자발적이었으나 언제부터 인가는 각 권력 진영에 동원되는 수동적인 형태로 변질될 수밖에 없는 한계를 지닌다. 한 정치학자가 당시 상황에 대해 다음과 같이 설명한다.

> 그 당시에는 공산주의자가 위험인물이 아니라 지조가 높은 애국자로서 민중의 눈에 비치고 있어서, 우파 민족주의자도 '혁명' 혹은 '혁명가'라는 말을 사용하여 자신의 애국심 강도를 나타내려고 하였으며, 해방 후 전향한 공산주의자도 그들의 민족운동에 대한 공헌을 정당화하기 위하여 그들이 한때 공산주의 운동에 참가했던 것을 부정하는 사람은 없었다.[39]

실제로 당시 일반 대중은 사회주의에 매우 우호적인 태도를 보인다. 1946년 7월 미군정 공보부가 실시한 여론조사를 보면 한국인의 85퍼센트가 '대의 기구를 통한 모든 인민의 지배'가 바람직한 정부 형태라고 응답했으며, 좋아하는 사상으로는 사회주의가 70퍼센트로 으뜸을 차지하였고 이어 자본주의 13퍼센트, 공산주의 10퍼센트 순이었다.[40] 일제의 압제를 견뎌온 만큼 대의를 통한 인민의 지배, 즉 민주주의에 대한 갈급이 적지 않았던 것이다. 다만 사회주의에 대한 높은 지지율에서 민주주의와 사회주의를 대립적으로 인식하지 않는다는 사실을 유추할 수 있다. 실제로 그들이 사회주의 이론에 정통했다고 보기도 어렵거니와 자본주의, 민주주의, 사회주의를 구분할 정도로 의식 수준이 높았던 것으로 판단하기도 어렵기 때문이다.

그렇다면 그들에게 사회주의는 무엇을 뜻하는 것이었을까? 아마도 일제의 압박에서 갓 벗어나 새로운 변혁을 바라며 해방 공간을 살아가는 민중이 꿈꾸는 일종의 상징으로 사회주의를 받아들였을 가능성이 크다.

사회변혁의 꿈

무엇이 좌익이고 어떤 것이 우익인지의 구분도 모호했다. 이 점과 관련해 소설가 김동리의 발언은 시사하는 바가 적지 않다.

> 만약 토지개혁과 주요 기업의 국유화를 주장하는 것이 좌익이라면 조선 사람은 전부 좌익이요, 민족 해방과 완전 독립을 갈망하는 것이 우익이라면 조선 사람은 전부가 우익일 것이다. 조선의 소연방화 거부를 우익이라면 우리는 모두 우익이어야 할 것이고, 조선의 미국 식민지의 배격을 좌익이라면 우리는 모두 좌익일 것이다. 그렇다면 우리의 좌우익은 어떠한 근거에 입각한 것인가?[41]

해방 공간에서 이와 같은 문제에 대해 분명하게 선을 긋기는 어렵다. 하지만 분명한 것은 당시의 민중이 모두 이전과는 다른 세상을 요청하고 있다는 점이며, 온 사회가 새로운 세계를 꿈꾸기 시작했다는 점이다.

유인호 평전, 사회변혁을 꿈꾼 민중경제학자의 삶

새로운 세상에 대한 갈망은 소년 유인호에게도 예외가 아니었을 것이다. 더구나 그가 직면한 현실은 가난 때문에 본의 아니게 학업을 접고 들어선 소년 노동자의 길, 아버지의 외도로 벌어진 가족사의 아픔, 어머니와 동생들을 나름대로 책임져야 한다는 부담감 등 하나같이 간단한 것이 아니었다. 그에게 변혁은 그 어떤 무엇보다도 절실한 주제였을 것이다.

해방 공간을 포함하여 이후 일본 유학 생활에서 유인호의 일기 도처에 발견되는 문구는 "이대로는 안 된다", "이렇게 앉아 있을 수는 없다" 등의 표현이다. 억눌려 있던 가슴에 민족사적 변화를 만난 그에게 변혁은 자연스럽게 당위적인 최우선 명제로 떠올랐을 것이다. 무엇보다도 감수성이 예민하고 호기심이 많은 소년 앞에 놓인 격동의 시대, 해방 공간은 매우 자극적으로 다가왔음이 틀림없다.

다만 그가 꿈꾼 사회변혁이 구체적으로 어떤 것이었는지는 확실치 않다. 어쩌면 그것을 밝히는 것은 불가능할지도 모른다. 1945년 여름, 해방 당시 유인호의 나이는 겨우 만 16세였고, 학습 경력도 그리 길지 않아 상황 인식에 입각한 목표 설정 내용을 그에게 따져 묻는다는 것은 우물에서 숭늉을 구하는 것 이상으로 엉뚱한 일일 것이다. 새로운 시대가 열리려는 상황에서 그가 마음속에 간직하기 시작한 사회변혁의 꿈은 자신의 학습욕구를 자극하는 실마리이자 미래에 대한 희망 섞인 다짐으로 해석하는 편이 더 정확할 것이다. 하지만 그의 다짐은 해방 공간의 혼란과 혼돈에 깊숙이 개입하는 쪽으로 전개될 수밖에 없었다.

식민지 해방이라는 미성한 시국은 보통 사람들을 평범하거나 무심하게 내버려두지 않았다. 그들은 해방 이후의 국가적 및 민족적 진로를 결코 남의 일처럼 방치하지 않았던 것이다. 오히려 그것을 자신의 일로 생각하여 시대와 역사에 나름대로 동조하고 동참하고자 했다. 그 결과는 '정치 과잉' 현상이었다.[42]

'정치 과잉'은 이미 해방 직후부터 시작되었으나 특히 1946년 가을을 정점으로 치닫는다. 유인호 역시 그 와중에서 많은 것들을 배우며 성장하였다. 거대한 흐름에 휩쓸리다 다치고 좌절하면서 몸부림친 세월을 살지 않을 수 없었다. 유인호의 해방 공간을 더듬어보기 전에 우선 노동운동 측면에서 해방 공간의 흐름을 간략하게 정리할 필요가 있다. 그 어떤 위대한 존재라도, 아니 필부필부(匹夫匹婦)라고 해도 시대 · 역사적 환경이라는 컨텍스트(context)에서 자유로울 수 없기 때문이다.

해방 공간에서 가장 먼저 정치적 활동을 시작한 것은 여운영이 이끄는 건국준비위원회(건준)였다.[43] 일본 천황이 패전을 공식적으로 발표하기 직전인 1945년 8월 14일, 조선총독부는 재한 일본 민간인과 군인의 신변 안전과 무사 귀환을 조건으로 여운영에게 행정권과 치안 유지권을 양도한다. 여운형이 좌파와 민중 세력을 대변할 수 있다고 판단했기 때문이다. 그러나 조선총독부는 소련군이 38도선 이북만을 점령하고 이남은 미국이 점령할 것이 확실해지자 단 하루 만에 행정권 이양을 거부한다. 그럼에도 건준은 그해 8월 말까지 12부 1서기국 등의 중앙 조직을 비롯해 전국에 145개 지부를 결성할 정도로 확대된다.

건준은 9월 들어 급격하게 좌경화한다. 9월 3일 박헌영이 조선공산당을

유인호 평전, 사회변혁을 꿈꾼 민중경제학자의 삶

재건하고 박헌영파의 영향력이 강화되면서 민족주의자들이 건준을 떠난다. 마침내 건준은 9월 6일 조직의 발전적 해체를 내세우며 조선인민공화국(인공) 수립을 선포한다. 인공은 미군이 점령군으로 들어오기 이전에 체제를 마련하려는 건준의 의도가 작용한 결과였음에도 지나치게 졸속으로 추진되었던 탓에 우파는 물론 좌파로부터도 비판받았다.

인공의 탄생은 결과적으로 우익 진영의 정당 탄생을 부추겼고 이로써 해방 정국의 좌우 대립은 격화되었다. 그러나 인공의 위상이 실추된 결정적인 계기는 미군정의 인공 불법화 선언이었다. 미군은 9월 9일 서울에 진주하여 38선 이남 지역에 군정을 선포했고 이날 오후 4시 30분 조선총독부 정문에 걸린 일장기가 드디어 내려오고 미국 성조기로 대체되었다.[44] 처음부터 미군정은 인공을 비롯한 좌익 세력의 정치 활동을 불법으로 간주했다. 10월 10일에는 인공을 부인하는 성명을 각 일간지에 게재하기에 이른다. 그보다 앞선 9월 17일, 미군정은 일종의 정당 신고제를 실시함으로써 해방 정국에 무수한 정당이 출현하고 인공도 한 정당으로 전락한다. 그해 11월 12일 여운영은 조선인민당을 창당한다. 한편 우익 세력으로는 국내 기득권 세력을 중심으로 한 한민당을 비롯해 해외파 이승만, 임시정부의 김구 세력 등이 주류를 이루었다.

좌우 대립을 결정적으로 극대화한 것은 1945년 12월 28일 미·소·영 세 나라 수도에서 발표된 '모스크바 결정서'였다. 이른바 한반도 신탁통치 논란이다. 당초 '모스크바 결정서'는 한반도에 임시정부를 수립하기로 되어 있었을 뿐 신탁통치 방안에 대해서는 아무것도 결정하지 않았다. 강준만은 이를 "신탁통치는 미소 공동위원회가 (앞으로 탄생하게 될) 임시정부와

협의하여 작성하게 되어 있었던바, 임시정부가 신탁통치를 강력히 반대한다면 신탁통치를 받지 않을 가능성도 있었던 것이다"[45]라고 설명한다.

그러나 공식 발표가 이루어지기도 전에 《동아일보》, 《조선일보》 등 몇몇 우익 언론에서 모스크바 결정이 신탁통치를 거론한 것으로 소개되면서 한국 사회는 찬탁 대 반탁의 대결로 치달았다. 모스크바 결정의 초점은 임시정부 설치에 있었음에도 '반탁은 우익', '찬탁은 좌익'이라는 구도가 뿌리내리고, 밑도 끝도 없이 '미국의 입장은 반탁', '소련은 찬탁'이라는 주장이 쏟아졌다. 강준만은 이를 "우익 친일 세력은 신탁통치 갈등을 이용하여 전체적인 정치 구도를 '찬탁은 극좌·친소'라는 틀 속으로 몰아넣으면서 자신들의 세력을 확대해나갔으며, 어느덧 '반탁은 애국이며 즉시 독립의 길이요, 찬탁은 매국이며 식민지화라는 등식이 성립'되어갔다"[46]라고 설명한다. 찬탁·반탁 논란은 해방 공간에서 사실과는 전혀 다르게 내용을 규정하고 필요한 대로 자기주장을 이어가면서 진실을 왜곡한 대표적인 사례다.

해방 공간에서 마주하게 되는 또 하나 중요한 현실은 식량 부족 문제였다. 1945년은 쌀 풍년이었고 더는 일본에 쌀을 빼앗기지 않게 되면서 해방의 기쁨은 쌀의 과소비로 나타났다. 그해 가을 수확한 쌀의 절반 정도가 술·떡·엿을 만드는 데 사용되었다.[47] 이후 쌀값이 폭등하는데 여기에 미군정이 쌀을 전면 통제한다는 정책[48]을 내놓으면서 쌀이 아예 시장에서 자취를 감추었다. 해방 공간은 쌀 부족 문제로 더욱 휘청거릴 수밖에 없었다. 그럼에도 미군정은 이에 대한 뾰족한 대응을 하지 못하여 민중은 굶주림으로 고통을 겪어야 했다.

전평의 9월 파업과 10월 항쟁

해방 공간의 노동운동도 좌우 대립에서 예외가 아니었다. 식민지 시기 일제가 체포한 좌익계 노동운동 지도자들이 해방과 더불어 풀려나면서 이들을 중심으로 1945년 11월 5일과 6일에 서울 중앙극장에서 조선노동조합전국평의회(전평)의 결성 대회가 개최된다. 전국의 1,194개 노동조합 소속 30만 노동자를 대표한 대의원 505명이 참석해 허성택을 위원장으로 선출한다.[49] 전평 결성 대회에 참석한 노동자 대표들은 거의 모두 노동운동을 하다가 일제의 탄압과 검거로 투옥되거나 지하로 들어간 좌익계 인사들이었다. 특히 간부들 대부분이 재건된 조선공산당의 중앙 위원을 겸하고 있어 전평과 조선공산당은 관계가 깊었다.[50] 정영태는 전평을 다음과 같이 평가한다. "1946년 중반기까지는 사실상 유일한 노동 조직이었으며, 10월 민중항쟁 직후까지도 조직력에서 우익 대한노총보다도 훨씬 강했다."[51]

전평은 실천 요강으로 세 가지를 꼽는다. 첫째, 친일파 민족 반역자를 제외한 모든 세력의 단합 위에 진보적 민주주의에 입각한 조선의 완전 독립과 통일 정부 수립에 적극 참가할 것. 둘째, 민족자본의 양심적인 부분과 협력하여 산업 건설을 함으로써 부족 공황과 악성 인플레이션을 극복할 것. 셋째, 이와 같은 운동을 통해서 노동자의 이익을 옹호하고 노동자 대중을 교육·훈련하며 자체 조직을 확대·강화할 것. 실천 일반 행동 강령으로는 '최저임금제' 와 '8시간 노동제' 등 노동조건 개선을 위한 19개 조항을 내세웠다. 이에 전평은 창립 한 달 만에 1,757개 조합, 조합원 55만 명에 이르는 거대 조직으로 성장한다.[52]

전평은 고문으로 스탈린과 모택동을 내세우는 등 사회주의 지향성을 분명히 했다. 그러나 당면 과제를 민족주의와 민주주의혁명으로 보았기 때문에 민주주의적인 통일 국가 수립과 산업 건설에 적극 참가하기로 하고 노동조건 개선도 개량적인 것을 요구했다.

전평의 실천 요강 가운데 셋째 항목인 '노동자 대중의 교육·훈련과 자체 조직 확대·강화'는 유인호와 관련해볼 때 주목되는 대목이다. 당시 유인호는 철도 노동자로 경주역에서 일하고 있었으며[53] 전평의 산하 노조 1,000여 곳 가운데 가장 조직화된 노조가 철도노조라는 점을 감안한다면 의미 있는 연결 고리가 될 것으로 보이기 때문이다. 전평이 처음으로 전국적으로 벌인 1946년 9월 총파업의 시작을 알린 것도 철도노조였다. 9월 13일 서울 용산에서 철도 노조원 3,000명이 대우 개선을 요구한다. 이에 응답이 없자 9월 23일 파업에 돌입한다. 부산에서도 같은 주장을 하는 철도 노동자들이 파업에 돌입하면서 1946년 9월 총파업이 시작[54]되었음을 고려할 때 철도노조 활동은 배움을 갈급하던 유인호에게는 더 없이 좋은 학교이자 세상을 이해하는 중요한 나침반이 되었을 것이다.

이뿐 아니라 당시 노동자들 중에는 유인호와 나이가 비슷한 또래들이 적지 않았기 때문에 전평의 학습소조 활동은 유인호에게도 접근이 수월했을 것이다. 조선은행 조사부가 발행한 《1949년 경제연감》을 보면 1948년 1월 말 현재 전체 노동자의 29.6퍼센트가 19세 이하 유년 노동자들이었다.[55] 지금까지는 그저 동병상련하는 또래끼리 사적으로 나누는 의사소통 정도가 고작이었지만 공적인 교제가 시작되면서 조직의 의미, 삶의 방향, 가치 등을 새롭게 이해할 수 있는 전기가 마련된 것이다. 그야말로 놀라운 변화의 시작이라고 하지 않을 수 없다.

학습 내용이 구체적으로 어떤 것이었는지는 분명치 않다. 하지만 미루어 짐작컨대 전평의 실천 요강과 일반 행동 강령 등이 우선적으로 거론되었을 듯하다. 실천 요강과 행동 강령에 들어 있는 용어를 이해하는 것만 해도 쉽지 않을 것이기에 그 의미를 파악하는 학습부터 시작하였을 것이다. 친일파, 민족 반역자, 진보적 민주주의, 조선의 완전 독립과 통일 정부 수립, 민족자본, 부족 공황, 악성 인플레이션, 노동자의 이익, 노동자 대중, 최저임금제, 8시간 노동제, 동일 노동에 동일 임금, 유급휴가제 등 낯선 용어들이 가득했다.

그 외에도 사회주의 관련 학습이 있었을 것으로 보인다. 전평이 재건된 조선공산당의 전위 조직인 만큼 사회주의 관련 내용 역시 노동 대중 학습에서 빼놓을 수 없었을 것이다. 당장은 박헌영이 해방과 동시에 작금의 투쟁 방향을 설파했다는 이른바 〈8월 테제〉도 포함되었을 가능성이 크다. 〈8월 테제〉는 해방된 조선의 현 단계를 부르주아민주주의혁명 단계로 규정하고 다음 단계인 사회주의혁명으로 넘어가야 한다는 내용이다.[56] 전평의 노선을 규정해온 〈8월 테제〉가 당장은 민주주의 완성을 위해 노력해야 하는 단계로 구분한 만큼 극렬 투쟁이 논의의 주제가 되지는 않았을 것으로 보인다.

실제로 조선공산당은 1946년 중반까지는 미군정과의 전면 대립을 피해 왔으며 특히 〈8월 테제〉에서도 '조선의 해방을 진보적 민주주의 국가 소·영·미·중 등 연합국 세력의 공로'로 인정하고 있었다. 전평 또한 노동운동의 초점을 산업 건설의 회복에 둘 정도로 유화적인 입장에 서 있었다.

1945년 11월 30일 전평이 내놓은 '산업 건설 협력 방침'에도 그 같은 외도가 잘 드러난다. 그 내용은 네 가지로 "첫째, 파업은 수단이지 목적이 아니다. 양심적이고 건전한 생산에서는 파업이 아니라 생산에 적극 협력한다. 둘째, 조선 자주 독립을 원조하는 미·소 양군에 협력한다. 이번 조선 해방에 미·소·중의 큰 공적에 대해서는 감사와 경의를 표한다. 또한 카이로회담, 포츠담선언을 수용하며 자주독립과 민주적 자주 경제 건설을 원조하는 정책에 적극 협력하고 국내 안정을 꾀한다. 셋째, 양심적 민족자본가와 협력하여 부족 불황을 타개한다. 넷째, 비양심적인 악덕 모리배를 배격한다"로 비교적 온건한 노선을 보여주었다.

문제는 유인호의 노조 학습 과정에서 문제의 본질에 대해 구체적이고 분명하게 지도해줄 수 있는 주변 인물이 있었는가 하는 점이다. 그러나 유인호의 일기에서나 동료의 회고에서도 특정 인물을 통해 학습을 전수받았다는 내용은 기록된 바 없다. 아마도 일반적인 학습 내용이 문건으로 전달되어 노조 분회의 독회(讀會)가 이뤄지는 정도가 아니었을까 싶다. 후일 유인호가 일본에 유학하여 마르크스주의 사관이나 경제학을 접하기 이전에는 상황 인식이 반자본, 친노동, 노동자의 단결, 정부의 민중 억압 비판, 반미 등 극히 표면적인 수준에 머물렀음을 감안하면 학습 내용의 수준은 그리 깊지 않았던 것으로 보인다. 예컨대 그의 일기에 '인민이 중심이 되는 정부 수립'[57] 등과 같이 마치 국가 전복을 꾀하는 듯한 발언이 자주 등장하지만 그가 한때 육군사관학교에 진학할 의지를 키우기도 했음을 감안하면 당시 유인호의 인식은 극히 초보적인 사회주의 추종자 정도 수준이었을 것이다. 그럼에도 그 수준 여하를 떠나서 문제 인식의 고리가 그의 앞에 펼쳐졌다는 사실은 앞으로 유인호의 장래에 대단히 중요한 계기가 되었을 것이다.

　전평이 사실상 유일한 전국적인 노동자 단체였지만, 미군정과 우익에 전평은 반드시 없애버려야 할 불순 단체로 판단되었다. 어떠한 온건한 노선을 택하든 전평은 사회주의자들이 조직한 혁명적 조직으로, 조선공산당의 가장 중요한 기반 조직으로 인식되었다. 우익은 그에 대항하기 위하여 1946년 3월 10일 서울시 천도교당에서 대한독립촉성노동총동맹(대한노총)을 결성한다. 김구, 안재홍, 조소앙 등 우익 인사들과 우익 청년단원으로 가득한 결성식장에 노동자라고는 단 48명이, 그것도 조합 대표가 아니라 개인 자격으로 참석했다.[58]

　여기에 찬탁과 반탁이라는 소용돌이에 전평도 휘말리게 되었는데 1946년 초여름부터 콜레라가 만연한 데다 쌀 부족 사태와 고물가 등 3중고에 시달리던 노동자들이 임금 인상 등을 요구하는 경제투쟁에 나선 것이다.[59] 1946년 9월 총파업은 공산당과 전평이 취한 그때까지의 유화적인 노선이 전면적으로 바뀐 것을 뜻한다.

　전평은 1946년 9월 24일 0시를 기해 부산 철도 노동자 7,000여 명이 파업에 들어감으로써 총파업을 시작하였다. 뒤이어 24일에는 서울을 비롯한 전 철도 노조원 4만 명이 일제히 파업에 돌입했다. 그러나 미군정은 26일부터 노조 간부와 파업 노동자들에 대한 대대적인 검거로 맞섰다. 남한 전역에서 파업에 참가한 노동자는 25만 명에 이르렀으나,[60] 이 가운데 1만 1,624명이 검거되었으며 그 과정에서 노동자 수 명이 살해되는 사건이 발생하기도 했다. 노조 간부 150여 명은 군사재판에 회부되었다.

　당시 전평은 12개 요구 조건을 내걸었다.[61] 12개 요구 조건은 다음과 같다. 첫째, 쌀을 달라. 모든 시민에게 3홉 이상 배급하라. 둘째, 물가 등귀에 따라서 임금을 인상하라. 셋째, 실업자에게 일과 집과 쌀을 달라. 넷째, 공장 폐쇄·해고를 절대 반대한다. 다섯째, 노동운동의 자유를 달라. 여섯째, 일체 반동 테러에 반대한다. 일곱째, 북조선과 같은 민주주의적 노동 법령을 즉각 실시하라. 여덟째, 민주주의 운동 지도자에 대한 지명수배와 체포령을 즉시 철회하라. 아홉째, 검거·투옥 중인 민주주의 운동자를 즉시 석방하라. 열째, 언론·출판·집회·결사·시위·파업의 자유를 보장하라. 열한째, 학원의 자유를 무시하는 국립대학교안을 즉시 철회하라. 열두째, 《해방일보》, 《인민보》, 《현대일보》 등 기타 정간 중인 신문을 즉시 복간시키고 그 사원을 석방하라.

12개 요구 사항 중 첫째에서 넷째 항까지를 제외하면 노동운동의 내용과는 거리가 있다. 경제투쟁과 더불어 정치투쟁이 병렬적으로 진행되고 있었던 것이다. 파업은 전국적으로 확산되었으며 학생들도 1만 6,000여 명이 전국적으로 동맹휴학에 들어갔다.

미군정은 전평의 파업을 불법으로 규정하고 9월 30일 경찰과 우익 청년 단체를 동원해 전평의 남조선 총파업투쟁위원회가 있던 용산의 경성공장을 습격해 마치 전쟁을 치르듯 파업을 진압하였다. 그러나 이미 벌어진 총파업은 파업의 물꼬를 텄던 철도 노동자의 해산만으로 해결을 보지 못하고 지방으로 확산되면서 지방 인민위원회와 노동조합의 활동과 연결되어 대중 봉기로 격화되었다.

강준만은 전평의 9월 총파업과 10월 대구민중항쟁을 연속적으로 이해해야 한다고 주장한다. 즉, "미군정이 지원하는 대한노총과 (우익 청년 단체 등) 방계 조직의 총공세로 9월 총파업은 일단락되었으나, 전국 각지에서 잇따른 크고 작은 각종 파업은 그칠 줄을 몰랐다. 10월 대구항쟁은 이런 흐름 속에서 발생한 것"[62]이다.

좌절된 2·7구국투쟁

9월 총파업에는 당시 경주역에서 근무하던 유인호도 당연히 참가하였다. 처음으로 경험하는 파업은 매우 강렬하게 각인되었을 것이다. 비록 소기의 성과는 거두지 못하고 좌절되고 말았지만 변혁이라는 꿈을 실현하기 위한 수단이 분명히 있다는 점을 실감하였다. 이뿐 아니라 유인호는 파업을 계기로 지금까지 노조의 학습소조 활동에 대한 새로운 인식을 하게 되었다. 노조가 주장을 더 강화하기 위해서는 현상 인식에 대한 치밀함과 더불어 철저한 사전 준비 노력이 필요함을 절실하게 느낀 것이다.

한편 9월 총파업 이후 치명적인 타격을 입은 전평은 이후로 크게 세력이 약화되었다. 조선공산당은 전평의 세력 약화를 계기로, 합법적인 정당 활동과 하부 조직 재건을 위해 1946년 11월 23일 남조선노동당(남로당)[63]을 창당한다. 강준만은 남로당이 그해 "12월 당원 53만여 명, 47년 10월엔 100만 당원을 돌파했다고 발표하지만 공산당의 기존 노선과 활동을 답습함으로써 명백한 한계를 드러냈다"[64]라고 평가한다.

하지만 미군정과 우익 세력은 남로당의 활동을 제약하는 태세를 계속해서 유지하였고 1947년 2월에는 전평의 주요 간부가 이런저런 이유로 기의 구속되기에 이른다. 이에 반발하여 전평은 1947년 3·22 총파업을 계획한다. 정치투쟁 차원에서 추진하는 총파업이었던 만큼 요구 사항은 거의가 정치적인 내용이었다. 전평 상층부가 노동자들의 권익을 확보하려는 노력을 사실상 포기한 것으로 보인다.[65] 그럼에도 파업이 부분적으로나마 이루어진 것은 "전평의 지도성에 의한 것이라기보다는 각 단위 공장에서 활동하고 있던 좌익계 노동운동가들의 자발적 노력이 있었기 때문"[66]이라는 평가다.

3·22 총파업도 결국 실패로 귀결되었고 2,000여 명에 달하는 전평 관계자들이 검거된다. 이로써 전평은 9월 총파업에 이어 3·22 총파업의 실패로 사실상 완전히 붕괴될 수밖에 없는 상황에 직면한다.

그런데 이보다 앞서 1946년 11월 출범한 남로당에 유인호도 입당한 것으로 보인다. 그는 자신의 1949년 6월 25일 일기에서 "(1949년 6월 현재) 나는 공산주의 노선을 만으로 3년 동안 걸어왔다"고 주장한 바 있다. 이는 유인호가 1946년 6월쯤에는 이미 전평의 노조 학습소조 활동을 통해 사회주의의 틀을 상당 부분 수용하고 있었으며 이후 사회주의 노선을 계속 유지해왔음을 말해주는 것이다. 전평에 참여하면서 얻게 된 초보적인 사회주의 인식 수준은 전평의 거듭된 총파업 실패와 더불어 되레 강화되면서 그 연장선상에서 남로당 가입이 이뤄진 것으로 보인다. 1951년 12월 13일 일기에 "1947년 7월 여러 친구들과 함께 남로당에 가입했다"고 회고하고 있다. 그렇지만 당시 유인호는 아직 나이가 어린 탓에 파업이 됐든 다른 어떤 투쟁 활동이 됐든 앞장서서 나설 수 있는 지위도, 상황도 아니었다. 그 때문에 전평의 두 번에 걸친 대대적인 파업 투쟁이 있었지만 그 뒤로도 유인호

유인호 평전, 사회변혁을 꿈꾼 민중경제학자의 삶

는 큰 무리 없이 경주역에서 근무할 수 있었을 것이다.

그러나 결국 유인호 역시 총파업 때의 행적이 문제로 불거져 쫓기는 몸이 되고 만다. 경주역 근무를 그만둔 시점은 확실치 않지만 1947년 중반 유인호는 부산으로 거처를 옮겨 그해 7월에는 이미 부산역 안내 담당 노동자로 근무한다.[67] 지금이라면 온라인으로라도 신원 조회가 가능했겠지만 당시만 하더라도 그런 연계 조회가 가능할 리 만무하고 생계 차원에서라도 가장 익숙한 근무 환경이 철도국이었을 것이므로 유인호의 부산역 근무는 충분히 이해되는 대목이다.

여기에는 또 하나 중요한 이유가 있었다. 아마도 야간학교 진학과 관계가 있는 듯하다. 경주역에 근무할 때인 1945년에도 유인호는 야간 중학교[68]에 일시적으로 적을 두기도 했으나 파업 이후 새로운 환경에서 학업의 꿈을 키워가겠다는 의지 때문에 부산으로 옮겨간 것으로 보인다.[69] 낮에는 근로자로 밤에는 학생으로 부지런히 미래를 준비하는 가운데서도 변혁의 꿈, 조국에 대한 뜨거운 관심은 점점 더 왕성해지고 있었다.

한편 당시 좌익 세력은 미소 공동위원회가 완전히 결렬되고 남한에서만 단독선거를 치르기로 결정되자 이 선거를 중지시키기 위한 대규모 정치투쟁을 계획한다. 미국은 이미 한반도 문제를 유엔에 떠넘겼고 이에 1948년 2월 7일 유엔 한국임시위원단이 입국하기에 이르자 이에 대한 반대가 좌익 세력을 중심으로 세게 일어났다. 이른바 2·7구국투쟁[70]이다.

당시 슬로건은 유엔 한국임시위원단 입국 반대, 남조선 단독정부 수립 반대, 양군 동시 철수와 조선인에 의한 통일 민주주의 정부 수립, 친일파 타도, 노동자·사무원을 보호하는 노동법·사회보험제 즉각 실시, 정권을 인민위원회로 전환할 것, 지주의 토지를 몰수하여 농민에게 무상으로 분배할 것 등이었다. 이 슬로건에 유인호는 적극 찬동한 것으로 보인다. 1950년 3월 9일 일기에는 "만일 북한이 앞장서 통일이 되고, 그 결과 소련의 예속국이 된다면 우리는 다시 2차 혁명을 통해 그들을 물리쳐야 할 것이다. 해방됐을 때 남한은 미국, 북한은 소련의 지배라면 안 될 말이다. 그 어떤 나라가 침범해도 우리는 결단코 싸울 것이다"라고 쓰고 있다.

당시 유인호의 생각을 지배하고 있던 것은 사회주의, 자본주의를 떠나 민족주의에 가까웠다 하겠다. 2·7구국투쟁의 방향이 바로 그랬다. 당시의 좌파 세력은 민족주의 색채가 강했던 만큼 젊은 유인호의 입장 표명은 분명했다. 민족을 앞세운 사회주의의 통일전선전술인지, 그 어떤 주의보다 민족과 민중을 중시하는 것인지는 유인호의 선택에 달려 있었던 것이다. 어쨌든 그에게서 이 둘에 대한 정확한 구분은 유학 시절 내내 그의 마음고생의 씨앗이자, 해결하지 않으면 안 되는 과제로 남는다.

그런데 2·7구국투쟁이 시작된 바로 그날 유인호는 부산 철도경찰에 체포된다. 2·7구국투쟁은 일종의 정치적 폭동이었기 때문에 참가자에 대한 경찰의 대응도 매우 강경하였다. 유인호는 체포 후 엄청난 구타를 겪으면서 경주에서의 총파업 투쟁 경력까지 드러나고 말았다. 다행히도 그의 나이는 겨우 만 18세에 불과했다. 실형을 선고받기에는 너무나도 어린 나이였다. 나이를 고려한 탓인지 유인호가 받은 벌은 구류 10일이었다. 그는 부산 철도경찰서 제3호 감방에서 2월 17일까지 붙들려 있어야 했다. 그가 처음으로 경험하는 감옥살이는 그렇게 시작되었다. 그렇지만 그의 감옥 이력은 이제 겨우 시작에 불과했다.

8
절망을 딛고
더 넓은 세계로

본의 아니게 어린 나이에 일찌감치 노동 현장으로 뛰어들 수밖에 없었던
유인호는 해방 공간에서 또 한 번 자신의 의지와 상관없이 실업자로 내몰
린다. 1948년 2월 17일 열흘 동안 부산 철도경찰서 유치장에 갇혔다 풀려
나자마자 일자리에서 쫓겨난 것은 물론이고 오갈 데 없는 신세가 되고 만
다. 부산역에서 근무할 때는 직원 숙소에서 지낼 수 있었지만 철도국에서
쫓겨난 마당에 더는 그곳에 남아 있을 수 없었기 때문이다.

　해방 공간은 인구 유입이 많은 반면 일자리는 되레 줄어 도처에 구직자
가 넘쳐났다. 1945년 9월 12일부터 1947년 말까지 한반도를 떠난 일본인
은 88만 명 이상이었고 식민지 시절 자의반 타의반으로 해외로 나가야 했
던 한국인들이 속속 귀국하면서 1949년 말까지 일본에서 돌아온 한국인
은 100만 명에서 140만 명에 이르는 것으로 추정되며[71] 여기에 미국, 중국,
북한 등지에서 귀환한 사람을 포함하면 200만 명을 웃돈다.[72]

한편 1943년 6월과 1947년 3월 시점으로 사업체 수와 근로자 수를 비교해보면 사업체 수는 1만 65곳에서 4,500곳(감소율 56퍼센트)으로, 근로자 수는 22만 5,393명에서 13만 3,979명(감소율 41퍼센트)으로 거의 절반 가까이 줄었다.[73] 일자리가 줄어들고 인구 유입이 늘어나고 있다는 점에서 해방 공간은 사실상 실업(失業) 공간이라고 해도 별 무리가 없을 것 같다.

바로 이것이 일터에서 떼밀려난 유인호가 직면한 현실이었다. 무엇보다 유인호는 제대로 학교를 다니지도 못했고 특별한 전문 기술을 갖춘 것도 아니었기 때문에 다시 일자리를 얻기란 참으로 쉽지 않았다. 게다가 실업자 생활이 이어지면서 절망도 더불어 쌓여갔다. 그럼에도 유인호는 그저 주저앉아 있지 않는다.

외항선원, 세계를 느끼다

철도경찰서에서 갖은 고초를 겪으면서 곤욕을 치른 유인호는 어머니가 계시는 경주로 돌아와 몸을 추스른다. 하지만 어머니 혼자서 어렵사리 꾸려가는 집안의 경제 사정은 유인호가 그렇게 어머니를 의존하며 지낼 수 있는 여유를 허락하지 않았다. 몸이 조금 나아지자 유인호는 그 길로 부산으로 나와 백방으로 구직 활동에 나선다. 그렇지만 쉽사리 일자리가 나올 리 없으니 부산 생활은 그야말로 동가식서가숙(東家食西家宿)이었다.

그러던 차에 외항선원을 해보지 않겠느냐는 제안을 받는다. 이기동이라는 옛 동료가 소개해 해운회사 케이비엠(KBM)에 소속된 마틴이라는 선장을 만나게 된 것이다.[74] 유인호는 학교는 제대로 다니지 못했지만 틈틈이 영어를 공부해온 덕에 영어 한두 마디는 할 수 있었는데 그것이 크게 도움이 되었다. 그해 4월부터 유인호는 KBM 소속 선박에서 심부름꾼으로 일하게 된다. 처음 탄 배는 엘리자베스(The Elizabeth) 호였다. 수석 기관사 이바 브랜드볼드(Ivar Brandvold)의 잔심부름을 하는 일이었다. 호주 출신인 브랜드볼드는 유인호의 영어가 짧았던 까닭에 의사소통을 충분히 하지 못했지만 매사에 눈치가 빠르고 적극적인 유인호가 매우 마음에 들었다. 특히 브랜드볼드는 틈이 날 때마다 공부하는 유인호의 모습을 보며 그의 향학열을 높이 평가하였다. 브랜드볼드 덕분에 유인호는 근무를 시작한 지 한 달 만에 잔심부름꾼에서 벗어나 엘리자베스호의 물자 보급 담당자(quartermaster)가 될 수 있었다.

그런데 브랜드볼드가 유인호를 각별히 챙기는 것이 꼭 좋은 일만은 아니었다. 다른 한국인 선원들은 브랜드볼드가 유인호를 편애하는 걸 고깝게 생각할 뿐 아니라 틈만 나면 공부하는 유인호의 모습에 거리감을 느끼면서 신출내기 선원을 따돌리기까지 하였다. 이 당시에 쓴 일기가 부분적으로밖에 남아 있지 않은 이유에 대해 유인호는 당시 동료 선원들이 자신을 시기해서 책이며 일기 등을 몰래 버렸기 때문이라고 회고한다.[75]

그럼에도 브랜드볼드의 유인호에 대한 관심은 식을 줄을 몰랐다. 브랜드볼드가 다른 배로 옮기면 자연스럽게 유인호도 따라서 배를 옮겨 탔다. 그해 7월 초 브랜드볼드는 서울시(The City of Seoul) 호로, 7월 말에는 노던 익스플로러(The Northern Explorer) 호로 옮기게 되는데 유인호도 함께 옮기도록 이끌었다. 이 배들은 주로 일본, 동남아시아 등을 오가는 화물선이었다. 유인호는 그

해 7월 21일이 되어서야 처음으로 일본 항해에 동행할 기회를 얻는다.[76]

노던 익스플로러 호는 목적지가 일본 요코하마였다. 출발 전에 대기하면서 미리 예방주사도 맞은 유인호는 처음으로 떠나는 한반도, 애증이 교차하는 이 땅에서 벗어난다는 생각에 한껏 들떴다. 안개가 자욱한 저녁 7시 부산항을 출발한 배는 시모노세키를 거쳐 규슈, 시코쿠 연안을 따라서 동쪽으로 이동해 25일 아침에 요코하마에 도착한다. 처음 보는 태평양, 그 너머에 있는 미국, 그곳에서 공부할 수 있으면 좋겠다는 생각 등 온갖 상념이 교차하는 가운데 유인호의 첫 해외 나들이가 시작되었다.[77] 드넓은 세계와 처음으로 만난 것이다.

일본의 최고봉인 후지산을 멀리 왼쪽으로 두고 노던 익스플로러 호는 요코하마로 들어섰지만 하역 작업 때문에 선원들의 상륙은 27일에야 가능했다. 유인호도 이날 브랜드볼드의 배려로 차 아무개라는 다른 한국인 선원과 함께 도쿄 구경을 나선다. 요코하마 사쿠라기 역에서 전철을 타고 도쿄에 맞닿아 있는 치바 현 후나바시 시까지 가보기로 했다. 낯선 타국이지만 전철 종점(당시 후나바시 역은 소부혼센의 종점)까지 기차로 내달려 돌아오는 것이야 문제도 아니었다.

돌아오는 길에는 도쿄의 아사쿠사에 들러 센소지도 구경하고 시장도 둘러본다. 영화관도 가보고 찻집 등도 들어가 일본 맛을 본다. 하루 종일 수없이 많은 것을 보았다. 유인호는 한국보다 실업자와 걸인이 더 많은 게 아닌가 하는 생각을 하기도 하고[78] 이곳에 남아 공부하면 어떨까 하는 마음도 정리하면서 하루를 보낸다.

노던 익스플로러 호의 요코하마 체류는 아직 좀 더 남아 있으니 다시 견학할 기회가 있을 것으로 기대했으나 그 이튿날 바로 문제가 벌어지고 말았다. CID(미 육군 범죄수사사령부)에서 조사관이 나와 노던 익스플로러 호 선원들의 여권을 모두 걷어간 것이다. 비슷한 시기에 한국에서 총 여덟 척이 요코하마로 들어왔는데 한국인 선원 한 사람이 불법으로 이탈하여 돌아오지 않았다며 추가 밀입국을 미연에 방지하는 목적이라는 것이다.[79]

유인호로서도 뜨끔하지 않을 수 없었다. 유인호는 당시 이미 브랜드볼드와 일본 밀입국 관련 이야기를 나눈 바 있었고 요코하마에서 한국으로 돌아가는 길에 교토(정확하게는 교토 인근 오사카를 뜻한다)에 들르게 되면 그때 슬며시 빠져나가면 되지 않겠는가 하는 계획을 다듬고 있었기 때문이다.[80] 같은 생각을 하는 사람이 자기 말고 또 있었다는 점을 느끼면서 유인호는 이번 밀입국 계획이 잘 풀리지 않을 것 같다는 예감을 품는다.

이런저런 생각 때문이었는지, 처음 해외 나들이가 부담이 되었던 까닭인지, 한반도보다 더 큰 세상을 맛본 충격 탓인지 그날부터 유인호는 고열에 시달린다. 말라리아였다. 어차피 여권이 없어서 상륙도 쉽지 않은 상황이기는 하지만 몸마저 전염병에 시달리니 밀입국 문제는 아예 포기한 상태나 다름없게 되었다.

이윽고 말라리아도 물러가고 노던 익스플로러 호도 돌아갈 날을 맞는다. 8월 6일이 출발일로 정해졌다. 브랜드볼드는 체류 일정이 의외로 늘어졌기 때문에 돌아가는 길에 교토에는 들르지 못하게 되었다고 말한다. 그리고 그는 각별히 유인호에게 "교토에 못 가게 되어 미안하다"며 "다음에 꼭 상륙하겠다"고 약속한다. 이에 유인호도 "당신의 배려에 감사한다"고 대답은 하였으나 섭섭한 마음을 금할 수 없었다. 사실 유인호는 노던 익스플로러 호의 출발일이 가까워지면서 '이렇게 돌아가면 두 번 다시 일본에 오지 못하는 게 아닐까' 하는 조바심 때문에 배를 빠져나가 요코하마에 상륙해서 어떻게 하든 일본에 남는 길을 택할 것인가를 신중하게 검토하기도 했다.[81] 하지만 가뜩이나 CID가 눈을 부라리고 있는 데다 만에 하나 자신이 없어진 이후 그들의 닦달을 브랜드볼드와 선장이 고스란히 받을 것이란 생각에 이르자 밀입국은 일단 접기로 했다.

비록 첫 해외 나들이에서 유인호는 밀입국과 일본 정착에 성공하지 못했지만 지금까지와는 전혀 다른 세상을 경험한 것이야말로 무엇보다 큰 성과였다. 실업자에서 외항선 선원이 된 지 넉 달 내내 앞으로 어떻게 살아갈 것인지, 무엇을 해야 할 것인지, 공상에 공상을 거듭해온 유인호에게 이번 항해는 확실하게 결심을 굳히는 데 결정적인 계기로 작용했다. 학교 진학, 가능하면 국내보다 더 넓은 세계에서 공부하는 쪽으로 마음을 정리하기에 이른다. 주변 상황은 여전히 어려움이 가득하지만 되레 유인호의 각오와 희망은 더욱 강해진다. 노던 익스플로러 호가 한국으로 출발하는 그날 유인호는 이렇게 포부를 밝힌다.

거대한 파도, 때로는 잠잠한 바다. 이 아름답고 무서운 풍경을 일생 잊지 못할 것이다. 잊을 수 없는 나의 항해다. 그래, 그렇게 잠잠하고 육중한 바다처럼 나도 이제 정말이지 좀 더 공부하여야겠다.[82]

드넓은 바다를 보면서 유인호는 단절된 학업을 어떻게든 다시 이어가야겠다는 다짐을 굳혔다. 부산에 도착하면 외항선원도 그만두고 진학할

유인호 평전, 사회변혁을 꿈꾼 민중경제학자의 삶

수 있는 방안을 적극적으로 모색하기로 마음을 먹는다. 우선 서울로 올라가 어느 곳이 되었든지 대학에 가서 공부할 수 있도록 준비해야겠다고 다짐한다. 그렇지만 걱정은 꼬리를 물고 이어진다. '과연 시험에 붙을 수 있을까?', '금전만 있으면 이런 걱정 하지 않을 텐데', '아, 만일 시험에 실패하면 그다음은 어떻게 할 것인지' 등등[83]으로 유인호의 마음은 무거웠다.

하선을 결정하자 걸리는 사람들이 있었다. 우선 브랜드볼드 수석 기관사였다. 아쉬운 이별을 맞자 브랜드볼드는 유인호에게 자신의 집 주소를 적어주면서 앞으로도 연락하며 지내자고 말했지만 유인호는 그에게 적어줄 집 주소가 없었다. 또 한 사람 잊을 수 없는 사람은 노던 익스플로러 호의 네덜란드인 선장이었다. 그는 브랜드볼드 이상으로 유인호의 열심을 높이 산 사람으로, 공부하는 것이 그렇게도 소원이라면 네덜란드에서 학교를 다닐 수 있도록 도와주겠다고 제안할 정도였다. 그런데 유인호는 일본으로 가겠다는 결심이 더 강했기 때문에 그의 호의를 받아들이지 않았다.

마침내 8월 10일에 하선한다. 그러나 유인호는 갈 곳이 없었다. "아침은 어디서 먹나? 저녁은? 잘 곳은? 아, 가여운 내 신세"[84]라는 말이 저절로 나오는 상황이었다. 우선은 초량동 종숙모 댁에서 하룻밤 신세를 지는 수밖에 달리 방법이 없었다.

그해 9월에는 계획한 대로 서울에 올라가 대학 입학시험을 몇 번 쳤지만 걱정이 씨가 되었는지 실패하고 만다. 유인호는 자신의 부족을 탓하면서 좀 더 열심히 준비해야겠다는 다짐을 거듭한다. 잠잠한 바다를 떠올리는 인고의 시간이 또 시작된 것이다.

크리스천이 되다

외항선원이 되기에 앞서 유인호의 신변에 중요한 변화가 일어난다. 교회에 출석하기 시작하면서 크리스천이 되기로 결심한 것이다. 그는 일기에서 "하나님을 사모하게 된 것은 1948년 4月부터"[85]라고 고백하고 있다. '하나님 사모'를 고백한 날이 그즈음이라면 교회는 그보다 앞서 출석했을 것이다. 아마도 2·7구국투쟁 이후가 아닐까 싶다.

그가 어떤 계기로 크리스천이 될 결심을 했는지는 확실치 않지만 1948년 2·7구국투쟁 때 처음 겪는 폭력 앞에서 온갖 고초를 경험하면서 절대자에 대한 갈급이 자연스럽게 싹튼 것으로 해석할 수 있겠다. 더불어 집안 친척이자, 해방 공간에서 일자리를 찾을 때 유인호의 멘토 노릇을 한 유원근과 그의 가족들이 매우 열심 있는 크리스천으로서 부산중앙교회에 출석하고 있었던 점도 작용했을 것이다.

유원근은 유인호를 '사회주의 심파(sympathizer)'[86]라고 불안해하면서 늘 교회에 출석할 것을 권유했다. 유인호에게 육군사관학교에 진학할 것을 권유하고 실질적인 정보와 방법을 제공한 것도 유원근이었다. 1949년 실업 상태에 있던 유인호의 양초 사업에 일부 자금을 댄 이도 그였으며 이후 일본 밀입국을 기도했을 때 적극적으로 대화 상대가 되어준 이도 바로 유원근이었다. 무엇보다 유원근은 일본에 있는 삼촌 유석준과 유인호를 이어주는 고리 구실을 했다는 점을 빼놓을 수 없다. 따라서 유인호가 기독교인이 된 건 그 자신이 최근에 겪은 실질적인 고통 속에서 출구를 찾아 앞으로 내달리려는 그의 적극적인 성품이 기본 동기를 제공했기 때문이며 유일한 대

유인호 평전, 사회변혁을 꿈꾼 민중경제학자의 삶

화 상대인 유원근이 꾸준히 권유했기 때문이라고 정리할 수 있겠다.

당시 부산시 중구 대청동에 있던 부산중앙교회[87]는 해방 전에 일본인들이 주로 출석하던 감리교회였다. 그 건물을 해방 직후 불하받아 문을 연지 3년이 채 안 되는 상황이었지만 노진현 목사가 담임을 맡아 정열적으로 목회하면서 교세가 커지는 때였다. 노 목사는 특히 교회의 사회적 책임, 민족에 대한 역할 등을 강조함으로써 교회가 시대적인 사명을 감당해야 한다는 설교를 자주 한 것으로 알려졌다.

크리스천이 된 유인호는 일요일 예배 출석은 물론 수요일 저녁 예배에도 빠지지 않고 참석하려고 애썼는데 일상에서도 교인이라는 정체성을 분명히 한다. 실업자 생활에 지치고 피곤할 때마다, 10년 가까이 오두막 셋방살이를 하고 있는 어머니와 동생들의 힘든 생활환경이 떠오를 때마다 유인호는 "오직 주님뿐, 주님이 보호해주는 수밖에 없다"고 고백한다.[88]

> 간밤에 꿈을 꿨다. 주님이 나타났다. "지금부터 내가 이 세상에 내려오게 되었다"고 말씀하신다. 그런데 이상하게도 나는 "지금 내려오시면 퍽 좋지 못한데도요?"라고 응답했다. …… 예수님은 사진에서 보던 것과 꼭 같다. 이상한 일이다. 나는 절대로 예수님을 믿겠다. 믿어야만 한다. 너도나도 예수님을 믿자. 믿어야만 한다.[89]

이제 유인호에게 기도는 일상다반사가 되었다. 파라핀으로 양초를 만드는 실험이 잘 마무리되었을 때도 "이 기쁨을 누구에게 말할까? 주님께 말해야지. 이 모두가 주님의 덕이다"[90]라고 고백하고, 지긋지긋한 일에 대해서도 "주님, 이 죄인을 용서해달라"며 신앙인의 자세를 분명히 견지한다.

유인호는 크리스천이 되었지만 그가 지향하는 사회주의 세계관을 버린 것은 아니었다. 그는 오히려 공산주의자와 크리스천의 공존을 믿었다.[91] 그 둘의 지향점이 서로 다르지 않다고 보았다. 인민을 위한, 인민의 손으로 움직이는 변혁은 기독교에서 말하는 하나님 나라와 다르지 않다고 보았다. 일본에서 첫 직장으로 얻은 건국소학교에서 어려움이 닥칠 때마다 그는 투쟁을 위해서 기도한다. 그리고 유인호는 하나님의 온유한 가르침을 되새기며 맡은 일에 최선을 다하겠다는 마음에 여념이 없었다.

교회 갈 때도, 잘 때도, 일어날 때도, 건국소학교 운영이 원만히 되기를 예수님께 기도한다. "자신만을 앞세워 나아가는 것도 주님의 영광을 드러내는 것이 아니다. 오직 하나님께 향하여 만사를 형통케 해주십사 기도하면서 의지를 관통하는 것만이 가능하리라"라고. …… 부끄럽지만 하나님께서 주신 자애심(박애심)은 나로 하여금 외부 사람에게 (진실을) 전하라고 요청하신다.[92]

유인호는 일본에 가서도 크리스천이라는 정체성을 유지한다. 특히 유원근의 삼촌 유석준은 재일대한기독교회에 속한 교토교회의 교인이었던 만큼 유인호도 일본에 도착하자마자 교토교회에 교인으로 등록한다. 2011년 11월에 필자가 교토교회를 방문해 당시 교인 명부를 찾아보았으나 아쉽게도 유인호의 이름은 확인할 수 없었다. 유석준은 교토교회 장로로 봉직하다가 1995년에 소천했다고 그의 딸 유근희가 전한다.[93]

교적부 기록이 없는 것은 어쩌면 당연한 일이다. 유인호가 교토교회에

유인호 평전, 사회변혁을 꿈꾼 민중경제학자의 삶

실제로 출석한 것은 반년 남짓밖에 되지 않았기 때문이다. 당시 교토교회는 전영복 목사가 담임을 맡고 있었는데 유인호는 전 목사의 설교에 공감하는 바가 많았다.[94] 1949년 6월 26일 일요일 저녁 예배를 마치고 돌아온 유인호는 그날 밤 유석준 장로에게 자신의 신앙고백 비슷한 것을 밝힌다.

> 이 세상에서는 절대로 신앙을 무시해서는 안 된다. 아니, 그럴 수가 없다. 그런데 2,000년의 혼은 지금 잘 진전되고 있지 않는 것 같다. 내가 조선에 있을 때 공산당 운동, 나의 진정한 노선이 무엇인지, 왜 2월 7일(1948년) 총파업을 위해 목숨을 아까워하지 않고 했는지 등등을 있는 그대로 형님(유석준)에게 밝혔다. 형님이 논제로 삼은 신앙은 미래의 온 세상 사람들을 위하여 만들어진 하나의 혼이 들어 있는, 영원히 썩지 않을 것이라는 점을 잘 이해했다.[95]

사회주의 이념에 경도되어 있던 유인호는 예수 그리스도의 구속사가 지난 2,000년 동안 민중을 살리는 혼으로 기능해온 것만큼 그간 자신의 추구해온 가치와 전혀 이질적이지 않다고 고백한 것이다. 그러나 다른 교인들, 특히 유석준의 부인은 적지 않은 갈등을 유인호에게 떠안겼다. 무엇보다 유석준의 부인은 유인호가 사회주의에 물들어 있다는 점을 염려했는데 유인호의 일기장을 뒤지면서까지 압박을 가하기 일쑤였다.[96]

당시 교포 사회에서도 좌우 대립이 적지 않았다. 교토교회 김 아무개 장로는 저녁 예배 때 설교하면서 공산주의 타도를 노골적으로 주장하기도 했다.[97] 유인호가 교토교회에 적응하기가 쉽지 않았을 것이다. 그러면서도 유인호는 "자신을 인정시키는 것은 교회"[98]요, "예배히는 것이 나의 신앙"

99이라는 고백을 잃지 않았다.

그렇지만 유인호는 교토교회가 자신을 자연스럽게 받아들이지 못함을 느끼면서 교회 출석은 차츰 뜸해지기 시작했다. 그즈음에 유석준의 부인은 식객으로 있는 유인호에게 나가줄 것을 요구한다.[100] 경제적으로 어려운 시기에 친동생도 아닌 먼 친척이 식객으로 몇 달씩 머문다는 게 가사를 책임진 주부로서는 적지 않은 부담이었을 것이지만 이 사건은 유인호로 하여금 크리스천이 무엇인지 다시 생각하게 만드는 결정적인 계기가 된 것으로 보인다.

기독교의 본질에 대한 실망보다 말로는 하나님의 사랑을 외치면서 실제로는 전혀 사랑을 실천하지 못하는 크리스천들의 행태가 그를 더 이상 크리스천일 수 없도록 하는 요인이 된 셈이다. 혈기 왕성한 스무 살 남짓 청년 유인호는 기독교를 따르는 사람들의 모습에서 기독교 자체를 판단하는 우를 범하기는 했지만 그에게는 당시 상황이 쉽게 용인되지 않았다. 유인호는 "이상한 신앙이야말로 사람의 자유를 속박할 뿐이다"[101]라고 속내를 드러내고 있다.

그해 12월 10일 토요일 교토교회에서 외부 강사 초청 강연이 있었다. 이때도 연사는 일방적으로 반공주의를 주장하였다. 이날이 유인호가 자신의 의지로 교토교회에 출석한 마지막 날이었는데 그날 일기에 교회와 크리스천에 대한 불만을 다음과 같이 기록한다.

'자유'는 없이 그저 '순종'만을 요구하는 모순된 상황이 문제다. 무조건적으로 종교를 따르기 위해 교회에 온 것은 아닌데. 게다가 다른 인민(자본가)의 편에 서서 두둔하는 것은 문제다. 자신에 대한 비판은 하지 않고 자신

의 행동은 고치지 않으면서 남의 흉만 보는구나.[102]

이로써 유인호에게서 크리스천이라는 정체성이 소멸되었다. 적어도 심정적으로는 그렇다고 할 수 있겠다. 실제로 이후 유인호는 두 번 다시 크리스천을 추구하지 않았다. 그러나 유인호가 1980년대 초 해직 교수 시절 진보적인 목회자들과 긴밀한 관계를 유지한 것은 다소 의외다. 그들과 그렇게 함께 자주 어울릴 수 있었던 것은 그 그룹이 유인호가 젊은 시절 꿈꾼 기독교의 본질, 크리스천의 본질과 맞닿아 있었기 때문일 것이다. 어쩌면 청년 유인호가 추구한 신앙은 사회 구원을 중시하는 진보적인 기독교였을지 모른다.

다시 밟은 일본

1948년 2월 7일, 즉 2·7구국투쟁 이후 유인호는 변화와 도약을 위해 몸부림쳤다. 그 하나가 스스로 크리스천의 길을 택한 것이었고 또 하나는 새롭고 더 큰 세계에 대한 자극을 준 외항선원 경험이었다. 크리스천으로서의 지향성은 앞서 거론한 것처럼 그리 오래가지 못하고 좌절을 맛볼 수밖에 없었지만 적어도 기독교는 1949년까지 그를 닦아세운 동력이었다. 외항선원 시절 드넓은 바다에서 경험한 호연지기(浩然之氣) 또한 그가 현실을 박차고 나설 수 있는 귀중한 기반이었다.

여러 가지 제약 요건들, 특히 경제적인 측면에서의 압박이 거셌고 그와

더불어 아무리 독학으로 다져왔다고 하나 정규 과정을 거친 이들에 비해
서는 한참이나 뒤처지는 학습 능력 등 때문에 진학 문제는 지지부진하기
만 하였다. 학업과 진학만을 앞세울 수 없는 생활환경이다보니 생활인으
로서 져야 할 책임도 스스로 해결해야 마땅했으니 그를 맴도는 주제어는
늘 고민일 수밖에 없었다. 그런 세월은 1948년 9월부터 1949년 봄까지 계
속되었다. 궁지에 몰린 심정으로 유인호가 일본행을 추진했다는 점은 이
미 앞(제6장)에서 거론한 바 있다.

드디어 유인호는 밀항을 결행한다. 1949년 5월 8일 0시 15분에 부산 다
대포 항을 출발한 배는 꼬박 24시간을 항해해 부산과 가장 가까운 편인 야
마구치 현 시모노세키 시 요시미(吉見) 항에 도착했다. 그렇게 다시 일본
땅을 밟았다. 일단 성공이다. 10개월 전 항해에서는 적법 운항이었기에 거
리낄 것이 없었지만 이번에는 신중할 수밖에 없었다. 요시미 항은 시모노
세키 시내에서 북서쪽으로 15킬로미터 떨어진 어촌인데, 유인호 일행은
한밤중에 배에서 내려 보름밤을 며칠 앞둔 달빛(음력 4월 12일)에 기대어
움직였다. 어렵사리 해안가 철로를 찾았다. 그 철로를 따라 걸어서 불빛이
보이는 곳으로 이동하다보니 그곳이 바로 요시미 역이었다.

당초 계획은 요시미 역에서 시모노세키로 이동하고 그곳에서 동행들과
흩어지기로 했는데 예정과 다르게 반대 방향 기차에 올라탄다.[103] 일본 열
도의 서쪽(동해) 해안으로 이어지는 산인혼센 상행선을 탄 것이다. 시모노
세키에 들러서 일본 열도의 태평양 쪽 해안으로 달리는 산요혼센을 탔더
라면 교토까지 더 빨리 도착했겠지만 기차를 거꾸로 타고 말았다. 게다가
요시미 역은 어쩌다 한 번 서는 조그마한 역[104]이었다. 그곳에서 완행열차

를 타고 600킬로미터도 넘는 거리를 이동한다는 건 밀입국한 자들을 더욱 불안하게 만들기 충분했을 것이다.

조금 돌아가더라도 기어코 이르고야 마는 유인호의 인생처럼 구불구불 기차는 달렸다. 그런데 다행인 것은 산인혼센의 종점이 교토 역인 까닭에 요시미 역에서 교토 역까지는 직통으로 간다는 사실이었다. 도중 야마구치 현 나가토 역에서 잠깐 내려 빵으로 요기를 했을 뿐이다. 마침내 교토 역에 도착한 것이 10일 오후 2시 10분이었다. 요시미 역에서 출발한 지 30여 시간 만에, 부산을 떠나 꼬박 62시간 만에 최종 목적지에 이르렀다.

10개월 전 올 수도 있었던 교토. 그렇지만 유인호는 기어코 다시 오고야 말았다. 당시《마이니치신문》기사를 바탕으로 한 일본 밀입국 현황 보도를 보면 한국 내 밀항단은 부산, 서울을 비롯해 전국 주요 도시에서 활동하고 있었다. 밀항 비용은 대략 2만 원에서 3만 원 정도였으며 밀항 이유로는 다섯 가지가 꼽혔다.[105] 일본의 식생활·문화 동경, 무역 계약과 관련한 연락 목적, 일본에 두고 온 한인 재산 처리, 병역 기피, 공산당 관련자 도피가 그것이었다. 그렇다면 유인호의 목적은 이 다섯 가지 가운데 어디에 해당할까? 그의 목적이 학업을 지속하겠다는 일념이었음을 생각할 때 다섯 가지 가운데 유인호에 부합되는 것은 없다고 봐도 무방하겠다. 공산당 관련자 도피가 그나마 눈길을 끌지만 유인호가 당시 총파업과 2·7구국투쟁에 참가한 것은 이미 1948년 2월 10일 구류를 통해 해소되었기 때문에 이 역시 무관한 내용이다.

유인호는 오로지 학업을 위해 일본에 왔다. 아니, 조금 더 유인호를 둘러싼 당시 상황을 유추해본다면 꽉 막힌 것 같은 한반도 정세, 즉 해방 공간과 갓 출범한 남한 단독정부라는 정세에서 한 발 뒤로 물러나 진지하게 학업에 매진하고 싶다는 것이 그의 솔직한 심경이었을 것이다. 일본에 들어온 지 한 달이 조금 지날 즈음 유인호는 자신의 심경을 다음과 같은 글로 밝힌다. 새로운 삶을 추구하는 청년 유인호의 가슴이 거세게 뛰고 있음을 확인할 수 있다. 그것은 학업에 대한 갈급, 세상을 새롭게 하는 것에 온몸을 내던지겠다는 유인호의 의지 표명이자 포효였다.

그날은 기뻤다, 도달한 그날은 반갑고도 기뻤다
영원히 그날을 잊지 않고
가슴 깊이 품고 앞날을 찾아
내가 원한 이 땅에 인생의 진리를 찾아

대기(大氣)를 품고, 나의 희망은 대기를 품고
저 산 너머 있는 두 번째 희망의 땅을
두 눈으로 크게 뜨고 바라보았다
나는 또 다시 저 땅을 희망지로 삼고

차를 타며 두 번째 마음의 차를 타며
달려가는 차를 향하여 희망을 달린다
멀지 않는 두 번째 희망의 땅도 잡을 수 있겠지
이 땅에서 차를 타고 또 다시 희망의 땅으로 향하자

유인호 평전, 사회변혁을 꿈꾼 민중경제학자의 삶

그날을 찾기 위하여 그날을 찾기 위하여 끝없는 싸움도 하였다

한없는 바다 목숨을 걸어놓고 건넜다

한없이 멀고 먼 타국을 향하여 모형제(母兄弟)와도 이별하고

그날을 찾기 위하여 눈물을 머금고

자유를 얻었다 나의 마음속에 자유를 얻었다

노래할 자유까지 앗아간 우리의 조국

백성은 주리고 날마다 늘어가는 죽음

나는 이 자유 안에서 우주만물의 진리를 찾으며

세 번째 차를 타고 저 떨어져 있는 진리의 산을 향하여

정의를 부르고 진리를 손에 들고

우주를 일가로 삼고 전 인류를 한 가족으로 삼고

그날을 찾기 위하여 세 번째 차를 타자

마지막으로 동무야 마지막으로 우리의 원함은

인류의 차별을 없애고 빈곤을 없애고

같이 지어 같이 먹고 서로 웃으며

동무야 그날을 찾기 위하여 이 땅에 악귀가 된들 어떠리[106]

3 부

배움에 갈급하다

9

교토
조선인학교

유인호가 일본에 도착한 1949년 5월, 패전국 일본은 전쟁의 폐허에서 아직 회복되지 못한 상태였다. 주요 거시경제지표 중 하나인 광공업 생산지수는 1935~1937년 연평균을 100이라고 했을 때 1947년 2월 현재 24.7에 불과할 정도로 참담한 상황이었다.[1] 1946~1950년 연평균 물가상승률은 44.7퍼센트[2]로 경제는 혼미 상태였으며 서민 생활은 빈궁했다. 일본의 실질 국민총생산이 패전 직전인 1944년 수준에 도달한 것은 한국전쟁이란 특수(特需) 혜택을 한참 누린 1953년이다.

　주일 연합국군총사령부(GHQ)는 전후 일본 경제가 예상보다 훨씬 심각한 위기적 상황을 보이면서 노동운동 · 사회주의 운동이 거세게 일어나자 1947년에 들어서 일본 경제 부흥을 촉진하는 정책을 취한다. 1947년 2 · 1 총파업에 GHQ는 즉각 금지를 명하는 한편 더글러스 맥아더 사령관은 미국 의회에 메시지를 보내 "전쟁의 화근을 막기 위해서뿐만 아니라 (공산주의 세력에 대한) 견

유인호 평전, 사회변혁을 꿈꾼 민중경제학자의 삶

고한 방벽을 서태평양의 이곳(일본)에 건설할 필요가 있음"을 역설하면서 대일 원조를 요청했다.[3] 하지만 GHQ의 전후 일본 부흥 정책이 바로 빛을 발휘할 수는 없었기에 일본 서민 경제는 한동안 어려움이 계속될 수밖에 없었다.

당시 일본 서민 경제가 곤궁할 정도면 재일 교포들의 어려움은 훨씬 더 심각했을 것이다. 여기에 아무런 연고나 근거도 없이 슬그머니 일본으로 들어온 유인호가 기존 재일 한국·조선인[4]보다 더 어려움이 큰 것은 불을 보듯 뻔한 일이다. 유인호의 첫 일본 생활은 이중, 삼중 어려움 속에서 전개될 수밖에 없었다.

조선인학교 교사가 되다

일본은 태평양전쟁에서 패한 뒤로 1952년 4월 28일까지 미국이 주도하는 연합국의 점령하에 있었다. 그런데 같은 시기 재일 한국·조선인도 GHQ의 지배를 받게 된다. 원래 GHQ는 해방된 한국을 '특수 지위국(special status nations)'으로 대우했으나 재일 조선인에 대해서는 '해방 인민'이기 때문에 일본인에 포함되지 않는다고 하면서도 과거 일본 국민이었다는 이유로 '적국민'으로 대우하는 방침을 취하였다. 재일 사학자 강재언은 이에 대해 "제2차 세계대전 동안 연합국이 일본의 한국 민족 지배의 부당성과 한국의 독립 회복을 승인한 카이로선언의 취지에 따라 (재일 조선인들이) 받아야 할 대우와 점령 지배라는 현실에 대응한 취급 사이의 모순을 낱낱이 드러낸 것"[5]이라고 지적한다. 재일 조선인에 대한 부당한 대우는 국적상으로도 많은 문제점을 안고 있었다. 일본 정부는 '1945년 9월 2일 이래 계속해서 일본에 거주한 조선인은 일본 국적을 유지한다'는 방침을 취하면서도 1947년 5월 2일 공포·시행된 '외국인등록령'에 입각해 '재일 조선인은 당분간 외국인으로 간주한다'는 입장이었다.[6] 강재언은 "재일 조선인에 대해서 강화조약(샌프란시스코평화조약) 체결까지는 일본 국적을 유지하고 일본 국민과 같이 일본의 법률에 따라야 한다고 하면서도, 관리를 목적으로 한 외국인등록법의 적용 대상으로 삼아 국민 고유의 권리인 참정권 향유를 인정하지 않는다는 이율배반적인 법리 또는 이중국적 보유자의 논리에 의해 GHQ 및 일본 정부 모두 자기의 형편과 필요에 따라서 재일 조선인을 대우했다"[7]라고 비판한다.

이와 같은 GHQ와 일본 정부의 재일 조선인에 대한 이중적 대처는 일본 패전 후 재일 조선인들의 민족 교육 문제에서도 심각한 반발을 낳았다. 재일 조선인들은 일본의 패전과 더불어 지역별로 조선인 권익을 위한 조직을 속속 결성하고 이 모든 조직을 연결하는 전국 조직으로 재일본조선인연맹(조련)을 결성해 1945년 10월 15일 도쿄 도심 한복판에 있는 히비야공회당에서 결성대회를 개최하였다. 이후 조련은 재일 조선인의 본국 귀환 사업, 민족 교육 등 현안 문제를 담당한다.[8]

민족 교육은 일본 전역에 흩어져 사는 재일 조선인들의 최우선 사업이었다. 식민지 백성으로 일본에서 살면서 제 나라 말도 하지 못하고 문화도 알지 못하는 것에 대한 안타까움에서 시작된 사업이었다. 우선은 자녀들에게 한국말을 가르치는 것이 초점이었다. 이는 본국으로 돌아가 정착하자면 최소한 한국말은 할 줄 알아야 한다는 이른바 귀국 준비의 일환으로 출발하였으나 이런저런 이유로 귀국을 포기할 수밖에 없었던 재일 조선인들에게는 점차로 조선인이라는 정체성을 확인하는 첩경으로 민족 교육이 뿌리내리게 되었다. 본국 귀환이 거의 마무리된 시점인 1947년 10월에 조련이 거느린 초등학교는 전국에 541개, 학생은 5만 7,961명, 교사는 1,250명을 헤아렸다.[9] 그 외 중등학교 일곱 곳, 청년 학교 스물두 곳, 고등학교 여덟 곳 등으로 전체 학생 수는 6만 1,845명에 이르렀다.

　재일 조선인들의 자주적인 민족 교육 노력에도 불구하고 일본 정부는 두 가지 상반된 태도를 취했다. 우선 한국인은 제2차 세계대전을 청산하는 샌프란시스코평화조약 체결(1951년 9월 8일, 발효는 1952년 4월 28일) 때까지는 일본인이기에 일본 법령을 따라야 하므로 재일 조선인 아동 역시 일본인 아동과 같이 의무교육을 받아야 한다는 주장 그리고 재일 조선인이 직접 초등학교, 상급 학교 등 각종 학교를 신설할 경우 각 도도부현(都道府縣 · 지방정부)은 이를 인가해도 무방하다(1947년 4월 12일 문부성 교육국장 통지)는 입장이 뒤섞여 있었다.[10]

　그러나 일본 정부의 태도는 이후 전자의 입장, 즉 미국의 대공산권 봉쇄 정책에 편승하여 조련 산하 민족학교(조선인학교)를 탄압하는 쪽으로 돌아선다. 일본 문부성(현 문부과학성)은 1948년 1월 24일 '조선인 설립 학교의 취급에 대하여'(1 · 24 통지)라는 통지문에서 사실상 조선인학교의 존립을 부정한다. 취학연령이 된 재일 조선인은 일본인과 같이 공립 또는 사립학교에 다녀야 하며, 독자적으로 사립학교를 설립하려면 정부 당국의 인가를 받아야 한다는 것이었다.[11] 여기에 슬그머니 타협안을 내놓은 것이 일본인 학교에 별도로 특별학급을 설치해 운영한다는 '과외 교육' 방안이었다. 과외 교육은 방과 후에 재일 조선인 특별학급을 따로 운영하여 한국말 등을 가르치는 것을 뜻한다. 이는 법리적으로 조선인학교의 불법성을 들춰내고 기존 조선인학교가 빌려 쓰던 일본 학교 교사(校舍) 또는 공공시설에 대한 반환을 요구하는 것으로, 사실상 조선인학교의 폐쇄를 종용하는 한편 과외 교육이란 이름으로 재일 조선인 학부모들을 회유하는 것과 다를 바 없었다.

이에 대해 조련을 포함한 재일 조선인들은 거세게 반발한다. 특히 조선인학교를 사립학교로 인정하는 경우에도 교원적격검사를 전제로 하는 등에 대한 불만이 적지 않았다. 그중에서도 1948년 4월 14일부터 26일까지 오사카와 효고 현에서 벌어진 반대 투쟁, 이른바 '한신(阪神)교육투쟁'은 민족학교 학습권 쟁취 운동의 상징이었다. 조선인학교 폐쇄 명령에 항의하는 재일 조선인들은 효고 현 지사와 담판을 짓고 효고 현이 조선인학교를 특수학교로 인정하도록 하는 성과를 얻어냈다. 그러나 오사카에서는 부(府)청사를 점거하기까지 했지만 그 과정에서 경찰이 발포해 한 사람이 사망하는 사태에 이른다.[12]

일본 정부와 GHQ의 압박 속에서 조련은 문부성과 교섭을 통해 그해 5월 5일 각서(5·5 각서)를 교환함으로써 사태는 일단 수습된다. 5·5 각서는 원칙적으로 "일본 정부의 교육기본법, 학교교육법에 따르되, 사립학교로서의 자주성을 인정하는 범위 내에서 조선인으로서의 독자적인 교육을 행하는 것을 전제로 사립학교 인가 신청을 하는 것"으로 되어 있다. 이에 대해 재일 조선인학교 연구자 마쓰시타 요시히로(松下佳弘)는 "'1·24 통지'에 비해서는 일본 정부가 조금 양보한 것으로 보이지만 '조선인으로서의 독자적인 교육'을 '선택 교과, 자유 연구, 과외의 시간'에 한한다거나 교과서는 인가된 것으로 제한한다는 점에서 민족 교육을 추진하는 데 걸림돌이 될 수밖에 없었다"[13]고 분석한다. 이로써 조선인학교는 5·5 각서에 입각해 '조선인으로서의 독자적인 교육'을 둘러싸고 지방 교육행정 당국과 끊임없는 교섭을 진행한다.

1949년 5월 교토 또한 이 같은 혼란에서 자유롭지 않았다. 불과 1년 전 인근 오사카와 효고 현에서 엄청난 교육 투쟁이 벌어졌을 뿐 아니라 조선인학교 문제는 여전히 현재진행형이었기 때문이다. 무엇보다 유인호의 첫 일본 생활을 지원해준 유석준은 집안 형님뻘인 사람으로, 당시 민단에 속한 교토 조선중학교 교사였기 때문에 유인호로서도 조선인학교 문제가 현안일 수밖에 없었다.

유석준 집에 식객으로 머문 유인호가 할 수 있는 일은 그리 많지 않았다. 유인호로서는 무엇보다 눈칫밥을 먹어야 하는 게 늘 마음에 걸렸다. 뭐가 되었든 일자리를 찾아서 취업하고 그래야 진학도 준비할 수 있었겠지만 일자리는 쉽사리 찾을 수 없었다. 알음알음으로 주변에 사는 교포들의 생업을 돕는 아르바이트는 하지만 제대로 된 돈벌이는 되지 못했다. 밀주 만드는 작업에 끼어들어 새벽 5시에 일어나 열심히 도왔지만 임금은 용돈 수준에도 못 미쳤다.[14]

그러던 참에 유석준이 조선건국촉진청년동맹(건청) 산하 건국중앙소학교에 유인호를 소개한다.[15] 비록 유석준이 사상적인 측면에서 좌편향적인 유인호를 우려하고 때로는 경계했지만 유인호의 학습 능력과 곧은 심성을 높이 평가한 결과라고 할 수 있을 것이다. 다른 한편에서 보면 경제적으로 어유롭지 않은 상황에서 시개을 하루라도 빨리 제 갈 길로 유도하는 것은 가장으로서 중요한 책무였을 것이다. 이렇게 해서 유인호의 취업은 일사천리로 진행된다.

1949년 5월 30일 건국소학교 변 아무개 교장을 만나 면접을 봤다. 그러나 면접에서 이승만 정부에 대한 불만을 거침없이 쏟아내는 유인호가 변 교장으로서는 달갑지 않았다.[16] 유석준의 부탁도 있었고 해서 금방이라도 5·6학년 학급을 맡아줬으면 좋겠다고 하면서도 채용과 관련해 확실하게 답변하지 않고 시간을 끄는 것은 유인호의 사상에 대한 변 교장의 불안감 때문이라고밖에 생각할 수 없었다. 유인호로서도 처음에는 건청이 우파인지 좌파인지도 잘 알지 못했고, 민족 교육을 논하는 자리에 좌와 우가 무슨 차이가 있느냐는 생각이었던 탓에 최종 결정이 미뤄지는 것이 퍽 견디기 어려웠다. 당시 유인호는 일기에서 "하루하루 어두운 밤길을 걷는 것 같다"[17]고 고백한다. 기다리다 못한 유인호는 6월 15일 건국소학교를 직접 찾아간다. 연락하지 못한 이유가 학교의 재정·예산 때문이라는 말에 유인호는 크게 안심한다.

하지만 변 교장은 유인호에게 세 가지를 다시 당부한다. 학생들에게 공산당을 거론하지 말 것, 학교에서 자격이 없다고 하면 하시라도 그만둘 것, 무엇이든 교장과 상담할 것 등이었다. 교실에서 애들에게 사상을 거론할 이유도 없고 그럴 수도 없다고 생각한 유인호였으니 변 교장의 요구는 상당히 당황스러웠다. 게다가 학교가 뽑은 교사를 마음에 안 든다고 교장이 제멋대로 내쫓겠다는 데 동의하라는 요구나 모든 사안에 대해 시시콜콜 교장에게 보고하라는 조건은 변 교장의 인품을 의심하게 만드는 것이었지만 유인호에게 다른 선택은 없었다.

마침내 1949년 6월 18일 토요일에 유인호는 건국소학교 교사로 첫 출근을 한다. 유인호는 그날 일기에 "영원히 잊을 수 없는 날, 희망의 제1보가 시작되었다. 교사로서 경험은 없지만 내가 원했던 일이고 장래 조국의 일꾼을 키우는 일이니 최선을 다해야 하겠다" [18]라고 쓴다. 그런데 그날은 전찻삯도 없어 유석준의 도움을 받아 겨우 학교에 출근한다. 교사라고 해야 유인호와 변 교장을 포함해 다섯 명이고 학생들도 전부 50명이 채 안 되는 작은 학교였다. 5학년 학생은 겨우 열두 명이었다.

그런데 처음으로 해보는 학교 일은 생각보다 쉽지 않았다. 게다가 먹는 것도 부실하니 체육 수업은 더욱 힘들었다. 아침을 제대로 못 먹고 나오는 날도 적지 않은 데다 도시락 지참은 아예 염두도 못 내니 점심시간에는 학교에 배급된 빵으로 때우는 날이 많았다. 6월 30일은 첫 월급날이었지만 유인호는 아무것도 받지 못했다. 전임자가 이미 받아간 뒤라 뭐라고 말할 수도 없는 상황이었다.

유인호는 우선 필요한 돈은 가불하여 쓰기로 한다. 월급이라고 해도 겨우 5,000엔에 불과했지만 일본에 들어와 급료를 받을 수 있는 상황이 되었다는 점, 게다가 맡은 일이 조국의 미래를 짊어질 아이들을 가르치는 일이라는 점은 그 무엇에도 비길 수 없을 정도로 뿌듯한 기분을 돋우었다. 당시 일본 애연가들이 가장 좋아한 담배 황금박쥐 한 갑이 30엔이었으니 5,000엔으로는 방을 얻어 자취를 하기에 턱없이 부족한 금액이었다. 눈칫밥 생활은 당분간 계속될 수밖에 없었다.

그럼에도 유인호는 새로운 일에 열정을 불태우기 시작한다. 그는 그동안 학교가 무계획적으로 운영되었다는 점을 간파하고 체계적으로 대응해야 한다고 선배 교사들을 설득한 끝에 우선 임시 교재 연구회를 시작하기로 한다. 여기에서 더 나아가 유인호는 현재 건청에만 의존하는 학교가 재정적으로 자립할 수 있는 방안도 마련해야 한다고 생각한다. 음악 수업을 위해서 동료인 한인자 선생에게 오르간을 배우기로 결심하기도 한다.[19] 이제 유인호의 최우선 과제는 건국소학교를 제대로 된 학교로 만드는 것으로 바뀌었다. 실제로 학교에는 학생과 교사가 읽을 수 있는 책이 한 권도 없었으며 심지어 청소 도구가 없어서 청소를 할 수 없는 지경이었다. 당장 손봐야 할 곳이 넘쳐났고 그렇다고 피해 갈 수 있는 상황도 아니었다.

유인호의 학교에 대한 열성은 곧 변 교장을 비롯한 동료 교사들에게 인정받았다. 교사로 들어온 지 일주일도 안 되어 그는 주임 교사를 맡게 된다. 이에 유인호는 교재 연구회를 정기화하는 한편 학생들을 위한 도서관 마련을 새로운 안건으로 추진한다.[20] 하지만 변 교장은 도서관 안건에 대해 비용 부담을 거론하며 쉽게 결정하지 못한다. 유인호는 비용을 절감하고 재원을 조달할 방안 등을 궁리하면 못할 것도 아니라는 주장을 편다. 결과적으로 변 교장과 의견이 대립하기 시작된 것이다. 학교가 학생들을 위해 존재해야 한다는 생각이 강했던 유인호로서는 조선인학교를 꾸려가는 이들이 민족 교육 그 자체보다 자리보전을 더 중시하는 것처럼 보여 견딜 수가 없었다.

결국 일은 벌어지고 만다. 여름방학이 시작되는 종업식에서 유인호는 사회를 맡았다. 처음으로 대중 앞에 서서 공식 행사를 진행하는 역할을 무사히 마무리하였으나 곧이어 벌어진 학부형 회의에서 사달이 난다. 변 교장은 안건과는 전혀 무관하게 공산주의를 비판하면서 은근히 유인호를 지목한 것이다. 학부형 회의 이후 마련된 직원회의에서는 아예 내놓고 유인호에게 그만둘 것을 요구한다. 이에 유인호는 직원회의 결정이 아니면

받아들일 수 없다고 응수한다.[21]

변 교장은 교재 연구회와 도서관 만들기, 학교 운영과 재정 확보 방안, 교장이 독점해온 교사 임면권을 직원회의 의제로 삼을 것 등으로 자신의 위상이 훼손되는 것을 우려했을 뿐 아니라 그 중심에 교사들이 동조하는 유인호가 있다고 생각한 것이다. 직원회의 자리에서 변 교장은 "이 학교를 매매하는 것도 나의 권한이요, 앞으로도 인사 문제에 대해서는 내가 독립적으로 전권을 행사할 것"[22]이라고 말했다. 이러한 교장에 대해 교사들은 강력하게 반발하였다. 교사들은 학교 운영에 대한 구체안을 마련해 문서화해서 이를 건청에 진정서 형태로 제출하기로 했으며 유인호가 그 초안을 작성하기로 결정한다.

7월 27일 2차 학부형 후원회가 열려 구체적인 후원 방안은 마련되었으나 그 자리에서 변 교장은 아예 "유인호는 공산주의자"라고 주장한다. 8월 1일에는 유인호 몫으로 나오는 배급을 모두 끊는다. 유인호를 해임하려는 변 교장의 압박은 다른 쪽에서도 확인된다. 갑작스럽게 미국 육군방첩대대(CIC)가 유인호의 전력을 들추어 탐문하기 시작하고, 밀항자이며 한국에서는 남로당의 전력도 있는 것으로 확인되었다는 이야기가 민단 주변에서 떠돈다는 소문이 민단 조직부장을 통해서 유석준에게 알려졌던 것이다.[23]

그즈음 GHQ는 조련이나 그 산하 민청(재일조선민주청년동맹)[24]을 불법 조직으로 간주하고 있었고 조련과 민청은 그해 9월 8일 해산 명령을 받는 상황이었던 만큼 재일 조선인들의 좌익 활동에 촉각을 곤두세우고 있었다. CIC까지 등장한 것은 결국 변 교장의 소행으로밖에 이해할 수 없는 데다 민단 청년부도 변 교장의 소행이라고 유인호에게 이야기한다.[25] 실제로 당시 유인호는 재일 조선인 조직, 즉 조련이나 민청에서 활동한 바도 없고 사실상 무관한 상태였기 때문에 CIC가 유인호의 존재를 파악하기란 누군가의 제보가 없으면 쉽지 않았을 것이다.[26]

아무튼 CIC의 조사 등으로 민단으로서도 유인호를 내쫓아야 한다는 변 교장의 주장을 더 이상 모른 체할 수 없게 되었다. 결국 8월 12일 유인호는 건국소학교에서 해임된다. 채 두 달도 안 된 교사 노릇이었으니 아쉬움이 많았다. 돌이켜보면 꿈같은 시간이었다. 아이들과 매일매일 씨름하며 울고 웃던 시간, 가정 방문, 방학을 맞아 아라시야마(嵐山)[27]에 다녀온 소풍, 학생들과 함께 참여한 김구 선생 추도식, 시험문제 출제와 채점……. 겨우 56일에 불과했지만 유인호에게는 몇 년처럼 느껴지는 귀한 시간이었다.

다시 실업자가 되었다. 민단이 운영하는 오사카 기술원 양성소에 기웃 거려도 보고 교토에서 알사탕 가게로 유명한 우메즈(梅津)에서 날품팔이 노동도 하였으나 모든 게 쉽지 않았다. 기술원 양성소로 들어가려면 기숙 사비 등으로 어느 정도 돈이 필요했다. 우메즈 사탕 가게도 교포들이 인지 상정 차원에서 일자리를 마련해준 것이지만 일주일 이상 사람을 쓰기가 어려울 정도로 경기가 좋지 않았기에 길어야 사오 일 일하는 것이 고작이 었다. 그래봐야 일주일치 임금은 1,000엔이 고작이었다.[28]

우메즈소학교, 건청과 민청

교토에서 일자리를 구하지 못한 유인호에게 아오모리 현의 사과 농장에 일손이 부족하다는 소식을 들은 유석준은 그쪽으로 가보면 어떻겠느냐고 제안한다. 이번에도 식객에 대한 관심이다. 그런데 그나마 연고라도 있는 교토에서도 이렇듯 힘들고 어려운데 아오모리라니……. 더구나 아직 주소 등록이 되어 있지 않은 유인호가 다른 곳으로 움직이는 것은 위험을 자초하는 것이나 다를 바 없었다. 그만큼 유인호의 취업과 독립은 유석준에게, 특히 유석준의 부인에게는 매우 중요한 문제였다.

바로 그때 유인호는 오사카의 기술원 양성원에 입소가 가능할 것 같다는 전갈을 받는다.[29] 덕분에 아오모리행은 자연스럽게 접게 되었다. 우선 필요한 돈은 건국소학교에서 받을 급료로 해결하고 부족한 것은 취업한 다음에 갚는 쪽으로 이야기가 된 덕분이다. 그런데 정작 건국소학교에서 받은 돈은 가불한 것을 제외하니 얼마 되지 않았다. 결국 이마저도 이루지 못하게 되었다.

더부살이 생활이 계속되는 가운데 유인호는 일본 생활에서 빼놓을 수 없는 벗 이태영(李泰榮)을 만난다. 교토교회의 한 청년 모임에서 처음 만났다. 기독교와 사회주의가 병존할 수 있다고 생각한다는 점에서 둘은 바로 친밀감을 느꼈다. 이태영은 유인호보다 먼저 두 동생들과 함께 일본에 밀입국했는데 직장 생활을 하면서 진학을 꿈꾸고 있었다. 이미 그는 민청 회원으로 활동하면서 유인호처럼 기독교인들의 가식적인 생활 태도에 염증을 느끼고 있었다. 객지에 나와 사는 유인호로서는 어쨌거나 유석준 같은 집안 형님이 생활이 어려운데도 나름 바람막이가 되어주었기에 감사한 마음이 가득하였다. 그렇지만 또래를, 그것도 비슷한 생각을 하는 벗을 만난다는 것은 유인호에게는 또 다른 힘이 되었을 것이다.

생활은 쉬 풀리지 않은 채로 10월 6일 추석[30]을 맞는다. 오란 곳도 없고 갈 곳도 없이 맞은 추석이 껄끄러웠는데 마침 건국소학교 제자이 초대로 오랜만에 고향 음식을 맛본다. 그보다 이틀 전에 겨우 주민등록이 통과되어 쌀 배급표를 확보하였으나 쌀을 살 돈도 없었고 유석준네 집에서 따로 밥을 지어 먹을 수도 없었기에 난감해하던 참이었다. 선생님으로 예우해 주는 제자가 있어 유인호는 쓸쓸하면서도 한편 자랑스럽고 감사한 마음으로 일본에서 첫 추석을 맞는다.[31]

마침내 10월 11일 유인호는 유석준의 집에서 나오기로 했지만 갈 곳이 없으니 그동안 알고 지낸 종씨로 형님뻘인 유범준(兪汎濬, 일본 이름은 아리타·有田)네 집에 며칠 신세를 지기로 한다. 그런데 기묘하게도 유인호는 그다음 날 조련 산하 조선인학교인 우메즈(梅津)소학교[32]에 교사로 초빙받고 3·4학년을 맡기로 한다. 이미 민단은 물론이고 조련에서도 유인호의 건국소학교 활동이 알려져 있었지만, 오히려 우메즈소학교는 유인호처럼 열정 있는 교사를 바랐던 것이다. 그러나 이 또한 우메즈소학교의 의도적인 측면이 강했던 것으로 보인다. 조련 산하 조선인학교에 대한 일본 정부와 GHQ의 압력이 날로 강화되는 마당에 이에 대처하자면 유인호처럼 추진력과 뚝심으로 무장한 교사가 필요했기 때문이다.

사실 우메즈소학교는 아침부터 수업을 할 정도로 규모나 재정을 갖춘 곳은 아니었다. 당시 조선인학교는 아침부터 수업하는 학교, 오후(일본 학교의 방과 후 또는 야간)에 수업하는 학교, 야간에 수업하는 학교 등으로 나뉘었는데 우메즈소학교는 둘째에 속한다.[33] 마쓰시타 요시히로는 교토 교육위원회가 일본 정부의 1·24 통지를 적극 수용하였으며 5·5 각서에 입각해 요건을 갖춘 조선인학교에 한해서만 인가하고 다른 학교는 폐쇄할 것을 기본 방침으로 세웠다고 설명한다. 특히 1949년 9월 8일 GHQ가 조련과 민청에 대해 강제 해산을 명령하자마자 이튿날인 9일 인가 신청 절차를 밟지 않은 조선인학교에 대해 9월 30일까지 폐쇄할 것을 통보한다.[34]

사정을 전혀 알지 못한 채 유인호는 우메즈소학교의 교사가 된 것이다. 그것도 이미 학교 폐쇄 기한을 넘긴 상태였다. 13일 학교에 출근하고 보니 전임자와의 인수인계도 없고, 학교의 현황을 설명해줄 자료도 전혀 없었다. 심지어 출석부, 성적표조차 없었다. 유일하게 반가운 것은 교실로 사용하는 건물에 덧내어 마련한 방이 있어 그곳에서 숙식을 해결할 수 있다는 점이었다.

안심은 잠깐뿐이었다. 10월 19일에 우메즈소학교에 재단 폐쇄 명령이 다시 날아온 것이다. 재단 폐쇄를 면하고 정식 사립학교로 인가를 받자면 교원적성검사를 해야 했다. 그나마 다행인 건 교토 교육위원회가 10월 말까지로 교원적성검사 기간을 연장했다는 점이다.[35] 부랴부랴 학부형 회의를 열었지만 뾰족한 수가 없었다. 유인호는 지금까지 적성검사와 관련해 부정적이었던 손 아무개 교장과 박 아무개 씨 등을 비롯한 학부형들을 설득하기 시작한다. "방법은 하나밖에 없지 않느냐. 법인으로 다시 출발하면 되지 않겠느냐"고 주장하는 유인호의 태도를 학부형들은 그저 지친 모습으로 바라볼 뿐이었다.[36] 그날 회의에서 드러난 유인호의 적극적인 태도에 학부형들도, 다른 교사들도 힘을 내는 듯 했으나 서류 마련과 제출 등은 고스란히 유인호의 몫이 되었다.

이후 10월 말까지 하루도 빠짐없이 유인호는 교토 부(府) 담당자를 찾아갔다. 유인호로서도 10월 4일 일본에 거주하고 있다는 미끈한 주민등록이 마련되었으니 교원적격심사에 필요한 최소한의 조건을 갖춘 셈이었다. 남은 일은 부가 우메즈소학교를 '각종학교'[37]로 인가해주는 쪽으로 결론을 내리기만 하면 되었기 때문에 매일 담당자를 찾아가서 무언의 압박을 가하는 것이었다. 11월 1일 조사계 담당자가 서류는 완비되었다고 확인해 주면서 며칠 내로 실사한다고 밝혔다.

그런 와중에도 학교는 나름대로 제대로 기능하고 있었다. 3·4학년 학생 20여 명은 유인호의 열심에 감동하여 기쁘게 따랐다. 11월 1일은 '전 교토 조선인 대운동회'가 열려 학생들과 함께 참가하였고 4일엔 단풍으로 유명한 다카오(高雄)에 소풍도 계획했으나 비가 쏟아져 포기할 수밖에 없었다.

비가 내려 소풍을 취소한 그날도 유인호는 부청 담당자를 찾아갔는데 뜻밖에도 신청 서류가 미흡하다는 말을 듣는다. 비품, 특히 책상이 모자라다는 것이었다.[38] 이런 정보도 매일같이 유인호가 그들을 찾아가 들볶았기 때문에 가능한 일이었다. 당장 책상 구입을 증명하는 서류를 제출해야 했다. 담당자가 구입하는 게 힘들면 계약한 서류만이라도 제출하면 된다고 귀뜸한다. 담당자는 유인호에게 "당신 같은 사람은 처음 본다"며 문제를 풀어갈 수 있는 방법을 하나씩 일러주었다.[39]

학부형 회의를 당장 소집하여 책상 수를 맞출 비용 염출 방안을 논의한 끝에 중고품을 구입하는 쪽으로 방향을 잡았다. 유인호는 학부형들의 도움으로 고작 하루 만에 인근 타이피스트학원에서 쓰다 버리려는 책상 79개 등을 싸게 입수했다. 곧바로 부청 관계자에게 그 사실을 알렸다. 필요 집기가 다 마련되기 전에는 수업을 재개하지 못한다는 조건이었지만 유인호는 하루라도 수업을 쉴 수 없다며 강행한다.[40] 학생들은 헌 책상이나마 새로 들어오는 것이 신기한 듯 모두 좋아한다. 그리고 11월 21일 우메즈소학교는 마침내 각종학교 인가를 얻는다. 교토 조선우메즈소학교가

유인호 평전, 사회변혁을 꿈꾼 민중경제학자의 삶

탄생한 것이다. 유인호가 아니었다면 이렇게까지 진행될 수 없었을 것이다. 학부형 총회에 모인 학부형들은 모두 유인호를 치하했다.[41]

　　그러나 이 인가는 실제로 전혀 의미가 없었다. 처음부터 일본 정부는 조선인학교 폐쇄를 당연한 것으로 추진했기 때문이다. 5·5 각서가 있었지만 그것은 허울에 불과했다. 이런저런 이유를 조건으로 달고 서류를 요청했을 뿐 속내는 처음 결정을 그대로 유지한 것이었다. 학교를 폐쇄하는 방법은 여러 가지가 있었지만 우메즈소학교처럼 시간을 끌면서 폐쇄를 유도할 때도 있었고 어느 날 무력으로 강제 폐쇄할 때도 있었다. 다음 글은 1949년에 갑자기 학교가 폐쇄된 시가(滋賀) 현 조선인학교 6학년 학생이 쓴 글이다.

　　해방 후 우리들은 조선으로 돌아가기 위해 조선(어)을 공부하려고 했지만 돈이 없어서 학교를 세울 수가 없었습니다. 그래도 동포들은 서로 돈을 내서 학교를 세우기로 했습니다. 그 당시엔 지금처럼 고철이 비싸게 팔리지 않았습니다만, 우리들은 리어카를 끌고 고철을 주우러 다녔습니다. 아버지들은 전차로 오쓰(大津)로 가서 목재를 사왔습니다.

　　학교를 세울 장소에 가봤더니 넓은 마당에 많은 청년들이 모여 있었습니다. 학교가 세워진다고 생각하니 기뻤습니다. 친구들과 손을 맞잡고 기뻐했습니다.

　　2, 3일 만에 작은 판잣집이 완성되었습니다. 그날 밤 아버지, 어머니들이 모여서 회의를 했습니다. 그 자리에는 우리들도 함께 있었습니다. 선생님도 소개되었습니다.

　　선생님이 "이제 너희들은 내일부터 학교에서 공부한다"라고 말씀하셨을 때는 너무나도 기뻐서 우리들은 어쩔 줄을 몰랐습니다.

집에 돌아오니 어머니는 "내일부터 학교에 갈 텐데 책도 공책도 없으니 어떻게 하나"라고 말씀하셔서 나는 집에 있던 종이를 한 장 한 장 실로 기워서 공책을 만들었습니다.

다음 날 학교에 가니 우리들보다 나이 많은 언니들도 있었는데 모두 웃는 얼굴이었습니다. 학생은 모두 40명 정도였는데 처음으로 하는 공부가 매우 재미있었습니다. 우리 노래도 부르고 소풍도 다녔습니다.

이렇게 재미있게 공부를 하고 있었는데 어느 날 갑자기 경찰이 자동차를 타고 우리 학교에 왔습니다. 그리고 미군이 그곳에 농장을 짓는다며 우리에게 나가라고 했습니다. 우리들은 정말 슬펐습니다.

결국 우리 학교는 없어지고 말았습니다. 지금도 미군의 농장을 볼 때마다 처음으로 세운 우리 학교가 생각납니다.[42]

교토에 있는 조선인학교는 하나둘 문을 닫았다. 마쓰시타는 1950년 4월 현재 교토의 조선인학교 중 살아남은 학교는 강제 폐쇄를 당했지만 재일 한국·조선인의 아파트를 빌려서 자주학교[43]로 명맥을 이어간 도카(陶花)소학교(현재 교토제1조선초급학교)와 민단계, 조련계 학교 두 곳 정도가 고작이라고 했다.

각 지역의 교육위원회는 조선인학교 폐쇄 명령을 내렸지만 명분에서 밀리는 상황이었기 때문에 실제로는 1950년 3월 말(학년 말)까지 존립을 용인하는 경우가 부분적으로 있었는데 우메즈소학교도 그중 하나였다.[44] 그렇지만 우메즈소학교의 각종학교 인가를 받을 당시만 해도 유인호는 조선인학교가 정말로 폐쇄될 것이라고는 생각하지 못했던 것 같다. 아니, 유인호는 인가 문제가 일단락되었다 판단하고 이제 관심을 대학 진학으로 옮겼다고 보는 것이 정확하겠다.

또 한 가지 유인호를 안타깝게 한 것은 우메즈소학교 손 교장의 교육 내용이었다. 손 교장은 훌륭한 교사로 평가받고 존경받고 있었지만 지나치게 좌편향적이었다. 유인호는 아이들에게까지 "반동"이란 말을 쓰거나 주입식으로 사상교육을 시킨다는 점이 늘 걸렸다. 유인호는 손 교장에 대해 "사상이란 자기의 인생관을 살핀 후 스스로 만들어가는 것인데", "학생들에게 공산주의가 절대적인 것이라고 가르친다는 것은 양심상 있을 수 없는 일이 아닌가" 하고 의문을 제기한다.[45] 이는 유인호의 사회주의에 대한 입장, 아니 자신의 사상적 입장에 대해 "내가 원하는 것은 극좌, 극우도 아니오, 평화로운 자유적 사회주의, 노동자에게 힘을 주는 노동 사회주의"[46] 라고 고백하고 있다는 점과 무관하지 않다.

야학

1949년 연말에 가까워오면서 유인호는 대학 진학 준비에 박차를 가한다. 시험 준비도 해야 하고 입학금 등을 마련하자면 우메즈소학교 교사 월급으로는 부족하니 뭔가 다른 아르바이트를 하지 않으면 안 되었다. 그해 겨울 유인호는 손수 전기장판을 만들기 시작했다. 한국과 달리 온돌이 없는 일본에서는 수요가 적지 않을 것으로 보았다. 낮에는 틈틈이 주문을 따내고 밤에는 부지런히 만들어 납품하는가 하면,[47] 교토YMCA에서 직장인을 대상으로 영어 강좌를 싸게 열었다기에 여기에도 참석한다.[48] 학업 실력을 키우랴 등록금 준비하랴 그해 겨울은 유인호에게 무척 바쁜 시간이었다.

이뿐 아니라 대학에 입학하면 사실상 교사 일을 더는 할 수 없을 것이기 때문에 유인호 역시 우메즈소학교와의 이별이 멀지 않은 것으로 생각했을 것이다. 그러다보니 상대적으로 학교 문제에는 크게 관심을 두지 못한 듯하다. 우메즈소학교가 방학 중이기도 했으니 더욱 그랬다.

그래도 이별이 올 때까지 책임을 다한다는 마음으로 1950년 1월 12일 3학기[49]를 시작한다. 이때까지만 해도 유인호는 학교 폐쇄를 전혀 상상하지 못했다. "어떤 파도가 밀려와도 나는 교육자의 의무를 다해 이 학교를 지킬 것"[50]이라고 스스로 다짐한다.

학교는 각종학교 인가를 겨우 얻었지만 지원 주체인 조련과 민청이 1949년 9월 강제 해산과 재산 동결 조치를 당하면서 자주적으로 학교를 운영할 처지가 되지 못한다. 더 이상 버틸 수 없는 상태에 들어선 것이다. 여기에 일본 정부가 조선인학교 폐쇄 조치와 더불어 조선인 학생이 일본인 학교를 다니면서 방과 후 특별학급 등을 활용해 민족 교육을 할 수 있다는 회유책을 내놓으면서 학부형들의 자발적인 지원도 얻어내기 어려웠다. 가계를 꾸려가기도 어려운 터에 이른바 자주학교를 운영할 수 있을 여력이 부족하다보니 부모로서도 의무교육으로 다니는 일본 학교에서 조선인 학생 특별학급을 운영한다는 대안, 즉 비용 부담이 없는 특별학급안에 슬그머니 기운 것이다. 유인호가 "아직도 우리 민족은 교육에 대한 관심이 적고, 마음은 있으나 실천에 옮기려고 노력하지 않는다"[51]며 안타까워했던 문제가 현실로 나타났다.

결국 우메즈소학교는 1950년 3월 24일로 공식 폐쇄된다. 그날 유인호는

"이럴 줄 알았다면 작년에 그렇게 몸부림을 치면서 투쟁할 필요가 없었을 것을……" 하고 분통을 터뜨린다. 학생들도 울면서 일본 학교에는 안 가겠노라고 유인호를 매달렸다. "불쌍한 우리 민족, 우리 동포"라는 말이 저절로 나올 지경이었다.[52] 남은 것은 3월 27일 종업식뿐이었다. 눈물로 치른 종업식에서 유인호가 또 사회를 맡았다.

> 오늘은 제일 기쁜 날입니다. 3학년은 4학년이 되고 4학년은 5학년, 5학년은 6학년이 됩니다. 그리고 또 오늘은 여러분에게 가장 눈물의 날일 것입니다. 우리 학교는 문을 닫지만 일본 학교에 가서도 공부는 열심히 해야 합니다.[53]

눈물겨운 종업식이었다. 학생도 울고, 선생님도 울고, 지원자들도 울고, 학부형들도 울었다. 이렇게 유인호의 조선인학교 교사 활동은 마감한다. 그런데 교토 교육위원회가 일본 학교에 병합된 조선인학교 학생들의 방과 후 특별학급을 지도할 한국어 교사를 구한다. 유인호는 이 무슨 말도 안 되는 사태냐고 가슴을 친다.[54] 그동안 꿋꿋이 이끌어온 조선인학교는 폐교로 주저앉히고 학생들을 모두 일본 학교에 보내놓고는 방과 후에 한두 시간 특별학급를 이끌 강사를 구한다는 현실이 기가 막혔다. 그렇지만 유인호는 리쓰메이칸 대학 입학이 이미 결정된 상태였고 어차피 아이들과의 관계를 계속 이어가자면 아르바이트 삼아서라도 특별학급의 강사를 하는 것도 괜찮겠다는 생각에 응모하기로 마음먹는다.

그러나 특별학급 강사를 모집한다던 말은 공수표로 귀결되고 말았다. 결정한디고 말만 하고 쉽사리 결정차지 않는 것은 일본 정부가 특별학급에 대한 지원을 염두에 두지 않았을 뿐 아니라 처음부터 배려하겠다는 진정성이 부족했기 때문이다. 여기에는 민단과 조련계의 반목 그리고 반목의 틈새를 적절히 활용하는 일본 정부의 얄팍한 태도도 자리 잡고 있었다.

1950년 내내 결국 교토 교육위원회는 특별학급 강사를 선발하지 않았다. 나중에 우메즈소학교(일본 학교) 모리무라(森村) 교장은 "특별학급 교사는 민단과 조련계 사이에 타협이 이루어지지 못했기에 교육위원회도 결정을 못한 것"이라고 설명한다.[55] 오히려 민단이 조선인 학생 특별학급에 사사건건 조건을 달아 가능하면 조련계 사람들이 강사가 되지 못하도록 하는 편에 초점을 맞추었던 것이다.[56] 가슴 아픈 현실이었다.

조련, 민단 등을 앞세우지 말고 같은 동포, 여기는 일본이라는 공동의 인식 위에서 생활해야 한다. 각각 조직을 위해 기부하기를 원하고 활동하지만 이래서는 뭐가 되겠는지. 동포 사회, 남북이 갈려서 싸우고 있는데 여기서도 그러니 문제다. 이 문제만 해결된다면 교포 사회는 훨씬 좋아질 터인데. 생활권 확보에 더욱 힘을 합해야 하는데……. 그런데 누구 하나 이를 위해 노력하는 이가 없는 것 같다.[57]

일본에 온 지 두어 달이 지나고 건국소학교에서 근무할 때 유인호는 교포 문제의 핵심을 그렇게 짚었는데 매우 적확한 인식이라고 하겠다. 조선인 강사 채용이 늦어지면서 특별학급이 유야무야되자 아예 특별학급 건은 없었던 일이 되고 말았다. 1951년 2월 현재 교토에서 특별학급을 운영하는 곳은 겨우 세 곳에 불과했다. 당초 민단이나 조련계가 24개소를 요청

한 것에 견주면 시늉에 지나지 않았다.[58]

대학 2학년이 된 유인호는 "누구 하나 노력하는 이가 없다"는 자신의 말을 기억하는 듯 교포 학생들을 위해 해야 할 바를 찾기 시작한다. 자신도 학비와 생활비를 마련하느라 전전긍긍하는 처지였으나 건국소학교에서 두 달, 우메즈소학교에서 다섯 달을 함께 지낸 교포 아이들을 잊을 수가 없었기 때문이다. 이에 유인호는 우메즈에서 야학을 계획한다. 대학에 함께 다니던 한국 유학생들과 상의하여 그해 3월 15일부터 야학을 시작하기로 결의한다.

야학을 추진한 배경 중 하나로 당시 조국 땅에서 벌어지고 있는 한국전쟁을 해외에서 지켜볼 수밖에 없다는 현실도 고려해야 할 듯하다. 일본 교포 사회에 대한 계몽과 봉사라도 하지 않으면 견딜 수 없었을 것이다. 유인호는 야학을 시작하는 날 일기에 "조국과 고향을 생각해서라도 이곳에서 동포들의 계몽 사업에 몸을 바쳐야겠다"[59]라고 쓰고 있다.

야학은 초등학생을 대상으로 하는 이전 조선인학교와는 성격이 좀 달랐다. 계몽 교육을 포함하되, 한국말과 한국의 문화를 알리면서 사회의식화 사업도 함께하려는 취지였다.[60] 우메즈에서 야학을 열겠다고 알리자 우메즈소학교 교사 시절 알고 지내던 지역 학부형들이 적극적으로 지원을 하겠다며 바로 학부형회를 꾸렸고, 첫날에만 40명이 학생으로 참석했다. 학생 가운데는 20세에 이른 청년이 있을 정도로 모두들 매우 적극적이었다.

유인호는 학생 40명을 A, B, C 세 반으로 나누고 A반은 초등학교 1·2·3학년 코스, B반은 초등학교 4·5·6학년 코스, C반은 중학 이상 코스로 엮었다. 야학은 매일 열렸다. 먹는 것은 부실한 데다 밤늦게까지 야학에서 정열을 불사르니 젊은 청년이라도 몸이 견디기 쉽지 않았다. 아침에 코피를 쏟는 것은 예삿일이었다. 당장은 학교가 방학 중이지만 4월 중순 이후 부터는 학업과 아르바이트 그리고 야학을 제대로 감당할 수 있을지 걱정 이었다. 유인호 스스로 이렇게 피곤해서 계속 이어갈 수 있을지 걱정이라고 고백할 정도였다.[61] 그러는 가운데 야학에 오는 학생들은 날로 늘어 불과 보름 만에 70명으로 불어났다.

야학에는 이태영의 두 동생들을 비롯해 대학에서 만난 친구들 몇몇이 함께 교사로 참여했지만 유인호가 다른 일이 있어 오지 못하면 학생 수가 현격하게 줄어들 정도로 유인호에 대한 의존도가 높았다. 실제로 유인호가 민전(재일조선통일민주전선)[62]에 가입해 교원 강습에 참가하느라 그해 4월 초에 일주일 동안 야학에 오지 못하자 학생들이 많이 줄었다.[63]

또 유인호가 그해 6월에 대학을 도쿄의 와세다(早田)대학으로 옮기려 했는데 야학 학생들이 집단으로 반발하면서 교토에 그대로 있어줄 것을 요청한 적도 있다. 결국 유인호는 학생들 앞에서 도쿄행을 추진하지 않겠다는 약속[64]을 함으로써 동요는 가라앉았다. 야학은 유인호가 꼭 필요했고, 유인호 역시 야학을 통해서 시대의 아픔에 동참하는 형국이었다. 피곤이 쌓이면서 독감에 시달릴 때도 학교 수업은 빼먹었지만 야학은 쉴 수가 없었다. 목이 아파서 말을 제대로 할 수 없을 때도 수업은 반드시 진행하였다.[65]

하지만 한편으로 유인호의 마음에는 본질적인 고민이 하루하루 쌓여갔다. 그는 그 당시 고민을 일기에 다음과 같이 털어놓는다.

이론 무장을 실천 운동을 통해서 취할 수 있을 것이라고 생각했다. 실제로 그렇게 행동하고 있는데 아무래도 이것만 가지고는 부족하지 않겠는지

유인호 평전, 사회변혁을 꿈꾼 민중경제학자의 삶

불안한 마음이다. 이 정도 무장으로 타인을 설득할 수 있을까? 책 읽을 시간도 부족한 지금 상황에서 무엇을 먼저 추진해야 할지 알 수 없다. 책을 더 열심히 읽어야겠다. 그런데 책 읽을 시간이 없다.[66]

학업 부담, 아르바이트와 생활고, 고향에서 들려오는 암담한 소식들, 야학의 피곤 등이 하루하루 유인호를 옥죄어오기 시작했다. 그렇다고 야학을 그만둘 수도 없었다. 모든 것들은 꼬리를 물고 연계되어 있기 때문에 전체를 밀어붙이든지 아니면 모든 것을 한 번에 그만두는 수밖에는 다른 도리가 없음을 유인호는 간파한 것이다. 일본에 온 이유가 무엇인가, 배우기 위해 온 것이 아니던가, 지금은 제대로 공부하고 있는가, 공부를 하자면 우선 생활의 안정을 꾀해야 하는데 지금 이 문제를 위해 고민하고 있는가 이런 생각으로 하루하루를 보내고 있었다.[67]

게다가 그간 줄곧 유인호를 주시해오던 교토 우즈마사(太秦)경찰서 담당 형사가 자주 눈에 띄는 것도 우려스러운 대목이었다. 정식으로 주민등록이 되었고 대학에도 입학하여 안정적인 모습을 갖췄지만 유인호로서는 불안하기 짝이 없었다. 어차피 그들은 유인호가 밀입국한 사실뿐만 아니라 그동안 해온 조련계 조선인학교 교사 활동, 지금 하고 있는 야학 활동에 이르기까지 모든 활동을 충분히 파악한 마당이니 명분만 갖추면 언제라도 유인호를 옭아맬 수 있었다. 여기에 민단조차 좌우 대립의 연장선상에서 야학을 예의 주시하는 형편이었다. 어쩌면 민단과 경찰이 함께 유인호를 표적으로 삼았는지도 몰랐다.[68]

그럼에도 유인호는 야학을 그만둘 수 없었다. 야학도 방학에 들어가면서 조금 숨통이 트였고 유인호 역시 생활 자금을 구하러 도쿄에 다녀오는 등 환경도 변했다. 무엇보다 계속 늘어나는 야학 학생들을 하루아침에 모른 체할 수가 없었다.

그런데 결론은 뜻밖인 곳에서 나타났다. 그해 8월 말, 1950년에 한 번 앓은 각기병(脚氣病)이 도지면서 무리해서 야학을 끌고 갈 수 없는 사태가 빚어진 것이다. 학생들과 학부형들도 유인호의 건강 때문에 야학을 더 이상 할 수 없다는 사실을 받아들이지 않을 수 없었다. 배곯는 나날들 속에서 충분한 영양을 섭취하지 못한 탓에 생긴 병이 야학을 그만두게 하는 요인으로 작용한 것이다. 유인호는 그날의 심정을 "80명 학생들과 같이 학부형들도 나를 좋아하였다. 여기서 떠나려는 나의 심정 무엇으로 비하리요. 한없는 미련이다"[69]라고 쓴다. 조선인학교에서부터 시작한 동포 교육, 일본에서 처음으로 그가 벌인 공식 역할은 성과도 많았지만 마지막으론 뜻하지 않은 계기로 마무리된다. 하지만 교육 경험은 훗날 대학 사회와 시민사회를 인도하는 민중경제학자 유인호의 원체험으로 면면히 이어졌을 것이다.

리쓰메이칸대학

교토 리쓰메이칸(立命館)대학 이름에 나오는 '입명(立命)'이란 '하늘의 뜻을 좇아 마음의 안정을 얻는다'라는 뜻이다. 《맹자》에 있는 글귀다. 그렇다면 '리쓰메이칸'이라 함은 천명을 좇아 마음의 안정을 얻도록 도야(陶冶)하는 것이겠다. 유교적인 분위기가 물씬 풍긴다.

> 사람의 수명은 천명(天命)으로 그 길고 짧음이 결정된다. 따라서 살아 있는 동안 수양에 매진함으로써 그 천명을 기다리는 것이 사람의 도리를 다하는 일이다(壽不貳修身以俟之所以 立命也).[70]

'리쓰메이칸'은 메이지(明治) 시대의 원로 가신이자 일본 제국의 총리대신을 두 번이나 역임한 사이온지 긴모치(西園寺公望, 1849~1940)가 약관 스물이넌 1869년에 '사숙(私塾) 리쓰메이칸'을 설립한 데서 연유하기 때

리쓰메이칸대학 경제학부 대학원 학적부에 있는 유
인호의 증명사진(1954년 4월).

문에 존황론자(尊皇論者)[71]로서의 봉건적인 유교 질서를 떠올리게 한다. 하
지만 '사숙 리쓰메이칸'은 설립 1년 만에 문을 닫았다. 이후 그의 비서관
이었던 나카가와 고주로(中川小十, 1866~1944)가 그 이름을 이어받아 1913
년 사립대학으로 문을 연 것이 리쓰메이칸대학이다.[72]

　사이온지는 리쓰메이칸대학과 직접적인 관계는 없지만 대학의 명명자
인 만큼 대학에서는 그를 공식적으로 "학조(學祖)"로 부르고 도서관에는
그가 기증한 장서인 '사이온지문고(文庫)'가 있다. 그뿐 아니라 석등, 편액
(扁額) 등 관련 기념물이 적지 않다. 지금도 교토의 기누가사캠퍼스 옆에는
사이온지기념관이 자리 잡고 있다. 이러한 창립 배경이 있는 만큼 리쓰메
이칸대학은 전전까지만 해도 국가주의적 경향이 매우 강하였다.

그러나 1945년 8월 일본의 패전 이후 리쓰메이칸대학은 민주주의를 철저히 지향하는 대학으로 완전히 새롭게 거듭난다. 그 배경에는 패전 직후 리쓰메이칸대학이 영입한 스에카와 히로시(末川博, 1892~1977) 총장의 역할을 빼놓을 수 없다. 유인호가 리쓰메이칸대학으로 진학한 이유는 여러 가지가 있지만 가장 중요한 계기는 훗날 이 대학의 명예 총장으로까지 추대된 스에카와 총장의 존재라고 할 수 있다.

스에카와 히로시와 학문의 자유

유인호가 리쓰메이칸대학을 알게 된 것은 교토교회에 출석하면서부터다. 교토교회에는 당시 리쓰메이칸대학에 재학 중인 청년이 몇 명 있었기 때문에 리쓰메이칸대학에 대한 이야기를 적지 않게 들었을 것으로 보인다. 일본에 온 지 두 달 정도 지난 1949년 7월, 유인호는 리쓰메이칸대학 입학을 목표로 삼는다.[73]

무엇보다 리쓰메이칸대학의 입학 제도는 정상적인 중·고교 과정을 거치지 못한 유인호에게 매우 유리하였다. 전후 리쓰메이칸대학은 신입생을 입학시험으로 절반만 선발하고 나머지 절반은 고교, 단체 등의 추천을 받아서 선발했다. 현재도 리쓰메이칸대학은 그와 같은 신입생 선발 방식을 유지하고 있다. 일반 입시로 뽑은 선발자는 전체 입학생의 47퍼센트며 나머지는 고교나 사회단체가 추천하는 특별 입학생이 차지한다.[74] 1949년 현재 재일본조선유학생동맹(조학동)[75] 교토 지부도 리쓰메이칸대학에 신입생을 추천할 수 있는 사회단체였다.

유인호는 유석준의 식객으로 지내던 시절 기회만 된다면 하루라도 빨리 그의 집을 나오고 싶었기 때문에 '조련'과 '조학동'과 연계된 값싼 학생 기숙사[76]가 있다는 이야기를 주변에서 듣고 조학동에 직접 가서 문의한다.[77] 기숙사 입주 자격이 대학 재학이나 입학 예정자로 제한되어 있어 입주는 허락되지 않는다. 하지만 유인호는 이날 조학동에서 대학 입학과 관련된 매우 중요한 정보를 얻는다. 바로 리쓰메이칸대학이 조학동에 추천권을 행사하도록 특권을 부여하고 있다는 점, 조학동이 관리·선발하는 '리쓰메이칸대학 입학 추천자 선발 시험'은 이듬해 1월에 있을 예정이란 점 등이었다. 진학을 위해 일본에 온 유인호로서는 낭보가 아닐 수 없었다.

조학동의 입학 추천자 선발 시험은 1950년 2월 1일에 있었다. 유인호는 교토교회에서 만난 친구 이태영 그리고 그의 두 동생 태동, 태환과 함께 원서를 제출하고 시험을 치른다. 시험 과목은 일본어, 영어, 사회, 수학, 과학 등이었으나 수학과 과학에서는 고전을 면치 못했다고 고백한다.[78] 하지만 거의 독학으로 준비해온 일본어나 영어, 사회 과목에서는 별 어려움이 없었던 것 같다.

아무래도 정규 과정을 거치지 않은 탓에 수학이나 과학을 공부할 기회가 별로 없어서 내용 자체가 생소할 수밖에 없었고 독학할 때도 그다지 관심을 두지 않은 탓이 컸다. 유인호는 선발 시험을 마치고 행여 수학, 과학 때문에 입학이 어그러지는 게 아닌가 하는 걱정에 무척 마음이 무거웠다. 다행히 유인호는 그해 2월 13일 조학동 교토 지부로부터 경제학부 합격 소식을 듣는다. 그때만 해도 유인호는 본고사를 따로 봐야 하는 것으로 알았기에 내심 본고사 걱정이 적지 않았다. 이뿐 아니라 재직 중이던 우메즈조선인학교가 일본 학교와 합병되는 것으로 이미 결론이 난 상태였기에 본고사에서 또 수학과 과학과 마주칠 생각을 하니 답답하기 짝이 없었을 것이다.

그런데 그 무렵 유인호는 조학동의 추천자 선발 시험에만 합격하면 본 고사는 치지 않아도 된다는 소식을 듣는다.[79] 유인호로서는 미래가 새로 열리는 체험을 하게 된 셈이다. 리쓰메이칸대학이 재일 한국·조선인 유학생들을 배려하지 않았다면 입학은 불가능했을지도 모른다. 특히 당시 스에카와 히로시 리쓰메이칸대학 총장이 각별히 재일 조선인을 지원한 것과 무관하지 않을 것이다. 실제로 스에카와 총장은 학기가 끝날 때마다 재일 한국·조선인 학생들과 함께 저녁을 같이하면서 격려를 아끼지 않았다. 졸업식 때는 재일 한국·조선인 학생들을 따로 불러 축하할 정도였다.[80]

리쓰메이칸대학 스에카와 총장과 무토 교수는 조선인 학생들을 특히 아꼈다. 이 사진은 1953년께 찍은 사진으로, 가운데 의자에 앉아 있는 사람들 중 왼쪽에서 셋째가 스에카와 총장, 다섯째가 무토 교수다. 스에카와 총상 아래에 앉은 이가 유인호다.

패전 등으로 당시 사회가 혼란한 상태였기 때문에 학적부가 소실된 경우도 적지 않았다지만 이러한 상황을 지혜롭게 풀어나간 리쓰메이칸대학의 개혁적 입시 운영은 유인호에게 그 무엇과도 비교할 수 없는 실질적인 지원군인 셈이었다. 조학동의 추천으로 리쓰메이칸대학은 그해 4월 4일 최종 입학자를 발표하였고, 경제학과에 지원한 유인호는 24일 신입생 3,500명과 함께 입학한다.[81]

입학식이 있던 그날 유인호의 머리에는 공부가 하고 싶어서, 대학에 진학하고 싶어서 아등바등했던 눈물겨운 세월이 주마등처럼 스쳐 지나갔다. 아버지의 외도 때문에 상급 학교 진학의 뜻을 이루지 못한 채 소년 노동자로 현장에 뛰어들면서도 배움에 대한 갈급을 버리지 않고 달려온 유인호. 어렵게 합격은 했지만 등록금을 주겠다는 아버지가 공수표를 날리는 바람에 좌절되었던 2년 전 상황. 언젠가는 대학에 꼭 진학하겠다는 의지 하나로 주경야독의 세월을 견디고 견뎌서 밀입국선을 타고 일본에 들어온 지 1년도 채 되지 않아 마침내 꿈에 그리던 대학 입학을 이루었다니, 스스로 생각해보아도 감사할 따름이었다. 함께 기뻐해줄 어머니도, 형님도, 동생들도 없어 감격과 외로움이 가슴 가득히 차올랐다.

그렇지만 유인호는 대학 입학에 감사할 겨를이 없었다. 당장 필요한 것이 1만 엔이 조금 넘는 입학금과 등록금이었다. 당시에 유인호는 손에 쥔 것이 거의 없었다. 하루하루 피를 말리는 시간이 흘렀다. 우메즈조선인학교 학부형들의 도움을 일부 받기도 했지만 등록금을 낼 만큼 큰돈은 아니었다. 그해 3월부터 생활비를 최대한 절약하기 위해 하루 두 끼만 먹기로 작정하고 점심을 건너뛰는 등 허리띠를 졸라매보지만,[82] 목돈을 마련하기란 정말 쉽지 않았다. 먼 친척뻘 형님인 유범준에게 부탁하여 등록금을 빌리기로 하여 한 시름 놓는가 싶었지만 곧이어 사업이 원만치 못하여 돈을 빌려줄 수 없게 되었다는 소식이 전해졌다.[83]

생각다 못해 유인호는 등록금 납부 마감일인 4월 22일 토요일 오전에 리쓰메이칸대학의 경제학부를 찾아간다. 다행히 학교 쪽은 유인호의 사정을 잘 이해해주었다. 유인호가 등록금·입학금을 나중에 납부해도 좋다는 데 대학 회계과가 동의하였다. 말하자면 그렇게도 바라고 원한 유인호의 대학 입학은 납부금을 후불로 내는 외상 입학이었던 셈이다.

비록 경제적으로는 고학생으로서 애로가 적지 않았지만 4월 24일 입학식에서 마주한 스에카와 총장의 격려사는 유인호에게 많은 힘이 되었다. "프라이드를 크게 가져라. 그래야만 교육을 받는 자세가 남다르게 되어 자기 계발을 이룰 수 있다"[84]는 총장의 격려사는 늘 유인호의 뇌리를 떠나지 않았다. 그 뒤로부터 유인호는 경제적인 어려움을 비롯하여 난관에 직면할 때마다 일본에 왜 왔는지를 스스로 따져 물었다. 그럭저럭 대학을 졸업하고 적당한 곳에 취직하면 그것으로 그만이라는 생각에서 유인호가 한 걸음 비켜나 있을 수 있었던 것은 스스로 다짐한 학문의 길에 대한 의지가 강하기도 했지만 스에카와 총장이 주장하는 '인생에 대한 자부심'을 가슴속 깊이 받아들였기 때문일 것이다.

스에카와 총장의 한마디 한마디는 유인호에게 힘이 되었고 일본 생활의 의미가 되었다. 현재 리쓰메이칸대학 기누가사캠퍼스에 들어서면 왼쪽에 '스에카와기념회관'이 있는데 기념회관 바로 앞에 스에카와 명예 총장의 기념비가 서 있다. 기념비에는 "미래를 믿고 미래에 산다"라는 말이 새겨져 있다. 이 말은 스에카와 총장이 자주 거론하던 말이다. 이 역시 유인호의 마음에 깊이 기억된 말 중 하나일 것이다. 그 배경을 알아보자면 스에카와 히로시의 삶을 잠깐 들여다볼 필요가 있다.

스에카와가 교토제국대학 법학부 교수로 재직 중인 1933년에 문부성이 반국가적인 발언을 이유로 법학부 동료 교수인 다키가와 유키토키(瀧川幸辰)에게 강제 휴직 처분을 내린다. 스에카와는 이에 항의하는 차원에서 교수직을 사임하였다.[85] 이 사건이 '학문의 자유'와 '대학의 자치'를 침해하는 것으로 보았기 때문이다. '다키가와 사건(혹은 교토대 사건)'은 1930년대 일본 제국의 사상적 통제가 무정부주의, 마르크스주의에 대해서는 물론 국가에 대해 비판적인 시각에 대해서까지 본격적으로 통제·강화되기 시작함을 상징한 셈이다.

전후 교토대학은 스에카와의 복직을 추진했으나 그는 이를 거부하고 리쓰메이칸대학의 개혁 작업에 뛰어들었다. 자연스럽게 전후 리쓰메이칸대학의 개혁은 '평화와 민주주의'를 중시하는 스에카와의 사상을 원동력으로 삼았다. 리쓰메이칸대학의 개혁을 '민주적 학원 운영'과 '자주적 학습 존중'이라고 요약할 수 있다. 그 구체적인 실천은 1948년 창설된 '전학협의회(全學協議會)'와 1949년 도입된 '총장공선제'로 나타난다. 전학협의회는 대학 이사회, 교수회, 학우회, 교직원 조합 등 모든 학교 운영 조직뿐 아니라 학생 대표까지 포함하는 협의체로서 중요한 학교 운영 사안에 대해 합의를 도출하는 조직이며, 총장공선제는 대학 이사회 이사와 평의원, 전임 교직원, 학생들로 구성된 학교 전체 대표가 간접투표로 총장을 뽑는 제도다. 이 두 제도는 학생 대표가 학교 운영과 관련해 의견을 내놓

유인호 평전, 사회변혁을 꿈꾼 민중경제학자의 삶

을 수 있도록 하는 일본 최초의 제도, 이른바 "리쓰메이칸 민주주의"라고 불리는 실체인데 이를 앞장서 추진한 이가 바로 스에카와다. 이후 스에카와 총장은 공선제에 입각해 1969년까지 총장으로 활동한다.

이뿐 아니라 스에카와는 전후 일본의 평화와 민주주의를 존중하는 시민 활동의 대표적인 아이콘이었다. 그는 전후에 새로 만들어진 일본의 평화헌법, 즉 헌법 제9조에 전쟁 포기와 군대 보유 금지를 선언한 일본국 헌법의 옹호자로서 자유와 민주주의를 침범하는 권력에 정면으로 대항하는 한편 인권이 탄압받는 사람들을 위해 동분서주하는 행동하는 지성이었다. 그가 재일 한국·조선인 학생을 각별하게 여기는 배경에도 자유와 인권에 대한 이해가 깊었기 때문일 것이다. 대학 입학 이후 유인호의 사회의식은 스에카와 총장에게 많은 영향을 받았을 것이 분명하다

기누가사캠퍼스 내 법학부 건물인 존심관(存心館) 로비에는 청동판이 하나 걸려 있는데 거기에는 "법의 이념은 정의이며 법의 목적은 평화다. 그러나 법의 실천은 사회악과 싸우는 투쟁이다"라는 스에카와 총장의 말이 적혀 있다. 국가주의를 일소하고 새로운 세상을 지향하는 전후 일본 민주주의 정착기의 열정 같은 것을 느끼기에 부족함이 없는 경구다. 유인호는 아마도 스에카와 총장이 직접 강의를 맡은 '법학통론' 강좌에서 이 내용을 들었을 것이다.[86] 당시 스에카와 총장의 법학 강좌는 리쓰메이칸대학 재학생은 물론 인근 교토대학, 도시샤대학 학생들에까지 잘 알려진 인기 강좌였다. 스에카와는 나중에 이 강좌의 강의록을 중심으로 《법학 입문》이라는 개설서를 펴냈는데 그 책에 존심관 로비에 있는 그 경구가 소개되어 있다. 스에카와 총장은 독일의 법학자 루돌프 폰 예링(Rudolf von

Jhering)의 《권리를 위한 투쟁》에서 이 경구를 끌어내면서 특히 사회악과의 투쟁을 강조한다.[87] 유인호의 이후 걸어온 길을 돌이켜볼 때 인생의 키워드를 꼽는다면 스에카와 총장이 강조한 정의, 평화, 사회악, 투쟁 등의 단어가 가장 앞자리에 자리할 것임은 두말할 필요가 없다.

기념비에 새겨진 '미래를 믿고 미래에 산다'는 표현은 스에카와 총장이 청년을 지칭할 때 늘 거론하는 말이다. 태평양전쟁 때 학병으로 끌려가 죽음을 맞으면서 반전(反戰)을 꿈꾸었던 일본의 젊은이들을 기리는 일본전몰학생기념회(와다쓰미회)[88]가 당초 '와다쓰미 기념 동상'을 만들어 도쿄대학에 기증하려 했으나 도쿄대학이 이를 받아들이지 않았다. 그러자 리쓰메이칸대학이 스에카와 총장을 중심으로 기념 동상 유치에 나서 1951년 12월 8일에 열린 '전(全) 리쓰메이칸 전몰 학생 추도 집회'에서 그와 같은 결의를 채택한다. 유인호도 이날 집회에 참석하고 스에카와 총장의 강연에 크게 감동한다.

> 여러분을 두 번 다시 전쟁터에 보내기 싫은 것이 나의 마음입니다. 오늘 여기에서 제군(諸君)들과 같이 평화를 위해 맹세합니다. 평화 없는 곳에서는 희망, 행복, 이상, 포부 등 모두가 헛될 뿐입니다. 평화를 먼저 구해야 합니다. 청년은 평화 없는 곳에서 살지 못합니다. 모든 이들이 다 그런 것처럼.[89]

마침내 와다쓰미 기념 동상은 1953년 11월 리쓰메이칸대학에 안착한다.[90] 이어 그해 12월 8일 전몰 학생 위령제 겸 제1회 '부전(不戰) 집회'가 열린다. 이 자리에는 와다쓰미 기념 동상을 소개하는 비문이 마련되었는데 그 비문은 스에카와 총장이 직접 썼다.

유인호 평전, 사회변혁을 꿈꾼 민중경제학자의 삶

"이 기념 동상과 더불어 미래를 지켜라!"

미래를 믿고 미래에 산다. 거기에 청년의 생명이 있다. 그 귀한 미래와 생명을 성전(聖戰)이란 미명하에 빼앗겨버린 청년 학도의 울부짖음과 노여움과 괴로움을 상징하는 것이 바로 이 동상이다.

울부짖을 수 있는가, 노여워할 수 있는가, 아니면 침묵할 수밖에 없는가. 끝없는 와다쓰미(海神)의 목소리.

이 전몰 학생 기념 동상은 세상에 와다쓰미 기념 동상으로 알려져 있다.

1953년 12월 8일 리쓰메이칸대학 총장 스에카와 히로시 씀[91]

스에카와 총장의 "미래를 믿고 미래에 산다"는 말이 이 비문에서도 등장한다. 여기서 말하는 미래는 '평화'를 뜻하는 것이다. 조국에서 3년 동안이나 벌어진 전쟁이 아직 기억에 새로운 그 상황에서 평화는 유인호에게 각별하게 각인되었을 것이다.

처음으로 와다쓰미의 목소리라는 이야기를 들었을 때 유인호도 감동을 느끼지 않은 것은 아니다.[92] 그러나 한참 한국에서 전쟁이 벌어지고 있는 상황이라서 전쟁과 관련된 이야기를 듣고 싶지 않은 마음이 앞서 별로 달갑지 않았다.[93] 일제가 벌인 전쟁에 나가 싸우다 죽은 일본 젊은이들을 추모한다는 것 자체가 마음에 들지 않았기도 하다. 하지만 유인호는 차츰 스에카와의 주장에 경도되면서 평화의 중요성, 일제가 벌인 전쟁에 원치 않게 전쟁터로 떠밀려 간 수많은 일본인들이, 젊은이들이 있었다는 점 등을 다시 생각하게 되었다. 그가 귀국 후 한일 관계의 미래를 논할 때 일본 제국과 일본 민중을 구분하고 평화를 위한 두 나라 민중의 연대를 거론한 것은 스에카와 총장의 사상에서 연유한 바가 크다고 하겠다.

유인호와 스에카와 총장의 관계는 그뿐만이 아니다. 유인호가 대학 3학년 때 겪은 투옥 사건에서 스에카와 총장은 든든한 바람막이가 되어주었기 때문이다.[94] 스에카와 총장의 한마디 한마디는 유인호에게 인생의 가이드라인으로 자리 잡았다. 대학 졸업식에서 스에카와 총장이 한 축사 역시 오랫동안 기억에 남았다. 1954년 3월 21일 졸업식 날에 쓴 일기에는 스에카와 총장의 축사 일부가 소개되어 있다.

역사와 현실을 직시하십시오. 자기의 역량에 대해 과대평가도, 과소평가도 해서는 안 됩니다. 자기 자신에게 충실하고 사회에 대해 비판의 눈을 떼지 마십시오.[95]

스에카와 총장의 축사는 훗날 유인호가 자신의 삶을 돌아보며 "부족함은 있으나 부끄러움은 없다"라고 한 발언과 일맥상통한다. 유인호는 대학 졸업식 날 일기에서 "나는 리쓰메이칸대학에서 자랐고, 나의 인생은 리쓰메이칸대학에 의해 안내되었다. 지난 4년 동안 배운 것은 일생 잊지 못할 것이다"라고 말한다. 그가 고백하고 있는 '자랐고', '안내되었고', '배운 것' 등의 내용은 스에카와 총장의 존재와 무관하지 않았다.

무토 슈이치 교수와 경제학의 맛

대학에 입학하기 전만 해도 유인호는 법학을 전공할까 하는 생각을 한 듯하다. 입학 전부터 소문을 들어서 알게 된 스에카와 총장이 법학을 전공한 것도 작용했을 것으로 보인다. 하지만 결국 교토교회에서 친구 이태영을 만나며 마르크스경제학, 사람들의 살림살이 문제, 그와 관련된 경제정책 등에 대한 관심을 키워가면서 경제학을 전공으로 선택한다.[96]

문제는 유인호의 대학 생활이 생활고 때문에 그리 순탄하지 않았다는 점이다. 생활고는 대학은 물론 대학원 시절에 이르기까지 유인호를 가장 크게 압박한 실존 문제였다. 특히 1950년 대학 1학년 봄 학기는 이전까지와는 전혀 다른 환경의 변화도 있었던 데다 일본인 소학교에서 재일 한국·조선인 학생들을 위한 방과 후 학급 강사 선발이 늦어지면서 아르바이트 자리를 얻지 못해 경제적으로 대단히 어려운 시기였다. 대학 등록금조차 외상으로 한 판국이었으니 고대했던 대학 생활이 정상적으로 진행될 수는 없었을 것이다. 당시 유인호가 쓴 일기에는 '배가 고프다'는 푸념이 자주 등장할 정도다. 교통비를 아끼려고 버스나 전차를 타지 않고 자전거를 주로 이용했는데 허기가 져서 자전거를 타다가 사고를 당한 일도 종종 있었다.[97]

당시 일본 사회는 식량 부족으로 유료 배급제가 실시되고 있었다. 유인호는 주민등록을 갖춘 덕분에 배급권은 있었지만 돈이 없어 배급 식량을 못 타는 일이 적지 않았다. 일기에 다음과 같은 기록이 많이 발견된다. "손씨 부인(전 우메즈조선인학교 교장 부인)에게 돈을 빌려서 배급 식량을 받아 오랜만에 저녁을 지었다." "오늘 하루도 먹느냐 굶느냐 하는 두 문제가 나를 억누른다." "배는 곯고 감기마저 들어 몸이 아프고 열이 나니 고향 생각은 더욱 간절하네."

그런 와중에서도 대학은 유인호의 자랑이고 존재 그 자체였다. 유인호는 당시의 학교생활에 대해 "꼭 학교에서만 배워야 하는 것도 아니고 나는 독학 경험자이기도 하지만 그래도 학교가 낫다. 요즘은 하루하루가 작년, 재작년에 비하면 무척 가치 있게 느껴진다"[98]고 고백한다. 생활고에 시달리면서도 그는 경제학을 하루하루 꾸준하게 공부한다. 카를 마르크스와 프리드리히 엥겔스의 초기 저작들을 사 읽기 위해 유인호는 아끼고 아낀 자전거를 전당포에 맡기면서까지 학업이 흐트러지는 것을 막으려고 애를 썼다.[99]

대학 입학 후 유인호에게 가장 강한 인상을 준 과목은 스에카와 총장의 '법학통론'을 예외로 하면 경제학부에서는 아베 야쓰구(阿部矢二) 교수의 '경제 원론(자본론 연습)', 무토 슈이치(武藤守一) 교수의 '경제정책학'이었다.[100] 아베 교수는 원래 농업경제학자로 경제학부 학생을 대상으로 마르크스의 《자본론》을 강독하는 한편 대학원에서는 농업경제 · 농업정책론을 강의하고 있었는데, 신입생 유인호는 '자본론 연습'에 깊이 빠져들면서 〈마르크스주의에 대하여〉라는 발표 논문을 작성하기로 마음먹는다.[101] 훗날 유인호가 농업경제 분야에 큰 관심을 갖게 된 것은 아베 교수의 영향이 적지 않았을 것으로 보인다.

한편 무토 교수는 화폐금융론을 전공했는데 유인호와는 강의를 통해 만난 사제지간 이전에 이미 관계가 시작되었다. 유인호가 등록할 돈이 없어 리쓰메이칸대학 경제학부를 찾아간 이야기는 앞에서 소개하였으나 그때 창구 역할을 해준 이가 바로 무토 교수였다. 당시 무토 교수는 한국으

유인호 평전, 사회변혁을 꿈꾼 민중경제학자의 삶

리쓰메이칸대학 조선인 학생들과 무토 교수(1953년경). 밑에서 셋째, 왼쪽에서 셋째 환하게 웃고 있는 이가 유인호다.

로 치자면 학생처장에 해당하는 학생부장으로서 학생들의 애로 사항을 직접 듣고 적절한 해법을 내놓는 역할을 담당하였다. 유인호가 아직 입학하기도 전에 무토 교수는 유인호가 처한 상황과 속내를 그 누구보다 잘 알았다고 볼 수 있다. 덕분에 유인호는 무토 교수에 대한 호감을 갖고 그의 경제학에 조금씩 젖어들게 된다.

유인호는 첫해 가을 학기가 끝날 무렵 '더욱 열심히 공부해야겠다. 아베 선생님과 무토 선생님께는 정말 정이 많이 들었다'[102]고 밝힌다. 유인호에게 영향을 준 또 다른 교수를 꼽는다면 '경제철학'을 담당한 가케하시 아키히데(梯明秀) 교수다. 유인호는 3학년 때 '경제철학' 수업을 들으면서 헤겔에서부터 마르크스로 이어지는 경제철학의 계보를 이해하게 되었다고 고백한다.[103]

무토, 아베 등의 교수를 통해 마르크스경제학을 맛보기 시작한 유인호는 지금까지 투쟁 위주의 계급적 적대관계론에 매몰되었던 자신의 생각을 처음부터 다시 정리하는 기회를 갖는다. 유인호는 이렇게 맞이한 기회에 대해 "경제력(돈)이 없어 쓰러지는 날 또는 먹지 못하여 허둥거리다가 육체가 사고력을 발휘하지 못하는 날까지, 그날까지 쉬지 않고 배우는 것이 나의 행복"[104]이라고 적었다.

특히 여기에는 입학 직전부터, 특히 대학 3학년 때 체포된 사건과 관련해 물심양면으로 유인호를 지원하고 배려해준 무토 교수의 존재를 빼놓을 수 없다. 이러한 관계가 자연스럽게 만들어지면서 이후 유인호는 경제학에 물음이 생길 때마다, 신변에 애로가 생길 때마다 무토 교수를 찾아가 상담하면서 해법을 마련하곤 했다. 예를 들면 1952년 교토 우쿄(右京)세무서 투척 사건[105]으로 체포돼 구치소 생활을 한 일 그리고 그 사건으로 재판을 받게 된 일, 좌파 운동의 노선 대립으로 어려움을 겪던 일, 홋카이도 구시로(釧路)교도소에 들락거린 일,[106] 돈이 없어 학교를 그만두려고 했던 일, 대학원에 입학하게 된 계기, 대학원을 다시 그만둬야겠다고 고민하던 일, 귀국 문제로 허둥대던 일 등 유인호의 모든 상황에 대해 무토 교수는 배려와 조언을 아끼지 않았다.

1970년 2월 무토 교수는 스에카와 총장 후임으로 리쓰메이칸대학 총장에 취임한다. 불행히도 그는 그해 9월 뇌출혈로 쓰러져 열흘 만에 유명을 달리하고 만다. 그의 동료, 후학들이 너무나도 갑작스러운 그의 죽음을 아쉬워하며 추모 논문집을 마련하는데 그중에서는 무토 교수가 전전 리쓰메이칸 고등상업부(고등학교)에서 교사로 재직할 때의 사회과 수업 풍경을 소개하는 제자의 글도 포함되어 있다.

강의는 상품의 이중성 분석에서 시작하여 화폐의 생성을 고찰한 후 화폐의 본질을 명확하게 하여 가치척도, 유통수단 등의 화폐의 기능으로부터 은행권의 설명에 이르기까지 이어졌다. 대단히 이해하기 쉬웠고 흥미로웠다. 전후 이 내용이 《자본론》 제1권 제1편의 다이제스트인 것을 알고 전시 중에 나라가 금지하고 있는 마르크스경제학을 강의하신 선생님의 대담함에 놀란 적이 있다.[107]

무토 교수의 학자로서의 소신과 강직함을 엿볼 수 있는 대목이다. 리쓰메이칸대학 경제학부의 세키 야사부로(関弥三郎) 교수는 은사인 무토 교수가 학교 안에만 머물러 있는 강단 학자가 아니라 현실에 적극적으로 참여하는 활동가였다고 소개한다.

그즈음 선생님 댁에 친구와 함께 갔는데, 선생님은 이번 4월(1946년) 선거에 응원 연설을 적극적으로 나서서 했다고 말씀하셨다. 선거운동을 비롯해 그 외에도 사회인을 대상으로 강연할 기회가 있으면 적극적으로 나선다는 말씀도 하셨다. 국민에게 자본주의의 모순을 설파하고 사회 개혁의 필요성을 설명하기 위한 것이라고 그 배경을 설명해주셨다. 그 후 무토 선생님은 일중우호협회(日中友好協會)를 중심으로 혁신 단체들과 연계를 갖고 활약하셨다. 종래의 연구실 중심의 대학교수와는 다른 타입이셨다.[108]

이 책 제1부에서 보았던 유인호의 모습과 어쩌면 그렇게 같은 모습인지 모르겠다. 사제지간이 닮는 것이야 흔한 일이지만 세상을 향한 지식인으로서의 사명감과 실천력은 스에카와 총장, 무토 교수, 유인호로 이어지고 있다는 느낌을 지울 수 없다.

유인호는 대학 시절 3학년 때를 빼면 매년 무토 교수의 수업을 들었는데 4학년 때는 '경제정책 연습'이란 과목을 등록했다. 수강생들이 경제정책에 대한 각자의 관심 분야에 대하여 연구하여 발표하는 과목이다. 그즈음 대학원 진학을 준비하고 있던 유인호는 경제학도로서 자신의 현재를 이렇게 점검한다.

입학하여 첫 번째 치른 시험은 무토 교수의 '경제정책학' 과목이다. 성적은 70점에 불과했다. 그 당시 나는 매우 부족했다. 정상적인 기초 지식도 없이 입학하여 더욱이 그 어려운 전문 과목(전공과목)을 수강하였으니 70점도 교수님의 배려인지 모르겠다. 1학년 때 전문 과목을 배우려고 했던 이유는 진보적이라는 무토 교수에 대한 평판도 있었고 또 하나는 내용에 대한 인식 부족 때문이었다. 그렇지만 2학년 때도 여전히 무토 선생님, 아베 선생님의 전문 과목에 수강 신청을 하고 마치 목마른 개가 시냇물을 찾듯 두 손으로 받아 마셨다. 그것이 나의 학문적인 골간이 되었다.[109]

무토 교수를 통해 경제학 공부의 맛을 알게 되었다는 고백이다. 무토 교수는 금융경제론과 화폐경제론에 입각해 전후 일본 자본주의의 동향과 인플레이션 현상 분석 등에 탁월한 연구 성과를 낸 학자라는 점은 유인호의 학문적 기초를 다지는 데 적지 않은 영향을 주었을 것으로 보인다. 유인호는 대학원에서도 무토 교수한테서 '화폐정책'과 '화폐정책 연습' 수업을 받았다. 유인호의 대학원 성적표에는 점수가 각각 80점, 70점으로 기록되어 있다. 무토 교수 제자인 기요미즈 도시사다(淸水俊貞) 리쓰메이칸 대학 교수도 "당시(1952년) 학생들의 평판으로는 무토 선생님의 시험 성적은 짠 편이었지만 강의에 임하시는 선생님의 진지한 태도는 모든 학생들의 박수를 받았다"[110]고 회고한다. 유인호 역시 짠 성적표를 보면서 또는 '연습' 과목에서 발표하는 과정에서 늘 반성하게 되는 것이 무토 교수의 수업이었다. 1954년 1월 유인호는 무토 교수의 '경제정책 연습' 시간에 대학생으로서는 마지막으로 발표를 하게 되는데 이날 일기에서 유인호는 "너무 내용이 없다. 더 열심히 해야겠다. 마치 나 자신에게 매질을 하는 내용의 발표였다"[111]고 자신을 크게 자책할 정도였다. 그러한 고민 속에서 유인호는 경제학에 깊이 빠져들었다.

이렇듯 무토 교수에 대한 존경심을 갖고 깊은 교감을 나누었지만 유인호는 유학을 마치고 한국에 돌아온 뒤로 단 한 번도 은사인 스에카와 총장과 무토 교수와 연락을 취하지 않았다. 아니, 못했다고 하는 편이 더 정확할 것이다. 반공 이데올로기가 서슬이 시퍼런 1950년대 한국에서 좌파 색채가 강한 두 교수와 연락을 취하는 것은 유인호가 스스로 한국 사회에 뿌리내리기를 거부하는 것이나 마찬가지였을 것이다. 은사에 대한 예우가 아니었지만 시대는 사람을 옴짝할 수 없을 정도로 몰아가는 때였으니 어쩔 수 없었다. 유인호는 귀국 후 처음으로 1983년에 일본을 다시 방문하였지만 스에카와 총장과 무토 교수는 이미 돌아가신 뒤였으니 안타까운 마음이 더했을 것이다.

요람 청구기숙사

유인호는 일본 유학 시절에 이사가 잦았다. 일본에 온 뒤로 1954년 10월 초까지 유인호는 거처를 열네 번 옮겼다. 유석준의 집을 비롯해 교토의 구치소, 홋카이도 구시로교도소, 아르바이트하는 곳 창고, 조선인학교 학부형네 빈방, 친구 아버지 집, 심지어 건설 현장 밥집에서까지 더부살이하였다. 그렇지만 유인호에게는 언제든 자유롭게 가서 기댈 수 있는 곳이 한 곳 있었다. 바로 청구(靑丘)기숙사다. 앞서 거론한 대로 유인호가 대학 입학 전에 들어가고 싶어 했던 바로 그곳이다.

청구기숙사는 원래 시마즈 제작소의 사원 기숙사였다. 사원 기숙사는 전후 일반에게 불하되었는데 이를 조련이 구입해 재일 조선인 대학생 기숙사로 운영한 곳이 바로 청구기숙사였다. 청구기숙사는 건물 네 채를 기숙사로 이용했는데 식당, 작은 홀뿐만 아니라 세 평(다다미 6장 정도)짜리 독방 60여 개가 들어차 있었다.[112] 조련은 건물을 제공했을 뿐 운영은 학생들이 했다.

1952년 리쓰메이칸대학 이공학부 졸업생이자 청구기숙사의 2대 기숙사 대표를 맡은 장기중은 당시 청구기숙사가 마치 '자유의 요람'과 같았다고 회고한다.[113] 매우 자유로웠으며 개방감이 넘쳤다는 말이다. 출발부터 교토 지역의 재일 조선인 대학생을 대상으로 하면서 인재 육성을 위한 기초적인 지원 차원에서 문을 열었기 때문에 엄격하게 규제하기보다는 입주자들을 중심으로 자율적으로 운영되었다. 재일 한국·조선인 대학생이면 누구라도 차별 없이 입주할 수 있었다. 특히 교포 사회는 좌우 대립이 격심하였지만 청구기숙사는 좌우 구분 없이 누구나가 입주하고 필요한 숙식 지원을 받

유인호 평전, 사회변혁을 꿈꾼 민중경제학자의 삶

을 수 있었다. 당시 입주자들은 리쓰메인칸대학을 비롯해 교토대학과 도시 샤대학에 적을 둔 학생들이었고 약 60명 정도가 더불어 지냈다.[114]

유인호는 대학에 입학하면 꼭 청구기숙사에 들어가려고 마음먹었지만 실제 정식 입주는 하지 않았다. 리쓰메이칸대학 입학 전에는 자격 미달로 입주가 불가능했으나 대학 입학한 이후에는 우메즈조선인학교에서 교사로 일하게 된 이후 학교에 딸린 방에서 지낼 수 있었고, 학교가 일본 소학교에 합병된 이후에도 그곳 학부형네 빈방에서 지낼 수 있었기 때문에 굳이 기숙사에 입주할 이유가 없었다. 하지만 청구기숙사에는 유인호와 함께 대학에 입학한 친한 친구들이 적지 않게 입주해 있었다. 조학동의 배려로 입학시험을 같이 치른 이태영과 그의 동생 태환, 김진수 그리고 우쿄세무서 투척 사건으로 함께 체포된 손중연 등이 1950년 봄부터 일찌감치 청구기숙사에 입주하였기 때문에 유인호는 자주 그곳을 방문하였다. 제2대 청구기숙사 대표를 맡았던 장기중이 유인호가 당시 입주자였던 것으로 잘못 기억할 정도로 유인호는 그곳을 내 집처럼 드나들었다.

청구기숙사는 교토의 북동쪽에 위치한 대문자산(산비탈에 크게 '大' 자가 쓰인 산) 자락의 유명한 긴카쿠지(銀閣寺) 부근이다. '일본의 길' 100선에 든다는 '철학의 길'이 있는 긴카쿠지다리를 건너 시라카와(白川)길을 따라 북쪽으로 걷다 보면 히에이잔(比叡山)으로 빠지는 산간 도로와 마주친다. (히에이잔 반대 방향의) 햐쿠만헨(百万遍)이 나올 때까지 가로수는 아카시아다. 그 부근은 한적한 주택가로 저명한 명사들의 문패가 드문드문 눈에 띈다. 버스 정류장 이름은 '히리이쿄(平井町)', 그 비로 앞에 소수(疏水, 인공 수로)가 흐르

고 제방에는 벚꽃나무가 북쪽으로 이어진다. 봄에는 벚꽃 잎이 날리면서 수면은 하얗게 변하곤 한다.[115]

신영호가 쓴 소설 《청구기숙사》의 첫대목이다. 소설의 주인공 신영길은 1955년 청구기숙사에 들어오는 것으로 되어 있고 소설 속 기숙사 설명도 유인호가 자주 드나들던 때와는 3년이나 차이가 나지만 "기숙사비는 월 500엔, 식비는 아침·저녁 두 끼에 하루 70엔, 하루 세 끼면 100엔을 내고 미리 사둔 식권을 전날 밤 식사 예약통에 넣어두면 된다"[116]고 했다. 당시 교토에서 허름한 방 한 칸을 얻자고 해도 월 5,000엔, 동포들 집에서 하숙을 하더라도 아침·저녁 두 끼를 포함해 최하 6,000엔은 있어야 했으니 청구기숙사는 재일 한국·조선인 유학생들이 퍽 싼값에 먹고 잘 수 있는 공간이었다. 장기중은 당시 청구기숙사 상황을 다음과 같이 회고한다.

당시의 에피소드를 이야기하자면 그를 빼놓고서는 거론할 수 없는 이가 한 사람 있다. 1954년 졸업한 5·4회의 IY군이다. 명물 중의 명물 남이었다. 처음에는 어디서 온지도 모를 정도의 학생이었는데 심파의 한 사람이었던 듯 격정적인 논객이었다. 그런 반면 술도 잘 마시고 주위 사람들에게 웃기는 그는 사할린으로 건너가겠다고 공언하고 아라시야마(嵐山)에서 보트 젓는 연습을 거듭하더니 한동안 보이지 않기도 했다. 물론 개인사에 대해서는 잘 알 수도 없는 일이었지만.

어느 날 아침 6시경 아르바이트 때문에 일찍 일어난 기숙사 멤버 한 사람이 내 방을 두드리면서 "지금 바깥이 난리다"고 말한다. 일어나 나가 보니 시모가모경찰서의 경찰 10여 명이 기숙사를 에워싸고 "IY군을 체포하러 왔다"며 영장을 보여준다. 물론 모두가 힘을 합해 기숙사 안으로는 한 걸음도 못 들어오게 일단 막았다. 변호사를 통해 연락할 것이라고 설명하고 그날은 그대로 물러나도록 했다. 파방법(破防法)[117] 위반 사건이라고 하니 뭐가 뭔지 전혀 알 수가 없는 상황이었다. 다음 날 아침 사회당 계열의 하야시[118] 변호사로부터 전화가 와서 증인으로서 출두해줄 것을 부탁받았다. 이윽고 출두 영장이 도착해 나는 태어나 처음으로 증인대에 섰다. 내용은 어찌 됐든지 그는 나를 꽤나 신뢰했던 것 같다. 그리고 그는 무죄가 되었다. 에피소드는 그 외에도 끊이지 않는다.

1952년도 졸업식 날[119]에는 저녁 식사 모임이 있었는데 돌아오는 길에 10여 명의 대학 재학생들과 함께 미야가와(宮川)란 유곽에 밤놀이를 나갔다. IY만 도중에 사라지고 없어 모두들 기숙사로 돌아왔다. 다음 날 점심때쯤 나타난 그가 들려준 무용담에 모두들 자지러졌다. 한 가게에 들러 술추렴에 여념이 없었는데 아침이 되어도 자리에서 일어나지 않자 가게 주인이 경찰을 불렀다고 했다. 현장에 도착한 경찰은 "졸업 파티도 좋지만, 일일이 그런 일로 경찰 부르는 건 하지 말았으면 좋겠다"며 가게 주인에게 한마디 하더란다.

그 후 졸업 전에는 무토 슈이치 선생님으로부터 사랑을 받으면서 개인적으로 인생 상담 등의 지도를 받았던 것 같다. 그를 잘 아는 사람은 그가 그즈음 큰 뜻을 세우고, 심기일전하여 일로 매진했다고 한다.[120]

장기중이 거론하고 있는 IY군이란 바로 유인호를 말한다. 2007년 6월에 한 인터뷰에서 장기중은 유인호에 대해 '보통 사람하고 조금 다른 데가 있는 사람', '여러 군데를 잘 돌아다니는 행동파', '그룹에서도 항상 격론을 벌이던 이', '자기 의지를 꺾지 않는 강한 성격의 장본인' 등으로 기억하고 있었다. 2011년 11월에 한 인터뷰에서도 장기중은 유인호가 청구기숙사에 입주한 것으로 기억했지만 유인호의 이사 기록[121]에는 청구기숙사가 포함되어 있지 않다. 이 일기에는 이사 간 곳의 장소와 간단한 주소까지 쓰여 있다. 이뿐 아니라 유인호가 1952년 2월 28일에 체포되기 직전인 그해 1월 15일 일기를 보면 청구기숙사에 입주해 있던 이태환을 만나러 가면서 지금 살고 있는 교토의 서쪽 끝인 우메즈에서 교토의 동북쪽에 자리한 청구기숙사까지는 버스를 타고 가도 35분이나 걸릴 정도로 완전히 동서로 갈려 있다고 쓰여 있다.[122] 이런 정황을 감안해 이 책에서는 유인호의 일기를 중시하기로 한다.

또 장기중은 유인호가 청구기숙사에서 체포된 것으로 기억하나 이는 우연히 유인호가 청구기숙사에 있는 것을 알고 경찰이 청구기숙사에 진을 쳤기 때문인 것으로 보인다. 경찰은 청구기숙사에서 첫날은 그냥 돌아갔으나, 그다음 날 아침 6시 우메즈의 유인호 자취방에서 유인호를 체포한다.[123]

사실 유인호가 청구기숙사에 입주했는지 아닌지는 중요하지 않다. 입주했든 아니든 청구기숙사가 유인호에게는 요람이자 고향이었기 때문이다. 유인호는 1952년 2월과 3월에 그리고 9월에서 11월까지 벌어진 체포사건을 제외하면 1949년 5월 일본에 도착해서부터 1953년 3월까지는 주로 사이인, 우메즈, 미부 등 니시쿄고쿠(西京極, 교토의 서쪽 외곽)에서 재일 교포들과 더불어 살았다. 하지만 생활인인 그곳 교포들과 유인호는 조선인 학교 문제, 추석, 설 등의 명절, 3·1절과 8·15 같은 국가적 행사 등을 제외하면 공통점이 그리 많지 않았다. 학업에 대한 열심, 사상에 대한 의사소통, 노선 갈등에 대한 문제들은 유인호 스스로 다독이며 풀어야 할 주제들이었다. 그런 가운데 청구기숙사의 존재는 유인호의 대학 생활에서 스에카와 총장이나 무토 교수 이상으로 마음을 열어놓고 논쟁하고 고민하며 미래를 내다볼 수 있는 유일무이한 곳이었다.

그러나 1952년 두 차례에 걸친 체포 사건을 겪으면서 유인호는 더 이상 청구기숙사를 찾지 않는다. 청구기숙사는 사상적으로 좌우 차별 없이 입주생을 뽑았지만 이미 교포 사회는 민단과 총련으로 나뉜 상황인 데다 유인호의 강경 노선에 대해서는 민단은 물론 일본 공산당을 비롯한 좌파 내부에서도 비판과 비난의 목소리가 적지 않았기 때문에 사람들이 많이 모이는 곳에 가는 것 자체가 거북스러웠기 때문이다.[124] 더구나 청구기숙사에 입주해 있던 친구들조차 결혼이다, 도쿄로 전학을 간다, 생활고 때문에 학업을 중단한다, 사업에 뛰어든다 등등의 사연으로 하나둘 떠나면서 자연스럽게 유인호와 청구기숙사는 관계가 멀어질 수밖에 없었다.

그렇지만 청구기숙사는 유인호에게는 잊을 수 없는 곳이었음에 틀림없다. 유인호가 정신적으로 안정을 찾고 대학원에 진학했던 1954년 대학원 1학년 때 방을 얻은 곳이 바로 청구기숙사에서 가까운 요시다가구라오카초(吉田神岡町)였다.[125] 이곳은 청구기숙사가 있는 기타시라카와히라이초(北白川平井町)에서 걸어서 10여 분이면 가는 곳이다. 오사카에서 파친코 지배인으로 아르바이트한 덕분에 조금 돈을 모아 본격적으로 학문에 전념하기 위해 이사했다. 그런데 장소가 가장 오랫동안 거주해 익숙한 니시교고쿠의 오메즈니 세이인이 아니라 가구라오카초였다는 점이 주목된다.

유인호가 존경해마지 않는 무토 교수 집이 있는 동네라는 점도 고려됐겠으나,[126] 청구기숙사에 대한 그리움도 적지 않게 작용했을 것이다. 비록 청구기숙사에 입주는 하지 않았지만 자주 드나들었던 추억이 자연스럽게 그쪽을 선택한 것은 아닐까? 비와코(琵琶湖)에서 물을 끌어오는 인공 수로[127]를 따라 걸으면서 학문을 이야기하고 미래를 꿈꾸었던 그때 그 시절이 그리웠음이 틀림없다.

지금 청구기숙사는 없어지고 터만 남아 있을 뿐이다. 하지만 자유로움과 활기가 넘치던 그때 그곳에서 유인호는 고향에 대한 그리움을 달랬고 미래에 대한 의지를 다졌으니 청구기숙사는 그에게 요람이나 같은 곳이었다.

교토 우쿄세무서
투석 사건

역주행에 대해서는 제1장에서 언급한 바 있다. 역주행이란 말이 처음으로 등장한 것은 전후 일본에서다. 일본국 헌법이 새로 만들어지고(1947년 5월 3일 공포) 치러진 총선거에서 좌파를 대표하는 일본 사회당과 일본 공산당이 크게 약진한 것을 감안하면 당시 일본 국민의 개혁 성향을 충분히 짐작할 수 있는데 이러한 국민의 여망에도 역사를 거스르는 상황이 벌어졌기 때문에 그렇게 부르기 시작한 것이다.

1947년 4월 20일 실시된 참의원 선거 결과는 사회당 47석, 자유당 37석, 민주당 28석 등으로, 사회당이 제1당이 되었다. 4월 25일 치른 중의원 선거에서도 사회당 143석, 자유당 131석, 민주당 124석, 국민협동당 31석, 일본 공산당 4석, 무소속 33석으로, 사회당은 과반에는 이르지 못했지만 제1당으로 부상했다.[128] 이로써 그해 6월 1일 사회당이 중심을 잡고 민주당, 국민협동당과 연립하는 정부가 출범하고 총리로는 가다야마 데쓰 사회당 서기장이 취임한다.

하지만 가타야마 총리는 연립정부의 정책 조율에 실패하면서 취임한 지 불과 8개월 만인 1948년 2월 사퇴한다. 이어 민주당 아시다 히토시가 총리로 취임해 사회당 연립정부는 명맥을 유지하지만 그마저도 지도력 부재로 1948년 10월 주저앉는다. 이어 요시다 시게루 자유당 총재가 다시 총리(2차 요시다 내각)에 오르면서 전후 일본의 보수화는 본격화한다. 바로 역주행의 시작이다.

1949년 1월 중의원 선거에서 여당인 민주자유당(자유당이 개명)이 264석으로 전후 처음으로 단독 과반을 차지한 반면, 사회당은 48석, 민주당 69석, 국민협동당 14석으로 추락한다. 이를 두고 아메미야 쇼이치 도쿄대학 교수는 "협동주의 노선의 패배와 자유주의 연합의 승리" [129]라고 분석한다.

선거 결과의 또 다른 측면은 이례적으로 일본 공산당이 35석으로 크게 약진했다는 점이다. 개혁을 선호하는 국민이 사회당 연립정부에 대한 실망감을 표출함과 동시에 일본 공산당에 대해서는 조금 기대를 걸어보기로 한 것처럼 보인다. 하지만 전체적인 내용으로는 전후 형성되기 시작한 일본의 협동주의 진보 노선이 주저앉은 꼴이었다.

더구나 2차 요시다 내각 이후 이미 역주행이 진행되었기 때문에 선거에서 공산당의 의석수 증가는 GHQ와 일본 보수 정권의 경계심을 자극하는 결과를 낳았다. 특히 1949년은 중국에서 중국 공산당이 국민당과의 내전에서 승세를 굳혀가는 가운데 요시다의 민주자유당은 선거 직후 민주당과의 연립을 모색하면서 1949년 2월 3차 요시다 내각을 출범시킨다. 이후 공산주의에 대한 규제는 더욱 강화되었다.

레드 퍼지

유인호가 1949년 5월 일본에 도착했을 때 일본 사회가 직면한 현실이 바로 이러하였다. GHQ는 일본 공산당의 약진을 일본 내에서 냉전 체제가 시작되었다고 판단하고 1949년 4월 4일, 일본 정부로 하여금 극단적인 국가주의 단체 해산 명령을 담은 칙령 101호를 개정하여 규제 대상으로 군국주의자뿐 아니라 반민주주의 단체까지도 포함하도록 한다. 이어 1950년 5월 3일 GHQ는 공식적으로 공산당을 비난하는 한편 일본 공산당 중앙위원 24명을 추방하고 기관지 《아카하타(赤旗)》를 30일 동안 발간 정지시키는 등 압박 수위를 높여간다.

1950년 6월 25일 한국전쟁의 발발은 GHQ와 일본 정부의 반공 노선을 더욱 강화시키는 계기가 된다. 당장 GHQ는 신문·방송 등 미디어와 기업에 공산주의자와 동조자를 가려내 축출하는 이른바 '레드 퍼지(Red Purge)'를 권고하고 일본 정부도 그해 9월 1일 정부 기관 내에서도 레드 퍼지를 벌이기로 결정한다.[130] '공산주의자·심파(red)'를 완전히 '숙정·축출(purge)' 하겠다는 극단적인 반공주의가 전후 일본 사회의 주류로 포진하게 된 것이다.

그럼에도 당시 일본 공산당은 이에 제대로 대응하지 못했다. '점령하에서의 평화혁명 노선'을 주장해온 당 주류파(소감파, 노사카 산조와 도쿠다 큐이치 등)와 이를 '점령국 미국을 찬미하는 것'이라고 비판하는 코민포름(Cominform: Communist Information Bureau·국제공산당 정보국) 노선에 공감하는 비주류파(국제파, 미야모토 겐지 등)가 대립하여 제대로 저항이나 비판도 하지 못하였다.[131] 오히려 일본 공산당 주류파는 GHQ와 일본 정부의 압력과 비주류파의 비판에 대응하겠다는 차원에서 1951년 2월 '민주민족 해방'을 슬로건으로 무장투쟁에 돌입한다.

문제는 유인호의 처지였다. 일본 공산당 주류파가 이미 무장투쟁을 선포하고 나선 마당에 당시 공산당에 경도되어 있던 유인호로서는 현안 투쟁에 동참하지 않을 수 없었을 것이다. 그렇지만 다른 한편으로는 학업을 생각한다면 투쟁 수위는 어느 정도 수준으로 제한해야만 하였다. 과연 수위를 어느 정도로 유지할 것이냐 하는 점은 그로서 난감한 문제가 아닐 수 없었다.

이러한 주제들과 관련하여 대학 생활 1년을 마칠 무렵 주변 친구들과의 토론도 잦아졌다. 대학 입학 동기 김진수, 손영부 등과 더불어 유인호는 투쟁 5대 원칙을 정한다.[132] 물론 논의 내용에 대해서 다르게 생각하는 사람들에게는 말하지 않을 것을 전제로 했다. 내용인즉슨 다음과 같다.

첫째, 혁명과 학업을 병행할 수 있겠는지에 대해 늘 고민한다. 그런데 우리가 병행이 어렵다고 판단하고 학업을 택하기로 한 것은 비겁한 모습일지 모른다. 따라서 그 대신 대중 의식화 사업에 매달려야 한다. 둘째, 이중인격을 갖자. 셋째, 사랑을 하지 말자. 넷째, 일본 여성에게 접근하여 의식화하는 데 힘쓴다. 다섯째, 조직을 확대하기 위해 노력한다.

고민한 흔적이 엿보인다. 투쟁보다 학업에 방점을 찍으면서 행여 비겁한 모습이 아닌지 우려하며 그 대신 대중 의식화를 통해 저변을 넓히는 데 힘을 쏟겠다는 의지를 다지고 있다. '이중인격'이란 일본 사회가 전반적으로 '레드 퍼지'라고 하는 좌파 척결 분위기가 강해진 만큼 신중하게 접근해야 한다는 의미일 것이다. '사랑하지 말 것'은 다소 엉뚱한 측면이라고 보이지만 당시 결혼 적령기가 빨랐음을 염두에 둔 내용이다. 주변에서 대학 재학 중 결혼하는 이들이 적지 않았는데 그렇게 결혼한 학우들은 대부분 투쟁이니 변혁이니 하는 문제에 둔감해지는 것을 보았기 때문에 이를 경계하자는 뜻이겠다. '일본 여성 의식화'는 학업을 더 중시하겠다는 자신들의 의지를 확인하면서 그 대신 선택한 대중 의식화 문제를 추진한다는 것을 주장하기 위해 꿰맞춘 듯한 느낌이다.

유인호가 이렇듯 자체적인 고민에 빠져 있는 가운데, 1949년 9월 강제 해산된 조련의 계승자적 입장에서 전국적인 역할을 맡고 있던 재일조선통일민주전선(민전) 산하 청년단은 회원 가입을 독려한다. 유인호는 한 번도 조직에 가입한 적이 없기에 내심 우려되는 측면이 적지 않았다. 가입할 것을 종용받고 유인호는 "합리적 투쟁에 초점을 두고"[133]라는 입장에서 적극적으로 가입을 고민한다. 그해 봄 개강을 앞두고 적극적인 투쟁보다는 학업에 더 초점을 맞추겠다는 의지를 굳힌 듯 보인다. 또 개강일 일기에는 "열심히 공부해야겠다. 언제 붙들려 갈지 알 수 없는 일이니, 그때까지 열심히 또 열심히……"[134]라고 기록하고 있다.

당시 유인호에게는 사상투쟁 이외에도 또 다른 숙제가 동시 진행되었다. '민족 교육 사수'라는 측면에서 조선인학교가 일본인 학교에 합병된 이후 재일 교포 자녀들의 '방과 후 특별학급 문제'가 별다른 진척이 없어 야학을 추진하면서 그와 관련한 투쟁을 지역의 재일 교포 학부형들과 더불어 펼쳤기 때문이다. "언제 붙들려 갈지 모른다"는 말은 민족 교육 사수, 야학 등과 관련된 재일 교포들과의 연대 투쟁을 의식한 듯하다. 유인호는 민전 청년단에 가입하지 않았지만 교육 문제에 관해서는 민전 교원 강습 참가, 민전 교육동맹 참여 등에 적극적으로 함께했다.

민전 청년단은 지역 지부, 대학 지부 회원을 늘리는 데 힘썼다. 그해 5월 14일 교토 지부 총회를 개최한 데 이어, 15일엔 리쓰메이칸대학 지부 총회를 열고 투쟁 동력을 확충하는 데 여념이 없었다.[135] 이날 리쓰메이칸대학 지부 총회에 일본 전역에서 민전 소속 대학생 열여덟 명이 스파이 혐의로 체포되었다는 소식이 알려지면서 미군정에 대한 항의문을 작성하고 서명하는 행사가 있었다. 민전 청년단에도 레드 퍼지의 여파가 구체적으로 쏟아진 것이다. 그러면서도 유인호는 직면한 상황을 큰 틀에서 보려고 애쓴다.

전체적인 시각을 가져야 하겠다. 절대적인 것만을 추구해보자. 그래야 상대적인 상황을 관조할 수 있을 것이다. 현실 안에서 이상을 찾되, 현실에 적합한 모든 사고를 해야겠다.[136]

며칠 뒤에 리쓰메이칸대학 차원에서 열린 재일 교포 신입생 환영회에서도 같은 고민과 설전이 오갔다. 그날 화제는 이론 무장과 현실 투쟁에 관한 것이었다. 유인호는 이날 최근 고민했던 내용을 설파한다. 신중한 표현이기는 하지만 학업보다는 투쟁 쪽으로 조금씩 기울어가는 변화를 엿볼 수 있다.

이론 무장이 필요하다는 데는 동감이다. 하지만 나는 여기에 문제를 제기했다. 이론 무장은 탁상에서는 곤란하다. 실천이 동반될 때 가능하다. 탁상

에서의 이론 무장은 공상에 불과하다.[137]

이론 무장은 실천을 통해서 취할 수 있다고 보는데, 그래서 실제로 그렇게 행동하고 있다. 그렇지만 (실천에 입각한) 나의 이론 무장 가지고는 타인을 설득하는 데 어려움이 있을 것이다. 책을 더 많이 읽어야 하는데 그럴 겨를이 없으니…….[138]

이론 무장이냐 실천이냐, 실천만으로는 이론을 챙기기 어렵지 않겠느냐, 이를 메울 수 있는 방법은 무엇인가, 결국은 책을 보는 것, 공부를 열심히 하는 것 아닌가 등으로 유인호의 고민은 같은 자리를 계속 맴돌았다. 적어도 유인호는 민족 교육 투쟁이라는 점에서 스스로 행동하고 있다고 자부했다. 그러나 그런 자극과 문제 인식만으로는 한계가 있음을 거듭 느끼면서 그 때문에 일반 현장 문제에 대해서 뚜렷한 자세와 확실한 방향을 찾지 못한 채 레드 퍼지의 압력을 느낀다. 그런데 그 압력은 두 가지 방향에서 왔다. 한쪽은 문자 그대로 일본 정부라는 공권력이 가하는 압박, 또 다른 하나는 그에 맞서려는 민전(또는 일본 공산당)이 투쟁 동력 확보를 위해 펼치는 이른바 연대 강요라는 압박이었다.

단독 강화 반대와 우쿄세무서 투석 사건

당시 일본이 직면한 또 다른 중요한 현안은 미국이 일본의 전후 청산을 위해 추진한 샌프란시스코평화조약이다. 평화조약에 따라 일본은 피점령국에서 벗어나 실질적인 독립국이 되고 부분적이나마 태평양전쟁의 책임에서도 벗어난다. 평화조약은 일본은 물론 주최국인 미국을 비롯해 연합국 등 총 52개국이 참석(일본을 포함해 49개국이 조약에 서명)해 1951년 9월 8일 체결되었으며 발효일은 이듬해인 1952년 4월 28일이었다.

그런데 일본 내 사회당, 공산당 등 진보 좌파 그룹은 평화조약 체결에 크게 반발한다. 사회당은 1951년 1월 당대회에서 전면 강화, 재군비 반대, 중립 견지, 군사 기지 반대 등 '평화 4원칙'을 주장하며 기존 평화조약의 방향 수정을 요구한다. 이는 조약 참가국에 일본의 옛 식민지인 한국, 북한, 대만은 물론 당시 중공이라 불린 중국 등은 처음부터 제외되었기 때문에(소련, 체코, 폴란드는 참가는 했으나 조약 서명에는 반대) 제대로 된 전면 강화가 아니라 단독 강화에 불과하며, 평화조약 발효와 동시에 미·일 안전보장조약(군사동맹) 가동이 예상됨에 따라 미군의 일본 주둔이 계속 허용되고, 더 나아가 일본의 재군비까지 진행될 것이라는 점 등이 일본의 평화헌법의 뜻에 어긋난다는 주장이었다.

이에 1951년 하반기부터 1952년 초까지 일본에서는 진보 단체를 중심으로, 레드 퍼지와 미국이 주도하는 '평화조약 체결', '안보군사동맹'에 대한 반발이 거세게 일어났다. 리쓰메이칸대학도 같은 입장이었다. 특히 스에카와 총장, 무토 교수 등 역시 일본 사회의 역주행 사태를 무척 우려했다. 1951년 1월 26일에 리쓰메이칸대학에서 총궐기 대회가 열렸는데 스에카와 총장을 비롯한 교수, 강사들은 물론 학생 1,200여 명이 참여했다.[139] 유인호도 이날 행사에 참여하여 스에카와 총장이 연사로 등장하여 주장한 '자유와 평화에 갈급하다'는 내용에 크게 공감한다.

샌프란시스코평화조약과 관련해서는 일본 정부가 공공연히 재일 한국·조선인의 국적 문제를 거론했기 때문에 당시 교포 사회로서는 주목하지 않을 수 없었다. 당연히 유인호로서도 이 문제에 비켜나 있을 수 없었다. 조약이 발효되면 그동안 강제적 내지 반강제적으로 일본에 거주해온 재일 조선인(재일 한국·조선인)은 일방적으로 일본 국적을 박탈당할 뿐 아니라 지방공무원, 국립대학 교원 같은 공무담임권도 인정받지 못한다는 점 등이 우려되었다.

우려는 현실로 나타났다. 실제로 조약이 체결된 직후 일본 정부는 1947년 5월 2일 시행한 외국인등록령에 따라 잠정적으로 외국인으로 간주되던 재일 조선인 53만여 명에 대해 정식으로 일본 국내 거주 외국인으로 규정한다. 약 7년(1945~1952) 동안이나 재일 조선인은 때에 따라서는 구일본인 출신 외국인이나 잠정적인 외국인으로, 편의에 따라서는 일본인으로 그리고 마침내 국제법상으로는 일본 사회 속의 외국인으로 자리매김된다.[140]

유인호는 1951년 봄을 맞으면서 급변하는 일본 사회의 변화에 대해 이중, 삼중의 심리적 압박을 받게 된다. 일본 공산당의 강경 투쟁 노선, 진보 시민 그룹의 반전·평화 노선, 재일 조선인의 국적 문제, 여기에 하나 더하여 자신의 밀입국 전력까지를 고려할 때 고학생의 마음은 하루도 편안할 날이 없었다.

그해 9월 샌프란시스코평화조약이 체결되면서 우파 재일 교포 청년들의 민전 참여자에 대한 테러가 빈발하기 시작한다. 민전의 리쓰메이칸대학 지부 김 아무개 의장이 집단 폭행을 당했다는 소식이 전해지면서 유인호는 한국의 해방 공간에서 겪은 좌우 대립이 주마등처럼 스쳐지나갔다.[141] 대학 내 조선인 학생 모임에서도 좌우 대립이 격화되었으며 기존 모임에서 민단(현 재일본대한민국민단)[142]계인 대한동창회가 새로 등장하는 사태에 직면한다. 대한동창회 결성에 대해 유인호는 "우리 내부의 분열을 도모할 뿐"이라고 크게 우려한다.

> 그들은 아무것도 모른다. 사회 발전사, 조국의 현실, 그저 오늘의 술과 향락만을 취한다. 배반자들(회유에 넘어간 자들, 돈이 필요한 자들, 술이 필요한 자들)은 계속 등장할 것이다.[143]

이제 유인호는 더 이상 이론이니 실천이니 하며 고민만 계속할 수 없는 상황에 이르렀다. 적극적으로 뛰어들 수밖에 없는 현실을 마주하면서 민전 가입과 일본 공산당 입당을 결정한다.

> 누구든 공산주의를 말하고 공산주의자를 자처하기는 쉽다. 문제는 이론과 실천의 병행이다. 평상시엔 공산주의자를 자임하다가 탄압이 심해지면 변한다. 일부는 기회주의자가 되고 일부는 패배자가 되어 이 둘은 포섭되어 배반자로 가기 쉽다.[144]

그러나 다시 유인호를 주춤하게 하는 사태가 벌어졌다. 그것은 일본 정부가 새로 내놓은 출입국관리령[145] 때문이다. 특히 출입국관리령은 당시 일본 체류 외국인 대부분이 재일 조선인이었음을 감안하면 사실상 재일 교포의 일본 재류(在留) 자격 조건을 강화하는 한편 재일 교포들의 존립을 강력하게 규제하는 것이었다. 출입국관리령이 공포되기 하루 전에 내용이 알려지면서 유인호는 크게 분노한다.

　자유를 찾아 일본에 왔는데 또다시 억압은 나를 뒤쫓고 있다. 수년째 벼르고 있던 일본인들이 조선인 강제 송환을 다시 들고 나왔다. 출입국관리령이란 불법적 법률을 국회에서 통과시키고 재일 교포들은 다시 신생 일본 제국주의의 탄압을 받게 되었다. 외국인 중 나병환자, 생활보호자, 정신장애자, 범죄자, 폭력 단체, 공산주의와 관계가 있는 자, 좌파 주장의 문서를 소지한 자, 외무대신이 행위가 좋지 못하다고 인정한 자 등에 대해서는 강제 출국[146]을 시키겠다는 것이다. 헌법조차 무시하면서 재류권이 탄압을 받는 것이다. 놈들은 이미 조사를 마치고 때를 기다리고 있을 것이다. 이런 상황에서 어떻게 공부를 한단 말인가.[147]

일본 정부가 출입국관리령으로, 주로 재일 한국(조선)인이 대상이지만, 외국인에 대한 강력한 일본 재류 규제 정책을 펴면서 자칫하면 뜻하지 않게 국외로 추방당할 수 있는 상황이 벌어진 것이다. 투쟁 현장에 함부로 나섰다가는 엉뚱한 결과를 빚을 수도 있었다. 유인호는 다시 갈등할 수밖에 없었다. 상황은 분노를 더하고 뭔가 강력하게 대처해야겠다는 다짐을 자아내면서도 다른 한 편에서는 '강제 퇴거당하면 안 된다', '나의 최고의 목적은 배우는 것이다' 등의 생각이 이어지고 있었다.

　하지만 유인호는 더 이상 침묵할 수 없었다. 그해 11월 14일 반전학생동맹(반학동)에 가입키로 결심한다.[148] 반학동은 1951년 5월에 일본 공산당 주류파의 청년 조직인 일본민주청년단(민청단)이 결성되자 당내 비주류파를 중심으로 결성한 조직이다. 중앙 조직이 출범한 것은 그해 12월 15일이었으나 11월부터 지방 조직이 구축된 것으로 보인다. 당시 유인호는 일본 공산당 내부의 분열적 사태에 대해 충분히 이해하지 못했던 것 같다. 반학동 리쓰메이칸대학 지부 총회가 12월 11일 열렸을 때 반학동의 리더들이 일본 공산당 산하 민청단의 무장투쟁에 대해 비판하는 것을 보면서 유인호는 크게 당황한다.

> 반학동 지부장이 민청단의 투쟁 노선과 다르다고 하니 이 무슨 해괴한 노릇인가. 악질 분열주의가 지배하고 있는 꼴이다. 적극적인 개량주의자들의 모임이다. 천황제 폐지가 아니라 천황제 강화 반대라니 이해할 수 없다. 말로는 스에카와 총장 등이 공직 추방(레드 퍼지)당하지 않도록 끝까지 지킨다고 하면서 실제로는 자유 클럽과 통일전선을 맺는다고 한다. 이는 이탈이다. 분열이다.[149]

당시 일본 공산당은 앞서 살펴본 대로 주류파와 비주류파로 나뉘어 있었고, 주류파가 공산당 중앙의 노선 설정에 따라 무장투쟁을 선언하자 비주류는 지금까지의 강경 투쟁 노선을 접고 온건 평화 노선을 강조했다. 학생운동의 주축인 전일본학생자치회총연합(전학련)[150]의 주도권도 1951년 6월에 일본 공산당 주류파가 잡으면서 국제파 학생 그룹이 반학동을 결성하는 쪽으로 내부 분열하는 상황이었다. 따라서 1951년 10월 이후 일본 공산당 주류파인 소감파, 민청단, 전학련 등은 무장투쟁 노선을 강조하였으나 비주류파인 국제파, 반학동 등은 되레 평화 노선을 주장하기 시작한 것이다. 좌파 상층부에서는 복잡한 노선 갈등이 본격화되었으나 당장 눈앞에 펼쳐지는 일본 사회의 변화, 즉 레드 퍼지, 단독 강화, 재군비화, 출입국관리령 시행 등은 유인호로서도 더 이상 피해갈 수 없는 지경에 이른 것이다. 마음의 혼란 속에서 유인호는 마침내 일본 공산당 입당을 거듭 확인하고 입당 원서를 제출한다.[151]

그런데 입당하려고 보니 유인호가 한국에 있을 때 남로당원이었던 점이 걸림돌이 되었다. 당시 각국의 공산당은 공산주의 본가인 구소련의 스탈린이 주장해온 '1국1당론(1국1전위대론)', 즉 노동자계급의 전위당은 한 나라에 하나일 수밖에 없다, 사령부가 여럿이면 명령·지휘 계통이 혼란스러워질 수밖에 없다는 인식을 적극 받아들이고 있었다. 남로당원이면서 동시에 일본 공산당에 이중으로 가입할 수 없다는 논리였다. 우선 남로당적을 버리고 가입하는 것을 원칙으로 하되, 입당 신청 후 3개월 동안 '심파(공산당 동조자)' 과정을 거쳐야 한다는 것이었다.

일본 공산당과 재일 조선인 당원의 관계 역시 1국1당론에 입각해 자리매김되었다. 따라서 재일 조선인으로서 일본 공산당원인 인사들이 적지 않게 참여한 조련, 민전이 결과적으로 일본 공산당의 지휘를 받는 모양새가 되었다. 다만 형식상으로는 일본 공산당 중앙위원회 산하 민족대책부(조선인부)가 지휘 계통에 있었지만 그럼에도 조련, 민전 등의 운영은 독자적으로 진행되었던 것으로 알려졌다.[152]

당시 유인호의 입당은 일본 공산당의 무장투쟁 노선에 적극 찬성한 것이라기보다는 시대의 흐름과 자신의 학업이 일치 동행할 것임을 다지는 일종의 심정적인 의례와 같은 것이라고 하겠다. 실제로 입당을 결정하고 입당 원서를 내고 난 뒤부터 이럴까 저럴까 망설이던 마음속 고민은 한결 가벼워졌다. 덕분에 유인호는 학습 계획을 새로 짜고 계량경제학과 사회학 분야에도 관심을 쏟는 등 학업에 너욱 적극적인 태도를 보인다.[153] 시간이 없으면 잠을 줄여서라도 공부해야 한다며 '자기를 혁명하라'[154]는 경구를 자신에게 강조하였다.

문제는 1952년 2월 들어 부쩍 형사들이 유인호를 찾아오기 시작했다는 점이다. 그만큼 시절이 요동을 치고 있었던 것이다. 하루는 목욕탕까지 따라붙기에 무슨 용무냐고 물어도 돌아오는 말은 "특별히 없다"는 대답뿐이었다.[155] 전학련을 중심으로 전국 각지에서 학생들이 '단독 강화와 재군비 반대 투쟁'을 펼치기로 한 탓에 관서(關西) 지방에서도 비상이 걸렸다는 설명이 있을 뿐이었다. 재일 교포 조선인학교 투쟁에 앞장서온 만큼 유인호는 이미 경찰의 주목 인물이었고 경찰은 그의 정황을 파악하기 위해 자주 드나들었던 것으로 보인다. 게다가 이미 교토에서도 그해 2월 23일 재군비 반대 집회가 예고되어 있었다.

결국 교토 공안위원회는 집회를 허가하지 않았다. 그러나 일본 공산당과 전학련은 예정대로 밀어붙이기로 한다. 유인호도 이 집회에서 중요한 역할을 맡았다. 스크럼을 짜고 직접 앞에서 행동하는 데모대가 아니라 이들을 후방에서 적절히 지원하는 역할이었다. 그날의 재군비 반대 집회는 매우 치밀하게 진행되었기 때문에 앞에서 움직이는 사람들보다 후방에서 지원하는 조직의 역할이 더욱 중요하였다. 당시 《마이니치신문》은 교토의 무허가 집회가 해산과 재집결을 반복하면서 매우 조직적이고 계획적으로 진행되었다고 보도한다. 조금 길지만 기사를 그대로 인용해보기로 한다.

교토에서 학생 포함된 데모대 소요

각지에서 경관 부대와 충돌, "재군비 반대 대회"를 강행

23일 교토의 '재군비 반대 청년·부인 총궐기 대회'는 교토 시 공안위원

회의 불허에도 불구하고 오후 5시 반부터 강행되었다. 도쿄의 파출소 습격 사건 직후인 만큼 불온한 형세가 사전에 간파되었기 때문에 교토 시경에서는 시 소방국의 협조를 얻어 조명차, 물탱크 달린 소방차 한 대씩을 출동시키고 무장 경관 1,500명을 동원해 경계에 나섰다. 이에 참가 학생 이백수십 명과 자유노조, 조선인 등을 주축으로 하는 300여 명이 양동작전을 펴면서 경찰을 견제했다. 히가시야먀쿠 요시카도 앞, 마루야마공원, 기온 네거리, 시조카와라마치, 산조대교 등 여러 곳에서 데모대는 무리를 지어 기세를 올렸고 곳곳에서 충돌이 벌어져 경관 다섯 명이 경상, 열두 명(한 명은 여성)이 체포되어 이 중 여섯 명은 석방되었으나 큰 사태로까지 번지지는 않았다.

......

곳곳에서 해산당한 군중들은 수차례 반복해서 곳곳에서 다시 모여 데모를 이어갔으며 연인원으로 천수백 명에 이르렀다. 이어 강제 해산당한 일부 사람들이 산조대교 파출소에 기습적으로 돌을 던져 유리창을 깼으며, **우쿄(右京)세무서를 습격한 대여섯 명도 돌을 던져 유리창 60장을 파손하고 도주했다.**[156]

유인호의 역할은 데모대가 경찰의 압박 때문에 해산할 수밖에 없는 특정 지점에 미리 포진해 있다가 이들에게 시간과 장소를 다시 전달함으로써 일단 흩어진 데모대가 다시 결집하여 데모를 이어가도록 하는 것이었다.[157] 데모에서의 역할은 예정대로 저녁 10시께 마무리되었는데 유인호가 돌아오는 길에서 마주친 우쿄(右京)세무서에 돌을 던진 것이다. 우발적인 것이 아니라 다분히 계획적인 도발이었다.

8시 반경에 세무서를 습격했다. 당에서도 이 일은 공개하지 않은 내용일 것이다. 경찰과 충돌을 반복하면서 데모는 10시경에 끝났다. 그런데 나는 고민이 크다. 하나 해결되지 않은 건이 있다. 동지들과 이야기해도 이해해줄 이가 있을까? 전체를 위해 개인은 주체성을 살리지 못하는 것인가? 혁명을 위하여 인간은 기계가 되어야 하는가? 혁명기에는 개인의 주체성은 소멸시켜야 하는가? 행동할 때는 그런 고민은 사라지나? 그런데 (차분히) 앉아 있으면 다시 그 고민이 시작된다.[158]

당을 거론하는 것을 보면 누구의 제안이었는지는 알 수 없으나 집회가 벌어진 그날 밤 관공서에 대한 기물 파손 등으로 항의하려는 행동이 사전에 계획된 듯하다. 이 사건과 연루되어 체포된 이들은 모두 재일 한국 · 조선인인 것으로 보아 투쟁 방식이나 대상에 대해 일본 공산당 또는 민전과 협의한 것으로 보인다. 하지만 주축은 처음부터 재일 조선인으로 제한되어 있었다. 사건 발행 뒤에 보도된 기사를 봐도 사건의 배후에 대해서는 일본 공산당이란 말은 나오지 않았고 조련계, 즉 민전 쪽 재일 조선인 학생인 것으로 되어 있다. 이는 교토 경찰이 그같이 판단하였다는 뜻이다.

당시 비슷한 투석 사건이 일본 전국에서 간간히 벌어졌는데 유인호가 이제 사건의 주인공으로 등장한 셈이다. 이로써 유인호는 일본에 온 이래 최대 위기요, 만 6년 동안 일본에 체류하면서 가장 심각한 상황에 내몰리게 된다.

우즈마사유치장과 교토구치소에서 기 싸움을 벌이다

우쿄세무서 투석 사건이 벌어진 지 5일 만인 1952년 2월 28일 새벽 6시 유인호는 우즈마사(太秦)경찰서 형사들에게 체포된다. 그들은 체포 영장과 가택수색영장을 들이밀었다. 유인호는 체포될 때에도 "수갑은 채우지 말라"[159]고 부탁하며 의연함을 잃지 않았다. 《교토신문》은 이 사건을 2면 머리기사로 크게 다뤘다.

우쿄세무서 습격 용의자 검거, 주모자 포함 수 명
본부의 지원 받아 우즈마사서로 이송

지난달 23일 화정회관에서의 대회가 불허됨에 따라 시내 곳곳에서 재군비 반대 데모가 벌어진 그날 밤, 경비가 소홀함을 틈타 우쿄(右京)세무서를 습격, 유리창 등을 파괴한 사건은 우즈마사서가 시경의 지원하에 범인을 수사하던 중이었는데 29일 밤 주모자로 보이는 자와 유력 용의자를 검거했다.

29일 저녁 오후 8시경 우쿄구 우메즈 무직 유인호(25)를 폭력 행위 등 처벌에 관한 법률 위반 용의로 체포했다. 유 씨는 지난 23일 오후 8시 반경 수명을 이끌고 우쿄세무서를 습격, 유리창 80장을 파괴한 구조련계(朝連系) 실력행사 중핵대원으로 당국에서는 보고 있다. 또 이 경찰서에서는 계속해서 1일 오후 시경(市警) 본부 형사 십수 명의 지원을 받아 시내 각처에 숨어 있는 같은 유력 용의자 수 명을 체포했다.

이뿐 아니라 이전부터 수배 중이던 이 사건의 용의자 리쓰메이칸대 학생 모 씨도 이날 서녁 니시신(西陣)서에 검거되어 있다.[160]

'2보 전진을 위한 1보 후퇴'라는 말을 가슴에 새기면서 유인호는 우즈마사경찰서 유치장에 수감되었다. 그리고 본격적인 경찰 취조가 시작되었다. 새벽에 형사들이 들이닥친 상황이었기에 아침도 먹기 전이었음을 들어 유인호는 아침 식사부터 청한다. 주도권을 잡으려는 것이었다. 빵과 일본 차를 천천히 들면서 유인호는 이 호랑이 굴에서 어떻게 처신해야 될 것인지, 어느 정도로 투쟁 수위를 유지할 것인지 등을 곰곰이 생각한다. '자, 덤벼라' 하는 마음이 솟구치는 것을 유인호는 느꼈다.

조사는 치밀하고 집요했다. 첫날 14시간에 걸친 조사는 3층 취조실에 형사 20여 명이 돌아가면서, 때론 강하게 윽박지르고 부드럽게 타이르면서 진행되었다. 하지만 유인호는 투석 사건에 대해 일체 모르는 것으로 일관한다. 그것이 이번 투쟁의 최대 목표이자 관건이라는 점을 깊이 마음속에 새기기로 한 것이다. 속으로는 두근 반 세근 반 뛰는 상황에 직면했을지라도 최대한 차분하게 대응한다. 특히 인권 문제에 초점을 맞추면서 필요한 주장을 폈다. 그가 나중에 교토구치소로 이송됐을 때 자신의 상황을 기록할 시간과 공간을 제공하라고 강하게 주장한 끝에 관철시켰는데, 당시 우즈마사경찰서 유치장과 교토구치소 일을 정리한 기록에 따라 과정을 재구성해본다.[161]

"당신이 한 게 틀림없지?"

다짜고짜로 밀고 들어온다. 유인호는 마음을 가라앉히고 차분하게 대응해야지 하고 다시 마음을 다잡는다.

"무엇을 말하는 것인가?"

"증거가 다 있어. 이 돌을 네가 던졌지?"

형사는 주먹만 한 돌을 들어 유인호의 눈앞으로 들이민다. "그런 흔한 돌덩이가 무슨 증거라는 말인가? 나를 지금 윽박지르는 것인가 아니면 네게 거짓을 강요하는 것인가?"

"변호사가 필요한가?"

말문이 막혔는지 뜬금없이 변호사 타령이다.

"내가 뭘 잘못했는지도 잘 모르겠는데 무슨 변호사인가? 당신들이 어떤 태도를 취하느냐에 따라 필요하면 신청하겠으나 지금은 아니다."

"당신은 공산주의자인가?"

사상 측면에서 공세가 시작되었다. 유인호는 이때를 놓치지 않았다.

"왜 지금 상황에서 나의 사상을 묻는 것인가? 민주주의 사회에서 사상의 자유는 헌법이 보장하고 있으며 특히 지금의 일본 사회는 패전에서 복구에만 전력해도 힘이 모자랄 판인데 재군비를 꾀한다. 사회 여러 인사들이 크게 우려하고 있다. 물가는 또 어떤가? 인플레가 계속되고 있으니 사람들마다 살기에 힘이 들고 어렵다. 정부에 불만이 많다. 그러니 진보 사상이 더욱 필요한 때가 아닌가? 당신들 생각도 크게 다르지 않을 텐데."

"됐다. 그 얘기는 그만."

말을 가로막는다. 현 사회에 대한 불만은 경찰이라도 크게 다르지 않을 것이라는 생각이 먹혀들어간 것이다.

"차 한 잔 달라."

목이 말랐다. 아니, 취조실의 주도권을 잡기 위해서라도 경찰이 집요하게 나올수록 초점을 흐리는 전략으로 이론적인 문제를 설명하고 주장했다.

이느 덧 점심때가 되이 취조는 잠시 멈췄다. 우동 한 그릇이 점심이라고 나왔다.

"아침에도 빵이었는데 점심까지 우동이라니. 분식만 먹을 수는 없지 않은가? 밥을 달라."

그랬더니 밥을 다시 가져왔다. 유인호는 보란 듯이 맛있게 밥을 비웠다. 다시 취조가 시작된다. 그렇지만 지치지 않고 주장을 펼치는 유인호에게 오히려 형사들이 지치는 기색이었다. 저녁이 되자 분위기를 바꾼다. 취조실에 덩치가 산만 한 형사가 들어온다.

"증거는 충분하다. 말해."

형사는 호랑이 같은 목소리로 유인호를 몰아세웠다. 물리적인 압력 수위를 높이는 모양이었다. 하지만 유인호는 꿈쩍도 하지 않았다. 마침내 경찰서장이 취조실로 나왔다.

"유 군, 서장님이네. 확실히 말하게."

같이 온 사람이 부드러운 말투로 경찰서장인 듯한 사람을 눈짓으로 가리킨다.

"서장님이신가? 나는 거짓을 말하지 않았다. 사실을 말했을 뿐이다. 이렇게 나를 구속해서 조사를 계속해도 나는 굴하지 않을 것이다. 없었던 일을 있다고 말할 수는 없다. 계속 그렇게 윽박지르면 나는 묵비권으로 대응할 것이다."

"23일 어디에 있었나?"

알리바이를 캐묻는다. 취조가 시작되자마자 물어야 할 걸 이제야 묻는 것을 보면 그들은 대강 유인호를 윽박질러 조사를 마무리하고 사건을 검찰에 송치할 생각이었던 모양이다.

"청구기숙사에 친구들과 함께 있었다."

서장의 얼굴에도 난감한 표정이 스쳐 지나간다.

"오늘은 여기까지. 일단 넘기도록."

오늘 조사는 이것으로 마치겠다는 뜻이다. 이날 하루 유인호는 스스로 '잘 견디었다' 고 자신을 위로했다.

나의 강한 심리 상태, 정의를 위하고 진리를 위한 투쟁은 나의 승리였다. 비록 구치소로 넘겨질 테지만 활기는 넘쳤다. 유치장에 돌아왔다. 차디찬 5호 감방이 내가 들어서자 온기가 넘치는 듯한 느낌이다. 주의 사항을 듣고 나자 유치장 문 아래쪽으로 늦은 저녁밥이 들어왔다.

……

첫날 밤이라 좀처럼 잠이 안 온다. 엄마 생각, 형, 동생들 생각. 아직도 가슴이 두근두근한다. 12시경에 겨우 잠이 들었는데 무척 추웠다. 아침 6시에 일어나보니 코피가 났다. 몸이 무겁다.[162]

다음 날도 조사는 계속되었다. 똑같은 상황이 반복될 뿐, 별다른 진전이 있을 수 없었다. 둘 다 끈질기게 밀고 당기지만 결론은 나지 않았다. 유인호는 경찰 조서에 대해 "내가 말한 대로 조서를 쓰지 않으면 나는 결코 날인하지 않겠다"고 선언하는 것으로 둘째 날 조사를 마무리했다. 겨우이틀 지났지만 말할 수 없는 답답함이 유인호를 짓눌렀다.

홀로 유치장에 누워 이곳에서의 투쟁 방식을 생각할 때는 이 작은 방에 갇혀 있다는 고통도 잊게 된다. 하지만 그렇다고 쾌락을 느끼는 것은 결코 아니다. 옆방의 젊은 친구가 울기 시작한다. 그렇지만 나는 그의 심정을 잘 모른다. "울지 말고 힘내서 지냅시다. 강하게 살아내는 수밖에 없잖아요"라고 말을 걸어봤다. 그는 스물한 살, 절도 행위 때문에 붙들려 왔다고 했다.

......

이 젊은 청년을 보라. 그에게 무슨 자유가 있나? 근로의 자유도 빼앗기고, 빈곤에서 벗어날 자유조차 없다. 그래서 택했던 절도였을까? 공포에서 벗어날 자유도 없는 이 청년. 삶의 가치를 어디에 두어야 할 것인지 알지 못하고 있으니 안타깝다. 저항을 모르는 바보다. 그를 바보로 밀어뜨린 것은 누구인가?[163]

사흘째인 3월 1일 오후, 유인호 등에 대한 수사를 계속하기 위해 경찰이 신청한 구류 연장을 오다 하루오(小田春雄) 판사가 받아들였다는 소식을 듣는다. 유인호는 곧바로 구류이유개시(拘留理由開示)[164]를 청구한다.

그 가운데서도 조사는 계속되었다. 유인호는 "뭐라고 해도 나는 할 말이 없다. 당신들은 모두 나를 조작해 잡아가려고 하지 않는가?"라는 말을 끝으로 물음에 답하지 않았다. 유인호도 판사가 구속영장을 발부했기 때문에 국선 변호사를 부탁하기로 한다. 구류가 허가된 사실이 알려지면서 리쓰메이칸대학의 아즈미 고로(安住五郎) 교수가 유인호의 대학 동기인 아들을 보내 일본 공산당계 고바야시(小林) 변호사가 적합할 것이라는 이야기를 전해주었기에 그렇게 하기로 한다.

유치장 생활이 길어지면서 유인호는 옆방 친구는 물론 간수들에게까지 평소의 주장, 즉 민중이 주인인 세상에 대해 설파했다. 간수들 중에는 저녁 식사가 끝나면 "유 상, 오늘 밤 연설 주제는 뭔가요?" 하면서 농을 거는 사람마저 생겼다. 유인호는 구치소에 오게 된 진짜 이유, 재일 조선인의 처지 등을 풀어갔다.

검찰로 송치되기 전날 밤 간수 나카지마(中島)는 유인호에 다가와 "유 상, 앞으로 몸을 생각해서 선두에 나서지는 말기 바라네. 당신이 앞장서면 우리가 마주치지 않으리란 법이 없지 않는가. 그러면 또 체포할 수밖에 없으니 앞장서지는 말기 바라네"라면서 진심 어린 걱정을 해준다.

3월 6일 아침에 송치되었다. 이제 사건은 검찰이 맡아 재판으로 넘어가게 되었다. 구치소로 이감되면서 수인 번호를 받았다. 65번이었다. 이때부터는 하야카와 카쓰오(早川勝夫) 검사가 조사를 맡았다. 하야카와 검사는 체포 당시 가택수색으로 가져온 유인호의 일기장을 증거로 내세운다.

"일기장은 당신의 생활 기록이다." 하야카와 검사는 뱀 같은 눈을 번득이며 차분함으로 압도해온다. 하지만 유인호는 '일기장이 증거가 될 수 없을 것'이라고 믿었다. 일기에는 사건만 기록했을 뿐 누가 왜 했는지에 대해서는 아무 기록도 없기 때문이다.

마침내 3월 11일에 구류이유개시 공판이 열렸다. 동료들은 아침부터 구치소를 찾아와 "유인호, 힘내라", "유 상, 잘 견디시오"라며 응원한다. 구치소에서 나와 트럭으로 올라타는 짧은 순간, 그들을 바라보자 걷잡을 수 없는 눈물이 흘러나왔다. 법정에 선다는 두려움, 공포감을 억누르면서 유인호는 '지금까지와 마찬가지로 법정투쟁에서도 승리하리라'고 마음을 다잡았다.

4중 문을 거쳐서 교토 지방법원 12호 법정으로 들어섰다. 양손은 수갑과 포승줄로 엮어 있었다. 유인호와 같은 건으로 붙들려 온 손중연, 이상래도 함께 자리했다. 재판장 밖에서 동료들이 〈인민항쟁가〉를 부른다. 다시 힘이 솟았다.

하야카와 검사는 범죄 행위를 역설한다. 이어 벌어진 판사의 질문에 유인호는 "그런 일 없다"고 대답하고 법정에 함께한 동료들 역시 같은 대답을 한다. 전날 조사에서 하야카와 검사는 손중연과 이상래가 이미 사건의 전모를 실토했다면서 유인호에게도 시인할 것을 강요하였다. 유인호로서도 정말 동료들이 그렇게 답하고 행동했다면 어찌하나 내심 걱정했는데 정작 재판정에서는 유인호와 똑같이 대답한 것이다. 하야카와 검사가 조사 과정에서 일부러 그런 거짓을 알려서 범죄를 시인하게 만든 것이다.

그러나 하야카와 검사는 기어코 기소를 한다. 다른 증거 없이 일기장에 기록된 내용만으로 기소하겠다니 유인호로서도 답답할 뿐이었다. 그렇지만 이미 살은 활을 떠났고 마음을 다잡을 수밖에 없었다. 이상래만 불기소 처분을 받아 3월 14일 석방되었고 유인호는 손중연, 야마시타 세이치로(山下政一郎)란 일본 이름을 쓰는 김상록과 함께 3월 15일 기소되었다. 기소장에는 '폭력 행위 등 처벌에 관한 법률 위반 피고 사건에 대해 공소를 제기하고 공소를 청구한다'고 쓰여 있었다.

3월 18일 밤 하야카와 검사는 재판장에서 유리한 고지를 차지하기 위해 마지막으로 유인호를 불러 최후 심문을 꾀한다. 그는 그리 편한 얼굴이 아니었다. 이번에는 유인호가 먼저 말을 시작하였다.

"기소한 이유가 뭔가? 증거가 뭔가? 증거도 없이 기소했으니 보석 신청은 하야카와 검사가 해주어야 하는 거 아닌가?"

"증거는 당신의 일기장도 있고, 이미 손중연, 이상래, 김상록 등 세 사람이 모두 불었다. 너와 함께 행동했노라고 말했지."

우쿄세무서 투석 사건에 대한 1차 공판이 열린 날 조선인 300여명이 관련자 석방을 요구하며 시위를 벌였다는 소식을 담은 1952년 3월 12일자 《교토신문》.

유도 심문을 하는 것임을 바로 알 수 있었다.

"그 세 사람이 말했다고? 절대로 틀린 말은 아니겠지요?"

그렇게 강하게 되물었다.

"그렇다."

하야카와 검사 얼굴에 '아차' 싶은 표정이 떠오른다. 전세를 뒤집을 기회가 왔다.

"만일 공판에서 세 사람이 말하지 않았다고 밝혀지면 어떻게 하겠는가?"

"손중연은 말하지 않았다."

하야가와 검사는 꽁무니를 뺀다.

"지금 세 사람이 말했다고 하지 않았는가?"

"그렇게 말 안 했다."

누가 누구를 취조하는지 모를 상황이다.

"거짓말하지 마라. 지금 내가 들었는데……. (옆에 앉은 조사 기록 담당자를 보며) 그렇지 않나요?"

검사도, 담당자도 묵묵부답이다.

"내가 손중연을 거론했다면 그것은 취소다."

그는 완전히 수세에 몰린 표정이다.

유치장과 구치소에서 기 싸움을 벌이는 가운데 유인호는 그간에 함께 활동해온 주변 사람들의 지원을 적지 않게 받는다. 친구들, 야학 조선인학교 학생들과 학부모, 일본 학교 내 조선인학교 특별학급 건으로 청원 투쟁을 함께한 교포들, 그동안 교류해온 교토의 사이인, 우메즈 거주 교포들, 친형제자매는 아니지만 누님으로 모시기로 한 내외와 형님들, 민청단과 반학동 사람들, 민전 사람들, 청구기숙사 식구들, 리쓰메이칸대학 경제학부 동료와 선후배를 비롯해 교수들에 이르기까지 면회가 끊이지 않았다. 사식을 넣어주는 사람, 후원금을 보내주는 사람들이 이어졌다. 이들은 떼로 몰려와서 교토구치소 밖에서 〈인터내셔널가〉를 부르는 것으로써 유인호의 구치소 투쟁을 지지하고 연대하였다. 하루하루 지쳐가는 유인호에게 이들의 존재는 적지 않은 힘이 되었다.

20일 구류 기간이 마무리되고 일단 보석으로 석방될지, 아니면 미결수로 구치소에 남을지를 결정해야 했다. 판사는 일단 변호사의 보석 요청을 받아들였다. 결국 유인호는 3월 24일 보석으로 풀려난다. 우즈마사경찰서

　　　　　유인호 평전, 사회변혁을 꿈꾼 민중경제학자의 삶

유치장에서 갇힌 날로부터 꼬박 26일 만이었다. 덥수룩한 수염에 핼쑥해진 그를 동료들이 환호하며 맞아준다.

그러나 재판은 그때부터가 시작이었다. 검사는 2년 형을 구형하였다. 이후 1년 3개월에 걸쳐 공판이 십수 회 계속되었는데, 최종 판결은 1953년 6월 12일에 있었다. 와타나베 쓰네조 판사는 징역 6개월에 집행유예 2년을 판결한다.

집행유예 판결: 우쿄세무서에 투석한 리쓰메이칸대생 3인

12일 교토 지방법원에서 우쿄쿠 우메즈 단마치[165] 거주의 리쓰메이칸대생 유인호(27), 사쿄쿠 기타시라카와 히라이초[166] 거주의 동 손중연(孫重淵·23), 오쓰시 니시야마초 거주의 동 김상록(金相祿·22)의 폭력 행위 등 처벌에 관한 법률 위반 사건의 최종 공판을 열고 구형 1년 6개월에 대해 각각 징역 6개월, 집행유예 2년의 판결을 언도했다. 작년 2월 23일 밤, 재군비 반대 청년·부인 데모대의 무허가 집회에서 돌아가는 도중 우쿄세무서에 투석하여 유리창을 깬 사건이다.[167]

단순한 투석 사건이었다면 신문에 보도될 정도는 아니었을 것이다. 그런데 당시 이 사건은 교토 사회에서 적잖은 관심거리였던 것으로 보인다. 시민과 학생, 재일 조선인들이 한데 모여 재군비 반대 데모를 벌이고 그 연장선상에 이루어진 투석 사건이었기 때문이다. 게다가 피의자 모두가 재일 조선인들에, 리쓰메이칸대학 학생들이었다는 점도 작용했을 것이다. 스에카와 총장을 비롯해 리쓰메이칸대학에 대한 교육 당국의 압박이

날로 거세지는 가운데 벌어진 사건이니만큼 그 결과에 관심이 집중되는 것은 당연한 일이었다.

집행유예를 선고받은 이날 유인호는 만감이 교차했다. 당시 그는 이중, 삼중의 굴레[168]를 쓰고 있었기 때문에 더욱 그러했을 것이다. "기쁘다. 이 이상 기쁜 일은 없을 것이다"[169]라고 회상한다.

그러나 이 사건은 유인호에게 또 다른 갈등과 아픔을 주었고 그 여파는 1952년 내내 계속되었다. 단지 유치장과 구치소에서 26일 동안이나 붙잡혀 고생했다는 점 때문이 아니라 이 일로 유인호는 일본 좌파 내부의 분열과 대립, 상호 불신과 적대적 갈등의 한가운데로 휘말려들 수밖에 없는 상황에 직면했기 때문이다.

12
망명을
꿈꾸다

유인호는 투쟁과 이론 학습을 병행하기로 작정한 1951년 가을을 보내고 1952년 새해를 맞으면서 향후 학습 계획에 대해서 진지하게 생각하였다. 우선은 한국을 떠난 지 2년 반도 더 되었으니 봄에 일단 귀국한 뒤 다시 일본으로 나와 중국에 공부하러 간다는 계획을 세운다.[170] 하지만 한국에 일시 귀국하는 문제부터가 쉽지 않은 일이었다. 한국에 돌아가려면 당장 국적을 비롯하여 한국과 연결 고리를 삼을 수 있는 근거가 있어야 하는데 그런 게 없었다. 사실 그대로 밀입국했다고 밝히면 강제 송환은 물론 한국으로 귀국해서도 출국 금지를 당할 수도 있으니 처음부터 쉽지 않은 계획이었다. 더구나 가려고 해도 당장 여비가 없는 판이었으니 계획은 탁상공론에 지나지 않았다.

호적과 관련해서는 그동안 가깝게 지냈던 홍고(本郷)라는 사람이 유인호를 양자로 적을 올려 귀국 등의 편의를 봐주겠다고 하였다. 홍고는 일본에 귀화한 재일 조선인으로, 일본의 지방선거에 출마한 경험도 있다. 빈난

쪽에 가까운 사람이지만 재일 조선인 교육 투쟁에 적극 참여하면서 유인호와 친밀하게 지내왔다. 특히 홍고는 유인호가 교토구치소에 수감되었을 때도 물심양면으로 도와주었다. 하지만 유인호는 일본 국적을 갖는다는 것이 도무지 내키지 않아 홍고의 제안을 받아들일 수 없었다.

그런데 중국행을 꾀했다는 점은 유인호에게 변화를 갈망하는 의지가 솟구쳤음을 확인할 수 있는 대목이다. 여기에는 은사인 무토 슈이치 교수의 영향이 적지 않았을 것이다.[171] 무토 교수는 사회주의 신생국 중국에 관심이 지대했다. 특히 전전의 대립을 벗어나야 한다는 차원에서 일중우호협회를 적극적으로 주도하였다. 사실 유인호에게 중국 유학은 이미 대학 1학년 때부터 거론되었는데[172] 당시만 해도 그 계획은 대학을 마치고 가겠다는 것이었으며, 가능하다면 이후 구소련에 가서도 공부를 계속하고 싶어 했다. 다만 이번에는 그 출발 시점이 좀 더 앞당겨진 것이 다를 뿐이었다.

우쿄세무서 투석 사건이 없었더라면 당초 유인호의 계획은 어떤 형식으로든 실현되었을지 모른다. 하지만 그 사건 이후 유인호는 자신의 의지와는 상관없이 이런저런 논의의 장에서 화제가 되었을 뿐만 아니라 그가 하는 발언에 무게가 실리면서 노선 다툼의 소용돌이에 휘말린다. 그 일은 유인호에게 심리적 압박을 불러와 결국 일본을 떠나겠다는 망명 계획으로 이어졌다.

우쿄쿠의 청년 영웅

교토구치소에서 보석으로 풀려난 유인호는 우쿄쿠 교포 사회의 영웅, 아니 전 교토 교포 사회의 젊은 영웅으로 떠올랐다. 이미 3월 11일 구류이유 개시를 둘러싼 공판이 열렸을 때 교토 지방법원에 유인호를 지지하는 교포 500여 명이 한꺼번에 몰려와 법원 앞을 통과하는 전차 마루타마치센(丸太町線)이 40분이나 멈춰 서야 했을 정도다.[173] "유인호 구류 반대"를 외친 교포들 가운데 여섯 명이 재판 방해 혐의로 재판정에서 체포될 만큼 투석 사건은 교포들의 관심을 크게 끌었다. 당시 교토에서 교포들이 비교적 많이 사는 우쿄쿠[174] 전역에는 '애국자 유인호를 구하라'라는 비라가 6,000여 장이나 나붙었고, 3월 24일 구치소에서 석방된 날에도 교포들이 몰려와 "유인호, 유인호"를 환호했다 한다.[175]

석방되자마자 유인호는 밤마다 우쿄쿠 전역을 돌면서 시국 강연회의 주요 연사로 활동한다. 그의 이름은 이제 우쿄쿠뿐 아니라 전 교토에 널리 알려졌다. 심지어 우쿄쿠에서는 '유인호'라고 하면 잘 모르는 사람들도 '유 선생'이라고 하면 바로 투석 사건의 주인공, 교육 투쟁에 앞장선 사람이라고 금방 알아들을 정도였다. 유인호는 하루아침에 유명 인사가 되어 교육자로서, 청년 지사로서, 여성 계몽자로서 역할을 떠맡았다. 그렇지만 유인호는 냉정하려고 노력했다.

나는 피곤도 잊은 채 위축됨도 없이 곳곳에서 강연했다. 그때 이후로 강연에 자신이 생긴 것 같다. 즐거웠다. 그러나 막무가내식으로 강연에서 말한 것은 아니었다. 이성을 유지하면서 냉정함을 가지고 임했다. 나로서는 매일 밤 교포들의 모임에 가지 않을 수 없는 이유가 있었다. 그날 11일 공판에서 나를 위해 응원해주던 교포들 가운데 여섯 명이나 현장에서 체포되었다는

소식을 듣고 동포들에게 봉사하는 마음을 갖지 않을 수 없었기 때문이다.[176]

교원 강습회의 중심 연사가 된 것도 그즈음이다. 조선인학교는 폐쇄되어 학교도 없고 학생도 모이지 않았지만 학교를 다시 꾸려가야 한다는 공감대 속에서 민전 교육동맹이 주관하는 교원 강습회에 적극적으로 참석하였다. 이제 유인호는 강습회에서 교육동맹 교토 지부 회장으로 추대된다. 회장이 되면서 더욱 바빠졌다. 마침 그해 4월 24일은 '한신교육투쟁'[177] 4주년이었기 때문에 기념 대회를 준비하는 것도 유인호의 몫이었다. 가쓰라에서 열린 대회에는 교토대학, 리쓰메이칸대학, 도시샤대학 등에서 공부하는 대학생 100여 명을 비롯해 교포 수백 명이 참여했다. 이어 5월 1일은 노동절 행사가 열렸는데 유인호는 교육동맹의 교토 지회장으로서 '집행 간부' 완장을 차고 참여하였으나 대회 도중 완장을 벗어버리고 교육동맹 그룹과 함께 움직였다.[178] 그 편이 마음도 편하고 동료들과의 유대도 돈독해질 것이라고 생각한 것이다.

4월 말부터 시작되는 대학 신학기에 즈음해 교포들은 유인호에게 색다른 주문을 한다. 대학을 포기하고 지역을 위해, 교포들을 위해 전임 활동가가 되어줄 수 없느냐는 것이었다.[179] 지난 한 달간 이런 저런 교포들의 삶의 현장에서 보여준 유인호의 열심을 높이 산 것이다. 유인호는 야학을 하며 교포 어린이를 중심으로 결성한 소년단을 지원하기도 하고, 마이크를 잡고 교포들의 요구를 주장해야 한다면 군말 없이 연설자가 되었다. 하지만 그는 대학 문제만큼은 그들의 요구를 받아들일 수 없었다. 그의 일본 체류 목적은 오로지 학업을 위한 것이었기 때문이다. 게다가 리쓰메이칸대학 재일 한국·조선인 동창회에서도 그에게 회장을 맡아달라고 요구한다.

그러나 유인호의 '영웅시대'는 오래가지 못했다. 갑자기 교포 사회와 교육동맹, 민전 등에서 "유인호는 변절자다", "민단의 스파이다", "민단에서 매월 월급을 준다"는 소문이 떠돌기 시작한다.[180] 올 것이 온 것이다. 조직에서 흔히 나타나는 다툼이었다. 갑자기 영웅으로 떠오른 유인호를 내부 조직 사람들이 시기한 것이다. 유인호는 이 문제를 처음에는 그리 대수롭게 생각하지 않았다. 터무니없는 소문이 떠돌았지만 아무런 근거도 없는 말이니 특별히 해명할 것도 없었고, 자신의 성품을 잘 아는 주변 사람들은 그 같은 악소문을 받아들이지 않을 것이라고 믿었기 때문이다.

소문은 악의적이었지만 그러한 빌미를 준 것에 대해 그리고 적극적으로 대처를 하지 못한 것에 대해 유인호는 두고두고 안타까워한다. 빌미란 두세 가지였다.

우선 첫째 빌미로는 그해 6월에 있었던 인민대회에서 소극적으로 행동했다는 점이 꼽힌다. 여느 때 같으면 누구보다 앞장서서 행진을 이끌었을 텐데 그날 유인호는 아예 현장에 모습을 보이지 않았다. 이에 대해 유인호는 두 가지 이유를 거론한다. 그 며칠 전에 벌어진 또 다른 대중 집회에서 다리를 다쳐 몸을 움직이기가 쉽지 않았고 실연(失戀)으로 의기소침해 있었기 때문이다.

다리를 다친 사연은 더 거론할 필요가 없겠지만 실연은 설명이 조금 필요하다. 구치소에서 나온 직후인 4월 초에 유인호는 민전의 교육동맹이 주관하는 교원 강습회에서 강증희(姜曾姬)라는 여성을 만난다. 강증희는 유인호가 재판을 받을 때 재판 방해죄로 체포된 여섯 명 중 한 명이었다. 유인호는 교원이 되어 교포 자녀들에게 한국어와 한국 문화를 기르치겠다는 강증희에게 마음이 끌리면서 둘은 자주 만나게 된다. 유인호는 그것을 "연심(戀心)이었다"[181]고 고백한다. 유인호는 고등학교를 갓 졸업한 강증희와 더불어 집회에서, 강연장에서, 아라시야마 유원지에서, 가쓰라 강둑 주변 잔디밭에서 세상을 말하고 미래를 이야기하였다. 유인호는 조선인학교 교원을 목표로 삼기보다 대학에 진학해 더 배우는 게 좋겠다는 말을 하였고 강증희도 싫지 않은 반응이었다. 유인호는 도쿄에 있는 친구 이태영에게 부탁하여 강증희가 도쿄에서 유학할 수 있도록 부탁하기도 했다.

하지만 상황은 뜻밖으로 전개된다. 6월 말 강증희가 나나조 조선인학교 교사가 되면서 도쿄로 진학하려는 계획은 물거품이 되었다. 형편이 그다지 넉넉하지 않았던 강증희의 부모로서는 진학시키는 게 쉽지 않은 일이었을 것이다. 유인호는 강증희가 다른 방향으로 계획을 세웠음에도 조직이 부임을 명령했다는 점과 강증희가 이 명령을 무조건 따라야 한다는 점이 못마땅했다. 당시 교육동맹의 교원 강습회에 참석한 사람은 조선인학교 교사 임면, 전보 등에 대한 조직의 결정을 받아들여야만 했다. 민전, 교육동맹, 조선인학교로 연계된 조직 구조가 그렇게 작동했기 때문이다. 자기 의지가 뚜렷한 유인호가 개인의 주장보다 조직이 우선되는 이러한 상황에 대해 문제를 제기하는 것은 당연한 일이었을 것이다. 미래를 위하자면 좀 더 배워야 한다는 신념이 강한 유인호로서는 조직의 명령, 가족의 반응 등을 직접 헤쳐나가려 했을 것이다.

〈기록 1952-2〉에는 강증희와 만나지 않게 된 연유가 분명하게 나타나 있지 않다. 그러나 유인호가 조직에 불만을 표명하고 강증희 가족에게 뭔가를 요구하고 거기에 가족이 반대하면서 결국 당사자끼리도 대화가 단절되었을 것으로 보인다. 이런 갈등 속에서는 일상이 정상적일 수 없었다. 유인호가 대중 집회에도 참석하지 않게 된 배경이다.

둘째 빌미는 그해 7월에 있었던 우메즈 교원 강습회 강사 인선 건이었다. 그동안 우메즈 교원 강습회는 유인호가 전적으로 책임을 맡아 외부 강사 없이 꾸려왔는데 이번에는 리쓰메이칸대학 법학부 졸업생 이 아무개와 재학생 장 아무개를 초청하였다. 문제는 이 두 사람에 대한 평판이 그리 좋지 않았기 때문에 이들을 강사로 받아들이는 게 불만스러웠다는 점이다. 하지만 유인호는 그러한 평판은 과거의 일일 뿐 지금은 충분히 역량 있는 인물이라며 초청을 강행한 것이다.

셋째 빌미는 7월 중순에 열린 전 교토 청년실력선언대 출범식에 불참한 일이다. 이날 출범식은 교육동맹 회합이 겹치면서 유인호는 참석할 수 없었다. 하지만 이러한 몇 가지 사실은 '반동화된 유인호'의 모습으로 매도되었고 이후 유인호에 대한 중상모략으로 발전하였다. 세 가지 빌미 중 첫째와 둘째는 어쩌면 실연으로 충격에 빠진 유인호의 인간적인 실수라고 하더라도 셋째 내용은 유인호로서는 억울할 수밖에 없었다.

무엇보다 유인호를 실망스럽게 한 것은 민전 상층부에서조차 터무니없이 떠도는 악선전에 대해 유인호에게 단 한 번 확인하지도 않고 사실로 받아들였다는 점이다.[182] 7월 말 민전 내 교육동맹, 여성동맹, 청년동맹 등 각 단체 협의회 의장이 사실을 확인하기 위해 진상 공개일을 따로 정하고 시시비비를 가리려 했다. 그러나 이 역시 확실한 이유 없이 연기되면서 결과적으로 이 문제는 우야무야되고 말았다.[183] 유인호를 이전부터 아는 사람들 중에서도 시간이 흐르면서 악선전에 휘들리는 경우가 적지 않았다. 대표적인 사람이 교토구치소에 수감되었을 때 하루가 멀다고 면회 온 가쓰라에 사는 누님, 의남매가 되기로 약속했던 이계순(李季順) 내외였다. 유인호의 고민은 하루가 다르게 깊어갔다.

영웅은 꿈에서 깨어났다. 히어로에서 새로 눈을 떴다. 한 개인이 되어 연인을 잃지 않으려고 하는 마음뿐. 결국 7·8월 나는 아무것도 하지 못하고 일본 탈출을 결정했다. 내 마음을 아는 이는 아무도 없었다.[184]

9월 상순, 나는 하루가 천일처럼 생각되었다. 그 악질적인 선전(데마고기) 속에서의 하루는 나로 하여금 하루 빨리 죽음으로 이끄는 것 같았다. 지옥의 악마들은 나를 감옥에 처넣고 지금 기뻐할 것이다. 그 기쁨은 나를 멸망시킨 기쁨이다.[185]

이 글은 유인호가 1952년 10월에 교토구치소에서 지난날을 회상하며 쓴 것이다. 그는 일본에서 두 번째로 경험한 감옥살이가 결국 자신을 모함한 이들 때문에 빚어진 일이라고 인식한다. 그렇게 갈급했던 일본 유학길, 혼신을 다해서 섬긴 조선인학교, 야학, 대중 인민대회 등 어려운 고학생 신분임에도 마다하지 않고 손발을 걷어붙이고 뛰어들었는데 뜻하지 않은 복병을 만나 주저앉게 되었으니 유인호의 실망은 적지 않았을 것이다.

교토가 싫은 이유가 있다. 한 청년 정치 활동가가 토론장에서 나를 반동이라고 비판하고 전 교토의 청년들 또는 조직 모임에서 악선전을 퍼뜨렸다.

…… 나는 완전히 반동으로 찍히고 말았다. 나는 시종일관 그대로인데, 변하지 않았는데 왜 그렇게들 생각하는지 잘 모르겠다. 이런 식으로 대하면 견디기가 어렵다. 부자연스러운 폭력(자살)으로 나를 마감시키려는 것인가. 여기서 살아갈 필요가 없다. 무비판적인 사회에서 살 필요가 없기 때문이다. 그래도 나는 확신한다. 누가 뭐라고 욕설을 하고 해도, 나는 프라이드를 갖고 달려갈 것이다.[186]

급기야 유인호는 교토를, 아니 마침내 일본을 떠날 계획에 몰두한다. 강증회 문제에서 비롯되었든, 조직에 대한 불만에서 사태가 악화되었든 분명한 것은 자신에 대한 조직적인 반대 세력, 불만 그룹이 있다는 사실이었다. 이러한 상황은 일본이 아닌 새로운 곳에서 학업을 계속하고 싶다는 오랜 계획을 되레 구체화하는 계기를 마련해주었다. 그렇지만 자신에 대한 악선전이 없었다면 일본 탈출 계획을 바로 시도하지 않을 것임을 감안하면 유인호가 '홋카이(北海)의 길'을 선택한 가장 큰 이유는 조직 내부의 모함이었다.

홋카이도 구시로형무소에서

유인호는 이 계획을 '홋카이의 길'이라고 이름붙였다. 치밀하게 준비했다. 원래도 많지 않은 살림살이였지만 가지고 있는 것을 대부분 처분하고 필요한 것은 새로 구입하는 등 9월 초까지 분주하게 준비하였다. 책은 카를 마르크스이 《철학의 빈곤》과 《자본론》 전권만을 챙기고 옷가지, 구두 등 일상 용품을 구비해 보스턴백에 담았다. 복장은 남루하지 않도록 리쓰메이칸대학 사각모와 소매에 대학 마크가 붙은 더블 버튼 교복을 입고 흰색 와이셔츠에 검정색 넥타이를 매기로 한다. 친구들 도움을 받기도 하고 그동안 틈틈이 아르바이트 삼아 전기장판을 만들어 팔아 모은 돈 등으로 2만 엔을 마련하였다. 3년 동안이나 일본에서 살았지만 모든 것이 겨우 가방 하나에 담을 정도였으니 참 단출하기 짝이 없는 살림이었다.

비밀스럽게 떠나는 것인 만큼 기록도 기밀을 유지해야겠다는 생각에 유인호는 자신만이 알아볼 수 있는 문자를 만들기로 한다. 지난 3월 우쿄세무서 투석 사건에서 일기가 결정적인 단서가 되었고 결국 그것 때문에 기소되었음을 감안할 때 유인호로서는 기록에 잠금 장치를 다는 일이 절실하였다. 더구나 기록하지 않고는 못 배기는 그의 성품을 감안하면 더욱 그러했을 테다. 유인호식 암호문이 탄생한 것이다. 〈기록 1952-2〉에는 유인호가 독자적으로 만든 암호로 쓰인 글이 적지 않게 포함되어 있는데 어렵사리 해독하여 대조해보면, 예컨대 '홋카이의 길'에는 괄호 안에 암호로 '쏘련(구소련) 가는 길'이라고 쓰여 있다. 암호는 '자음-모음-자음'으로 이어지는 한글 패턴에 맞춰 자음은 각각 별도의 기호에 대응시키고 모음은 해당된 숫자를 대입하여 만든 것으로, 궁리를 많이 했을 것으로 보인다.

9월 9일 대학 친구 김중근(金仲根)의 집에서 친구들이 참여한 가운데 조촐한 송별회를 열었다. 10일 교토 역을 출발하여 도쿄에 들러 친구 이태영과 하루를 보낸 다음, 12일 아침 도쿄에서 새벽 기차를 탔다. 긴긴 여정 끝에 14일 오후 홋카이도 동쪽 끝에 있는 시베쓰(標津, 현 홋카이도 시베쓰 군 시베쓰 초)에 도착한다. 시베쓰는 오츠크해와 맞닿아 있는 작은 어촌이다.

유인호가 이 시베쓰에 온 것은 시베쓰 바로 앞에 구나시리(國後)[187]라는 소련령 섬이 있기 때문이다.

청구기숙사 동료 장기중이 "그는 사할린으로 건너가겠다고 공언하고 아라시야마(嵐山)에서 보트 젓는 연습을 거듭하더니 한동안 보이지 않기도 했다"[188]라고 증언한 바와 같이 유인호는 시베쓰를 염두에 둔 것으로 보인다. 물론 목적지는 사할린이 아니라 구나시리라는 점만 조금 달랐다. 실제로 시베쓰에서 구나시리까지는 직선거리로 24킬로미터에 불과해 보트를 저어서도 충분히 갈 수 있는 거리다.

9월 14일 시베쓰에 도착한 유인호는 여관에 가방을 내려놓자마자 보트를 빌릴 수 있는지를 탐색하기 시작한다. 하지만 당시 마을 인구가 5,000명에서 6,000명 정도에 지나지 않는 한적한 바닷가 동네에 외부인이 끼어들기란 쉽지 않은 일이었다. 외부인의 존재는 바로 화젯거리가 되고도 남았다. 유인호도 마을 어부들이 가장 많이 모이는 음식점을 찾아가 자신을 '졸업 논문을 준비하는 리쓰메이칸대학 학생'이라고 소개하면서 마을 사정을 파악하려고 애를 썼다.[189] 그럼에도 어부들은 반신반의하는 표정이었다. 아무도 도와주겠다고 나서는 이가 없다. 아무튼 첫날은 안면을 튼 것으로 만족해야 했다.

그러나 유인호는 뭔가 예정대로 진행될 것 같은 느낌이었다. 그는 친구들에게 마지막 편지를 쓰기로 한다. 교토, 도쿄, 오사카에 있는 친구들, 동료들, 고마운 사람들에게 작별 편지를 쓴다. 이태영, 이태환, 김진수, 김중근, 가쓰라의 누님, 교육동맹의 이연남과 그의 어머니, 장영길, 이도제, 강재성, 우메즈에서 지난 2년 반 동안 거의 무료로 방을 빌려준 박 약국 아저씨 등에게 "이제 이틀이면 일본을 떠난다. 눈물이 앞을 가린다. 소련에 가서 열심히 사회주의 경제를 공부하겠다. 10년 후에는 돌아오겠다. 그때 다시 만나자"[190]라고 썼다. 평소 치밀한 유인호였지만 이때만큼은 뭔가 서투른 모습이었다. 불과 이틀 뒤에 이 편지가 결정적으로 발목을 잡게 될 줄 전혀 예상하지 못했다.

도착 이틀째인 15일, 아침 일찍 유인호는 전날 간 곳에 나가 어부들과 눈인사를 나눈다. 두 번째 만남이라 조금 익숙해진 모습이다. 어제와는 다른 가능성이 기대된다. 때마침 어부들이 연어잡이를 위해 바다로 나간다고 한다. 그 말에 바로 유인호는 구경할 수 있겠느냐며 따라나선다. 연어잡이는 이 지역 어부들의 주업이라서 외부인이 끼어드는 것을 그다지 달가워하지 않았지만 워낙 유인호가 적극적으로 접근하는 바람에 그들은 고깃배에 타는 것을 마지못해 허락한다. 유인호는 반은 성공한 것이나 다름없다고 마음속으로 크게 기뻐한다.

시베쓰의 마을 해안가에서도 바로 눈앞에 구나시리 섬이 보일 정도지만 일단 바다로 나가 좀 더 가까이서 관찰하고 싶었다. 무엇보다 직접 현장을 점검하자면 우선 어부들과 동행해서 바다로 나가보는 것이 중요했다. 물길은 어떤지, 파도는 작은 배로 충분히 견딜 만한지, 노를 저어서 구나시리로 갈 수 있겠는지 등을 살펴봐야 했다. 실제로 여러 가지를 확인할 수 있었다. 간만의 차가 해안가에서 6킬로미터 정도 된다는 사실, 물길이 하루에도 여섯 번이나 바뀐다는 점 등을 직접 보고 들었다. 하지만 유인호는 그 자리에서 기록을 하거나 애써 기억하려는 모습은 일부러 보이지 않았다. 경계하는 빛이 역력한 어부들이 행여 바로 경찰에 신고라도 하지 않을까 하는 우려가 적지 않았기 때문이다.[191]

이제 배를 구하는 일만 남았다. 아침에 탄 고기잡이배는 혼자서 젓기에는 너무 컸고 좀 더 작고 단단한 배가 필요했다. 고기잡이에서 돌아온 그 날 오후 유인호는 해안을 돌아보는 중 1, 2인용 이소부네(磯舟)를 발견한다.[192] 이소부네는 돌이나 바위가 많은 해안에 적합하도록 바닥을 튼튼하게 만든 소형 고깃배다. 그만하면 충분히 혼자서도 저어 갈 수 있을 것이라고 유인호는 판단한다. 해질 무렵에 다시 나와 이소부네를 살 수 있을지를 타진해봐야겠다고 마음먹는다.

마음이 급했다. 좀 더 해안가를 둘러보기로 한다. 숙소로 돌아가기 전 전날 쓴 편지를 부쳐야겠다고 생각하였지만 어쩐지 내키지 않았다. 출발을 16일 밤으로 예정하였기 때문에 편지는 그날 오전에 부쳐도 될 것으로 생각하였다. 일단 여관으로 돌아와 해질 무렵을 기다리기로 한다. 이른 저녁을 먹는 둥 마는 둥 하고 일어나 낮에 봐둔 이소부네가 있는 집으로 가다가 근처에서 고깃배를 고치는 노인과 마주친다. 14일 도착했을 때 해안가를 걸으면서 눈길을 한 번 마주친 적이 있는 노인이다. 담배를 권하면서 말을 걸어본다. 이소부네를 꼭 한 번 저어보고 싶다고 얘기하니 선뜻 이소부네 주인에게 이야기해주겠다고 나선다. 그런데 정작 그 집에는 사람이 아무도 없다. 이소부네 한 척은 값이 6,000엔에서 7,000엔 정도라고 한다. 노인은 아쉬워하는 유인호에게 묵고 있는 곳을 물으면서 나중에 이소부네 주인과 나갈 일이 있으면 그곳에 잠깐 들리겠다고 말한다.

노인이 나서주면 의외로 배 문제는 쉽게 해결될 것으로 보였다. 이윽고 사방은 어두워지기 시작한다. 저 멀리 동쪽 바다 건너 구나시리 섬의 불빛이 어렴풋이 보인다. 바닷가에 앉아 그쪽을 바라보면서 한동안 앞으로 벌이길 일들을 생각하고 있는데 인기척이 들린다. 젊은 남자의 다부진 목소리가 유인호의 생각을 뭉개고 들어온다.

"거긴 누군가? 이 밤에 거기서 뭐하고 있나?"

"야마다여관에 묵고 있는 학생이다."

대답을 하고 유인호도 뒤질세라 누구냐고 되물었다. 그런데 그 사람은 경찰이란다. 더 이상 질문은 없다. 유인호도 더 묻지 않았다. 하지만 마음이 편치 않았다. 곧 벌어질 사태의 전조처럼 뭔가가 무겁게 다가오고 있었다.

전날 찾아오겠다는 노인은 16일 아침이 되도록 오지 않았다. 짐을 챙기기로 한다. 그런데 오전 10시 반께, 갑자기 여관 안팎이 어수선해졌다. 이어 다급하게 방문을 두드리는 소리가 들렸다. 남자 세 사람이 숙박계를 들고 와서는 "시게모리 켄(重森健)[193]이 당신이냐?"고 묻는다. 유인호가 쓴 일본인 이름이었다. 유인호가 창밖을 힐끗 보니 너댓 명이 서성거리고 있는 것 같았다. 유인호는 최대한 천천히 "그렇다"고 대답을 하면서 누구냐고 따져 묻는다. 남자들은 대답 대신 웬 종이를 펼쳐 보인다. "15일 밤 시베쓰 해변에서 ○○씨 소유의 이소부네를 꺼내서 밀출국을 기도했다"[194]라고 쓰여 있다. 그것은 지난 2월 28일 새벽 우메즈에서 본 것과 같은 문서다. 체포 영장이었다.

그럼에도 유인호는 애써 여유를 부린다. "경찰이 맞나? 그렇다면 각자 경찰수첩을 보여라"고 요구한다. 유인호가 한 사람 한 사람 경찰수첩을 확인하고 나자 이제 그들은 이번에는 자신들의 순서라도 되는 듯 유인호의 소지품을 빼앗아 조사한다. 옷가지며 어제 사둔 쇠고기 통조림, 책, 구두 그리고 편지 10여 통이 나온다. 유인호는 갑자기 심각해진다. '아뿔싸, 편지를 진작 붙였어야 했는데. 이를 어떻게 할 것인가. 편지에 여행 목적과 최종 목적지 등이 다 적혀 있어서 모든 것이 낱낱이 드러날 텐데……'

유인호 평전, 사회변혁을 꿈꾼 민중경제학자의 삶

갑자기 유인호는 경찰 손으로 넘어간 편지 꾸러미를 낚아채 입속으로 밀어 넣는다.[195] 하지만 그 많은 편지를 입에 다 넣을 수도 없을 뿐 아니라 경찰에게 곧바로 제압당해 별 의미 없는 시도에 그치고 만다. 결국 유인호는 시베쓰경찰서로 끌려갔다.

시베쓰경찰서로 이동하면서도 유인호는 머릿속이 복잡해졌다. 무엇보다 교토구치소의 보석 건이 걱정되었다. 구속 재판 중 보석으로 풀려난 경우 해당 지역을 벗어나려면 여행 허가를 받아야 하는데 유인호는 신고도 하지 않았다. 당장 밀출국 혐의를 받고 있는 마당에 교토구치소의 보석 취소 문제까지 떠올리다보니 당황하지 않을 수 없었다. 조사는 그날 오후에 시작되었다.[196]

"소련에 갈 목적으로 왔지?" 경찰은 처음부터 고압적으로 유인호를 닦아세운다. "아니다. 나는 졸업 논문을 쓰기 위해 온 리쓰메이칸대학 학생이다. 어촌의 실태를 조사하고 있었다." 유인호는 지난 2월과 3월에 겪은 현장 경험을 총동원하여 모든 혐의를 부정하기로 마음을 단단히 먹는다. "그런데 아까는 왜 편지를 먹어치우려고 했나?" 이미 칼자루는 자신들이 쥐고 있다는 태도였다. 유인호는 그 질문에는 대답하지 않고 다른 말을 계속 이어갔다. 당장 한글로 쓰인 편지를 번역하자면 시간이 좀 걸릴 것이니 우선은 다른 말로 돌려서 첫날 조사를 견디기로 한 것이었다. 유인호가 질문에 반응을 보이지 않자 경찰도 그것으로 조사를 마무리한다.

이튿날이 되자 시베쓰경찰서장이 말을 걸어온다. "당신은 대체 몇 번이나 보석을 신청하려는 거냐?" 벌써 교토에서 소식이 온 모양이었다. 결국 교토구치소의 보석 결정은 취소되고 마는 건가 하는 생각만 가득했다. 유인호는 모든 것이 아득할 뿐이었다.

내가 소련에 갈 생각을 하게 된 이유를 생각해본다. 참으로 복잡하다. 다 기록할 수도 없다. 현재 내가 있는 이곳에서 무엇을 어떻게 생각해야 되나? 어떻게 답변해야 하나? 기계가 되어 아는 것도 모르는 것도 모두 부정해야 하나? 인간인 내가 그와 같이 할 수 있을까? 특히 신경이 예민한 내가. 그러나 나는 기계에서 벗어나서는 안 된다는 것을 재확인한다. 금후(今後)가 불안해지는 고로.

앞으로 교토로 갈까? 다시 소련으로 갈 준비를 할까? 소련에 가려면 다른 방법을 취하여야 한다. 교토에 가서 학교를 계속하고 졸업한 다음, 다시 계획을 마련할 수밖에 없다. 그런데 교토에 가면 재판이 남아 있다. 판결이 어떻게 될까 의문이다.[197]

체포된 지 사흘 만인 9월 18일, 시베쓰경찰은 유인호를 그곳에서 남서쪽으로 120킬로미터 떨어진 항구도시 구시로(釧路)에 있는 형무소로 이송하기로 결정한다. 경찰서 유치장에 더 이상 유인호를 잡아둘 수 없었기 때문이다. 시베쓰에서 구시로까지는 기차로 6시간. 기차 안에서 내내 유인호는 수갑을 차고 있어야 했다. 열차에 탄 사람들이 유인호를 힐끔힐끔 바라봤다.

구시로형무소에 도착하자마자 이나가키라는 검사가 곧바로 구류 수속을 밟고 유인호는 바로 판사실로 옮겨졌다. 판사는 아무 말 없이 구류를 선고한다. 유인호는 수번 23번을 받아 28호 감방으로 들어섰다. 9월이지만 감방 안은 썰렁하다. 저녁밥이 들어오는데 보리밥에 '돼지 오줌' 같은 국(건더기는 없고 국물만 있는 국)뿐이었다.

구시로형무소는 유인호를 정치범으로 취급하였다.[198] 소련으로 밀출국하려고 했다는 점에서 그랬던 것으로 보인다. 방도 혼자 쓰게 하고, 운동이나 목욕도 홀로 하도록 하였다. 홀로 견디는 게 보통 일이 아니다. 유인호는 당시의 심정을 "일어나면 눈물로 일어나고 앉으면 눈물로 따라 앉는다"[199]라고 표현한다. 이제 유인호도 뭔가 대응하지 않으면 안 되는 지경에 이르렀다. 우선 빼앗긴 소지품 가운데 책을 돌려달라고 요청해 독서로 흔들리는 마음을 추슬러보기로 한다. 하지만 그것으로 해결될 문제가 아니었다.

더구나 구시로에서는 아무도 유인호를 조사하지 않았다. 검사, 판사들을 비롯해 모두들 유인호의 혐의나 상황에 대해 별 관심을 두지 않는 것 같았다. 도무지 앞으로 어떤 일이 벌어질지 전혀 알 수 없으니 유인호는 하루하루 초조함에서 벗어날 수 없었다. 이 상황을 타개하기 위해 유인호는 단식을 결심한다. 곧 단식 투쟁이었다.

10월 1일 유인호는 단식을 시작한다. 할 수 있는 방법으론 자살 아니면 단식하는 수밖에 없었다. 단식으로 몸이 쇠약해지면 자신을 형무소 내에서라도 입원을 시킬 테고 계속 단식하면 집행정지나 다른 상황을 만들 수 있을 것으로 계산한 것이다. 물도 마시지 않고 이틀을 버티자 구시로형무소에서도 의사를 부르고 낮에도 누워 있을 수 있도록 배려하는 등 조금 변화도 있었다. 하지만 유인호는 사흘 만에 단식을 접는다. 이번 단식은 요구 사항, 즉 목표가 분명하지 않은 탓에 결과적으로 몸만 상하고 구체적인 변화를 이끌어내지 못할 것이기 때문이다.[200]

단식을 중지한 날 교토에서 연락이 왔다. 우려한 대로 교토구치소는 유인호의 보석 허가를 취소한 것이다. 재수감장(再收監狀)과 보석금 압수 통지시였다. 취소 이유는 도주. 설사 이번 밀출국 기도 시간이 불기소로 미

무리된다고 해도 보석이 취소되었으니 다시 교토구치소에 수감되는 수밖에 다른 도리가 없었다. 나쁜 소식과 좋은 소식은 번갈아오는 것인지, 10월 6일 밀출국 기도에 대해서는 불기소 통지가 내려왔다. 밀출국하려 했더라도 실행하기 전에 체포되었으니 불기소는 어쩌면 당연한 것이었다.

그런데 석방 통지를 받고 나흘이 지나도 감감 무소식이었다. 교토로 언제 가는지조차 알려주지 않았다. 유인호는 10일 아침 2차 단식을 결행하였다. 이번에는 요구와 목표가 뚜렷하였다. '교토로 속히 보낼 것(단 자유로운 몸으로)', '검사 면회', '압수 물품 돌려줄 것'이라는 세 가지 요구를 내걸었다. 2차 단식은 효과를 발휘해, 이틀째인 11일 교토로 떠났다. 그렇지만 교도관 세 사람이 압송하는 형식이었다. 이 소식을 들은 유인호는 단식을 계속 이어가기로 하고 추가 대응책을 모색하였다. 구시로에서 교토까지는 사나흘 거리인데 시베쓰에서 구시로로 이동할 때처럼 수갑에 포승줄에 묶여서 움직일 수는 없는 노릇이었다. 하지만 유인호의 기대는 무너졌다. 구시로에서 홋카이도의 남쪽 관문인 하코다테에 이르는 동안 그리고 다시 그곳에서 배를 타고 일본 혼슈(本州) 아오모리에 이르기 동안 옴짝딸싹할 수 없이 묶여서 이동해야 했다.[201]

이틀 걸려 아오모리구치소에 도착했다. 그곳에서 하룻밤을 자고 다시 교토행 기차를 탄다고 했다. 유인호는 13일 새벽 교토로 출발하는 아침, 다시 수갑과 포승줄에 묶일 것을 각오하고 처음 홋카이도에 올 때 입은 교복 정장을 입기로 했다. 흰 와이셔츠에 검은 넥타이, 리쓰메이칸대학 마크가 소매에 그려진 더블 버튼 교복이었다. 가슴에는 학교 배지를 달았다. 사각모자는 교도관들이 쓰지 못하게 해 벗을 수밖에 없었지만 명문 대학 교복을 멀쩡하게 입은 청년이 교토까지 수갑을 차고 이송당한다는 점을 부각함으로써 호송

임무를 맡은 교도관의 융통성 없음을 폭로하겠다는 계획이었다.[202]

기차 안에서 유인호는 현 정세에 대해, 일본 정치의 역주행에 대해, 재일 조선인이 차별당하는 것과 일본 정부의 억지 주장 등에 대해 말을 꺼내지만 교도관들은 저지할 방법이 없었다. 열차에 탄 승객들이 보고 있었기 때문에 구타할 수도, 입을 막을 수도 없었다. 유인호는 그 점을 노린 것이었다. 교토까지 가는 동안 기차는 유인호의 유세장이나 다름없었다.[203] 마침내 14일 새벽 유인호는 교토로 돌아왔다.

민전과 일본 공산당에서 벗어나다

지난 3월 24일 동료들의 열띤 구호 속에서 의기양양하며 출소한 바로 그곳으로 7개월 만에 돌아왔다. "유인호 만세" 소리가 들리는 듯했다. 익숙한 2층 조사실에 들어섰다. 체중이 42킬로그램밖에 나가지 않았다. 두 차례 단식투쟁을 하기는 했지만 불과 한 달 사이에 이렇게까지 체중이 줄 수 있을까 싶을 정도였다. 키가 170센티미터인 청년이라고는 생각할 수 없는 몸무게였다. 지난 한 달 동안 겪었던 밀출국 계획, 낯선 홋카이도에서의 긴장, 시베쓰경찰서와 구시로형무소의 시간들이 유인호를 그렇듯 잠식한 것이었다. 유인호도 스스로 "한 달 만에 몸과 마음이 늙었다"고 고백할 정도였다.

38호 감방으로 배정받았다. 익숙한 14호 감방을 보니 그동안 못 만난 친구들, 동료들이 보고 싶어 견딜 수 없었다. 이제 단식투쟁도 접고 "오늘 아침 도착. 兪"라고 전보도 쳤다. 자신을 이해하는 사람들, 이야기를 들어준

수 있는 사람들이 그리웠다. 그리고 꼬박 한 달 남짓 만에 그리운 얼굴들을 구치소 면회실에서 만났다.

이제 다시 구치소에서 나갈 수 있는 방법을 구체적으로 모색하기로 한다. 전보를 받아든 친구 이태환이 다음 날 면회를 왔다. 반가운 얼굴, 눈물이 앞을 가린다. 일단 지난 3월에 도와준 고바야시 변호사에게 연락하여 다시 보석을 신청하기로 의견을 모았다. 지난 3월에는 명분이라도 있었는데 이번에는 뭐라고 설명하기도 쉽지 않았다. 그래도 구치소에서 세월을 허송할 수도 없었다. 혁명, 투쟁, 조직, 연대 등 그간 유인호를 둘러싸고 전개된 수많은 구호들이 파편처럼 흩어지게 할 수는 없는 노릇이었다.

교토구치소에 다시 돌아온 지 열흘 만인 10월 25일 오후 3시에 유인호는 보석으로 석방되었다. 지난 3월 24일과는 전혀 다른 조용한 귀환이었다. 마지막까지 신원보증인과 보석금 마련이 쉽지 않았다. 신원보증인은 무토 교수님께 부탁할까도 생각했지만 한 번 더 유석준에게 신세 지기로 하였다. 보석금은 소련으로 가기 위해 마련했던 여비 중 남은 돈에 부족한 것은 친구들에게 빌려서 충당하였다.

유인호에게는 더 이상 조직이니 운동이니 하는 분야에 참여할 생각이 없었다. 소련행을 결심하게 된 배경은 직접적으로는 민전 내 활동가들 사이에서 빚어진 모함이었지만 더 깊숙이 들여다보면 일본 공산당 내부의 문제와도 관계가 있었을 것이다. 유인호는 1951년 12월 일본 공산당에 입당하였는데 당내 비주류파인 반학동[204]에 먼저 가입하고 그 뒤로 입당 원서를 제출하였다. 반학동은 비주류파에 속했기 때문에 유인호는 자신도 모르는 사이에 비주류파로 분류되었다. 이는 결과적으로 유인호가 당시 주류와 비주류의 알력 다툼에 휘말릴 수밖에 없음을 뜻한다.

당시 주류파는 무장투쟁을 강조하였으나 비주류파는 그렇지 않았다. 그런데 민전은 일본 공산당 중앙위원회 산하 민족대책부(조선인부)의 지도와 영향을 직접 받았기 때문에 민전의 노선 또한 무장투쟁으로 모였다. 민전의 젊은 활동가 유인호는 일본 공산당 중앙이나 민전 쪽에서 보면 기대되는 인물이었지만 반학동 입장에서는 엉뚱하게 주류와 보조를 맞추는 비주류 인사로 비칠 수밖에 없었다. 우쿄쿠 교포 사회의 젊은 영웅 유인호가 하루아침에 주저앉게 된 건 민전 내에 떠돈 모함뿐 아니라 일본 공산당 내부에서 주류와 비주류가 벌이는 다툼 때문이기도 했다.

무장투쟁을 반대하거나 폄하하는 쪽에서 보면 유인호가 연루된 세무서 투석은 '극좌 모험주의'나 '좌익 소아병'으로 매도될 만한 것이었으며, 거꾸로 무장투쟁을 독려하는 당 중앙의 입장에서는 '우파 기회주의'로 보일 만한 일이었다. 민전 쪽에서 나돈, 유인호가 우파 민단에 경도되었다는 악선전은 일본 공산당 주류파 쪽으로도 흘러들어갔을 것이며, 동시에 비주류 쪽에서는 유인호가 과격한 모험주의적 인물로 매도되는 상황이 벌어지는 셈이었다.

유인호는 그 원인이 모함이었든 그에 대응하는 과정에서 오해가 빚어진 것이었든 결과적으로 민전에 보조를 맞출 수 없는 처지가 되었고 급기야 일본 공산당에서도 출당된다. 출당 처분을 언제 받았는지는 분명하지 않지만 1952년 말부터 1953년 초일 것으로 보인다. 유인호가 1953년을 회고하면서 쓴 〈기록 1953〉에는 당시의 상황에 대해 이렇게 고백한다.

나는 추방되었다. 이론적으로 뭔가를 따지려는 자는 모두 추방되었다. 그들이 요구한 대로 맹목적으로 움직이지 않았기에 추방되었다. 교토구치소에 함께 지냈던 손중연 군을 비롯해 이 아무개, 윤 아무개 군 등도 추방 그룹에 속한다. 같은 이유다. 특히 그들은 나와 친하게 지냈다는 이유도 추가되었을 것이다.[205]

출당 과정에서 유인호에 대한 추궁도 있었던 것으로 보인다. 이 과정에서 유인호는 자신을 변호하였을 테지만 이는 변명으로 치부되었을 가능성이 높다. 유인호와 반학동에 같이 가입한 교토구치소 동기 손중연 역시 같은 처분을 받은 것을 보면 민전 내부에 떠돈 모함 이외에 일본 공산당 내부의 알력에도 이유가 있었음을 알 수 있다.

민전, 일본 공산당, 반학동 등에 모두 등을 돌린 유인호는 비로소 일본에서 보낸 지난 3년, 혁명과 투쟁을 꿈꿔온 자신을 돌아볼 수 있게 되었다. 이 같은 고백은 두 번째 교토구치소 체류 중에 쓴 기록에서도 확인된다.

출소 후에는 과거의 유인호로부터 벗어나고 싶다. 새로 태어나는 것이다. 단식한 덕분에 체내의 세포도 재생했다. 그와 마찬가지로 나는 재생할 것이다. 내 프라이드를 지키자. 주저앉을 필요가 없다. 수준을 지키자. 그리고 발전을 도모하자.[206]

유인호는 '종파' 니 '당파' 니 하는 것에서 우선 벗어나려고 마음먹는다. 구치소에서 석방된 뒤로 유인호는 한동안 일기를 쓰지 않았다. 일기장이 기소당하는 구체적인 증거가 되었기 때문에 일기를 쓴다는 것, 즉 기록을 남기는 것 자체를 경계한 측면도 있었지만 그만큼 마음의 여유, 경제적 여유가 없었기 때문일 것이다. 적어도 이러한 마음고생은 대략 1953년 말에야 어느 정도 벗어나 과거를 정리하고 돌아볼 수 있는 여유가 생긴 것으로 보인다. 1953년 말 기록을 보면 유인호는 다음과 같이 회고한다.

작년(1952년) 이후 사회 활동(조직 활동)은 어찌 되었나? 매우 냉정하게 되었다. 비판적(건설적인 비판)인 입장에서 보면 내게는 중요한 학습 기간이었다. 이제 직접적인 활동은 피하고 내 입장에서는 그 직접적인 활동 분야를 학습적인 면으로 이끌어내는 것 그리고 과거의 행위들에 대해 감정적인 면이 많았으니 앞으로는 가능한 한 냉정하게 행동하는 것이 중요하다.

냉정이란 소극적인 것을 뜻하는 말이 아니다. 이른바 이성적 행위를 취하는 것이다. 이제는 더 이상 제3의 뭔가를 찾지는 않을 것이다. 앞으로 어떤 비판도 받아들이면서 어떻게 하면 나 자신에게 충실하면서 전진할 수 있을까를 늘 생각하려고 한다.

외부의 압력에 움직이는 것은 안 된다. 지금 내게는 수많은 비난의 화살이 날아온다. 단체가 집단적으로 공격해올 수도 있다. 하지만 극복해야 한다.

정의를 위해 일하는 사람에게는 양쪽에서, 즉 반동들과 자칭 공산주의자들로부터 비판이 거세다. 특히 자칭 공산주의자들은 매우 주의해야 할 대상이다. 앞뒤 분별없이 무아적(無我的)인 행위, 자기 소외된 행위를 한다. 비이성적인 행위를 때와 장소를 가리지 않고 행한다. 즉, '좌익 소아병적' 이다. 나 역시 과거엔 이런 부류에 속해 있었는지 모른다. 한 예로 어디서든 당과 인민의 규율에 의존해 이를 지키고 자신을 그 규율에 충실하게 하면서 되레 인민을 위해 충실하게 행하는 자를 제거하려고 하는 데 가담했나.

그리고 다음으론 궤변론자, 사회주의자, 명예주의자들을 경계해야 한다. 또 하나, 학문을 싫어하는 사람들, 무비판적이거나 비판력을 갖지 못한 멍청이들을 경계해야 한다.

나는 그런 관료적인 존재로 변질되어가는 이들과 수없이 충돌했다. 그 과정에서 느낀 점은, 그들 스스로 인식하고 발전을 기다리는 방법 외에는 다른 방법이 없다는 사실이다.[207]

유인호가 조직에서 모함당하고 질책받고 결국에는 출당 조치를 겪으면서 외려 생각이 건강해졌음을 볼 수 있다. 스스로 일반 대중들과는 다른 행보를 취하면서 모든 합법적인 행보를 거부한 채 결과적으로 대중한테서 멀어지는 좌익 기회주의와 대중의 원하는 바만 쫓으려는 우익 기회주의를 경계해야 한다는 논리를 발견할 수 있다.[208] 문제의 본질에 대한 추구가 조금씩 무르익고 있다.

나도 감정적인 면이 많았다. 나는 발산된 감정을 가능한 한 학문에 반영해보려고 노력한다. 즉, 학문에 좀 더 매진하려고 생각한다. 소련에서 생산력과 생산 제 관계의 대립을 해소한 것과 마찬가지로 과학적 방법을 받아들여야 한다고 본다. 양자의 대립 없이, 즉 무한한 자연을 극복함으로써 생산력의 의의를 인정하는 것과 마찬가지로 나의 인간 완성은 미래에 이루어질 것을 기대한다. 완성이라고 하는 영원한 과제를 향하여 내 힘으로 가능할 정도의 대중 지도도 하고 대중으로부터 지도도 받으면서. 이상 사회란 이성적인 인간이 사는 사회이며 인간 완성이 가까워지고 있음을 의미한다. 이러한

유인호 평전, 사회변혁을 꿈꾼 민중경제학자의 삶

관점에서 나의 실천 활동은 출발할 것이다. 그리고 직접, 간접의 투쟁에 임할 것이다. 나의 투쟁이란 좌익 소아병의 모습도 아니고 폭넓은 것이다.[209]

이제 유인호에게서 조직이니, 투쟁이니 하는 것은 중요하지 않다. 1952년을 겪으면서 유인호는 자신의 무모함, 부족함 등을 철저하게 반성하면서 모험주의 운동과 비합법적인 투쟁 등의 한계를 뼈저리게 실감하였다. 대학원에 진학한 첫해, 1954년 11월 정치 단체에서 벗어난 심경이 어떠냐는 친구의 질문에 유인호는 다음과 같이 대답한다.

추방되었을 때는 힘들었다. 일본에 와서 나의 생활은 늘 조직과 일치했다. 그 조직으로부터 완전히 매장당했다는 사실은 견디기 어려운 일이었다. 모든 것에서 잘려나간 느낌. 하지만 날이 갈수록 생각이 정리되었다. 내가 누구에게 뭐라고 이야기되는지 모르지만 나는 애국적 행동에서 벗어나지 않았으며 지금까지도 그렇다. 나를 반동분자, 스파이라고 말한 그들이 대세가 되어 오히려 배신했다. 그들은 반인민적인 말을 내뱉고 있을 뿐이었다. 나는 오히려 나 자신에 대한 확신을 얻었다. 친구도 새로 얻었다. 누구와도 교제할 수 있으며 인간적인 동일성을 추구할 수 있다. 그와 동시에 나의 세계관은 당원이었을 때보다 한층 더 강고한 모습으로 자라났으며 이전보다 더 사물에 대해 비판적으로 관찰할 수 있게 되었다. 나는 추방된 이후 성장했다.

……

나는 모든 면에서 서둘지 않고 착실하게 전진하고 싶다. 올 7월 복당 허가가 나왔다. 그러나 나는 선뜻 내키지 않는다. 좀 더 생각하고 싶다. 입당하는 것은 언제라도 좋을 것이며 문제는 나 자신이 완전히 당규를 지킬 수 있을 것인지 하는 점이다. 지킬 수도 있을 것이다. 그렇지만 현재 **조직은 학문하는 것을 너무나도 경시하는 듯하다. 따라서 나는 좀 더 길게 보고 그리고 더 넓은 시야로 판단하여 추진하여야겠다.**[210]

조직 내 분파적 모략과 갈등, 이론 경시 풍조, 모험적인 노선 등이 유인호에게는 분명하게 보였던 것이다. 강제 추방을 당한 조직에서 다시 '재입당'이라는 러브콜을 보내지만 유인호는 끝끝내 응하지 않았다. 교토구치소에서의 경험은 결과적으로 민전과 일본 공산당과 확실하게 갈라서는 결과를 가져다주었다. 유인호가 1952년 대사건을 거쳐 1953년과 1954년을 지나오면서 문제의 실체를 확실히 인식하게 되었는데 정작 민전과 일본 공산당은 1955년에서야 노선을 변경한다. 일본 공산당은 1955년 7월 제6회 전국협의회에서 무장투쟁 방침 포기를 결정했고, 민전 역시 그보다 조금 앞선 그해 5월 총련을 출범시키면서 일본 공산당과 결별함은 물론 일본 내에서 정치투쟁을 하지 않기로 선언하였다.

유인호 평전, 사회변혁을 꿈꾼 민중경제학자의 삶

I3
연구자의 길

1950년대 초반에 재일 한국·조선인 유학생들의 삶은 일부를 제외하면 대부분 고학생이나 다를 바 없었다. 모두가 어려운 시절이었으니 유학생도 예외가 없었을 것이지만 특별히 유인호의 일본 생활은 생활고의 연속이었다. 맨주먹으로 들어온 데다 뒤를 적극적으로 밀어주는 친척 하나 없어 모든 책임을 혼자 져야 했기 때문이다. 유인호는 자신의 처지와 같은 유학생들을 유심히 관찰해 이들을 크게 세 부류로 구분한다.

밀항하여 공부하는 학생들에게는 특징이 있다. 대부분 결심은 뜨겁게 타오르지만 실체는 그렇지 못한 경우가 많다. 첫째 부류는 먹기 위해 학교에도 나가지 못하고 하루하루 교실을 그리워하면서 생활투쟁에 바쁜 이들이다. 나도 이들 중 하나다. 둘째는 학교는 뒷전이고 전적으로 돈벌이만 몰두하는 학생. 셋째는 일본 여성에게 안겨 방탕한 생활을 하는 학생. 이들 모두 정식적으로는 모두가 훌륭한 대학생들이다. 그러나 실질 측면에서 보면 실력이 부족하다.

……

그래서 나는 더 열심히 공부해야 한다. 조국에 돌아가서 사람들을 위해 일할 수 있으려면.[211]

유인호는 생활비를 버는 아르바이트 활동을 "생활투쟁"이라고 불렀다. 하루하루 먹고사는 일에서부터 대학 학비를 조달하는 것까지 마음 편할 날이 없으니 아예 아르바이트조차 투쟁이란 명칭을 붙일 만했다. 유인호의 생활투쟁은 대단히 다양했다. 하지만 조선인학교 등 교육 투쟁 등에 깊숙이 개입한 1952년까지는 운동에 앞장서느라 시간이 부족했고, 1953년부터는 대학 졸업을 앞두고 밀린 학업을 다지느라 생활투쟁이 쉽지 않았다. 그 때문에 그의 일본 생활은 극히 일시적인 때를 제외하면 늘 곤궁하게 이어졌다.

생활투쟁, 아르바이트 인생

유인호는 손재주가 탁월했다. 비록 실패하였으나 일본에 오기 전 한국에서도 양초 제작에 뛰어든 적이 있다. 일본에 들어와서도 두 가지 사업을 생활투쟁의 일환으로 하였다. 우선 1950년 10월에는 가키모치(搔き餠)를 만들어 파는 사업을 벌였다. 가키모치는 얇게 만든 인절미를 그늘에서 꼬들꼬들해질 때까지 말린 후 기름에 튀겨낸 음식이다. 유인호의 가키모치는 제품에는 별

문제가 없었지만 워낙 영세한 데다 수요가 늘어가기를 기다리기도 전에 원료대를 감당할 수 없는 열악한 자본 사정으로 보름 만에 주저앉고 말았다.

또 다른 사업은 전기 다다미 사업, 즉 간이 전기장판 사업이었다. 앞에서도 잠깐 소개한 전기장판 사업은 일본에 거주하는 교포들을 염두에 둔 것으로, 소비자의 수요를 감안한 이른바 맞춤형 사업이었다. 일본에는 온돌 문화가 아예 없으니 겨울이 되면 한국인에게 가장 그립고 아쉬운 것이 따뜻한 아랫목이었다. 유인호의 전기장판은 바로 그런 수요를 노린 것이었다. 고향의 겨울 맛을 느끼게 해주는 상품이었다. 유인호는 일본에 도착한 첫해 겨울부터 전기장판을 하나둘씩 만들기 시작했는데 제품은 만들수록 성능이 좋아지면서 찾는 사람이 꾸준히 늘어났다. 한 장을 약 100엔 정도에 만들어 500엔에 팔았다.[212] 공사판에서 하루 종일 작업해야 일당이 겨우 220엔에서 230엔 정도였으니 팔리기만 한다면 간이 전기장판 사업은 해볼 만한 아이템이었다. 실제로 1950년 겨울부터 1951년 봄까지 모두 250장을 만들었다. 하룻밤 집중해서 작업하면 십여 장을 만들 만큼 유인호는 솜씨가 좋았기 때문에 그해 순수익을 6만 엔이나 얻을 수 있었다. 밀린 학교 수업료 5,000엔을 내고 필요한 책과 옷가지를 사고도 3만 5,000엔이 남아 1951년에는 생활비 걱정을 크게 덜었다.[213]

물론 고장이 잦은 점과 안전성이 부족하다는 점, 보관도 쉽지 않아서 겨울 한 철밖에 쓸 수 없다는 점과 같은 문제도 있었다. 게다가 여름철에는 수요가 없기 때문에 유인호의 생활투쟁에 비수기가 생긴다는 문제도 있었다. 1950년 겨울은 다소 예외적인 상황으로, 많이 만들었을 뿐 아니라 많이 팔기도 했지만 늘 그렇게 될 것으로 기대할 수는 없었다. 매년 겨울에 집중적으로 작업해서 순익을 쌓아뒀다가 여름철까지 생활비를 댈 정도로 대량 생산이 가능한 것도 아니고 혼자 만들어 판매와 수금 그리고 수선까지 도맡아야 하기 때문에 부담이 적지 않았다. 더구나 일본 경기가 한국전쟁의 특수 덕분에 급속하게 회복하기 시작하면서 유인호식 간이 전기장판에 대한 매력도 상대적으로 떨어질 수밖에 없었다. 그렇지만 적어도 1951년 겨울까지는 간이 전기장판 사업이 생활투쟁의 중심을 차지하였다.[214]

유인호의 일본 생활은 1949년 5월 10일 교토에 도착한 이후 거의 몸부림을 치듯 이어지는 생활투쟁의 연속이었지만 크게 두 기간으로 나눌 수 있다. 일본 생활을 교토구치소 사건에서 최종적으로 석방된 날, 즉 1952년 10월 25일을 기점으로 그 이전을 전기 유학 시절(1949년 5월부터 1952년 10월까지), 이후를 후기 유학 시절(1952년 11월부터 1955년 3월까지[215])로 구분하기로 한다. 이제부터 전·후기별로 유인호가 유학 시절 동안 어떻게 생활투쟁을 벌였는지 한 번 따라가보자.

그의 생활투쟁은 대단히 불안정했다는 점을 특징으로 한다. 아르바이트 일자리가 대부분 임시직이었을 뿐 아니라 한곳에서 오래 지속되지 않고 그때그때 바뀌었기 때문에 중장기적인 생활 계획을 짜기란 거의 불가능하였다. 여기에는 당시 일본 사회가 직면한 시대적인 불안정성도 문제였을 테지만 그보다는 유인호가 필요한 일자리조차 생활투쟁의 일환으로만 생각할 뿐 정식 취업을 스스로 경계했다는 점이 작용했다. 유인호는 학업을 최우선으로 여겼을 뿐 아니라 생활투쟁으로 책과 연결될 수만 있다면 좋겠다는 희망을 가장 중시했다. 간이 전기장판 사업이 비교적 순조로웠던 1951년 겨울에서 1952년 초까지 겪은 생활투쟁의 불안한 현실에 대해 유인호는 다음과 같이 자각한다.

조선인 고학생들은 개개인의 생활이 대부분 곤궁하다. 어떻게 하면 학문을 할 것인가가 아니라 어떻게 하면 책과 떨어지지 않고 학문을 계속할 수 있을 것인가가 초점이다.[216]

우선 전기 유학 시절의 생활투쟁이다. 이때까지는 간이 전기장판 제작이 생활투쟁의 기본 축이었다. 하지만 전기장판만으로는 학비며 생활비를 감당하기 어려웠다. 물론 유인호는 교토에 도착한 지 불과 한 달 반 남짓 만에 조선인학교 교사가 되어 매우 순조롭게 일본 생활을 시작하였다. 그렇지만 두 달도 채 안 되어 해고 아닌 해고를 겪으면서 치열한 생활투쟁으로 내몰리고 만다. 교포들의 소개를 받아 우메즈 사탕가게에 직공으로 취업하지만 경기가 나빠서 격일로 일해야 하는 것을 보고 일주일 만에 그만두기도 한다.[217]

이어 그해 10월부터 다시 우메즈조선인학교 교사로 취업하면서 생활투쟁은 조금 안정을 찾았다. 하지만 이 책 제9장에서 거론한 것처럼 이 학교 역시 존립 자체가 어려운 상황이었기 때문에 결국 이듬해 3월 말에는 다시 실업자 신세가 되었다. 1950년 대학에 입학한 유인호로서는 학비를 비롯해 필요 경비가 급격하게 늘어나는 상황이었는데 이를 마련할 방법이라고는 아무것도 없었다. 직업 안정소를 찾아가 호소해도 겨우 일당 220엔에서 230엔인 건설 노동, 하천 정비 노동 자리밖에 없었다. 대학은 입학했지만 학교에 가는 날보다 우쿄쿠의 도로 공사 현장이나 교토 북쪽 가미교쿠의 공사 현장에서 곡괭이질을 하는 날이 훨씬 더 많았다.[218]

대학이 여름방학에 들어가는 7월이면 생활투쟁은 본격화된다. 가뜩이나 굶는 일이 다반사로 이어지니 체력 소모가 많은 일용 노동은 가급적 피해야 했다. 그러다 여름철에는 아이스캔디 판매가 좋다는 말에 부끄러움을 무릅쓰고 아라시야마유원지 등을 전전하기도 했다. 첫날은 창피해서 받아온 100개 가운데 겨우 스물네 개밖에 팔지 못했다.[219] 시간이 지나면서 하루 일당이 건설 현장에 나가는 것보다 많아졌지만 이 역시 소모적인 일이라는 사실은 마찬가지였다. 부근에 있는 도에이우즈마사 영화마을에서 영화 제작에 필요한 엑스트라를 모집하곤 해서 유인호도 가끔 엑스트라로 생활투쟁을 하기도 했다.

그즈음 유범준이 하세가와(長谷川)란 이름을 쓰는 교포가 8월에 '하우스마트'라는 잡화점을 여는데 매장과 점원을 관리할 사람을 찾는다고 알려와 면접을 보러 간다. 다만 조건이 있었다. 매장에서는 일본 이름을 써야 한다는 것이었다. 유인호는 망설임 끝에 조건을 받아들이고 일본식 이름을 시게모리 켄으로 정한다.[220] 월급은 4,500엔, 점원 열두 명을 관리하는 일이었다. 그런데 직원들을 부리려고만 하지 전혀 배려할 줄 모르는 하세가와 사장이 마음에 걸렸다. 결국 유인호는 한 달 남짓 만에 일을 그만둘 수밖에 없었다. 하세가와 사장에게 고언을 한 탓이었다. 9월 한 달 내내 유인호는 생활투쟁으로 중노동을 한다. 오사카에 진주하는 미군의 조선어 통역관 자리가 났다고 하여 시험을 치렀지만 채용되지는 못했다.[221] 이어 10월부터는 다시 간이 전기장판 사업에 매진한다. 그해 겨울 유인호는 "기계처럼 온종일 장판만 만들었다"고 한다.

1951년 봄은 비교적 순탄하게 생활투쟁이 이어졌다. 간이 전기장판을 만들어 판 이익이 넉넉했기에 그해 여름 유인호는 남은 돈을 기반으로 도쿄에 있는 친구 이태영, 손영부 등과 쌀장사에 나선다. 조금이라도 안정적으로 돈을 운영하여 생활투쟁이 원만하게 진행되기를 바랐으나 현실은 전혀 다르게 진행되고 말았다.

당시 일본은 심각한 쌀 부족 사태가 이어져서 식량, 특히 쌀에 대해서는 배급제를 실시하는 등으로 식량관리제도[222]를 운영하고 있었다. 한 달에 두 번 있는 배급일에 지역 주민들은 정해진 양만큼만 쌀을 살 수 있었기 때문에 여기저기에 쌀 암시장이 번창하였다. 유인호는 1951년 7월 24일 쌀이 많이 생산되는 도치기 현, 아키타 현을 다니면서 쌀을 사 모았다. 그런 어느 날 아키타 현 유자와에서 쌀 여덟 말을 사서 이 중 여섯 말은 먼저 기차 화물로 도쿄에 부치고 나머지 두 말은 이태동과 함께 지고 오다가 유자와경찰의 검속에 걸리고 만다. 식량관리법 위반이었다.[223] 쌀도 빼앗기고 유자와경찰서 유치장에서 하루를 보내게 된다.[224] 아래 글은 유치장에 갇힌 심경을 읊은 것이다.

지금 나는 철장 안에서
한정된 자유, 한정된 숨소리로서
지나간 그 모든 것 새롭네

1948년 2월 7일엔
이 감방보다 더욱 더욱 험악했고
부는 바람 그대로 휩쓸려 들어왔지……

유인호는 1948년 2월에 이어 두 번째로 경찰서 유치장 신세를 졌다. 그날 일기장에 쓴 자작시에 생활투쟁의 어려움과 안타까움을 토로하면서도 앞으로 생활투쟁에 계속 나설 것임을 다짐하였다. 18시간 동안 갇혀 있다가 풀려나는데 경찰도 안쓰럽게 생각했는지 한 사람당 세 되씩 쌀을 돌려준다. 앞서 도쿄로 보낸 쌀도 단속에 걸려 모조리 빼앗기는 등 결국 생활투쟁 차원에서 계획한 쌀장사는 손해만 잔뜩 떠안긴 채 실패하고 말았다. 남은 것은 다시 공사판 일용 노동이었다. 방학이 곧 끝나가고 있으니 그 전에 조금이라도 돈을 모아놓아야 할 상황이었으나 마음만 바쁠 뿐 성과를 내는 건 쉽지 않았다.

후기 유학 시절의 생활투쟁은 훨씬 더 어려웠다. 일본을 떠나겠다고 살던 곳도 정리한 마당이었기에 당장 머물 곳도 마땅치 않았다. 이중으로 어려움이 겹친 셈이었다. 1954년 10월, 유인호는 일본에서 열네 번째로 이사를 하는데 1952년 10월 이후에만 열 번이나 옮겨 다닐 정도였다.[225] 후기 유학 시절에는 거의 한두 달에 한 번씩 거처를 옮겨야 할 만큼 생활은 급격하게 나빠졌다. 이뿐 아니라 겨울철 생활투쟁의 주요 사업인 간이 전기장판 사업도 유인호가 교포 사회와의 갈등을 의식하면서부터 지지부진해졌다.

교토구치소에서 나온 유인호는 당장 갈 곳이 없었다. 한동안 대학 친구 자취방에 얹혀서 지낼 수밖에 없었다. 1952년 11월과 12월에는 교토 미부(壬生)에 사는 김병식의 자취방에서, 1953년 1월부터 3월까지는 그 근처에 사는 김택근·성근 형제에게 신세를 졌다. 특히 당시에 김택근 형제는 밤에 국수 장사를 하고 있어서 유인호도 자연스럽게 합류했다.[226] 이른바 차르메라 야식 메밀국수였다. 작은 리어카에 국수 국물과 삶은 메밀국수, 연탄 화로를 싣고 차르메라라고 불리는 나팔을 경적처럼 울리며 다니다 손님이 부르면 즉석에서 메밀국수를 말아주는 일이었다. 하룻밤에 스물다섯 그릇 정도 팔았는데 당시 유인호가 유일하게 넉넉하게 먹을 수 있는 것이 바로 이 메밀국수였다. 낮에는 종일토록 대학 도서관에서 책을 읽고 공부에 열중하다가 저녁 9시에 차르메라 야식 메밀국수 장사를 시작하면 우선 자신이 첫 손님이 되는 것이었다. 물론 공짜였다. 그렇게 새벽 3~4시까지 일하고 돌아와 다시 아침이 되면 학교에 가는 생활이 이어졌다.

> 작년(1952년) 10월 교토구치소에서 출소한 이후, 심신이 피곤해졌음은 물론 아무것도 가진 것이 없었다. 가지고 있는 시계와 카메라를 팔아서 생활비로 쓰고 살기 위해서 먹고 메밀국수 장사를 했지만 남는 것은 별로 없었다. 밤을 새워 일해서 손에 쥐는 것이라고는 150엔 정도로 다음 날 식비 두 몫 정도가 겨우 나왔다. …… 배가 너무 고파서 밤에 메밀국수를 서너 그릇 먹었다. 그렇지 않으면 몸을 보전할 수 없었다.[227]

1953년 2월에 치른 기말시험은 유난히 시험 과목이 많았다. 1952년 9월을 홋카이도에서 지내는 바람에 시험을 보지 못했으니 그것까지 겹치면서 모두 열여섯 과목이나 시험을 봐야 하였다. 하루 종일 도서관에 파묻혀 지냈다. 덕분에 3학년을 마치는 1953년 3월 시점에서 졸업에 필요한 학점 124학점을 모두 이수할 수 있었다.[228] 이제부터는 정말 배우고 싶은 과목에 힘을 기울일 수 있게 된 것이다.

문제는 언제까지 남의 자취방 신세를 질 수 없다는 점이었다. 그러던 차에 대학 동문인 강재성이 일자리를 제안하였다. 강재성은 당시 일본 사회에 서민 오락의 하나로 파친코 붐이 막 일던 때라는 점을 노리고 여기저기에 파친코점을 개장하는 일로 분주하였는데 유인호에게 5월 초에 새로 개점할 곳을 맡아달라는 것이었다. 장소는 오사카 시 남쪽 외곽 지역인 니시타나베였다. 그해 4월 26일부터 유인호는 '노에(野江)홀'이라는 간판을 건 파친코점에서 지배인으로 일을 시작한다.[229]

　　파친코는 미국에서 들어와 일본화된 것이다. 당초에는 어린이들의 장난 감이었는데 3~4년 전부터 도박적인 성격으로 탈바꿈하였다. 최대 원인은 대중 놀이가 아무것도 없었기 때문이다. 그리고 정부가 사실상 최대 원인이다. 경마, 경륜 등과 함께 일반 시민을 몽롱하게 만들고 그 상황에서 경쟁이 벌어진다. 자본주의사회가 유지되기 위해서는 인민들이 비판적이고 과학적인 능력을 갖지 못하도록 하는 데 초점을 맞춘다. 일부 파친코를 즐기는 사람은 자본주의사회에서 받는 인민의 탄압을 저항하는 모습으로 파친코를 하면서 위로를 받는다고? 에너지를 완전히 소모시키는데도? 고귀한 인민의 에너지가 제대로 활용되기 위해서는 혁명당인 일본 공산당부터 자기반성을 하면서 인민 속으로 깊숙이 들어가야 한다.[230]

유인호는 파친코점에서 일을 하게 되었지만 파친코를 그리 달가워하지 않았던 것 같다. 특히 유인호는 파친코가 대중을 우민으로 만드는 문제를 지적한다. 그럼에도 파친코는 유인호의 후기 유학 시절 생활투쟁에서 중요한 몫을 한다. 대학 4학년이던 1953년 4월부터 9월초까지 노에홀에서 일했을 뿐 아니라 1954년에도 그 일에 관여하였다.

취업이냐, 대학원이냐

노에홀은 개점 전부터 주목을 받았다. 니시타나베 역은 1952년 오사카의 지하철 1호선(현재의 미도스지센)이 개통될 당시 남쪽 종점이었다. 이제 막 사람이 몰리는 신흥 지역으로 떠오르는 상황이었다. 개점을 앞둔 1953년 5월은 본격적으로 이 지역에 상권이 형성되기 시작한다. 여기에서 유인호는 종업원 여섯 명과 파친코 기계를 관리하고 화장실 청소와 회계 관리, 전단을 뿌리는 홍보 책임까지 몇 사람 몫을 하면서 하루 18시간 이상 일하였다. 월급 6,000엔은 매력적인 것이었으며 6월부터 가게가 어느 정도 궤도에 오르면서 일주일에 세 번 정도는 학교에도 갈 수 있었다. 노에홀에서는 모두들 유인호를 "아사야마(朝山) 점장"이라고 불렀다. 전기 유학 시절과의 단절을 의미하는 뜻에서인지 초기 일본 유학 시절에 쓴 시게모리 켄 대신 아사야마라는 새 이름을 쓴다.

노에홀 근무는 당초 강재성과의 계약으로는 영업 정상화 때까지로 한정하였으나 유인호의 능력을 높이 산 강재성이 좀 더 일해줄 것을 요구한다. 유인호로서도 7월부터 여름방학이 시작되기 때문에 방학 중에 바짝 생활투쟁을 하여 돈을 모아 가을에 학업에 열중하려고 했기에 파친코점 지배인 노릇은 좀 더 지속되었다. 특히 그해 7월과 8월에는 강재성의 배려로 파친코점에서 담배를 팔 수 있는 권리를 얻게 되어 적잖은 수입도 추가로 확보한다.

파친코는 도박 놀음이 분명하지만 적어도 직접 돈을 걸고 도박할 수는 없도록 되어 있었다. 고객은 우선 돈을 내고 쇠구슬을 사서 이것을 기계에 투입해 게임을 하는데 쇠구슬을 다 잃으면 그것으로 그만이다. 그러나 쇠구슬을 많이 따면 이것을 돈으로 교환해준다. 다만 이때 딴 쇠구슬은 돈 대신 담배, 술, 쌀, 과자 등으로 교환해주는데 대부분 업소 뒤에 자리 잡고 있는 물품 교환소에서 물품을 다시 할인하여 현금으로 바꿔준다. 이상한 교환 방식이었지만 도박금지법을 준수하면서 실제로는 도박을 벌이는 상황이었다. 예컨대 쇠구슬 대신 받은 100엔짜리 담배를 교환소에서 50~70엔에 되사주는 방식이었다. 그 담배를 시중에 되팔면 할인한 몫만큼, 즉 30~50엔 정도 수익을 따로 챙길 수 있는 셈이었다.

유인호는 그렇게 모은 돈으로 대학 4학년 마지막 학기를 준비한다.[231] 그러나 한 번 능력이 입증된 만큼 유인호에게 스카우트 유혹이 끊이지 않았다. 특히 파친코점을 새로 개장하려는 사람들 사이에서는 유인호가 더 없이 훌륭한 관리자였다. 종업원 관리는 물론이고 영업 정상화에 이르기까지 회계며 가게 운영이며 모든 것을 말끔하게 유지하는 수완에 칭찬이 자자하였기 때문이다. 9월부터 교토 학교 부근으로 거처를 옮겼지만 강재성을 통해서 알게 된 다나카(田中), 하루다(春田) 등의 요청으로 다시 10월엔 일주일의 반 이상을 오사카에 머물러야 할 정도였다.

그해 11월에 들어서자 강재성은 아예 유인호에게 동업을 제안한다. 대학 졸업하고 사업을 하는 것도 나쁠 것 없다는 생각이 들기는 했지만 유인호는 일단 대학 공부가 우선이었기 때문에 구체적인 답변을 피한다. 하지만 유인호로서도 고민되는 바가 적지 않다. 생활투쟁의 지긋지긋함을 생각하면 안정된 사업, 특히 한창 급팽창하고 있는 파친코 사업은 조금만 더 지혜롭게 관리한다면 단숨에 큰 사업으로 키워갈 수 있을 것이라는 생각

유인호 평전, 사회변혁을 꿈꾼 민중경제학자의 삶

도 들었다. 하지만 유인호는 자신이 일본에 온 목적을 다시 떠올린다.

생활투쟁 때문에 다섯 달 동안이나 사실상 책과 결별하고 지냈다. 만회해
야 한다. 대학원에도 가야 하는데. 아침, 점심, 저녁 할 것 없이 공부에 임하
자. '노력, 근면, 착실'을 앞세워 달려가보자.[232]

결석을 밥 먹듯이 하는 유인호의 애환을 잘 아는 교수들도 4학년 2학기
들어 유인호가 종일 학교에 머물며 학업에 열심을 보이는 게 흐뭇하였고
대학원 진학까지도 기대하는 눈치였다. 무토 교수의 세미나 시간에는 발
표 순서나 주제 관리 등을 유인호가 주도하는 편이었다. 유인호는 졸업 논
문으로 '전환기에 들어선 미국 경제'란 내용을 준비하기로 한다. 졸업을
앞두고 이제 어떤 선택을 할 것인가? 유인호는 다시 심각한 고민에 빠지
기 시작한다. 그렇지만 결론은 쉽게 얻지 못하였다.

1954년은 나의 일생을 재단하는 해일 것이다. 어떻게 재단하느냐에 따라
나의 일생이 좌우될 것이다. 그간 졸업을 기다려왔지만 나는 지금 졸업이 무
섭다. 졸업 후의 나의 몸놀림을 어떻게 하는 것이 좋을 것인가? 세 가지 문제
에 직면하고 있다. …… 이 세 가지 문제는 1) 졸업 후 바로 중국으로 갈 것인
가? 2) 대학원에 진학해서 일본에 머물 것인가? 3) 귀국해서 (취업하여) 상인
이 될 것인가? 이 세 가지는 상호 공통으로 추진될 사안이 아니다. 내 입장은
무엇인지 쉽게 결정을 못하는 것은 나의 경제적, 입지적 조건 때문이다.[233]

사회주의 경제에 대한 관심이 여전히 유인호를 붙들고 있었다. 그런데 1954년 초로 넘어오면서 생각이 조금 달라진 것으로 보인다. 자본주의사회에 대한 본격적인 연구가 필요하다는 점을 인식한 듯하다. 아래에 옮긴 일기를 보면 영국 유학도 염두에 둔 것 같다. 1952년의 경험을 반추하면서 생각의 방향도 이리저리 바뀌지만 확실한 것은 대학원 진학에 가장 큰 방점이 찍혀 있다는 사실이다.

지난 4년 동안 사회관, 인생관을 새로 구성하게 되었다. 결론은 더 갈고 닦아야 한다는 점이다. 독서가 많이 부족하다. 하지만 이론적으로는 일관되게 준비해왔다고 자부한다. 그렇다면 졸업 후는 어찌 할 것인가? 1) 영국으로 갈 것, 2) 귀국할 것, 3) 일본에서 대학원에 진학할 것. 이 셋 중에 하나를 선택해야 한다. "세 가지 모두가 가능하며 모두가 불가능하다." 중국 가는 일이 아직 뇌리에서 사라지지 않는다. 하지만 1)을 선택하는 것도 쉽지 않을 것 같다. 2)와 3)은 현재로서는 가능하겠지만 장기적으로 보면 매우 비관적이다.[234]

당장은 어느 정도 버틸 수 있지만 길게 보면 생활투쟁과 공부가 공존하기가 쉽지 않다는 점을 지적한다. 경험칙에서 나온 인식이다. 영어 공부에 초점을 많이 맞춘다. 대학원에 입학하자면 영어, 독일어가 어느 수준에는 도달해야 하지만 유인호로서는 아직 많이 부족하다는 느낌이다. 수단으로서 외국어를 준비하지 않으면 안 되는 처지가 가슴 아팠다.

약소국 백성의 특징이다. 자국 문화를 계승하려는 용기가 부족하고, 국제적인 학술 발표회에서 자국어로는 발표할 수도 없으며, 자국의 역사 등 늘 민족문제로 고민이 적지 않다. 외국어로 쓰지 않으면 자신들의 견해를 이해 받을 수도 없다. 언어마저 독점되고 있는 것인가. 외국어를 하지 못하는 사람은 연구 발표도 할 수 없다. 젊은 시절의 귀한 시간들이 '외국어라는 유령'에 붙들려 살고 있다. 그런 두려움에서 벗어나 자기가 가고 싶은 길을 전념해갈 수 있다면 얼마나 행복할까?[235]

외국어를 배우지 않겠다는 뜻이 아니다. 귀하고 많은 시간을 외국어를 익히는 데 소진해야 한다는 점이 아쉽고 통탄스럽다는 말이겠다. 대학원 입시가 4월 말로 예정되어 있기 때문에 시험 준비를 하는 과정에서 자신을 점검하면서 터져 나온 불만인 것으로 보인다. 유인호의 마음은 대학원 쪽으로 확실히 기울고 있었다. 그렇지만 여전히 대학원 진학과 공부, 경제적 장애 등에 대한 생각으로 결정을 내리지는 못하였다. 1954년 1월 31일, 종강일을 맞은 그날 유인호는 두려워하는 가운데 조금씩 대학원 진학을 구체화한다.

대학 강의는 이달로 종료되었다. 대학 생활도 마지막이다. 대학원은 학문의 세계에 투신하는 것이다. 큰 결심이 필요하다. 학비는 어찌할 것인가? 적어도 매월 2,000엔은 있어야 한다. 학문의 세계는 인정도, 의리도 없는 세계다. 각오는 되어 있으나 객관적인 상황이 걱정이다. 강재성 씨가 졸업 후 동업을 요구하고 있다. 그러나 학문의 길을 포기하기는 어렵다.[236]

미음은 이미 정했는데 객관적 상황에 대한 불안감 때문에 선뜻 앞으로 나가지 못하는 유인호의 모습이다. 그러나 유인호는 강재성이 강하게 동업을 요구할수록 정반대로 대학원 진학을 기정사실로 못 박는다.

　　강재성 씨가 또 제안한다. 함께 사업을 하잔다. 지금까지 겪어본 사람 중에 "유 군만 한 사람이 없다. 신뢰할 수 있는 사람이다"고 말한다. 파친코 사업을 확대하려는 생각인 모양이다. 와서 가게를 한 곳 맡아달라고 한다. "이삼 년 돈 벌어서 해외로 유학을 가면 되지 않느냐"는 말도 한다. 하지만 난 상인이 될 생각이 없다. 오는 4월 이후 생활을 어떻게 할지 알 수 없지만(지금까지는 지난해 노에홀에서 번 돈으로 대강 유지해오고 있지만) 그래도 공부를 도중에 포기할 수는 없다. 내 성격상 적(籍)만 두고 적당히 하는 그런 형식주의는 하고 싶지 않다. 이 또한 좋은 선택이 아니다. 지금까지 독력으로 살아온 내가 지금 와서 아버지에게 기댈 수도 없고 그렇다고 상인으로 전환하는 것도 맞지 않다. 걱정이다. (제안을) 받아들여야 할 것인가.[237]

　　그해 2월 중순부터 유인호는 마지막 기말고사를 치른다. 필요한 학점은 이미 지난 1953년 봄에 다 이수했지만 그래도 무토 교수 수업은 시험을 쳐야 했다. 대학 학부 때 성적표를 보면 유인호는 모두 마흔 과목을 이수하였다. 평균 점수는 75.8점이다. '경제 원론', '농업정책', '공업경제론', '국제경제론', '금융경제론', '경제정책론', '사회정책론', '경제지리', '재정학', '서양 경제사', '외환론', '경제사', '상법', '보험', '회계학', '노동법', '사회사상사', '경제학원전 강독', '경제철학', '연습(演習)'[238] 등 전공과목 스물여섯 개와 '철학', '법학통론', '인문지리', '교육학',

유인호 평전, 사회변혁을 꿈꾼 민중경제학자의 삶

‘윤리학’, ‘논리학’, ‘사회학’, ‘정치학’, ‘사회과학’, ‘화학’, ‘물리’, ‘체육’, ‘독일어’ 등 교양과목 열네 개였는데, 전공과목 평균 점수가 77.6점으로 교양과목 평균 71.4점보다 더 높았다. 점수가 짜기로 정평이 나 있던 당시 일본의 대학에서 70점 정도를 평균치라고 한다면 유인호의 성적은 평균 이상이었다. 그런데 유인호는 성적 그 자체보다 시험 평가 방식과 콩나물시루 같은 수업 환경에 불만이 많았다.

1년 가르쳐 배우고[239] 고작 60분으로 평가한다는 것은 문제가 많다. 리포트와 무감독으로 평가해야 한다. 현 제도로서는 정확한 평가가 불가능하다. 학생 수가 과목당 300~500명씩인데 10분의 1, 20분의 1로 줄여, 15~20명으로 해야 마땅하다. 일본 대학 교육은 학문을 가르치기보다 마치 고등 상식을 가르치는 것 같다.[240]

성적만으로 본다면 유인호가 교양과목보다 전공과목에 더 큰 집착을 가지고 열심을 기울인 것으로 보인다. 특히 전공 분야로 보면 유인호는 무토 슈이치, 아베 야쓰구, 가케하시 아키히데, 이노우에 이와오 교수 등 마르크스경제학 전공자들에게 영향을 많이 받았다.[241] 무토 교수한테서는 ‘금융경제론’(80점), ‘경제정책론’(70점), ‘외환론’(80점) 그리고 학점을 받지 않고 참여한 ‘연습’ 한 과목을 배웠고, 아베 교수한테서는 ‘경제 원론’(75점), ‘농업정책’(80점), ‘연습’ 두 과목(80점, 85점)을 배웠다. 가케하시 교수의 ‘경제철학’(80점) 강좌와 ‘연습’(95점)에 참석했으며 이노우에 교수한테서는 ‘경제학원전 강독’(80점), ‘공업경제학’(75점), ‘연습’(05점)을 배왔다. 이수한 전체 전공과목 중 이 네 교수에게 배운 것이 열둘에서 열세 강좌로 거의 절반에 육박한다. 유인호 경제학의 기초는 이들 네 교수에 의해 형성되었다고 해도 과언이 아니다. 재미있는 것은 이 네 교수의 강좌에서 얻은 점수가 평균 80.4점이라는 사실이다. 점수로만 보면 이 강좌에 대한 유인호의 집중도가 다른 전공과목에 견줘 더욱 높았음을 보여준다.

이주일 동안 치른 기말시험이 끝난 1954년 2월 25일, 재일 한국·조선인 학생 모임은 스에카와 총장을 비롯한 교수 여섯 분을 초청해 졸업생 환송회를 열었다. 유인호는 이날 답사를 맡아 졸업생을 대표해 인사말을 하였으나 정작 자신은 하루하루 졸업 날짜가 다가오면서 더욱 증폭되는 불안감을 어쩌지 못하고 깊은 고민에 빠져 있었다.

조금이라도 확실한 후원 체계를 마련할 수 있으면 좋겠다는 마음에서 한국으로 일시 귀국하는 것을 생각해보기도 했지만 이 역시 쉽지 않아 포기하고 만다. 여비 등의 문제가 해결되지 않았을 뿐 아니라 한국에 간다한들 아버지가 후원해줄 것이라는 확신도 서지 않았다. 그렇다고 다른 식구들한테서 지원을 받아낼 수 있는 처지도 아니지 않는가. 괜히 오가며 비용만 잔뜩 써버리는 게 아닌가 하는 생각이 앞섰다.

문제는 갑자기 있을 곳이 없어졌다는 사실이다. 막판에 귀국 생각은 고쳐먹었지만 월세 부담을 줄이기 위해 한국에 가는 것을 염두에 두고 집주인에게 미리 2월 말에 방을 비우겠다고 말한 것이다. 한 달 전에 방을 빼겠다고 말하지 않으면 먼저 이사를 해도 그다음 달 월세를 고스란히 내야 하기 때문이다. 당장 3월부터 갈 곳이 없어진 상황이다. 대학원 입시는 다가오는데 당장 있을 곳이 없으니 난감한 노릇이었다.

왜 이리 난관이 많은 건가? 내게는 너무 큰 문제들만이 달려온다. 어떻게 처신해야 할지. 사람들에게 폐를 끼치지 않으려면 그것은 자살밖에 없는데. 남은 방법이 없다. 의지할 곳도 없고 방랑의 생활이 또 시작되나. 깜깜한 허공에 대고 어찌하느냐고 질문해보지만 아무런 대답이 없다. 내일은 또 어디로 가나.[242]

막막한 상황에서 강재성이 다시 제안한다. 우선 대학원 입시 때까지 오사카에 있는 자기 부모님네 집에서 지내도 좋다는 것이었다. 대신 새로 개점한 파친코점이 궤도에 오를 때까지만 맡아주는 것을 조건으로 내걸었다. 그러면서 새 가게가 안정될 때까지는 대학원 수업을 듣는 건 어려울 것이라는 말도 덧붙인다. 이제 강재성도 유인호의 대학원 진학을 기정사실로 하고 논의를 이어간다. 강재성은 부모와 같이 살고 있었으나 파친코 사업을 여기저기 벌리고 있었기 때문에 출장이 잦아 집에 있는 자기 방은 거의 비어둔 상태였다. 유인호로서도 다른 선택이 없었다. 짐을 꾸려 오사카로 다시 왔다.

대학원 진학 계획은 이렇듯 어렵사리 결정되었다. 아니, 처음부터 결정은 되어 있었는데 유인호가 마음이 놓이지 못하여 이리저리 고민을 계속하고 있었다고 하는 편이 정확하겠다.

그래도 연구자의 길을

새로운 계획이 필요하다. 어떻게 공부하고 먹고 살 것인가가 필요하다. 강형(강재성)이 세로 여는 니시디니베 파친코에서 일힐 수밖에 없다. 일하세 되면 학교에 못 가지만 조금 안정되면 주 2~3회는 갈 수 있겠지. 일하면서 대학원에 가는 것은 상당히 곤란하다. 하지만 곤란을 넘어서지 않고서는 다른 방법이 없다. 일만 하는 것이라면 문제는 간단한데, 거꾸로 배우기만 한다면…….. 지금 내게는 간단한 것, 쉬운 것이 아무것도 없다. 만약 학문의 세계에서 떠난다면 일본에 있을 이유가 없다. 또한 귀국하여 학문할 수 있는 상황이라면 돌아갈 것이지만 학업과 일, 종국에는 이 둘 다 놓치는 것은 아닌지 걱정이다.[243]

1954년 봄에 유인호는 대학원 입학시험을 열심히 준비하였다. 진학은 하되, 일단은 파친코점에서 일하기로 정했으니 대강 방향도 섰고, 이제 실력을 제대로 가다듬는 일만 남은 셈이었다. 강재성의 집으로 들어온 후로 매일 교토와 오사카를 오갔다. 교토의 리쓰메이칸대학 도서관을 활용하자면 그 방법밖에 없었다. 하루하루 최선을 다하기로 한다. 경제적으로 사정이 어렵지만 대학원 진학을 결정하고, 동업하자는 말도 뿌리치면서 자신의 의지를 관철해왔는데 행여 시험에서 떨어지면 그야말로 말도 안 되는 상황이 아닌가 말이다.

그런데 4월 22일이 대학원 입학원서 마감일이지만 당장 수중에 수험료 1,500엔이 없었다. 외상으로 입학한 대학 입학 때가 문득 떠오른다.

선고료(選考料·수험료) 1,500엔이 없다. 입학하게 되면 3만 엔은 필요할 텐데. 나올 구멍이 없다. (대학) 입학 때와 비슷하다. 시험도 걱정이지만 입학금 마련은 더 걱정이다. 게다가 당장 원서대마저 없으니 과연 대학원 생활이 가능하겠는지 의문이다. 포기할까? 하지만 그것은 나에게 대한 죽음의 선고나 다름없다. 그렇다. 대학 입학 때부터 졸업 때까지 겪었던 상황을 한 번 더 겪는다고 생각하면 어떨까? 어떻게 하든 지금은 나 자신에게 충실하자.[244]

다음 날 유인호는 강재성에게 돈을 빌려 입학원서를 넣었다. 대학원 입학 보증인도 강재성이 서주었다. 시험은 24일 필기, 25일 면접으로 이어졌다. 첫날 필기시험은 별 무리 없이 치렀고 둘째 날 면접에 이노우에 교수, 가케하시 교수 등이 시험관으로 나왔는데 선생님들 대부분이 유인호의 합격을 확신하는 듯 보였다.[245] 합격자 발표는 이틀 뒤인 27일이었다. 기대한 대로 합격이었다.

합격이다. 기쁘다. 다 잊고 홀로 바이올린[246]을 켜고 싶다. 그리고 어디로라도 달려서 내 합격 소식을 전 우주에 알리고 싶다. 합격이 나를 위로해주었다. 이제부터 본격적으로 학문의 세계로 간다. 모든 곤란을 극복하고 돌진해야지. 학문을 운운하는 것은 쉬운 일이다. 그러나 학문하는 것은 보통 일이 아니다. 학문을 하는 것은 과학을 하는 것이며, 과학을 하는 것은 철학을 하는 것이며 그것은 형식적으로 요구되는 것이 아니라 실질적으로 요구되는 것이다. 이제 학부 정도의 태도로는 안 된다.[247]

합격 발표가 있던 날 기쁨에 겨웠고 학문하는 일에 의미를 곱씹어보지만 그때 이미 유인호는 삶의 현장에서 생활투쟁을 시작하는 중이었다. 입학시험이 끝난 바로 그 다음 날부터 니시터니베 피친고점, '더니배홀' 내부 공사 현장에 투입되었다. 거처도 그곳으로 옮긴다. 개점은 5월 4일이지만 더 이상 강재성의 부모에게 신세를 질 수 있는 처지도 못 되니 작업장 한편에서 숙식을 해결하기로 한다.

다행히 입학 수속은 순조롭게 진행되었다. 입학금과 등록금 1만 7,900엔은 2만 엔을 받기로 한 월급에서 가불해 마련했다. 비록 학교에는 당분간 갈 수 없으나 걱정하던 문제가 해결되어 그나마 안심이었다. 5월 10일은 대학원 입학식이었지만 참석하지 못했다. 다나베홀이 개점한 지 얼마되지 않은 때라서 눈코 뜰 새 없이 바빴기 때문이다. 그날 유인호는 다나베홀에서 한 걸음도 밖으로 나갈 수 없었다. 11일부터 시작되는 첫 수업에도 물론 가지 못했다. 대학원 입학식은 고사하고 수업 첫날도 지키지 못한 유인호는 학문에 정진하는 학우들이 부러울 뿐이었다.

5월 내내 장시간 노동으로 허덕여야 했다. 가게가 번창할수록 관리해야 할 종업원이 늘어나 일은 더 많아졌다. 게다가 지배인에 걸맞은 복장을 차려입은 자신에 대한 혐오감마저 들기 시작한다. 자연스럽게 씀씀이도 늘어나고 점점 자신이 이상한 모습으로 변해가는 것 같다는 생각이 들었다. 백구두에 흰 양복, 나비넥타이에 중절모까지 쓰는 모습에 자신도 놀란다. 그날 일기에는 "나로부터 이탈해가는 나의 모습"이라고 고백한다.

나 자신으로부터 멀어진 생활
자신의 모든 것을 망각 속으로 쑤셔 넣는 생활
지금 나는 그런 생활을 계속하고 있어
탈피하려고 하지만 늘 지고 말아

고통이다

자기 자신으로 살 수 없는 고통

그리고 또 몸의 고통은

정말로 고통과 아픔 그 자체다

내 이름은 고통이다

나의 대명사는 고통이라고 해도 되겠지

배곯고 피곤에 지친 몸은

쉬고 쉽다, 차분하게 사랑의 요람에서

독서에 굶주리고 몸은 노동에 찌들어

생각하는 욕망조차 없다

단지 내일을 살아보려는 마음만 가득

그러나 허락되지 않네

쉬는 일은 주어지지 않네[248]

    6월 10일 어렵사리 시간을 내서 학교에 갔다. 그날이 수강 신청 마지막 날이었기 때문이다. 간 김에 아베 교수의 '영어 강독'과 가케하시 교수의 '경제철학' 강좌에 출석하였다. 오랜만에 존경하는 선생님들과 친한 벗들을 만나고 돌아왔으니 상대적인 박탈감은 어느 때보다 더욱 심하였을 것이다. 유인호가 '자신의 모든 것을 망각으로 쑤셔 넣는 생활'이라고 고백하는 배경이다. 그렇지만 조금 더 일해야 가불해 받은 입학금 등을 청산할 수 있으니 그대로 버티지 않을 수 없었다. 하지만 마침내 유인호는 폭발한다.

6월 결산. 총매출 90만 엔, 경비 28만 엔, 순이익 60여만 엔. 일하는 사람은 고통 중에 있는데 주인만 돈을 버는군. 급료 2만 900엔, 그래도 아직 3만 5,000엔이 적자다. 술도, 여자도 쓰지(사귀지도) 않는데 입학금, 책값 등으로 적자투성이다. 다나베홀에 와서 열심히 일했다. 학교도 못 가고 밤낮으로 일했다. 그러나 이제 그만둬야 한다. 다 그만두고 마땅히 살아야 할 정도를 걸어야겠다. 신문 배달을 해서라도 이 이상 다른 사람에게 의존해서는 안 된다.[249]

걸식을 해서라도 나는 책과 함께 살아야 한다. 다른 사람이 돈 버는 데만 열심을 다하더라도 나는 공부해야, 학문을 해야 한다. 다시 용기와 자신감으로 무장하고.[250]

마침내 파친코점 지배인 노릇에서 벗어나기로 결심한 것이다. 강재성도 유인호의 결심을 꺾을 수 없음을 알았다. 엄청난 부를 축적하기 시작한 강재성은 그만두는 유인호에게 월 1만 엔씩 후원하겠다고 약속한다. 유인호는 '언제까지 그 약속이 지켜질 것인가' 하는 의구심이 적지 않았지만 우선 대학원에 나갈 수 있겠다는 마음이 앞선다. 나중에 꼭 갚겠다고 말하며 그의 약속을 받아들인다.[251]

그로부터 5일 만인 11일에 교토로 이사했다. 교토의 오랜 주택가 사쿄쿠 요시다, 무토 교수 댁과도 가까운 곳에 방을 얻었다. 지난 2년 동안 남의 자취방, 친구 부모네 집, 공사 현장, 가게에 딸린 방 등을 전전하면서 살았는데 그런 더부살이에서 벗어나 참으로 오랜만에 홀로 지낼 수 있는 방을 마련한 것이다. 무토 선생님을 가끔씩 찾아뵈면서 연구의 맛도 본격적으로 맛보기 시작했다. 한동안 미뤄둘 수밖에 없었던 학습과 책 읽기가 집중적으로 이어졌다. 전기가 부족한 시절인지라 밤늦게까지 책을 읽으면 집주인이 눈치를 주는 바람에 창에 두터운 담요를 치고 읽어야 할 때도 적지 않았다.[252] 그야말로 즐거운 고민이었다. 어쩌면 약 6년 동안 일본에서 지내면서 이때가 가장 안정적으로 학업에만 몰두한 시기였을 것이다.

그러나 유인호가 어렵게 얻은 생활의 안정, 학업의 충만함은 한 달을 넘지 못했다. 우선 계속된 영양부족, 장시간 노동, 가끔씩 벌어지는 폭음 등의 무리한 생활이 각기병을 도지게 한 것이다. 앞으로 벌어질 사태에 대한 전조(前兆)인지 잠을 쉽게 들지도 못하고 잠이 들어도 이런저런 꿈들이 이어지면서 푹 자지 못하였다. 게다가 월 1만 엔씩 지원하겠다던 강재성의 약속이 공수표인 것으로 드러났다. 7월 말, 8월 초가 되어도 강재성에게서 연락이 없었다. 보내준다는 지원금 역시 감감 무소식이었다.

결국 강재성과는 결별하고 만다. 강재성은 뜻밖에도 "네가 대학원에 간다는 것 자체가 싫다. 네가 갖는 대학원에 대한 희망과 이상은 나로 하여금 질투를 불러일으킨다"고 고백한다.[253] 유인호를 동업자로 끌어들이기 위한 강수였는지, 정말로 질투심에 불타서 유인호에 대한 약속을 일부러 깬 것인지, 강재성의 본심이 무엇이었는지는 알 길이 없다.[254] 유인호의 부인 김정완은 1971년 5월에 강재성이 서울에 왔을 때 유인호와 재회했다고 한다. 집에도 초대해 1950년대 이야기로 꽃을 피웠다는 것이다. 강재성은 유인호에게 여러 가지 도움을 주었지만 더불어 비참함도 떠안겼다. 무엇보다 결정적으로 어려울 때 등을 돌린 그 애증 관계는 과연 어느 지점에서 해소되었을까? 어쩌면 세월이 봉합해주었을지도 모르겠다.

문제는 그 이후 유인호가 다시 생활투쟁과 학업을 병립해야 했다는 점이다. "살아내지 않으면 안 된다. 그리고 배워야만 한다. 살아서 전진하는 것 외에는 없다"며 유인호는 단단히 결심한다.[255]

마침 민단이 운영하는 교토중학교에 교사 자리가 났다. 유석준이 당시 교장으로 근무하고 있으니 임용될 가능성이 없지 않았다. 지원을 했으나 뜻밖인 상황에 직면하였다. 유인호의 과거 민전 활동, 일본 공산당 입당 등을 민단 쪽에서 물고 늘어진 것이었다. 이미 탈퇴했음에도 그들은 꼬투리를 그렇게 잡았다. 우선 민단의 교육 단체인 한국학생동맹에 가입할 것을 요구하였다. 그래야 과거 민전계의 청년 지도자가 전향하는 모양새가 되면서 반향이 클 것이라고 기대하였다. 하지만 유인호는 1952년의 모함 사건 등을 떠올리며 조직에 참여하기를 꺼렸을 뿐 아니라 스스로 반향을 일으키는 주체가 되고 싶다는 생각은 조금도 없다며 요구를 받아들이지 않았다. 결국 취직은 무산되고 유인호의 궁핍은 하루가 다르게 깊어졌다.

그해 여름방학은 다시 생활투쟁에 대한 고민이 쌓여갔지만 학습에는 적잖은 성과를 낸다. 마르크스의 《자본론》은 지난 2년 만에 완독하였을 뿐 아니라 그 외에도 무토 교수의 지도로 화폐론 그리고 아베 교수의 지도로 농업경제와 관련한 책을 꼼꼼히 정리한다.

9월 들어서는 생활투쟁의 일환으로 집 근처에 있는 파친코점에서 파트타임으로 일하기도 했다. 그런데 기계 만지는 솜씨가 너무 좋았기 때문에 그곳 사장은 대환영이었지만 종업원들이 반발하였다. 일주일 만에 그만둘 수밖에 없었다. 방값은 밀리고 갈 곳은 없었다. 강재성에게 마지막으로 부탁해보았으나 거절당하였다.[256]

유인호는 이제 돌아가는 수밖에 없다는 생각이 들었지만 이런 사실을 전해 들은 무토 교수는 대학원 1학년이라도 마치고 학위 논문 제출에 필요한 학점만이라도 이수하라고 권한다. 학위 논문이야 과정을 이수한 후 제출해도 늦지 않다는 말에 유인호는 다시 힘을 낸다. 또 그즈음 친밀했던 모토오카, 기무라, 시미즈 등 석사 과정 학생 몇 명과 함께 가케하시 교수의 주선으로 경제학회에서 준회원으로 활동하게 된 점도 유인호에게는 퍽 고무적인 일이었다. 비록 애송이지만 연구자의 일원으로 속하게 되었기 때문이다.

아무리 학문과 관련해 고무적인 상황이 벌어지더라도 당장 방은 비워주어야 했다. 다른 선택이 없었다. 그해 10월 초 공사판 인부들이 먹고 자는 합숙소(飯場)를 거처로 삼기로 한다. 약해질 대로 약해진 몸으로 공사판 일을 하면서 틈틈이 학교에 나가 수업에 참석하고 리포트를 제출했지만 합숙소에서 계속 지낼 수는 없었다. 11월에 들어서면서 대학 동료인 김남수의 도움으로 그의 자취방으로 다시 짐을 옮긴다.

유인호의 유학 시절은 그렇게 궁핍 속에서 마무리되고 있었다. 그의 일본 생활은 3대 투쟁으로 점철되었다. 바로 사상투쟁, 학문 투쟁, 생활투쟁이다. 그런데 이 세 투쟁은 교토를 떠나면서도 이어질 수밖에 없었다. 학문은 과학이요, 과학은 철학하는 것이며 철학은 실질적인 것이라는 유인호의 주장대로 현실과 맞닿아 있는 학문은 이 세 가지 필연적인 투쟁에서 벗어날 수 없을 것이기 때문이다.

4부

경제학을 현장으로

14

귀국
그리고 가족의 부활

1956년 7월에 일본 경제기획청이 발표한 《경제백서》는 "더 이상 전후(戰後)가 아니다"라는 한마디로 1955년 일본 경제를 설명한다. 이《경제백서》를 보면 1955년 일본의 1인당 실질국민소득(GNI)은 전전의 최고 수준(1934~1936년 평균)을 13퍼센트나 웃돌았다.[1]

"더 이상 전후가 아니다"라는 말은 '패전과 폐허'로 상징되는 '전후의 경제적 어려움'에서 완전히 벗어났다는 일본 정부의 공식 선언이다.[2] 그 뒤로 이 말은 전후 일본의 고도성장을 설명할 때 빼놓지 않고 등장한다.

바로 그 1955년 봄, 유인호는 부산 다대포항을 떠난 지 약 6년 만에 일본에서 귀국한다. 한국전쟁의 특수를 만끽하고 호경기를 구가하면서 다음 도약을 준비하는 일본, 3년을 끌어온 전쟁이 휴전협정으로 멈춰선 지채 2년이 안 되는 한국, 이 기묘한 부조화는 당시 귀국을 전후하여 유인호가 직면해야만 한 현실이었다.

더구나 호경기인 일본에 있으면서도 빈궁함 때문에 떼밀려나듯 일본을 떠나와야 한 유인호는 다시 조국의 빈곤과 마주해야 했다. 전쟁의 폐허에 서조차 아직 벗어나지 못한 1955년 한국은 1인당 GNP가 겨우 65달러로, 세계에서 손꼽히는 최빈국이었으며 고물가까지 겹치면서 국민 대다수가 빈곤을 면치 못하였다.[3] 사실 조국의 빈곤은 그의 곤궁이기도 한 것이기에 일본에서만이 아니라 다시 돌아온 한국에서까지 어려움은 이어졌다. 경제적인 어려움은 그간에도 숱하게 겪었으니 큰 문제가 아닐 수도 있지만 객지 생활에서 귀환하는 것인 만큼 기대와 현실 사이의 괴리감은 훨씬 더 심했을 것이다.

여기에 유인호에게는 새로운 과제가 하나 더 추가된다. 그것은 바로 연구자로서 한국 사회에 뿌리내리는 일이었다. 유인호의 새로운 도전이 시작된 것이다.

귀국 직전의 걱정거리

한국 사회로 연착륙할 수 있을지 여부보다 먼저 유인호가 직면한 것은 일본에서 어떻게 출국하느냐 하는 문제였다. 합법적으로 일본에 입국한 것이 아닌 탓에 정상적으로 출국하는 데 어려움이 적지 않았다. 가장 큰 문제는 국적 회복이었다.

비록 밀입국으로 일본에 들어왔으나 교토에 정착한 지 넉 달 만에 유인호는 주민등록을 할 수 있었기 때문에 일본에서 기주히는 데는 전혀 이려움이 없었다. 그런데 유인호가 귀국을 결심하고 귀국에 필요한 한국 여권 발급을 받으려고 하자 민단 쪽에서 엉뚱하게도 과거에 유인호가 민전에서 활동한 것을 문제 삼았다.

그 배경에는 재일 교포들의 국적 문제가 깔려 있었다. 1952년 4월 28일 샌프란시스코평화조약이 발효됨에 따라 재일 교포는 일제히 일본 체류 외국인으로 간주되면서 한국, 북한 그리고 귀화에 의한 일본 국적 취득자 등 세 가지 부류로 나뉜다. 그렇지만 적지 않은 교포들은 이러한 국적 문제에 큰 관심을 기울이지 않았다. 일상생활에 바쁜 것도 있었지만 한국의 지원을 받는 민단이나 북한과 관계가 밀접한 민전 등의 정치 놀음에 끼어들기 싫은 측면도 있었다. 그것은 유인호도 마찬가지였을 것이다.

사실 한반도의 남북 분단 이후 일본의 교포 사회도 한국을 지지하는 재일본대한민국거류민단(민단)과 친북계인 재일본조선인연맹(조련, 1949년 9월 해산 이후는 재일조선통일민주전선)으로 대립했으나 이는 어디까지나 지도층을 중심으로 한 상층부의 세력 다툼이었을 뿐 교포 사회 자체는 이전과 크게 다르지 않았다. 그런데 자녀 교육, 즉 조선인학교 문제만큼은 조련과 민전이 적극적으로 앞장을 섰기 때문에 민전의 교육 투쟁을 지지하는 교포들이 더 많았으며 유인호 역시 조선인학교 교사, 야학 교사, 민전의 교육동맹 교토 지회장 등으로 활동을 한 바 있었기 때문에 민전 쪽 인사로 분류되었다. 이와 관련해서는 이미 이 책 제12장 중 〈민전과 일본 공산당에서 벗어나다〉 편에서 거론한 대로 유인호는 1952년 10월 이후 민전과 관계를 정리하였다. 그로부터 2년이나 지났지만 민단은 유인호에 대해 여전히 과거만을 문제로 삼는 듯하였다.

유인호 평전, 사회변혁을 꿈꾼 민중경제학자의 삶

당시 한국과 일본은 국교 정상화 이전이었기 때문에 영사 업무를 대표부 체제로 운영하고 있었다. 오사카 부, 교토 부, 나라 현, 시가 현, 효고 현 등 일본 간사이 지방을 담당하는 곳은 주일 한국 대표부 오사카 사무소(현 오사카 총영사관)였다. 교포들이 한국 방문 또는 해외여행을 하자면 여권이 필요했기 때문에 오사카 사무소가 한국 여권 발급을 맡고 있었는데 그 과정에서 여권 신청에 필요한 서류로 각 지역 민단에 확인서를 요청하였다. 유인호도 같은 절차를 밟는다. 여기에 민단 교토 지부가 제동을 걸고 나선 것이다. 민단 교토 지부는 유인호에게 전향 성명서를 요구한다.

유인호는 1954년 가을에 들어서면서 귀국을 결심하고 사진도 찍고 필요한 서류를 마련한다. 당장 필요한 것이 한국인 등록, 한국 국적 회복이었으니 우선 국적 회복부터 추진하기로 한다.[4] 그런데 별 탈 없이 순조롭게 진행되는 듯한 서류 진행이 갑자기 멈춰 선 것이다. 전향 성명서를 제출하라니, 유인호로서는 다시 악몽 같은 1952년 상황이 재현되는 듯하였다. 적잖이 당황할 수밖에 없었다.

전향 성명이라. 열 통에 가까운 서류를 정리해서 민단 단장과 면담했다. 민단은 내 과거를 잘 알고 있고 따라서 성명서를 내달라고 한다. 내용은 나를 이용하려고 하는 것이다. 하지만 응할 수가 없다. 나의 인생관이 종이 한 장으로 좌우될 수는 없겠지만 그 성명서가 반(反)인민적으로 사용된다면 내가 반인민적 행동을 하는 것이다.[5]

유인호는 적당히 전향 성명서를 쓰기로 마음먹는다. 자신의 성명서기 민단의 선전물로 전락되지 않도록 궁리한 것이다. 더구나 당시 교토 민단 대표는 지독한 반공주의자로 한때 유인호가 출석했던 교토교회 장로였다는 점이 유인호를 더욱 난감하게 하였다. 유인호가 교회를 등지게 된 중대한 계기[6]였으며 그리고 1954년 8월 민단이 운영하는 교토 한국중학교에 교사 모집에 응모했을 때 임용에 실패하게 된 원인[7] 제공자가 바로 그 사람이었기 때문이다. 목표만 앞세워 구성원의 자유로운 의사를 뭉개는 민전의 권위주의도 마음에 들지 않았지만 조직 이기주의에 사람을 수단으로만 생각하고 밀어붙이는 민단의 행태 또한 용인하기 어려웠다.

귀국을 포기할 수밖에 없는 것인가? 성명서를 그들이 요구하는 대로 쓰지 않았기 때문이다. 하지만 만약 내가 그들이 원하는 대로 성명서를 쓴다고 해도 그들은 다시 다른 이유를 붙여서 거절할 것이다. 한국인 등록(한국적 취득)을 한 지 6개월이 경과해야 한다는 이유를 달지도 모를 일이다.[8]

유인호는 학업과 생활투쟁에 바빠서 한동안 이 문제를 잊고 지냈으나 그해 12월이 되어도 아무런 소식이 없자 오사카의 대표부 사무실에 직접 찾아가기로 한다. 그런데 대표부는 여전히 민단 교토 지부의 증명이 필요하다는 말만 계속할 뿐이었다.[9] 교토 민단이 아직까지 유인호의 서류를 처리하지 않고 붙들고 있었던 것이다. 두 달이 훨씬 지났는데도 말이다.

귀국조차 뜻대로 할 수 없단 말인가? 그런 좌절감을 맛보는 사이 문제는 뜻밖인 곳에서 풀린다. 평소에 알고 지내던 무역상 전이진(田以眞)이 크게 도와준 것이다. 전이진은 유인호보다 열 살 이상 연배로, 부산과 오사

유인호 평전, 사회변혁을 꿈꾼 민중경제학자의 삶

카를 오가면서 무역을 해 돈을 번 사람인데 유인호가 고향 소식, 부산 소식이 궁금할 때마다 찾아가 만나는 사람이었다. 아직 정식으로 국교를 맺지 않은 한국과 일본 사이를 오가면서 장사해온 관계로 그는 교토 민단뿐 아니라 오사카 대표부와도 안면이 있었다. 그가 유인호의 여권 발급 문제에 대해서도 힘을 써줬다.

얼마 후 오사카 한국 대표부를 다시 찾은 유인호는 그의 힘을 실감하게 된다. 관료들의 태도가 며칠 전과는 크게 달라져 있었던 것이다. 유인호는 마음속 깊이 전이진에게 감사한다.[10]

> 월요일(12월 27일)에 서류를 다시 내라고 한다. 귀국을 위한 여권이 만들어질 것이다. 전이진 씨 덕분이다. 그를 조금 더 알게 된 듯한 느낌이다. 사상은 특별히 없으나, 굳이 말하자면 좀 더 살기 좋은 사회를 만들었으면 하는 마음이라고나 할까? 이번에 내가 얼마나 당황스러운 상황이었던지. 불평 하나 없이 그는 나를 도와줬다. 전차비도 없는 내게 차비도 주면서. 나는 민단으로부터 상당한 악당 취급을 받아왔다. 그럼에도 그는 별스럽게 생각하지 않고 자신의 입장이 조금이라도 불리하게 될 수 있음에도 불구하고 조금도 개의치 않고 나를 도와주었다. 흔치 않는 인물이다.[11]

유인호는 1954년 크리스마스이브에 귀한 선물을 받았다. 집으로 돌아갈 수 있는 차표를 얻은 것이나 다를 바 없는 한국 여권이 곧 마련된다니 이보다 더 귀한 선물은 없었을 것이다. 그해 10월에 서류를 제출했으니 석 달이나 걸린 끝에 목표를 이룬 셈이다. 미침내 1955년 1월 18일 오사카 대

표부는 여권을 발급하겠다고 한다.[12]

그런데 필자는 유인호가 언제 귀국했는지는 정확하게 알지 못한다. 생전에 유인호가 이 부분에 대해 정확하게 밝히지 않았을 뿐 아니라 유인호가 쓴 여러 저서에 등장하는 저자 소개란에는 "1957년 3월 리쓰메이칸대학 대학원 경제학연구과 수료"라고 되어 있어 1957년에 귀국한 것처럼 보인다. 또 유인호가 1980년에 김대중내란음모 사건에 연루되어 육군본부 계엄군법회의 검찰부에서 조사를 받았을 때 기록한 피의자 조서에도 "1957년 3월 대학원 과정을 수료한 직후 귀국했다"[13]라고 되어 있다.

하지만 여러 가지 정황으로 따져볼 때 유인호의 귀국은 1955년 봄, 그것도 3월께인 듯하다. 우선 1954년 5월 대학원에 진학한 직후인 그해 여름쯤부터 생활고가 더 이상 견딜 수 없는 지경에 이르러 경제적인 압박을 피하기 위해 석사 과정을 1년만 마치고 귀국하려고 한 상황이라서 특별한 변화가 없는 한 1955년 봄 귀국은 달라지지 않았을 것이기 때문이다.

당시 경제적인 압박이 어느 정도로 심했는지는 이 책 제13장에서 보는 바와 같다. 한시라도 빨리 귀국하는 편이 낫겠다는 판단과 함께 깊은 고민에 빠져 있을 때 은사인 무토 교수가 유인호에게 "학위 논문 제출에 필요한 학점이라도 수료하려면 석사 1년 과정은 마치고 가는 것이 좋겠다"고 권하여 다시 마음을 고쳐먹은 것을 보더라도 1957년 귀국은 정확하지 않다.

이뿐 아니라 유인호가 1983년 6월 일본 도시샤대학에서 열린 초청 강연 원고에 "교토를 떠난 지 28년 만의 방문"[14]이라고 쓴 점을 봐도 1955년 귀국이 확실하다. 또 예춘호가 1955년 부산에서 유인호를 자주 만났다고 증언하여[15]이 역시 1955년 귀국을 뒷받침하고 있다.

유인호 평전, 사회변혁을 꿈꾼 민중경제학자의 삶

어쩌면 유인호가 1955년 봄에 잠깐 귀국했다가 일본으로 돌아갔고 1957년 3월에 다시 귀국했을 가능성은 없을까? 석사 과정이 보통 2년임을 감안할 때 1954년 1학년을 마치고 이듬해인 1955년 귀국했다가 그해 말 재출국하여 1956년 석사 2학년 과정을 마무리하고 1957년 3월 수료하지 않았을까 하는 시나리오다. 석사 학위 과정 기간과 지금까지 공식적으로 알려진 유인호의 귀국 시기를 대조하여 볼 때 가장 앞뒤가 맞는 시나리오인 것은 분명하다. 시점이 논리적으로 착착 맞아떨어지기 때문이다.

하지만 이 시나리오는 두 가지 측면에서 적절치 않다. 우선 당시 유인호와 가족들의 경제적인 상황을 감안할 때 재출국은 거의 어려웠을 것이다. 유인호의 친형수 김필순의 회고에도 그와 같은 내용은 포함되어 있지 않다.[16] 무엇보다 유인호의 리쓰메이칸대학 대학원 학적부에는 '1955년 9월 20일 제적'이라고 적혀 있다. 이후 기록은 '1956년 6월 20일 복적 및 제적'으로 같은 날 복적과 제적이 함께 기록된 것으로 보아 중간에 그만둔 학생을 관리하는 차원에서 그와 같이 기록한 것으로 보인다. 이 기록은 적어도 유인호가 1955년 1학기 중 또는 학기 시작 전에 대학원을 그만두었다는 의미 이외에는 아무런 정보를 제공하지 못한다.

그렇다면 유인호는 1955년 언제 귀국했을까? 필자가 2011년 오사카 총영사관, 교토 민단 사무실 등에 의뢰하여 여권 발행 관련 기록 등을 찾아보았으나 담당자들은 너무 오래전 일이라서 남아 있는 자료가 없다고 대답했다. 마찬가지로 유인호는 부산으로 입국하였을 것이므로 그곳의 입국 기록을 살펴보았으나 자료가 남아 있지 않기 때문에 확인이 불가능하였다.

오사카 대표부 사무소가 유인호에게 미리 여권 발급을 안내한 것처럼 예정대로 여권을 1955년 1월 18일에 받았다고 하더라도 귀국은 대학원의 학사 일정을 감안할 때 시험과 리포트 제출 등이 마무리된 2월 말 이후, 그것도 한시라도 빨리 생활투쟁을 마무리하려고 했다면 3월 정도로 추측할 수 있겠다. 유인호도 일기에 2월 시험이 끝나는 대로 귀국하겠다고 밝힌다.[17]

여기에 또 하나 남은 문제는 유인호의 '석사 과정 수료'다. 어떻게 볼 것인가? 분명한 것은 유인호가 석사 학위 논문은 쓰지 못했다는 점이다. 그러나 은사인 무토 교수가 생활투쟁에 겨워하는 유인호를 격려하면서 대학원을 중도에 그만두지 말고 학위 논문 제출 자격을 얻으려면 최소한의 과정을 수료해야 한다고 권하여 어떻게 하든 대학원 1년 과정을 채운 사연을 기억할 필요가 있다.

내년 2월까지는 일본에 머물러야겠다. 그때까지 대학원 단위(학점)는 해결해두어야겠다. 석사 논문은 귀국하여 천천히 제출해야겠다. 내년에 체류할 수 있을 만한 경제적 상황이 된다면 논문 쓰고 제출한 후에 돌아가고 싶다. 그러나 내게는 그런 기반이 없다. 이제 남은 날은 올해 50일 그리고 2월까지 100일 남짓밖에 없다. 잘 활용해야지. 필요 학점 취득을 위하여.[18]

이렇듯 유인호는 석사 과정 1년 동안 학위 논문 제출에 필요한 과목을 전부 이수했던 것으로 보인다. 그렇지만 한국에 돌아와 쓰려고 작정한 석사 학위 논문은 결국 완성하지 못하였다. 정리해보면 유인호는 1955년 3월 석사 과정 수료 후 귀국한 것이다.

가난한 연구자

유인호의 젊은 시절 중에 1955년 봄부터 1957년 봄까지는 잘 알려져 있지 않다. 그 자신도 생전에 가족들에게 이 시기에 대해 그다지 거론하지 않았으며, 언제나 기록하기를 좋아한 유인호답지 않게 이 시기에는 일기도 쓰지 않았다. 어떤 사안이나 주제에 대한 감상을 기록한 글조차 남기지 않았다. 한국에 돌아와서도 동가식서가숙해야 한 상황이었을 것이기에 설혹 기록을 남겼다고 하더라도 간수하기가 쉽지 않았을 것이다.

생전에 그가 남긴 부분적인 사연과 당시 주변 사람들의 회고에 의존하여 재구성해보면 아마도 귀국을 전후로 하여 유인호는 크게 몸이 상해 요양해야 할 정도로 쇠약해져 있었던 듯하다. 친형인 유병준의 부인 김필순은 일본에서 돌아왔을 때 유인호가 어떤 모습이었는지를 떠올리며 "너무 늙어 보이며 수염이 시커멓고 아주 고생한 모습이어서 뒤로 넘어갈 정도로 깜짝 놀랐다"[19]고 말한다.

병색이 완연하고 입성도 형편없는 그 모양을 보고 어머니를 비롯한 형제들의 안타까움이 컸다. 만 6년 만에 외국에서, 그것도 한국보다는 살기가 나았을 일본에서 돌아온다고 했으니 뭔가 경제적으로 여유 있을 것으로 기대했을지도 모른다. 가끔 일본에서 날아온, 당시 유행하던 중절모에 양복(파친코 지배인으로 일할 때인 듯하다)을 멋지게 차려입은 사진 속 주인공이 그처럼 형편없는 모습으로 돌아왔으니 가족은 어떤 심정이었을까?

유인호에게 덕을 보기는커녕 되레 없는 살림을 쪼개서 도와주어야 하는 상황, 기대와 현실이 균형을 잃은 상황이었을 것이다. 그런데 이는 유인호에게도 똑같은 형태로 각인되었을 가능성이 크다. 일본의 생활투쟁에서 떼밀려 어쩔 수 없이 귀국한 그는 무엇보다 어머니의 품이 그리웠고 고향의 넉넉함을 기대하였을 텐데 현실은 그렇지 않았으니 마음이 무겁게 내려앉을 수밖에 없었다. 가족들은 가족대로, 유인호는 유인호대로 엇갈리는 현실을 실감하지 않을 수 없었다. 그것은 마치 유인호의 귀국과 이후의 적응 과정이 순탄치만 않을 것임을 예고하는 것 같았다.

그럼에도 유인호는 일단 요양을 해서라도 활기를 찾아야만 했다. 그래야 연구자의 길도 모색할 수 있고 한국 사회에 뿌리내릴 계기를 마련할 수 있기 때문이다. 유인호는 양산 통도사의 요사(寮舍)에 머물면서 얼마간 요양한다. 부인 김정완이 유인호에게 들은 바로는 당시 통도사 주지 구하(九河) 스님은 요양 중인 유인호를 눈여겨보고 자신이 출가하기 전에 얻은 딸과 혼인시키려 했다고 한다. 그러나 유인호는 결혼보다 이 사회에 뿌리를 내리는 것이 더욱 급했다.

요양으로 몸을 대강이나마 추스른 유인호는 부산에서 연구자로 활동을 시작한다. 이 시절과 관련해 김정완은 그 무렵 유인호가 부산대학에서 강사로 강의를 시작하였으나 오래 지속되지는 못한 것 같다고 회고한다. 유인호가 일본으로 들어가기 전부터 여러 모로 많이 도와준 친척이 유인호의 사상을 붙들고 늘어지면서 "대학 교단에 적색 침투" 운운하는 말을 여기저기에 하고 다니는 바람에 물러날 수밖에 없었다는 것이다.[20]

당시에 일본에서 귀국하는 사람들은 일본산 물품을 바리바리 싸들고 와서 한국 시장에 내다 팔았다. 수입이 쏠쏠치 않았기 때문이다. 그 친척은 유인호가 귀국한다는 소식을 듣고 물품 배달 역할을 맡아주기를 부탁했으나 유인호가 거절하자 그에 대한 분풀이를 한 모양이었다. 가뜩이나 과거 철도 노동자로 일할 때 노동운동을 한 경력 때문에 마음이 편하지 않았고 그래서 이름과 태어난 연도도 바꾸고 심지어 호적까지 새로 만들었는데[21] 뜻하지 않게 '적색 강사'로 몰리니 유인호로서는 몸을 사리지 않을 수 없었다.

유인호는 당시 고려대학교 총장 유진오를 떠올린다. 유진오는 유인호와 같은 집안인 데다 식민지 시절 도쿄제국대학 법학부를 수석으로 졸업한 수재로 이름이 자자해 일찍부터 잘 알고 있었다. 게다가 일본에서 한 번 만나기도 했다. 1951년 10월에 유진오가 한일회담 한국 대표를 맡아 일본에 왔다는 소식을 들었지만 당시 유인호는 교토에 있었기 때문에 만나지는 못하였다.[22] 그러다 그해 11월에 친구 이태영과 생활투쟁을 논의하기 위해 도쿄에 갔다가 유진오를 만났다. 첫 만남에서 유인호는 유진오에게서 퍽 좋은 인상을 받았고 유진오 또한 젊은 유인호에게 호감을 느낀 듯하다. 앞으로 다시 만날 수 있기를 희망한다는 유인호에게 유진오는 기회가 되면 찾아오라고 대답하였다.

유진오 박사를 만났다. 원만한 학자 모습이다. 하지만 그는 반동 정부[23]의 고관이다. 그럼에도 친족이라는 핏줄 때문인지 가깝다는 느낌이 든다. 비록 사상이 다르더라도. 그는 나와 대담하는 중에 내가 추구하는 것이 무엇인지 잘 모르면서도 매우 우호적이다. 도울 일이 있으면 도와주겠다고 한다. 큰 수확이다. 의외로 그에게 친절함을 느꼈다. 그는 마음에 고통이 없고 평안한 듯 보였다.[24]

유인호는 유진오를 찾아갔고 유진오는 도와주겠다는 약속을 지켰다. 그는 유인호가 처한 상황을 충분히 이해하고 유인호를 서울로 불러올려 고려대 경제학과에서 시간강사를 맡도록 주선하는 등 크게 후원해주었다. 요즘 같으면 전국의 정보가 한눈에 연결되어 부산에서 벌어지는 일이 실시간에 전국으로 퍼지겠지만 당시만 해도 서울과 부산은 별개의 공간으로 인식되었던 만큼 '적색 강사'라는 꼬리표는 서울에 올라온 유인호를 따라다니지 못하였다.

새로운 자리에서 새로운 뿌리내리기가 시작된 것이다. 유인호가 자신의 경력에 1957년부터 대학 강단에 섰다고 소개한 것이 바로 이 시점이다. 그렇지만 아무런 연고가 없는 서울 생활은 그에게 또 다른 생활투쟁이 시작되었다는 사실을 의미하기도 하였다. 게다가 본격적으로 교육자와 연구자로서 느끼는 중압감도 감당해야 하였기에 쉽지 않은 도전이었다.

첫해인 1957년에는 고려대학과 동국대학에 강의를 나갔다. 고려대 경제학과 첫 강의에서 만난 제자가 바로 김낙중이다. 유인호는 자취를 시작했으나 턱없이 부족한 생활비 때문에 늘 전전긍긍한다. 서울에 올라와서는 궁정동의 낡은 셋방에 이어 묵정동의 허름한 건물 옥상 이른바 옥탑방에서 두어 달씩 지내다가 그해 10월부터는 처지가 비슷한 젊은 연구자 네 명이 신당동 산꼭대기에서 함께 취식을 하며 지냈다.

생활난. 첫째로는 내 자신이 7,100환밖에 안 되는 월수(月收)인데 공동 취식이니 여하튼 각자 10,000환씩 지불하였다. 즉, 수입과 지출의 균형을 잃은 나의 생활이다. 그렇다고 어디서 뀌다 대충(代充)할 수도 없고 순전히 나의 피의 일부를 지불하는 것과 같은 것이었다. 종종 굶기도 하였다. 조악한 부식이었다. 그러나 누구에게 호소할 수 없는 모든 고통은 나 자신이 어떠한 모양으로나 극복하지 않으면 안 되었다. 일주일에 단 1회 강의하는 보수이니 물론 고생은 (하기) 마련이지만.[25]

생활난도 생활난이지만 강의는 대단한 압박으로 다가왔다. 그것은 기쁨과 동시에 고통이었다. 유인호는 강의가 없는 날에는 하루 종일 책과 씨름했다. 강의가 별로 많지 않으니 거의 매일처럼 집을 지키면서 공부하는 수밖에 없었다. 책은 구입할 수 있는 여유가 없어서 주로 대학 도서관을 이용했다. 주로 동국대학 도서관을 이용하였는데 "동국대학에는 강의 때문에 나가는 것이 아니라 도서관 이용을 위한 것 같은 느낌이 든다"[26]고 고백한다. 유인호는 당시 누구보다 도서관을 많이 이용할 정도로 공부에 매진했다.

그 이듬해인 1958년, 유인호는 동국대에 경제학과 전임강사로 부임한다. 동시에 중앙대, 고려대, 경기대 등에서도 강의를 맡았다. 비슷한 시기에 고려대 전임 교수 모집에 응모하였으나 미끄러졌는데 고려대에는 김윤환 교수가 임용되었다. 전임강사가 되면서 생활이 한결 안정되었다. 거처도 신당동 자취방에서 조금 더 깔끔한 내자동 하숙집으로 옮겼다. 하지만 이전과 달라지지 않은 것은 학습열이었다. 가르치는 것은 또 다른 학습의 통로이자 자극이기 때문에 유인호는 리쓰메이칸대학 대학원에서 마치지 못한 과정을 독학으로 마무리하려고 노력하였다.

1959년 4월에는 동국대 경제학과 조교수로 승진한다. 유인호의 오랜 유링 생활도 이제 끝자락이 보인다. 1959년 12월, 한국에 돌아와 지낸 지난 4

1958년 4월, 한국농업문제연구회 회원으로 활동하던 시절로, 아래줄 왼쪽에서 둘째가 유인호다.

년 동안을 다음과 같이 회고한다.

긴긴 방랑의 여행도 그 제1막을 끝낼 때가 오겠지? 모국인 이 땅에 돌아
와서도 나를 방랑의 사람으로부터 해방시켜주지 않았다. 그 세월이 벌써 4
년 남짓이다.

나는 한편으로 보면 쾌활하고 또 다른 측면에서는 우울하다고 흔히 지적
되었다. 그 양면의 통일체로서 내가 존재하는 것일지 모르겠다. 그러나 언제
나 자위(自慰)하며 그리고 모든 삶을 맨몸으로 부딪치며 살았다.

피곤에 지쳐 쓰러질 때에는 울기도 많이 울었다. 그러나 다시 일어섰다.
그런 힘이 대체 어디에서 나왔는지 지금도 잘 알 수 없을 정도다. 진작 도중
에 주저앉고 말았을 내가 오늘 이 자리에서 다시 맨몸으로 부딪치며 서 있을

유인호 평전, 사회변혁을 꿈꾼 민중경제학자의 삶

줄이야. 참으로 나 자신이 불가사의하다.

"우리의 생존은 늘 불안하다"고 어떤 친구는 말한다. 나는 그 말을 나 자신의 의미로서 곱씹어본다. 그런데 나는 그렇게 이해하고 살아온 지 오래다. 따라서 내 생활은 맨몸으로 부딪치는 삶이다. 지금까지 그러한 삶의 연속이었다.

"(어디 이대로) 죽을까보냐. (내 꼭) 살아서 이겨내보이리라"는 일념의 연속이었다. 그런 생활 탓인지 나를 뭔가 비틀려 있다고 보는 사람들이 주위에 적지 않았다. 실패의 연속이었다. 아니, 사람들은 그것을 전진, 전진이라고 거론할지도 모르겠다.

그러나 다른 사람이 뭐라고 말하든 나는 실패했다. 잘못이라고 생각하면 벌써 너무 늦다. 그러한 사태가 늘 계속되었다. 나의 실패가 계속되었지만 이 땅에서 실패의 역사가 계속되던 탓에 작은 나의 실패는 눈에 띄지 않았던 것일까?[27]

귀국한 지 4년여가 지난 유인호의 글에서 여유가 보인다. 이는 가난한 연구자가 한국 생활에 연착륙하고 있음을 의미한다. 보통 회고한다는 것은 대개가 앞으로 내달리기 위한 숨 고름을 뜻하는데 마음에 여유가 없으면 그 모든 것이 불가능하기 때문이다. 유인호는 "맨몸으로 부딪쳐온 세월"에 대한 감사를 쏟아내는 한편 "이 땅에서 실패의 역사가 계속" 됨을 비통해하는 마음에 대해서도 슬쩍 거론한다. 하지만 그가 이 땅의 역사를 실패로 규정하고 주목하는 한 앞으로 내달릴 자신의 후반생 여정 또한 순탄치 않을 것임을 보여준다. 왜곡된 것을 펴고 실패한 것을 지적하고 바로잡는 역할에는 그에 대한 반발도 적지 않을뿐더러 반드시 대가를 치러야 할 것이기 때문이다.

가정과 가족의 부활

유인호는 가정적으로 퍽 불우한 소년·청년 시절을 겪었다. 둘째 부인에게 빠져 본처와 자식에게 무책임한 아버지, 그 때문에 아등바등 삶에 찌든 어머니, 결과적으로 유인호는 경제적인 고통 속에서 이른 나이에 노동 현장에 뛰어들어야 했다. 이런 배경 때문인지 그는 가정에 대한 감정이 애틋하고도 각별하였다. 일찍부터 실패한 가정, 부모의 망가진 부부 관계로 겪을 수밖에 없는 자신의 억울함이 반면교사로서 자리 잡았기 때문인지 연배가 비슷한 친구들과 달리 어머니의 역할, 여성의 역할, 이상적인 여성상, 언젠가 맞이할 신부 등에 관심이 깊었다.

우리 어머니들은 1) 무계획적으로 사랑을 베푼다. 하지만 계획 없는 사랑은 애착으로 귀착될 뿐이다. 2) 자식들을 위해서는 무슨 일이든 희생을 해서라도 이뤄내려는 대부분의 어머니. 그 때문에 어머니들은 감정이 격하다. 3) 정에 약하다. 내가 그런 어머니의 성품을 그대로 받았다. 감정적으로 되기 쉽다. 4) 생활력이 강하다. 웬만한 고난은 극복한다. 5) 생계에 대한 계획성은 다른 사람보다 배 이상이다.[28]

1954년 봄, 어머니에 대한 생각을 유인호는 그렇게 정리한다. 어머니에 대한 막연한 그리움뿐만 아니라 지나칠 정도로 감정에 치우치는 일방적 사랑의 문제점까지 지적한다는 점이 돋보인다. 그리고 동시에 어머니의 강인한 생활력이 고학 생활의 원동력임을 고백한다. 유인호가 여성의 역할을 각별하게 인식하였기 때문에 그가 1952년 봄에 민전 교육동맹을 중심으로 교포 사회에서 활동할 때는 여성 집회에 단골 연사로 참여하여 그런 내용으로 강연을 하기도 하였다.[29]

배우자에 대한 관심은 어머니보다 훨씬 더 컸다. 유인호는 일기에 어떤 배우자감이 적당할지를 자주 거론한다. 당시 유학 시절 학생들 사이에는 궁핍한 생활에서 벗어날 요량으로 교포 여성이나 일본 여성과 결혼해 지원을 받으려는 경향이 있었다. 이에 대해 유인호는 친구들 앞에서 '신중한 결혼'에 대해 설파하곤 하였다.[30] 유인호가 한때 조선인학교 교사, 야학교사 등을 맡아온 만큼 교포 사회에서 유인호를 사위로 삼고 싶어 하는 사람들이 적지 않았지만 유인호는 자기 한 몸 건사하기 힘든 마당에 무슨 결혼이냐며 늘 뿌리쳤다.[31] 그러다 마음에 드는 처자가 있어 교제를 희망하다가도 서로 마음이 잘 통하지 않으면 차라리 잘된 일이라고 자기 자신을 위로하곤 했다.[32] 그러면서도 장래 계획은 분명하였다.

> 한정된 나의 생명, 한자리에 오래 있을 수 없다. 속히 배워서 귀국하여 힘을 발휘해야 된다. 아무리 늦어도 35세까지는 귀국해야 한다. 그리고 가정을 이뤄야지. 아들딸 낳고 정답게, 가정도 정답게, 사회도 정답게.[33]

결혼 문제, 여성관 등에 대해 유인호는 생각이 많은 듯했다. 그러다보니 주변에서 벌어지는 결혼에 대해서도 안타깝다는 생각을 많이 했다. 예컨대 친구 김광렬이 생활 능력도 없으면서 결혼을 서두르는 모습을 걱정[34]하는 한편으로 유인호는 장래 결혼 상대가 갖춰야 할 조건에 대해 조목조목 열거한다.

> 첫째, 건강할 것. 둘째, 발전성 있는 여성이어야 할 것. 학력은 그다음이
> 다. 셋째, 신체의 균형이 잡혀 있어야 할 것. 넷째, 애정을 표현할 수 있는 사
> 람일 것. 내가 원하는 애정을 표현 가능한 사람이어야 한다.[35]

유인호의 배우자관은 상당히 구체적일 뿐 아니라 실질적이다. 외모보다
는 건강하고 지금보다는 미래를 기대할 수 있는 사람이 좋겠다는 것이다.
게다가 애정 표현까지 거론하면서 진보적인 부부 관계를 역설하고 있다. 그
런데 이러한 여성 만나기가 어려운 게 아닌지 스스로 진단하기도 한다. 아
직 결혼할 상황이 아니라면서도 결혼관, 결혼 상대에 대한 생각은 누구보다
치밀하다. 그만큼 유인호는 외롭고 힘든 시절을 보내고 있었다.

> 아내(妻)에 대한 소망. 요건은 일전에 생각한 대로 첫째는 건강이다. 가능
> 하면 남녀 관계가 없었던 여성이면 좋겠고 얼굴은 그저 보통이면 족하다. 선
> 천적인 질병이 없어야겠다. 둘째는 발전성이다. 특히 과학에 대한 관심과 상
> 식이 풍부했으면 좋겠다. 셋째는 가족과의 평화, 화목이다. 넷째는 애정 표
> 현이 서로 가능해야 한다는 것이다. 그런데 이런 조건을 갖춘 여성은 드물
> 다. 나는 결혼 공포증이 있나보다. 그리고 허영심이 있는 여자와는 '결혼하
> 지 않음만 못하다'. 일생 동안 나를 도와줄 수 있는 친구 이상의 사람, 그런
> 사람이 나의 이상형이다.[36]

꿈은 꿈꾸는 자의 것이다. 방랑이 끝자락을 보일 무렵 유인호는 그토록 찾던 이상형을 만나게 된다. 바로 훗날 부인으로 맞은 김정완이다.

김정완은 이화여대 약학과를 졸업하고 공덕동에 있는 약국에 근무할 때 약국 주인을 통해 중매가 들어왔다고 회고한다. 그것이 1959년 12월이었다. 약국 주인인 박 아무개 장로의 부인과 당시 유인호와 친분이 두터운 정병학 교수의 부인이 연락이 닿아 유인호를 소개한 것이다. 박 장로가 며칠 뒤에 신랑감이 올 것이라고 했는데 바로 그날 유인호가 찾아왔다는 것이다. 김정완은 첫날 유인호한테서 어떤 인상을 받았는지를 다음과 같이 회고한다.

> 유인호 씨는 그날 밤색 중절모를 쓰고 밤색 코트를 입고 있었는데 무척 나이 든 중늙은이처럼 보였다. 그런데 인상은 전체적으로 괜찮았다. 얼굴이 감자처럼 순박해 보였고 잘생기지는 않았다.[37]

'중늙은이' 모습이었기에 '나이 많은 사람이 어찌 아직까지 장가를 안 갔을까' 하는 생각이 들 정도였다고 김정완은 말한다. 그때 중매를 선 박 장로도 걱정이 되었는지 유인호의 부산 본가, 즉 형 유병준의 집에 가서 직접 알아보겠다고 나선다. 김정완을 딸처럼 아끼는 그로서는 중매인으로서 책임을 다하지 않을 수 없었던 모양이다.

> 중매쟁이가 부산에 조사하러 왔다. 내가 젖을 물리고 있는데 누가 찾아와서 꼬치꼬치 캐물었다. "장가는 갔나, 아기는 있나?" 그래서 내가 다 이야기했나. 나중에 전해들은 이야기로는 "마당에 들이시는데 젊고 예쁘장한 색시

가 아기 젖을 먹이고 있어서 가슴이 쿵 내려앉았다"고 했다고 한다. 시동생에게 색시와 아기가 있었던 것으로 착각한 것이다.[38]

부산에 갔던 사람도 돌아와 혹시나 했던 오해도 풀렸다. 이때부터 두 사람은 본격적으로 데이트라는 것을 하기 시작한다.

나는 당시, 선을 많이 봤는데 유복한 가정의 남자들이 대부분 너무 나약하다고 느꼈다. 어떤 명망가 자제와 선을 보았지만 혼수 등 요구하는 것이 너무 많아 싫다는 생각이 들었다. 그런 반면 남편(유인호)은 만날수록 대화의 깊이가 느껴졌다. 매력도 있었다. 특히 해박하고 풍부한 지식을 설파하는 모습에 점점 푹 빠져 들어가게 되었다. 화제는 주로 이상적이고 관념적인 내용이 대부분이었는데 그동안 접해보지 못한 세계를 접하는 신선한 자극 탓인지 그에게 점점 더 매료되어갔다.[39]

장녀인 김정완은 교육자인 아버지의 사랑을 한 몸에 받아 부녀간에 대화가 끊이지 않았다. 특히 유인호와 데이트한 날이면 김정완은 아버지에게 둘이 나눈 대화를 미주알고주알 이야기했다. 아버지도 지식인이었던 만큼 유인호가 주장하는 바를 바로 알아차렸다. 부녀간의 대화로 유인호와 간접 소통하면서 아버지는 차츰 그를 사윗감으로 받아들이게 되었다. 다만 아버지로서는 유인호의 이상 지향적 태도가 행여 외골수로 빠지지 않을까 걱정스럽기는 했다. 하지만 아버지는 "생각은 얼마든지 할 수 있지만 행동은 하지 말게"라고 말하는 것으로 걱정을 표현할 뿐 유인호를

유인호 평전, 사회변혁을 꿈꾼 민중경제학자의 삶

좋게 생각한 것 같았다고 김정완은 회고한다.

김정완이 유인호에게 매력을 느낀 것 이상으로 유인호 역시 김정완이 무척 마음에 들었다. 덕분에 두 사람은 급속하게 가까워진다. 1959년 12월 19일 밤에 유인호가 쓴 〈기록 1959년〉을 보면 그때 이미 그는 김정완과 결혼할 것을 결심하였음을 엿볼 수 있다. 김정완이 유인호를 처음 만난 것이 12월이었다고 회고한 점을 감안하면 만난 지 석 주도 채 되지 않은 시점이었다. 유인호는 그동안 자신이 내세운, 결혼 상대가 갖춰야 할 조건에 꼭 맞는 배우자를 만났다고 생각한 모양이었다.

내가 부모, 형제로부터 떨어진 것은 15세, 16세 때였다. 그 이후로는 커다란 방랑의 집합소에서 자랐다. 내게 그것은 일종의 고아원이었다. 그 안에서 내팽개쳐져서 자랐다. 그곳에는 눈물도, 동정도 없었다. 약육강식의 들판이었다. 그곳에서 나는 자랐다. 단지 "내가 죽을까보냐"라는 일념으로 자라났다. 모든 애정으로부터 벗어나 있는 나. 그런 내가 지금 새로운 애정관을 막연하게 그리면서 펜을 굴리고 있다. 고아의 애정관을.

그런데 그것은 사실 나 자신 깊은 곳에서 품어져 나오는 것이다. 사자와 같은 애정관인지도 모르겠다. 그러나 이것은 분명히 고아에게는 기쁜 일이다. 고아인 나 한 사람의 세상관인지도 모르겠다.

지금까지 여러 번 혼담이 있었다. 그러나 전에도 그렇고 지금도 나는 홀로다. 김정완이라고 하는 약제사, 24세의 여성과 두세 번 만났다. 좋은 인상을 가진 사람이다.

내일은 그녀의 부모님과 만난다. 이 서지 같은 내가. 그 이느 때보다 평인

해진 나를 발견한다. 요 며칠 동안, 대체 무슨 일인가? 나는 나 자신을 잘 알고 있다. 한 사람의 귀한 여성을 과연 행복하게 할 수 있을까? 여자의 행복은 남자에 의해 결정되는 이 나라. 숙연한 마음으로 나 자신을 돌아본다.

내가 결정해야만 한다. 늘 그것이 지금까지의 나의 모습이었다. 서른도 넘었으니 당연한 일이지만 인간이기에 결정도 잘 안되고 잠도 잘 수 없다. 내일의 내 생활을 알지 못하는 나 자신이기 때문인지도 모르겠다.

그러나 맨몸으로 부딪힐 수 있는 용기가 아직 남아 있다. 아니, 이미 내 몸의 구조는 그렇게 되어 있기 때문일까?

그렇다. 한 사람의 인간을 개조해서 그리고 나보다 더 강한 사자를 만드는 일에 이 몸을 바치자. 1959년 12월 19일 밤, 서울 내자동에서.[40]

이뿐 아니었다. 유인호는 친구들에게 김정완을 자랑하고 싶어 안달이 났다. 벅찬 감정을 혼자 감당하기 어려웠을까? 김정완이 흥미로운 이야기를 들려줬다. 한 번은 유인호가 조카뻘인 유일봉과 술을 마시고는 케이크를 사들고 밤중에 김정완을 찾았는데 김정완의 외할머니가 "집에 인사도 오기 전에 예의 없이 밤에 찾아오느냐?"고 호통을 쳐서 케이크만 문 앞에 두고 돌아간 적도 있다고 한다.

가난한 연구자의 데이트는 주로 광화문, 종로 일대의 찻집에 들어앉아 세상을 이야기하고 미래를 재단하는 것이 전부였다. 조그마한 호사라면 영화를 각별히 좋아한 유인호가 이끄는 대로 아카데미극장(현재 광화문 사거리 동화면세점 자리)에서 영화를 보는 것 정도였다. 한 번은 김정완이 종로의 유명한 일식집 '이학'이란 곳에서 밥을 사달라고 해서 유인호가 적잖이 난감

1960년 1월, 유인호와 김정완이 약혼식을 하고 나서.

해진 적도 있지만 둘은 될 수 있으면 비싼 곳을 피하기도 하고 심지어 각자 밥을 먹고 찻집에서 만나는 식으로 데이트하는 일이 많았다고 한다.

하지만 그런 것들은 두 사람에게 전혀 문제가 되지 않았다. 오히려 만날 수록 급속하게 가까워지는 만큼 공식적인 혼사 절차도 빠르게 진행되었다. 이듬해인 1960년 1월 24일, 두 사람은 김정완네 집에서 약혼식을 치른다. 신랑 쪽에서는 아버지 유진영만 참석하였다.

이어 그해 4월 9일, 유인호와 김정완은 천도교 수운회관에서 결혼식을 올린다. 수운회관을 결혼식장으로 잡은 것 또한 유인호다운 발상이었다. 독립운동의 진원이었고 민족, 민중 정신을 중시하는 곳에서 치르는 결혼이었다. 결혼이 새로운 나짐을 의미하듯이 유인호는 방랑의 끝을 상징하는 결혼이라는 중대사를 거치면서 민족과 민중을 잊지 않겠다는 의지를 다시금 드러낸 것이었다. 유인호는 단상 위에 걸린 태극기를 내려달라고 회관 쪽에 요청한다. 태극기보다는 천도교 마크가 있는 편이 더 의미가 있다고 생각한 것이다. 지난 석 달 동안 유인호와 대화하면서 유인호를 전체적인 맥락에서 이해한 김정완도 흔쾌히 동의한다.

하지만 결혼은 빈손으로 하는 것이 아니다. 맨주먹으로 출발해 전임 교수가 된 게 겨우 2년 전인 유인호로서는 결혼식을 준비하는 것만 해도 무척 버거웠다. 부모가 도와주는 것도 아니고 따로 집안 어른이 나서서 문제를 풀어줄 상황도 못 되었으니 더욱 그러했다. 그나마 친구들이 도와줬기에 구색을 맞출 수 있었다. 함을 보낼 때도 이를 준비해줄 사람이 없어서 신당동에서 자취할 때 자주 어울린 당시 한국은행 조사역 황병준의 부인이 마련해주었다. 함잡이는 황병준, 최주철 등이 수고해주었다. 결혼 반지는 건국대 김병태 교수가 보석상을 소개해 맞췄다. 결혼식 때 하객 접수는 박현채 등이 맡았다.

문제는 신혼집이었다. 결혼하자면 집은 있어야 한다고 김정완이 주장해 유인호는 부랴부랴 집 마련에 나선다. 유인호는 당시 산업은행이 국제협조처(ICA, International Cooperation Agency) 자금을 실수요자인 주택 조합에 융자해 짓도록 한 국민주택, 이른바 ICA 국민주택 한 칸을 어렵게 구한다. 원래는 산업은행원인 친구 박병주의 보유분이었는데 신혼집 확보라는 대의명분에 밀려 유인호에게 기회를 준 것이다. 물론 가진 돈은 없으니 분할해서 갚기로 하고 그것도 여기저기서 융통하지 않으면 안 되었다. 아무튼 집도 마련된 것이다. 마침내 유인호는 결혼식을 치르고 꿈에도 그리

유인호 평전, 사회변혁을 꿈꾼 민중경제학자의 삶

던 가족을 이룬다. 어린 시절 이후 잃어버려 상실감만 가득했던 바로 그 가족이 부활한 셈이다.

유인호로서는 만감이 교차하는 일대 사건이었을 것이다. 1942년 산내 면을 떠나오면서 할아버지 유치형을 중심으로 평안하게 이어져온 대가족 의 울타리에서 벗어날 수밖에 없었고 아버지의 두 집 살림 속에서 가족 자 체가 풍비박산되는 상황을 겪어야 했다. 이후 유인호의 표현대로 '방랑의 집합소'를 전전하며 살아온 그가 가정을 꾸린 것이다. 가족을 새로 구축 한 것이다. 그것도 자신이 오랫동안 이상으로 꿈꿔온 배우자를 만난 것이 다. 그와 함께 새로운 개조를 꾀하고 새로운 생명의 공간을 만들어가는 데 몸 바치겠다는 동반자가 유인호 앞에 떡하니 존재하게 된 것이다. 가족은 유인호의 후반생을 떠받치는 가장 소중한 버팀목이었다.

15

젊은 경제학자의
시련과 열정

유인호가 긴 유랑의 세월에서 벗어나 인생 제2막을 시작한 1960년 한국은 그야말로 격동의 시절이었다. 한국전쟁을 거치면서 권력을 강화하고 영구 집권을 위해 심혈을 기울여온 이승만 정권이 말기적 증세를 보이면서 나라 전체가 기우뚱거리기 시작하였다.

한국전쟁이 한창인 1952년 6월, 이승만 대통령은 제2대 대통령 선거를 앞두고 국회를 통한 대통령 간선제로는 재선이 어려울 것으로 판단한다. 그는 관제 데모대를 앞세워 이른바 발췌개헌안[41]을 통과시켜서 그해 8월 재선에 성공한다. 1954년 11월에 이승만은 여기에서 한 발 더 나아가 사실상 영구집권을 위한 '4사 5입 개헌'[42]을 통과시켜 1956년 3선에 성공한다.

그러나 민심은 이 같은 억지 주장을 마다하지 않는 이승만 정부에게서 빠르게 떠난다. 이 대통령은 결국 4선 당선을 위해 1960년 3 · 15부정선거를 저지르고 만다. 이승만과 이기붕은 각각 유효 투표수의 88.7퍼센트, 79

퍼센트라는 압도적인 득표로 정·부통령에 당선되었으나 선거 결과를 그대로 받아들이는 국민은 아무도 없었다. 이전에도 부정선거가 있었지만 3·15선거는 무법과 불법이 노골적으로 난무했다. 심지어 이승만의 측근들은 득표율이 95~97퍼센트에 이르지나 않을까 걱정하여 득표율을 조금 낮추라는 지시를 내릴 정도였다.[43]

특히 마산에서 선거 당일 부정선거 반대시위(1차 마산 시위)에 참여했다가 행방불명된 김주열이 실종 27일 만인 4월 11일 오전에 경찰이 발사한 최루탄이 눈에 박힌 채 마산 앞바다에서 떠오르자 마산 시민들의 분노는 극에 달했다(2차 마산 시위). 이 소식은 전국으로 빠르게 퍼지면서 서울을 비롯한 전국 각지에서 부정선거 규탄, 투표 무효 시위가 벌어진다. 점차 시위는 민주주의 쟁취, 독재 정권 타도로 옮겨가기 시작했다.

4·19와 첫 번째 해직

이처럼 유인호를 둘러싼 당시의 사회 상황은 그가 한국 사회에 쉽게 안착할 수 있도록 허락하지 않았다. 유인호는 3·15부정선거와 그 결과로 터진 4·19혁명 사이에 결혼식을 올렸다. 결혼식을 올린 그날은 김주열이 마산 앞바다에서 낚시꾼에 인양되기 이틀 전으로, 부정선거에 반발하는 시민과 학생들의 시위가 소강상태로 접어들 무렵이라는 점이 유인호로서는 그나마 다행이었다.

간천동 새집에서 꿈같은 신혼이 시작되었으나 세상은 곪아 터지기 직전처럼 독기가 시시각각으로 차올랐다. 4월 1일에 대학이 개강하고 개강 후 둘째 토요일에 결혼식이 있었던지라 유인호는 11일 월요일부터 출근해야 했다. 그날은 아직 김주열 사망 사건이 전국으로 알려지기 전이었기 때문에 서울의 대학들은 침묵을 지키고 있었다. 다만 그날 정치권에서는 마산에서 벌어진 3·15부정선거 규탄 시위의 민간인 피해에 대한 진상 조사 결과 보고가 있었지만 여야의 주장이 서로 엇갈릴 뿐이었다. 야당은 경찰의 과잉 진압이 피해를 키웠다고 주장했으나 여당은 3월 15일 시위가 끝나고 저녁에 발생한 소요는 공산주의자들이 선동해서 벌어진 일이라고 주장했다.

12일엔 김주열 사망 사건 소식이 알려지고 마산에서 2차 마산 시위가 벌어졌다는 소식이 속속 전해지면서 대학가는 구체적인 행동에 들어갈 계획을 세우기 시작했다. 특히 4월 18일 정부가 정치 깡패를 동원해 학생들을 탄압했다는 사실이 알려지면서 사태는 폭발 직전으로 치달았다. 4·19혁명이 불붙는 순간이었다.

> 1·2차에 걸친 마산 시위는 지금까지 사태의 진전을 바라보고 있었던 전국 각지의 시민들과 대학생들의 궐기를 재촉했다. 마산에서 해인대(경남대의 전신)생의 시위를 제외하면 그때그때마다 시위에 개별적으로 참가하는 것에 그쳤던 대학생들도 18일부터는 데모에 적극적으로 나섰다.
>
> ……
>
> 4월 19일 더 많은 학생·시민을 쏟아져 나오게 한 사건은 (18일 집회) 그 직후에 발생했다. 학생들이 시위를 마치고 귀교하는 도중 을지로에서 종로 4가 쪽으로 빠지기 위해 천일백화점 앞에 이르렀을 때 쇠갈고리와 곡괭이 및 쇠사

슬 등으로 무장한 100여 명의 정치 깡패들이 고려대 학생들을 습격했다.[44]

유인호가 조교수로 근무하는 동국대에서도 전날 정치 깡패들이 학생들을 폭행했다는 소식이 전해지면서 시위를 결의한다. 그날 재학생 수 4,000명 가운데 2,000명이 참가한 동국대 시위대는 중앙청, 경무대로 향하였고 경무대 앞에서 무장 경찰과 대치 중에 학생 한 명이 총상을 입고 사망한다. 이날 경무대 앞에서 희생된 시위자는 사망 21명, 부상 172명이었다.[45]

동국대 학생을 필두로 한 2,000여 명의 데모대는 노도와 같이 경무대 쪽으로 돌진해갔다. 돌진, 돌진이다! 연막탄으로 덮인 저 쪽에서 수백 발의 총성이 들리고 실탄이 비 오듯 날아온다. 이 순간 바로 기자 옆에 서 있던 학생이 가슴에 손을 대고 쓰러졌다.[46]

유인호가 결혼한 지 11일째 되는 날이 바로 '피의 화요일' 이었다. 유인호는 당시 총에 맞아 부상당한 학생들을 찾아다니며 위로했다. 그런데 일본 유학 시절부터 이승만 독재를 매섭게 비판해온 유인호가 4·19혁명과 관련해 적극적으로 앞장서지 않았다는 점이 특이하다. 유인호는 일본 유학 시절 경제적으로 어려운 때였음에도 신문을 정기 구독할 정도로 현안과 정보의 중요성을 깊이 인식하였기 때문에 일본의 정치·경제·사회문제뿐 아니라 바다 건너 한국의 현안에 대해서도 큰 흐름은 꿰고 있었다. 따라서 1952년과 1954년에 벌어진 개헌, 해괴한 논리를 앞세운 헌법 개정의 의미와 내용에 대해서 누구보다 잘 알았다. 그 연장선상에서 생각해본다면 유인호는 지배당

정권의 말기적 증상에 대해서도 충분히 인식하였음이 틀림없다. 그런데도
4·19혁명과 관련하여 유인호가 남긴 기록을 살펴보면 담담하다. 유인호는
귀국한 뒤로는 일기를 쓰지 않았다. 다만 1959년부터 1963년까지는 한 해 있
었던 주요 행사만 짤막하게 기록하였다. 우선 〈기록 1960〉을 보자.

1월: 24일 약혼

2월: ICA주택 박병주 씨 소개로 매매계약하다. 박영사에서 J. 틴버겐
    (Tinbergen)의 책 번역·출판하다. 결혼일을 4월 9일로 정하다.

3월: 21일 신주택으로 이사하다.

4월: 동국대, 고대, 경기대 개강. 9일 결혼식을 거행하다. 19일 학생 봉기.
    정권 교체.

5월: 동국대학에서 학원 민주화 운동을 전개하다. 비민주 세력과 충돌하다.

6월: 학원 민주화 운동 활발히 되다.

7월: 정부의 반동화에 편승해 학원 경영자 다시 탄압을 시작하다.

8·9월: 경기대에서 사임하다(백성욱 씨의 수작으로).

10·11월: 민주화 운동은 반동 세력의 압박으로 궁지에 빠지다.

12월: 사직을 권고당하다. 응하면 퇴직금 100만 환이고 불응이면 파면이
    라는 것이다. 후자를 택하다. 저서 《경제정책론》 지문사에서 출판.
    한국경제학회 평의원 당선(2년 임기).[47]

4·19혁명에 대해서는 '학생 봉기'와 '정권 교체'라는 단 두 마디뿐이
다. '피의 화요일'이 지나고 이에 대해 조그만큼 반성도 없는 이승만 정부

를 전국에서 규탄하는 상황에서 4월 25일에 이종우(고려대), 이희승(서울대), 김영달(동국대) 등 전국 27개 대학교수 258명은 '이승만의 대통령직 하야'를 골자로 하는 시국선언문을 발표한다. 시국선언문 채택 직후 교수들은 가두시위도 벌였다. 교수들의 시위 이후 이승만은 26일 하야를 결심했고 5월 29일 하와이로 망명길에 오른다. 그 모든 과정에 대해 유인호는 '정권 교체'라고만 간단히 언급할 뿐이다.

대학교수 사회에 안착한 지 얼마 되지 않은 소장 교수의 신중함이었을까? 원로 교수들이 중심이 되어 어려운 결정을 내리고 움직이고 있는데 젊은 교수가 이러쿵저러쿵 끼어들어서는 안 된다 판단하고 선배 교수들의 주장에 동조하는 정도에서 자제하자는 의도였을까? 아니면 갓 결혼한 신랑이 어렵게 이룩한 가정을 우선하자는 마음이 작용했을까? 이 모든 배경이 종합적으로 작용했을 수 있겠으나 시위 도중 부상당한 학생들을 앞장서서 돌보았다는 측면을 감안하면 기록하지 않았을 뿐 유인호는 누구보다 4월 혁명의 의미를 깊이 새긴 듯하다. 그는 4월 혁명의 성과가 훼손될 수도 있다는 점에 관심이 더 많았으며 그만큼 우려하는 바도 컸다. 그의 우려는 현실로 나타나고 말았다.

4월 혁명의 주역인 학생들은 이승만 정권의 몰락과 더불어 어용 조직인 학도호국단을 해체한 뒤 자치학생회를 만들었다. 그다음으로 착수한 작업은 학내 어용·무능 교원을 배척하는 투쟁이었다. 당시 대학 내에는 이른바 '만송족(晩頌族, 이승만을 칭송하는 무리)'[48]이 적지 않았고 학교 운영을 독단적으로 처리하고 비리를 저질러온 사립학교 그룹 또한 적지 않았다. 때문에 4월 혁명 이후 대학 사회에는 이른바 학원 민주화 운동의 바람이 강하게 불기 시작했다.

유인호가 몸담은 동국대를 비롯한 연세대, 한양대, 국학대(1966년 우석대에 병합), 효성여대, 진주농대, 경상대, 춘천농대 등에서 학내 비리와 관련된 총·학장 퇴출 운동이 거세게 일었다. 특히 동국대에서는 "백성욱 총장이 학생 등록금 10억 환을 횡령하였다는 이유로 학생들에 의해 고발되어 피소"[49] 되었다. 그러나 학원 민주화 운동은 그해 여름을 넘기면서 힘을 잃는다. 이승만 이후의 권력이 4월 혁명의 과제를 실천하기에는 역부족인 까닭이었다.

4월 혁명 과업 수행은 허정 과도 정권과 장면 정권에 떠맡겨졌다. 그런데 허정 과도 정권은 갑자기 이승만 정권이 붕괴되었기 때문에 생각지도 않게 생겨났고 장면 정권도 4월 혁명으로 저절로 굴러들어온 권력을 잡은 것이었다. 이뿐만 아니라 장면과 민주당 간부들은 3·4월 시위에 소극적이었고 특히 4·19, 4·26시위 현장에서 찾아볼 수 없었다. …… 허정 과도 정권은 이승만 정권 청산에 소극적이었고 경찰 간부에 대해서조차 별다른 조치를 취하지 않았다. 그 점은 장면 정권도 마찬가지여서 혁명 입법에 소극적이었고 혁명 입법이 이루어진 후에도 그것을 실천하려는 의지가 약했다.[50]

유인호가 〈기록 1960〉에 쓴 '정부의 반동화'가 나타날 수밖에 없었던 배경이 바로 여기에 있다. 그런데 불똥은 엉뚱하게 유인호에게로 튀었다. 4월 혁명 과정에서 학생들을 챙기고 학원 민주화 운동에서 학생들을 적극적으로 두둔한 유인호는 동국대 재단 입장에서는 눈엣가시로 비쳤을 것이다. 2학기 들어 재단은 유인호가 출강하는 경기대에 압력을 넣어 강사 사임을 꾀하였다. 백성욱 동국대 총장은 당시 경기대 이사장을 겸하고 있어 강사

유인호 평전, 사회변혁을 꿈꾼 민중경제학자의 삶

사임쯤은 그리 어렵지 않은 문제였을 것이다. 독일 뷔르츠부르크대학에서 철학 박사 학위를 취득한 백성욱은 이승만 정권 초기에 내무부 장관을 역임하였을 정도로 친정부적이었으며 여기에 횡령 문제까지 빚어졌지만 자신을 향한 퇴진 압력에 대해 정면 돌파를 시도한다. 포스트 이승만 체제의 개혁 성향이 그리 높지 못하다는 한계를 충분히 간파한 행동이었다.

〈기록 1960〉과 부인 김정완이 회고하는 바로는 퇴진 운동에 참여한 교수들에 대해 당시 재단은 회유책을 동원한다. 끝까지 총장 퇴진을 주장하는 교수 세 명에 대해 잠자코 물러나면 100만 환을 주고 그렇지 않으면 해직하겠다는 것이었다. 100만 환이면 그 당시 꽤 큰돈이었다. 그때 종업원이 500명 이상인 대기업 근로자의 월급이 4만 환이 안 되었으니 지금 가치로 환산하면 1억 원 이상이다.[51] 유인호는 이 세 교수 중 한 사람에 속했으며 타협을 마다하고 끝까지 버티다 파면당한다. 파면 통고서는 이듬해인 1961년 1월에 우편으로 받았지만 파면 날짜는 1960년 12월 24일이었다. 1960년 크리스마스이브에 동국대는 유인호에게 해직이라는 선물을 떠안긴 것이다.

1958년 전임강사로 대학에 뿌리내린 지 불과 3년도 되지 않아 파면 사태를 겪게 된 셈이다. 유인호로서는 첫 번째 해직이다. 〈기록 1961〉에서 유인호는 그 이유를 "학내 민주화를 부르짖었고 장면 내각의 반동화가 학원 모리배를 조장했기 때문"이라고 밝힌다. 오랜 유랑 세월에서 벗어나 대학 전임이 되고 가정도 꾸린 유인호에게는 뜻밖인 암초를 만난 격이었다. 갑작스레 생활난이 닥친다. 무리해서 신혼집 매매계약을 한 만큼 매월 원리금 상환에도 애로가 생겼을 뿐만 아니라 1961년 2월 28일에는 장남 권이 태어났으니 당장 해직은 적지 않은 어려움이었다.

일곡은 동국대에서 해직되었지만 학술 활동까지 멈추지는 않았다. 사진은 1962년 11월 서울대학교 상과대학 농업경제연구회에서 주최한 심포지엄 '농산물 가격정책의 장래 방향' 토론회 장면이다. 왼쪽 끝 말하고 있는 이가 유인호다.

이에 유인호는 1961년 1학기에는 고려대와 한양대에서 시간 강의 세 과목을 맡았다. 예나 지금이나 시간강사로 생계를 꾸린다는 것은 불가능에 가깝다. 유인호에게는 갓 결혼한 신부에 새 식구까지 태어난 마당인데 호사다마가 따로 없다. 〈기록 1961〉의 6월 항목에 유인호는 "생활난이 심해지다"라고 썼다. 그런데 젊은 경제학자 유인호의 시련은 의외의 방향에서 해결된다.

4월 혁명에 역주행이라는 결정타를 날린 1961년 5월의 군사쿠데타가 유인호의 시련을 뒤집어주는 반전의 계기가 된 것이다. 군사쿠데타가 표면적으로는 당대의 부패 척결을 내세웠던 까닭에 눈에 띄는 비리에 대해서는 강력하게 대응했다. 그 덕분에 그해 7월 문교부는 동국대 백성욱 총

유인호 평전, 사회변혁을 꿈꾼 민중경제학자의 삶

장에 대한 승인을 취소한다. 결국 백성욱은 퇴진하고 말았다.

이뿐 아니라 유인호는 5·16군사쿠데타의 국가재건최고회의 기획위원회 재경 소위 상근 전문위원으로 위촉된다. 유인호는 그해 12월 기획위원회가 해체될 때까지 전문위원으로 참여하였다. 훗날 유인호가 군사독재 체제의 문제점에 끈질기게 비판하고 급기야는 신군부에 의해 두 번째 해직을 겪었지만 적어도 첫 번째 해직을 풀어준 것은 군사쿠데타 세력이었다. 퍽 아이러니한 상황이다. 이어 유인호에 대한 재단의 처분도 제자리로 돌아가 그해 10월 28일에 유인호는 조교수로 복직한다.

강의안 구축기

앞서 유인호가 1950년대 말기부터 3·15부정선거, 4월 혁명을 거쳐 5·16군사쿠데타로 이어지는 동안 외부 활동에 그리 적극적이지 않았다고 지적하였는데, 그 이유로 또 하나 추가할 만한 것은 당시 유인호의 강한 학습욕이다. 유인호는 그즈음 자신의 연구 분야를 구축하고 체계화하는 등 기초를 단단히 다지는 데 심혈을 기울였다.

1959년 4월에는 하숙집을 북적북적한 대학촌인 동숭동에서 벗어나 조금 한적하고 조용한 내자동으로 옮겨서 맡은 과목에 대한 교안, 교재 등의 제작에 여념이 없었다. 이러한 내부 역량에 대한 담금질은 대략 1962년 말까지 이어졌는데 그 사이 유인호는 무엇보다 교재 구축에 힘썼다.

우선 1959년 교안 준비 차원에서 〈경제정책론 강의안 1·2〉를 마련히는데 이 작업은 산사에 들어앉아 진행하였다. 그해 유인호는 여름방학이 시작되자마자 서울 도봉산 자락에 있는 망월사에 칩거해 〈경제정책론 강의안〉 집필에 몰두한다.[52] 방학이 끝나는 8월 31일까지 망월사에서 머물며 집필을 완료해 2학기 교재로 활용한다. 이 강의 교재를 좀 더 보완하여 1960년 12월에 내놓은 책이 바로 《경제정책론》이다. 망월사에서는 〈경제정책 강의안〉 외에 〈경제학의 철학 1~3(과학 하는 태도, 경제학 방법론에의 접근 서설, 사회 과학의 인식 방법)〉[53]도 집필했다. 이러한 과정을 거쳐 1962년에는 《경제정책론》을 확대 보완한 《경제정책원리》를 출간한다.

유인호가 당시 주로 담당했던 과목이 경제정책, 경제철학, 계획경제, 원서 강독 등이었기 때문에 가장 먼저 초점을 맞춘 강의안과 교재는 〈경제정책〉이었던 것으로 보인다. 1959년의 강의안 준비 작업은 유인호로서는 그가 앞으로 한국의 대학 사회에서 살아남을 수 있느냐 없느냐를 다투는 심각한 문제였을 것이다. 강의를 위한 교재·교안을 만드는 것이 그 어떤 사상투쟁이나 외부에서의 활동보다 중요했다는 뜻이다.

왜냐하면 유인호가 대학과 대학원에서 주로 다지고 익힌 경제학은 마르크스경제학이었으나 한국에서는 극단적인 반공 노선 때문에 그런 내용을 강의에서 전혀 다룰 수도 없었으며 그렇다고 제대로 접하지도 않은 근대경제학[54]의 틀로 학생들에게 강의할 수도 없는 노릇이었다. 그렇다면 남은 방법은 두 가지다. 첫째로 마르크스경제학을 직접 끌어대지 않더라도 자신이 지금껏 배워온 논리와 용어로 치밀하게 무장하면서 강의안을 마련하는 것이다. 둘째로는 근대경제학의 틀을 단기간에 섭렵하여 이를 활용하는 방식이다. 그 어떤 방법을 구사하든 이는 두 배, 세 배로 노력하

유인호 평전, 사회변혁을 꿈꾼 민중경제학자의 삶

여야 하는 것인 만큼 1960년을 전후로 한 유인호의 생활 중심은 강의안 구축과 교재 개발이라고 해도 과언이 아니다.

유인호의 제자인 권영근 전 한국농어촌사회연구소 소장은 유인호 경제학의 발전 과정을 네 단계로 나눴는데 그 첫 단계를 1950년 말부터 1960년대 중반까지로 구분하고 '교과서 시대'로 명명한 것은 탁견이라 하겠다.[55] 좀 더 정확하게는 유인호의 '강의안 구축기'라고 하는 편이 낫겠다. 이 시기에 또 하나 주목되는 것은 유인호가 맡은 '원서 강독'의 교재다. 예컨대 1959년 1학기 '원서 강독' 교재는 시모어 해리스(Seymour Harris)의 《John Maynard Keynes, Economist and Policy Maker(경제학자, 정책 구축자 케인스)》였고, 2학기 교재는 아서 세실 피구(Arthur Cecil Pigou)의 《Socialism versus Capitalism(사회주의 대 자본주의)》였다.

두 저서 모두 마르크스경제학을 추구해온 유인호와 동류항으로 분류하기 어렵다. 이뿐만 아니라 해리스가 다룬 《케인스 전기》의 주인공인 케인스나 피구는 둘 다 근대경제학자에 속하지만 '케인스-피구 논쟁'이 거론될 정도로 대립적인 입장에 서 있다. 피구가 고전학파 경제학의 적자를 자처한다면 케인스는 고전학파에 대한 반발에서 출발한 신고전학파 경제학의 연장선에 있으면서 독자적인 케인스 경제학을 창시한 인물이라는 점에서 그렇다.

예컨대 피구는 노동시장에서 벌어지는 실업에 대해 시장의 자율 조절 작용을 긍정하는 고전학파의 입장에 서서 일시적인 실업은 가격 조절(명목임금 인하를 통한 실질임금 하락)로 소멸될 수 있을 뿐 아니라 이른바 완전고용이 가능하다고 주장한다. 반면 케인스는 명목임금 인하는 구매력을 떨어뜨려 물가를 하락시키고 결과적으로 실질임금 하락으로 이어지지 않기 때문에 일자리 공급이 늘어나기 어렵고 무엇보다도 현실적으로는 '임금의 하방경직성'으로 명목임금을 어느 수준 이하로 떨어뜨리기 어렵다는 점을 들어 '신축적인 임금 조정으로 지속적인 완전고용을 유지할 수 있다'는 고전학파의 명제가 옳지 않다고 주장한다.

케인스는 말하자면 피구 등이 주장하는 수급(需給) 조절 메커니즘은 노동시장에서 작동하지 않는다고 본 것이다. 케인스는 비자발적 실업(노동자가 의도하지 않은 실업)은 총수요의 부족에서 오는 것이기 때문에 이 문제를 해결하기 위해서는 유효수요를 늘리려는 정부의 정책이 필요하다고 보았다.

이 같은 대립적인 주창자의 주장을 같은 시기에 유인호가 '원서 강독'의 교재로 삼았다는 점이 의아하게 비친다. 물론 케인스가 다른 근대경제학자들에 비해 상대적으로 정부의 역할을 중시하는 경제학자였다는 점에서 이전부터 유인호의 관심을 끌었던 것으로 보인다. 또한 피구의 경우도 시장이 그 자체로서 자동으로 조절될 수 있다는 고전학파의 명제를 신봉하는 인물이지만 소득 재분배를 통한 경제적 후생 문제를 거론하는 '후생경제학'의 주창자라는 점에서 짚고 넘어가지 않을 수 없는 대상이었을 것이다.

특히 피구는《사회주의 대 자본주의》에서 사회주의와 자본주의 경제체제를 부와 소득분배의 평등화 문제, 생산 자원의 배분, 실업 문제 해결 등을 중심으로 비교·분석하고 있는데 결과적으로 사회주의에 좋은 평가를 내린다. 피구는 자본주의 체제에서는 명확한 격차 문제가 발생하기 때문에 상속세와 소득세의 누진화, 빈곤층에 대한 보조금 지급과 급여 보조 등이 필요하다고 하면서 사회주의의 우월성을 지적한다. 생산 자원의 배분과 실업 해결 문제에 대해서도 피구는 국가에 의한 '이상적 자원 배분', '공공투자정책'이 가능하다는 점을 지적하면서 사회주의의 우위를 거론한다. 물론 피구의 논리는 1930년대 소비에트 러시아의 높은 생산성과 빠른 경제성장의 결실에 대한 찬사라고 할 수 있겠으나 유인호의 입장에서는 근대경제학의 대가가 사회주의의 우월성을 논평한 것이 대단히 흥미롭게 다가왔을 것이다. 이는 유인호가 스탈린의 폭압 정치에 매우 실망한 것과는 전혀 다르게 초기 현실 사회주의의 이상성을 피구가 높이 평가하기 때문이다.

이렇게 보면 유인호는 '원서 강독'이라는 과목을 통해서 자신의 주장을 간접적으로 펼칠 수 있는 수단으로 활용함과 동시에 지금까지 주의 깊게 다뤄오지 않은 근대경제학 이슈들을 하나씩 점검하는 계기로 삼은 것으로 보인다. 가르치는 것은 동시에 매우 중요한 학습의 기회를 주기 때문이다.

이뿐 아니라 그즈음 유인호는 번역에도 많은 관심을 보인다. 1959년 6월에는 모리스 돕(Maurice Dobb)의 《후진국경제 발전론》(일한도서출판사)을 번역 출간했고 1960년 2월에는 얀 틴버겐(Jan Tinbergen)의 《경제정책이론》(박영사)을 이정재(李政在)와 공동으로 번역했다. 모리스 돕은 영국의 마르크스경제학자로 미국의 마르크스주의경제학자인 폴 스위지(Paul Sweezy)와 '자본주의 이행 논쟁'을 벌인 것으로 유명하며 사회주의 경제·개발도상국 경제 연구에 주력한 인물이다. 유인호가 번역한 《후진국경제 발전론》은 돕이 1951년 인도 델리대학에서 한 강연을 채록한 것으로, 당시 후진국 경제정책에 대한 시사점을 담고 있다.

얀 틴버겐은 네덜란드 출신 경제학자로 계량경제학의 원조로 꼽힌다. 그는 경제 과정 분석에 대한 동태적 모델의 발전·응용 등 계량경제학 분야에 대한 공로로 1969년에 첫 노벨 경제학상을 수상하기도 한다. 특히 독립적인 정책 목표 n개를 달성하기 위해서는 독립된 정책 수단이 최소한 n개 필요하다는 이른바 '틴버겐의 정리(定理)'의 주인공이다. 수치와 방정식 그리고 지수 등으로 가득한 계량경제학과 상품과 자본의 탄생 배경이나 각 시대 생산양식의 변천과 사회를 구성하는 각 주체들의 역학 관계 등에 초점을 맞추는 마르크스주의경제학이 공존하기란 쉽지 않았을 테지만 경제정책 과목을 주로 담당한 유인호로서 틴버겐은 빼놓을 수 없는 인물이었던 셈이다.

유인호는 '원서 강독' 강의를 준비하면서 해리스, 케인스, 피구, 돕, 틴버겐 등을 다루게 되었는데 이 가운데 돕을 제외하면 나머지 네 명이 모두 당대 근대경제학의 대가라고 할 수 있는 사람들이다. 각 분야의 입문서 급에 해당되는 책으로 유인호가 해당 분야를 섭렵했다고 표현하기는 어렵겠으나 적어도 주류경제학과 동거하는 모양새는 내외적으로 분명하게 과시한 것으로 볼 수 있겠다. '원서 강독' 교재로 돕이나 스위지 같은 마르크스주의경제학자의 저서를 끌어들이지 않았다는 대목에서 유인호의 지혜로움을 엿볼 수 있다.

강의안과 교재 만들기가 대략 마무리되면서부터 유인호의 대외 활동도 활발하게 이루어진다.[56] 교재·교안 개발에 초점을 맞춘 유인호의 계획은 학원 민주화 과정에서 해직을 겪는 바람에 당초보다 빠르게 시작된다.

유인호 평전, 사회변혁을 꿈꾼 민중경제학자의 삶

1960년 12월 파면당한 뒤 생활고를 겪는 와중에 대학 시간강사와 더불어 군사정권의 국가재건최고회의 기획위원회 재경소위 위원으로 활동하게 되었기 때문이다. 아직 교안 만들기에 몰두해야 할 상황이었지만 해직된 마당에 정직을 확보하는 것이 더 시급한 일이었다. 더구나 맡은 일이 군사 정권이 슬로건으로 내건 '자립경제'(6대 혁명공약 중 하나인 '국가자주경제의 재건')를 추구하는 것이었다는 점에서 유인호로서도 매력적인 일이 아닐 수 없었을 것이다.

그런데 재경소위 위원으로 활약하기 시작하면서 유인호의 경제정책에 대한 제언과 비판이 시작된다. 우선 유인호는 후진국 경제개발 관점에서 모리스 돕을 인용하며 한국 경제의 처지와 방향을 진단한다. 그간 선진국 경제학자들은 후진국 개발의 근본 문제를 주로 자본 부족으로 꼽았으나 돕은 자본보다 더 중요한 것으로 해당 문제를 풀어갈 수 있는 경제기구(조직)를 꼽는다. 바로 이 점에 유인호는 주목하였다. 자본 이상으로 자원과 배분 등을 나라의 특정 경제조직이 총괄하는 것이 중요하다는 인식이다. 이는 이전부터 거론된 경제개발계획이 군사정권의 등장과 더불어 본격적으로 궤도에 올랐다는 점과 관련해 보면 유인호가 군사쿠데타에 대한 평가는 별도로 하더라도 경제개발계획에 호감이 있었던 것으로 볼 수 있다.

자본주의 경제에 있어서는 투자의 결정은 이윤을 목적으로 한 고립적이고 무계획적인 욕망에 의하여 이루어지므로 각 투자 간의 상호보완적 작용은 기대할 수 없다. 그러므로 돕은 이와 같은 상호보완적 관계를 고려하여 전통적인 시장 조직이 초래하는 사후적 조정 대신에 계획에 의하여 발전 과정에 있어서의 구성 요소의 사전적 조정을 가능케 하는 경제구조만이 농업국을 공업화할 수 있는 것이라고 한다.[57]

정부가 주도하는 강력한 경제기구가 사전적 조정을 통해서 문제의 소지를 제거하고 준비한다면 자립 경제는 충분히 달성할 수 있다는 인식이다. 다만 결과적으로 군사정권은 혁명 공약으로 '국가 자주 경제의 재건'을 앞세웠으면서도 처음부터 대외 의존성에서 벗어날 수 없었다. 자본 부족으로 해외 자본에 의존했고 국내시장의 유효수요 부족으로 해외시장에 초점을 맞출 수밖에 없었기 때문이다. 더구나 돕이 주장한 경제기구의 역할은 특정 기업군에 대한 특혜적 지원을 우선하는 쪽으로 초점이 기울면서 자립은 고사하고 경제주체 간에 격차 발생을 예고한다. 군사정권과 유인호의 밀월은 처음부터 오래가기 어려웠던 셈이다.

오늘날 박정희 군사정권의 경제개발계획은 수출 주도형으로 흔히 평가되지만 처음부터 수출 주도형 공업화 전략은 아니었다. 1962년부터 시작된 경제개발5개년계획은 자주 경제 재건을 강조하였고 수출 목표도 낮게잡고 있었다. 그러나 투자 재원 부족으로 1차 5개년 기간 중인 1963년에계획 목표치를 하향 수정하면서 수입 대체 산업 육성 전략은 수출 주도형으로 전환하기에 이른다.[58]

그렇지만 수출 주도형 전략은 이미 군사정권 출발 때부터 예정되었다고 해도 과언이 아니다. 1961년 8월 군사정부는 유인호에게 정유 공장 설립 계획안을 위탁한다. 이에 유인호는 자립 경제라는 당면 과제에 입각해정유 공장 국영화에 초점을 맞춰 그해 10월에 설립 계획안을 제출하고 이

유인호 평전, 사회변혁을 꿈꾼 민중경제학자의 삶

안은 기획위원회 전체회의에서 원안대로 통과된다.[59]

유인호는 국영화로 건설해야 하는 이유로 세 가지를 꼽는다. 우선 정유 산업이 경제에 미치는 비중을 생각할 때 휘발유, 경유, 등유 등 부산물의 생산 물량 조율·가격 조정을 가능하도록 만들기 위해서라는 주장이다. 다음으로 원유 도입선에 대한 탄력적 선택이 가능하려면 국제 메이저 석유 회사에 얽매이는 것보다 국영이 바람직하다는 논리다. 셋째로는 국영으로 출발했다가 나중에 민영화하게 되면 국민이 분산적으로 가지고 있는 소액 자본을 투자할 수 있어 국내 저축 앙양의 수단으로도 활용할 수 있다는 것이다.

이에 군사정권은 1962년 1월 13일에 1차 경제개발5개년계획 개요를 발표할 때 정유 공장을 5년 동안 한시적 국영으로 운영하기로 한다. 그런데 일주일 만인 1월 21일, 경제기획원과 한국은행 그리고 업계 관계자 20여 명이 모여 이 문제에 대해 재론하고는 민영 공장으로 추진할 것을 결정한다.

우리나라 경제는 개별적으로 존재하는 것이 아니고 세계 자본주의의 현 단계 법칙에 의하여 지배되고 있는 것이다. 이러한 여건을 토대로 하여 경제 계획에 있어서의 모든 문제는 검토되고 결정되어야 한다. 정유 공장은 민영이 아니고 국영으로 출발해야 하며 일정 기간이 지난 후에 불하할 것을 전제로 하여야 한다. 먼저 정유 공업은 현대 산업에서 어떠한 위치에 있는가? 현대 산업에서 정유 공업이 점하는 비중은 매우 중요하다. 특히 우리나라에 있어서는 유류(油類)가 물가를 선도하는 역할을 하였다는 것만 보더라도 그 비중은 알 수 있다.[60]

이 글은 정유 공장을 민영으로 추진한다는 소식을 들은 유인호가 황당한 마음을 금할 길 없어 《조선일보》〈신춘 논단〉을 통해 정책 수정을 질타한 것이다. 이 글은 유인호가 이후 본격적으로 정책 비판을 시작하게 된 첫 논단이라는 점에서 주목되는 글이다.

스키안의 탄생과 제자 키우는 재미

유인호는 사람들과 만나고 어울리는 것을 참 좋아하였다. "우학"으로 불리며 밀양 산내면에서 보낸 어린 시절에도, 곤궁했던 유학 시절에도, 귀국 이후 어려웠던 시간강사 시절에도 늘 그의 주변에는 더불어 아파하며 의기투합하는 친구들과 그룹이 있었다. 유인호를 기억하는 많은 사람들은 그의 타고난 친화력과 흡입력 그리고 유머 감각을 거론한다. 대학 강단에서도 그의 친화력과 흡입력은 멈추지 않았다. 오히려 그의 학문적 열정과 제자 키우는 재미가 더해진 덕분에 학생들과 더욱 긴밀한 관계를 맺었다.

4·19혁명 당시 시위 도중 부상당한 학생들을 유인호가 애써 돌보았다는 내용은 앞에서 이미 거론한 바 있으나 유인호의 본격적인 제자 키우기는 그가 1963년 1학기부터 중앙대학교 경상대학 경제학과 부교수로 부임하면서부터라고 할 수 있다. 그중에서도 스키안(S-Kian)과 석우회(石友會)는 유인호가 가장 많은 관심을 쏟은 학생 그룹이다.

스키안은 학술 동아리고 석우회는 졸업한 후에 결성한 친목 모임이지만 우연찮게도 두 모임의 주요 멤버가 유인호가 중앙대로 자리를 옮긴 이

유인호 평전, 사회변혁을 꿈꾼 민중경제학자의 삶

듬해에 경제학과에 입학한 64학번 학생들이었다. 스키안은 학술 동아리이기 때문에 회원이 계속 늘어났다는 것에서 석우회와 차이가 있지만 당시 중앙대 경제학과 학생들 사이에서 유인호의 명성이 대단하였음을 짐작할 수 있다. 이제 유인호와 스키안, 유인호와 석우회 사이에 있었던 사랑의 교제를 한 번 더듬어보기로 하자.

우선 스키안이다. 경제학자 애덤 스미스와 존 메이너드 케인스를 귀감 삼아 경제학을 배우겠다는 사람들이라는 뜻에서 이들의 머리글자인 'S'와 'K'를 따서 붙인 명칭인데 종종 오해를 받는다. 스키(ski) 타는 사람들이 아니냐는 것이다. 스키안 창립 회장을 맡은 윤승렬은 스키안이 학내 학술 동아리로서 한참 명성을 날리던 1970년 초에 당시 중앙도서관장인 하경근 교수가 스키안 회원들의 열심에 탄복해 도서관 방 하나를 동아리 방으로 배정하였다고 회고한다. 그런데 어느 날 임영신 총장이 하 관장을 찾아와 도서관 이곳저곳을 둘러보다가 어느 동아리 방 앞에 붙은 'S-Kian'이란 문패를 보고 "왜 스키 모임에 동아리 방을 배정했느냐"고 하 관장을 몰아붙였다는 것이다. '스키 타는 이들'이 아니라 '스미스와 케인스를 배우는 학술 동아리'라는 사실을 확인하고 나서야 임영신 총장의 오해가 풀렸다고 한다. 그 뒤로 임 총장이 재임한 동안(1963~1972년) 스키안의 동아리 활동에 적지 않은 도움을 주었음은 두말할 나위도 없다.

스키안은 창립 회원인 이연구가 경제학과 학생들로 공부하는 모임을 만들어보면 어떻겠느냐는 제의에 윤승렬, 박건신 등 복학생들이 쾌히 찬성하고 십여 명이 동의하면서 1968년 6월 8일 결성되었다. 명칭은 창립 회원들 사이에 공고를 붙인 결과 윤승렬의 제안에 만장일치로 찬성히여 결정했는

1968년 12월, 중앙대학교 경제학과 학술 모임 '스키안'의 1기 학생들과 함께. 아래줄 왼쪽에서 셋째가 유인호다.

데 문제는 학술 연구 모임인 만큼 지도 교수를 모시는 일이었다. 경제학과에 정식 의뢰한 결과 자발적인 연구 모임인 스키안을 좋게 평가한 유인호를 비롯한 교수 몇 분이 지도 교수를 자청했는데 창립 회원들은 압도적으로 유인호를 모시기를 원했다. 스키안과 유인호의 첫 대면이 시작된 것이다.

학술 동아리답게 스키안은 그해 2학기부터 매주 학술 세미나를 개최한다. 중앙도서관 꼭대기 층에 있는 작은 방에서 열리는 세미나에는 유인호가 빠지지 않고 참석하여 학생들을 격려하였다. 회원들이 돌아가면서 발표하고 토론을 이어갔다. 이후에 펼쳐지는 유인호의 논평은 학생들에게 그야말로 살아 있는 공부였다. 특히 유인호의 논평은 매우 세밀하고 구체적으로 진행되었다. 발표에 대한 문제점과 칭찬은 물론 빠지지 않았으며

유인호 평전, 사회변혁을 꿈꾼 민중경제학자의 삶

토론 과정에서 나온 누군가의 질문에 대한 지적까지 '그렇게 생각하고 질문하였더라면 어땠을까? 저렇게 답변을 풀어냈더라면 더 좋았을 것 같다' 라고 논평해 다음 발표자를 긴장시키기에 충분하였다.

수업에서 개별 발표가 흔치 않던 교육 풍토에서 동료들 앞에서 풀어내는 발표도 어려운데 지도 교수가 버티고 앉아 있는 자리가 쉽지 않았음은 불문가지였지만 스키안 회원들은 즐거운 고민에 빠졌음이 틀림없다. 이렇게 유인호가 학생들의 자발적인 학술 동아리 모임에 깊은 관심과 애정을 기울인 배경에는 무엇보다 그의 제자들에 대한 열정이 가장 크게 작용했을 것이다.

그 열정은 학생들이 대학을 졸업한 후에도 끊임없는 관심과 사랑, 즉 '사후 관리' 로 이어졌기 때문에 오래도록 지속되어온 것으로 보인다. 재학생 스키안은 학문에서의 자극과 즐거움을 유인호에게 전수받았으며 졸업생 스키안은 인생의 멘토 유인호와 다시 조우하면서 삶을 넉넉하게 보는 눈을 키울 수 있었다. 아울러 초기 스키안이 쉽게 뿌리내릴 수 있었던 데에는 유인호가 리쓰메이칸대학에서 경험한 것이 크게 도움이 되었다.

일본의 명문 대학은 대부분 '제미(ゼミ)' 를 운영한다. '제미' 는 '세미나' 의 일본식 축약형 표현인데 학생들이 자발적으로 운영하지만 정규 수업의 하나로 인정된다. 그리고 수업 과목명은 지도 교수의 성을 따서 "아무개 제미"라고 부른다. 예컨대 지도 교수가 시미즈 마코토인 세미나는 '시미즈 제미' 가 된다. 말하자면 유인호는 리쓰메이칸대학 경제학부에서 '무토 제미' 에 속하였다.

세미나 운영은 지도 교수의 성창에 따라 조금씩 다르지만 기본 적으로

일곡은 스키안의 세미나에 항상 참여해 학생들을 긴장시키면
서도 북돋아주었다.

'학생 발표–지정 토론 혹은 자유 토론–지도 교수 논평'으로 진행된다. 경
우에 따라서는 지도 교수의 대학원 학생들이 조교로 돕는 경우도 있지만
운영 주체는 재학생이고 관리는 지도 교수가 맡는 식이다. 매년 연말이면
각 학부별로 '아무개 세미나' 입회를 호소하는 방이 나붙고 경우에 따라
서는 신입 회원 선발 시험을 치르기도 한다. 세미나 수업에 참가하기 위해
시험을 치르는 진풍경이 벌어지는 셈인데 한 번 선발되면 영원히 그 제미
의 회원이 된다. 따라서 '무토 제미'는 유인호가 대학 재학 때 선택한 과
목명이기도 하며 동시에 무토 교수를 지도 교수로 모시는 학생들의 그룹

을 나타내기도 한다. 일본에서는 같은 대학 같은 학과를 졸업한다 해도 어느 지도 교수 세미나에 속해 있었느냐를 따지는 경우가 많다. 당연히 같은 세미나에 속한 졸업생과 재학생의 교류도 활발한 편이다.

스키안의 운영 방식도 이 같은 일본 대학의 세미나 운영 방식과 많이 닮았다. 유인호의 경험이 자연스럽게 전수되었을 것으로 보인다. 신입 회원 모집도 선발 기준을 가지고 학생들이 주도해서 꾸려갔으며 특히 한 번 스키안 회원은 졸업 후에도 끈끈한 관계를 이어갔다. 같은 세미나 출신이라는 점을 중시하는 점 또한 일본 대학의 '제미' 시스템과 유사하다.

그런데 일본 대학과 다른 점은 일본의 '제미'는 정규 수업이었지만 스키안의 세미나는 완전히 과외 활동이라는 사실이다. 일본의 세미나 수업에 지도 교수가 빠지지 않고 참석하는 것은 정규 과목이기 때문이지만 스키안 세미나에 유인호가 늘 함께하는 것은 그의 열정을 빼놓고는 달리 설명할 길이 없다. 지금이야 대학마다 이런저런 동아리들이 생겼고 지도 교수가 있는 경우도 적지 않지만 대부분 지도 교수는 이름만 걸어놓는 것이 보통이고 보면 1960년대와 1970년대에 보여준 유인호의 스키안 사랑은 유별났다고 해도 과언이 아니다. 그 때문에 스키안이 초기에 빠르게 안정을 찾고 제 역할에 충실한 학술 동아리 모임으로 성장할 수 있었다.

당시 재학생 스키안으로 활동한 이들은 친구들의 부러움을 많이 샀다고 이구동성으로 고백한다. 스키안 회원들은 유인호의 광팬이 되어갔다. 교수와 학생의 소통이 그리 많지 않던 시절에 매주 주제를 달리하면서 이론과 현실을 두루두루 다루며 생각하는 방법, 질문하는 요령, 응답하는 재치를 마치 손에 쥐어주듯 자상하게 지도하는 교수에게 반하지 않을 사람이 없었을 것이다. 여기에 사후 관리까지 딸려오니 그들은 더할 나위 없는 사랑을 맛보았던 셈이다.

1980년부터 1984년까지 유인호가 두 번째로 해직 교수가 되는 시기를 겪으면서 스키안 재학생 지도 교수는 다른 교수가 맡게 되었고 복직한 이후에도 재학생 스키안은 유인호가 직접 지도하지는 않았지만 졸업생 스키안은 창립 때부터 유인호가 1992년 유명을 달리할 때까지, 아니 지금까지도 그를 기념하는 일곡기념사업회가 꾸준히 활동하고 있는 만큼 여전히 그의 지도하에 있다.

스키안은 2012년 창립 44주년을 맞았으며 45기 신입 회원을 뽑았다. 현재 스키안 재학생·졸업생 회원은 200여 명에 이른다. 국내 대학에서 단일 학과 학술 모임으로서 이렇게 오래 이어지는 것은 흔치 않은 사례일 것이다. 창립 회원이 칠순을 바라보는데도 신입 재학생 회원과 더불어 연 2회 창립 기념일과 송년회를 함께 지내오고 있다. 최근 들어 너무 세대 차가 많이 나는 바람에 모임이 시들해지고 있다는 우려도 없지 않으나 재학생 스키안 회원들은 여전히 학기 중에 매주 세미나를 이어오고 있으며 졸업생들도 소그룹 모임 활성화를 모색하고 있다. 재학생에 대한 졸업생의 장학금 지원 사업도 계속되고 각 경제 분야 일선에서 활약하는 선배 스키안들이 경제 현장에 대한 실무 특강을 재학생 스키안과 중앙대 경제학과 학생들을 대상으로 열기도 한다. 유인호의 제자 키우기 열정은 내리사랑으로 이어지고 있는 것이다.

다음으로는 석우회다. 석우회는 학술 모임인 스키안과 달리 중앙대 경제학과 64학번 동기 열 명으로 시작된 친목 모임이다. 일부는 스키안 회원이면서 석우회 멤버인 경우도 있다. 이 모임의 좌장 격인 정석희는 1971년 대학 졸업 직후 중앙대가 있는 흑석동에서 '석' 자를 따서 모임을 만들고 유인호를 인생의 멘토로 모시기로 결의했다고 회고한다. 이후 회원은 당초 이들 열 명에서 스무 명으로 늘고 서른 명, 마흔 명으로 늘었다. 결혼과 출산이 이어지면서 식구가 불어난 덕분이다. 유인호가 석우회 열 명의 결혼식 주례를 모두 맡았으니 배우자들과 이후 태어난 아이들도 한 품에 들어올 수밖에 없었던 것이다.

신년 인사, 스승의 날, 생일, 송년회 등은 기본이고 결혼과 출산, 이사 등이 계속 벌어지면서 석우회가 결성되고 처음 5~6년 동안은 교제가 끊이지 않고 이어졌다. 그때마다 유인호는 부인 김정완과 더불어 참석하였다. 석우회 자녀들은 유인호 부부를 마치 친할아버지, 친할머니처럼 따랐다. 젓가락질을 잘 못하는 아이가 유인호 집에서 일주일 동안 지내면서 훈련을 받아 잘하게 되었다는 이야기는 지금도 두고두고 전설처럼 내려온다.

1975년 유인호가 양평에 손수 농업 현장을 구축하겠다는 취지에서 야산을 매입하고 농장을 마련한 뒤로는 석우회 회원들은 양평농장에서 자주 모였다. 농장이 남한강변에 있어서 물놀이하기에 좋았지만 팔당 댐으로 수위가 높아진 뒤로는 주로 농장 위쪽 산에서 행사가 열리곤 하였다. 그때마다 유인호는 제자들의 어린 자녀들을 위해 미리 풀을 베고 행여 뱀이 돌아다닐까 싶어 백반 가루를 뿌려놓는 등 배려를 아끼지 않았다.

사실 유인호의 졸업생 제자에 대한 사후 관리는 스키안이 되었든 석우회가 되었든 부인 김정완이 없었다면 완성될 수 없었을 것이다. 김정완은 자연스럽게 제자 부인들의 애로를 들어주며 아이 키우기, 시어른 공경하기,

부부 의사소통하기 같은 온갖 대소사를 상담해주는 사람으로, 조언자로 자리매김하였다. 유인호 부부의 친화력과 자상함이 손에 잡히는 듯하다.

1980년 5월 17일 전국으로 비상계엄령이 확대되면서 대대적인 검거 선풍이 불 때 '지식인 134인 시국선언'을 주도한 유인호도 일주일 동안 피신해야 했다. 그때 유인호가 머문 곳이 석우회 회원인 강정오의 집이다. 좀 더 강정오의 집에 머물 수도 있었는데 강정오의 어린 아들 진환 군이 평소에 유인호의 사랑을 많이 받은 덕분인지 "우리 집에 교수님 할아버지 와 계신다"고 주변 여기저기에 자랑하고 다니는 바람에 부랴부랴 집으로 돌아가게 되었다. 일주일이 지나서 유인호를 찾는 형사가 보이지 않다는 점이 작용하기도 했지만 무엇보다 유인호가 행여 제자에게 화가 미치지나 않을까 염려했기 때문이다. 암울했던 시기, 몸을 내던져서라도 스승을 감싸는 데 주저하지 않았고 제자를 배려하는 데 부족함이 없었던 사제 간에 이야기다. 결국 유인호는 1980년 6월 26일 강제 연행되고 말았지만 이후 제자들은 그해 12월 11일 유인호가 풀려날 때까지 마음 졸이며 유인호의 강녕을 빌고 또 빌었다.

> 또 농장에서 이러쿵저러쿵한다고 하니까 혜진 아빠, 영상이 아빠, 희원이 아빠 등은 내가 갈 적마다 쫓아가서 박 군(농장 관리인) 사기 돋워주고 오고 또 7월 17일에는 소운 아빠, 진환이 아빠 해서 모두 다섯 명이 다녀온 데다…….[61]

이 인용문은 유인호가 1980년 옥중에 있을 때 가족과 나눈 편지 중에서 김정완이 양평 농장에 다녀온 상황을 설명하는 대목이다. 여기에 등장하는 '혜진 아빠', '영상이 아빠', '희원이 아빠'는 스키안 졸업생 회원인 박매신, 김관제, 이연구를 뜻하며 '소운 아빠', '진환이 아빠'는 석우회 회원인 정석희, 강정오를 말한다. 힘들 때 시간을 쪼개고 마음을 나누며 함께 격려하면서 사제지간의 사랑은 더욱 깊어진 셈이다. 그리고 해직 교수 시절, 복직, 정년, 급작스럽게 병환을 얻어 일찍 세상을 떠날 때까지 유인호와 제자들은 늘 한결같은 마음으로 교제했다. 이는 다른 여느 교수들이 맛보기 어려운 유인호의 행복이자 그 어떤 이들도 쉽게 경험하기 어려운 유인호의 제자들만이 누릴 수 있는 축복이고 자랑거리다.

16
농업 협업화를
외치다

1960년에 한국의 산업구조는 농림·어업의 1차 산업 36.8퍼센트, 제조업 등 2차 산업 20.2퍼센트, 서비스업의 3차 산업 43.2퍼센트로 구성되어 있었다. 그러나 취업 인구 비율로 따지면 경제개발5개년계획이 본격적으로 시작된 1963년에는 농림·어업의 비중이 63.0퍼센트에 이른다.[62] 1960년대 초 한국은 부인할 수 없는 농업국이었다.

바로 그즈음 한국의 공업화 전략이 본격적으로 펼쳐지기 시작했다. 당시 문제의 핵심은 한국이 공업화, 산업화를 모색하려면 그 같은 산업구조를 감안할 때 어떤 선택을 할 것이냐 하는 점이었다. 이는 보통 한 나라의 경제구조 안에서 농업이 감당하는 역할, 즉 축적 자본과 식량 공급지, 유휴 인구(노동자) 배출지, 내수 시장 기능 등을 충분히 수행하지 못하고 있는 상황에서 어떤 방식을 택할 것이냐 하는 문제였다.

우선 농업 부문을 유휴 인구 배출지로서만 활용하고 사실상 농업을 버

유인호 평전, 사회변혁을 꿈꾼 민중경제학자의 삶

리고 가는 방법이 있다. 필요한 자본을 해외에서 조달해 조립산업을 유치하여 생산을 꾀하고 그렇게 해서 생산된 상품은 해외시장에 내다파는 전략이다. 그 와중에 수출 상품의 가격 경쟁력을 높인다는 취지로 저임금 정책을 취하고 이에 상응하기 위한 저곡가 정책을 유지하면 농업은 더욱 더 발전의 통로를 잃고 피폐해지고 살기 어려워진 농촌인구의 이농(離農)이 가속화되어 저임금 틀이 고착화되는 모습이 예상된다. 이는 공업화의 목표 지향성이 매우 강조된 방법이다.

다음으로는 자본주의사회에서 농업이 제 역할을 할 수 있도록 농업의 활로를 먼저 모색하는 것이 바람직하다는 주장이다. 5·16 군사정권은 이 둘 중 전자를 택하였으며 유인호는 후자를 주장한다. 유인호는 이를 '국내 자원 활용 주도형'으로 명명한다. 이를 위한 구체적인 방법으로 제기한

유인호는 농림부 중앙개척농장사업 추진위원회 등의 위원으로 활동하며 여러 지역을 시찰하였다. 사진은 1963년 9월에 다른 위원들과 함께 경기도 지방을 방문할 때로, 앞에서 셋째가 유인호다.

것이 바로 '농업 협업화'다.[63]

한때 유인호는 군사정권의 경제정책을 모색하는 재경위 상근 위원이기도 하였지만 이러한 인식 차이는 시간이 갈수록 분명해졌다. 이후 정부가 선택한 한국형 성장 방식, 즉 '정부·외자·대기업·해외시장 주도형'이 탄생하게 되었기 때문이다. 한국 경제가 최단기간 내에 후진국에서 선진국 반열에 올랐다고 자랑하며 말할 때는 그간의 한국형 성장 방식이 우월한 듯 보이지만, 그 이면에는 식량·원재료의 대외 의존구조, 경제 이중구조(농·공, 수출·내수, 대·중소기업 등), 격차 문제, 내수 취약, 환경 애로 등 무수히 많은 문제를 떠안고 있어 한마디로 평가를 내리기가 쉽지 않다. 무엇보다 유인호가 주장해온 '국내 자원 활용 주도형'은 현실 경제에서 적용되지 않았기 때문에 실제로 추진된 한국형 성장 방식의 성과를 비교해 논한다는 것 자체도 의미가 없다.

다만 이후 유인호가 끊임없이 제기하는 정부의 경제정책 비판의 핵심적 논거가 바로 '국내 자원 활용 주도형'에 있었음을 유의할 필요가 있다. 이는 유인호의 강점이자 동시에 한계일 수 있기 때문이다.

국내 자원 활용 주도형 발전 전략

유인호가 농업 문제에 관심을 쏟기 시작한 것은 대학 학부 때였다. 지도 교수인 무토 슈이치는 전공 분야가 화폐금융론이었으나 유인호가 지도 교수 이상의 은사로 꼽는 몇몇 교수들 가운데 한 사람인 아베 야쓰구 교수의 영향이 적지 않았다. 대학원에 입학한 후 유인호는 아베 교수가 담당한 '경제정책 특수 강의' 과목에서 첫 리포트로 〈일본 농촌의 봉건성—과잉 노동을 중심으로〉를 제출한다. 이 보고서는 일본 농촌의 봉건성을 농촌의 과잉 노동 차원에서 분석한 것이다. 즉, 과잉 노동은 일본의 봉건성에서 유래하며 현재 독점자본이 최대한 착취하는 모습이라는 내용이다.[64] 당시 아베 교수는 패전 후 일본의 농지개혁에 대한 평가에 힘을 쏟았기 때문에 유인호로서도 당연히 토지개혁과 농촌의 봉건성, 영세성에 관심을 두게 되었을 것이다.

> 농지개혁은 내지에서는 재촌(在村) 지주에게 1정보 한도의 토지 소유를 인정하고 한도 이상 보유하고 있는 소작지를 해방, 즉 현재 소작하고 있는 농가에게 그 토지 소유 명의를 변경해주는 방식이었다. 이 때문에 개혁의 목표가 소작제에서 자작제로 이행하는 것에 있다고 하더라도 토지 소유 명의를 부여하는 종전의 소작인 경영 면적에 대해서는 단 한 이랑(30평)도 늘려주는 조치는 취하지 않았다. 따라서 농지개혁은 부재(不在) 지주는 일소(一掃)했으나 그 이후 가족 경영에 의해 자립할 수 있는 자작농을 다수 창설한 것이 아니라 단지 다수의 영세 경지 소유자를 창출한 것에 불과하다. 영세 농경작을 그대로 유지한 농지개혁은 자작 농주의 관철에 따른 자유로운 소농의 창출이 아니라 소토지 소유자의 다수 창출에 의한 부르주아 민주주의 유지책에서 멈추고 말았다.[65]

아베 교수의 일본 농지개혁에 대한 비판은 한국의 농업이 직면한 문제와 놀라울 정도로 유사하다. 정도에 차이는 있을지라도 일본과 당시 한국의 농촌과 농업이 직면한 문제는 크게 다르지 않았다는 점은 유인호가 농업 연구에 관심을 쏟는 계기가 되었다. 다만 유인호의 한국 농지개혁에 대한 관심은 좀 더 나중에 등장한다.[66]

또 한 가지 유인호를 자극한 것은 군사정권 등장 이후 유인호가 경제정책을 입안하는 전문위원으로 재직한 후 농림부의 자문위원이 되면서 확인한 당시 한국 농업이 처한 현실이었다. 1962년 7월 1일 유인호는 농림부 농업구조 정책심의회 위원으로 위촉되어 그해 8월 현장을 방문하였다. 이어 1963년 1월 농림부 농업관측 심의위원회 위원, 그해 4월 농림부 중앙개척 농장사업 추진위원회 위원으로 위촉되었다. 당시 군사정권은 자립 경제의 일환으로 농업의 자활 가능성에 적지 않은 관심을 가지고 있었으며 농업구조 개혁, 개척 농장 사업 추진에 열의를 보였다. 유인호는 1962년 농림부의 심의회 위원으로서 개척 농장 적지(適地) 현장 조사를 실시하면서 경상남도, 경상북도, 충청북도, 강원도를 시찰하였다. 농업의 실상을 현장에서 직접 느낄 수 있는 기회를 많이 갖게 된 셈이다.

그 결실은 〈농업의 고도화와 협업〉[67]이라는 논문으로 나타난다. 이 글은 한국 학계에서 처음으로 '협업' 에 대해 논문 형식으로 분석한 것이며 이후 한국 내에서 협업에 관한 논쟁의 기초를 제공하는 의미 있는 유인호의 업적이다. 그 내용에 대해서는 1966년 유인호가 내놓은《한국농업협업화의 연구》에 포함되어 있기 때문에 따로 거론하지 않기로 한다.《한국농업협업화의 연구》는 1962년 이후 유인호가 한국의 농업과 관련해 발표한 논문을 '협업화' 라는 주제에 걸맞게 통일적으로 조율한 후 새로 집필한 것이니만큼 이 책을 더듬어 유인호의 '농업 협업화'를 살펴보기로 한다.

그런데 유인호는 경제 발전에 대하여, 즉 공업화·산업화에 대해 전통적인 입장에 서 있음을 볼 수 있다. 적어도 표면적으로는 그렇다. 공업화를 위한 전제조건이 갖춰질 때 비로소 산업화·공업화가 가능하다는 미국의 경제사학자 월터 W. 로스토우가 주창한 성장단계설 중 '선행조건의 충족'이라는 명제를 강조하는 것과 비슷한 입장을 보이기 때문이다. 유인호가 인식하고 있던 선행조건의 충족, 특히 농업 부문에 대해서는 어떤 견해를 피력하고 있었을까? 이를 점검하기 전에 우선 경제 발전론의 기본적인 논란부터 점검해보는 것이 좋을 듯하다.

흔히 경제 발전 전략을 논할 때 균형성장론과 불균형성장론은 서로 대척점에 서 있다. 균형성장론은 말 그대로 전 산업이 고루 균형을 취하면서 성장 경로를 모색하는 것이고 불균형성장론은 특정 산업을 우선해서 지원함으로써 한정된 자원을 한쪽에 집중 투자하는 방식이다. 조금 더디더라도 함께 가는 것이 좋은지 아니면 특정 부문을 앞세워 나름대로 성과를 낸 후에 나중에 뒤처진 부문을 앞에서 끌어가는 식이 좋은지는 획일적으로 평가하기 어렵다. 그렇지만 한국이 선택한 방식은 불균형성장 방식이었다. 내수보다는 수출에, 농업보다는 공업에, 기초산업보다 조립·가공산업에, 중소기업보다 대기업에 더 역점을 두고 지원하는 형식을 취해왔기 때문이다. 그렇다면 유인호는 균형성장론자인가? 그렇기도 하고 그렇지 않기도 하다.

일구이 경제 발전은 그것이 곧 공업화리라야만 되며 또힌 계획 원리를 활용해야 된다는 것은(특히 후진국에서는) 이미 당위로서 제시되고 있다. 그러나 경제 발전의 내용이 되는 공업화를 위한 기초 작업(가령 자금, 기술, 시장, 식량 등)을 이룩하지 못한 나라(특히 우리나라와 같은 후진국)에 있어서는 국내의 광대한 농촌 시장에 의존하지 않은 경제 발전(공업화)이란 생각할 수 없다. 즉, 광대한 농업 부문이 공업화를 위하여 길을 열어주는 역할을 하지 않은 한(시장, 원료, 노동력, 식량 등 여러 면에서) 공업화의 과정은 장기적으로 보장될 수 없다. 다시 말하면 국민경제 내부에서 공업화의 과정이 보장되기 위해서는 광대한 농촌경제의 개발을 전제로 하지 않을 수 없으며 이러한 전제를 무시한 공업화 과정의 촉진은 결국에 있어서 공업화의 기형화를 한층 더 격화시킬 뿐만 아니라 나아가서는 국민경제를 정체의 길, 후퇴의 길, 예속의 길로 몰아넣는 결과가 되고 말 것이다.[68]

농업과 공업 간의 균형성장을 유인호는 강조하고 있다. 여기까지만 보면 유인호는 균형성장론자다. 동시에 전통적인 경제 발전론에 입각한 선행조건의 충족을 강조하는 것처럼 보인다. 하지만 다른 한편에서 그간 선진국 내에서 제기된 후진국 발전론을 모조리 부정하면서[69] 모리스 돕이 주장한 것처럼 후진국 개발의 근본 문제를 풀어갈 수 있는 중심 틀이 '경제기구'라고 인식하고 있음을 감안하면[70] 그는 단순한 균형성장론에만 머물러 있지 않다. 여기서 등장하는 '경제기구'란 일종의 컨트롤 타워를 지칭하며 계획경제의 틀에서 문제를 풀어갈 수 있는 것으로 유인호는 본다. 이는 결국 투자의 우선순위를 컨트롤 타워가 결정하고 여기에 자립 경제라는 주요 개념이 추가되면서 생산수단의 자립을 위한 중화학공업의 우

유인호 평전, 사회변혁을 꿈꾼 민중경제학자의 삶

선 성장론을 주장한다.[71] 이는 불균형성장론이나 다름없다. 이 점에 관련해 '유인호 경제학'에 대해 처음으로 공식적인 논평을 가한 김종걸은 다음과 같이 정리한다.

유인호의 '국내 자원 활용 주도형' 개발정책을 이른바 전통적인 의미에서의 '균형개발론'으로 해석하는 것은 무리가 있다. 유인호의 논문 전체에서 1950~60년대를 통해 서구 경제학계에서 풍미했던 논쟁, 즉 넉시(Nurkse)와 허쉬만(Hirschman)의 균형-불균형성장의 논쟁 구도를 찾는 것은 어렵다.

따라서 유인호의 개발 전략을 '균형' 혹은 '불균형'의 개념 틀로 간단히 재단하는 것은 많은 오해를 불러일으킬 수 있다. 군이 유인호를 이 논쟁 틀에 집어넣는다면 제조업 안에서는 '불균형성장', 농공 간에는 '균형성장' 혹은 '농촌개발 우선전략'이라는 결론이 나온다.[72]

이 내용을 정리해보면 유인호의 '국내 자원 활용 주도형 발전 전략'은 첫째로 한국의 경제구조 안에서 농업이 제 역할을 할 수 있도록 하는 것이 우선이며, 둘째로 이를 통해 공업화의 길이 모색되고, 셋째로 공업화가 장애요인 없이 지속적으로 추진되기 위해 생산 설비에 대한 자립 문제까지 고려해야 한다는 것으로 요약할 수 있겠다. 그렇다면 우선 첫째 전제인 농업 부문이 어떻게 스스로 발전하고 한국 경제구조 안에서 제 구실을 할 수 있도록 할 것인가? 유인호조차 이것은 매우 어려운 문제라고 지적한다.

우리나라 농업은 발전할 수 있을 것인가? 결론적으로 말하여 현재의 우리나라 농업 구조를 전제로 할 때 그것은 농업의 발전을 약속할 수 있는 '열린' 상태라고 할 수 없다. 왜냐하면 과소농적(過小農的) 상태의 농민적 농지 소유가 지배적이므로 거기에 있어서는 새로운 농업 기술의 도입이나 농업 경영의 합리화나 노동생산성의 향상을 가로막는 많은 문제가 내포되어 있기 때문이다(과소농적 상태의 농민적 토지 소유하에서는 농업생산력의 상대적 정체를 면할 수 없다). 더욱이 과소농적 상태의 농민적 토지 소유가 초래시키는 것은 농가 부채의 누진이라는 현상, 농민적 토지 소유가 일각에서 허물어지기 시작하고 있다는 현실(소작제의 부활) 그리고 농업 기술은 상대적으로 정체된다는 현상이다. 농업에 있어서의 이러한 불합리성이야말로 전체적인 국민경제의 발전을 저해하는 요인이 될 뿐만 아니라 나아가서는 우리 민족이 침략되고 압박되고 사기당하는 근원이 되는 것이며 또한 우리나라의 민주화, 독립, 통일 그리고 부강에 대한 기본적인 장애가 되는 것이다.[73]

이에 유인호는 현재의 농업 제도를 전제로 한 일시적이고 지엽적인 방책이 아니라 새로운 체계가 필요하다고 역설한다. 과소농적 상태인 농민적 토지 소유에 입각해 있는 농업 제도를 전제로 한 개선 내지 개량은 농민의 발전과 농민의 빈곤을 일시적, 부분적으로 해결할 뿐이기 때문이라는 것이 그의 생각이다.

가령 지붕 개량, 부엌 개량, 변소 개량, 외양간 개량, 환경 정비 등을 비롯한 생산의 간접적 교도(教導·가르쳐 이끌어냄)로부터 생산 내부에 이르는 모든 교도는 현재의 소농 상태의 온존이라는 결과를 초래할 뿐 '열린' 방향을 제시하는 것은 못되고 있다. '지나가는 사람들'이 던지고 가는 '한국 농민은 게을러서 못산다'는 것에 농업 정체의 원인을 찾아서는 안 된다. 원인은 더 높은 차원에서 도출되지 않으면 안 된다.[74]

유인호가 말하는 '열린 방향'이란 무엇일까? 한국 농업의 '닫힌 체계'에서 '열린 체계'로 전환한다는 것은 무엇을 말할까? 그것은 '농업 발전의 정체성을 지양하는 생산관계를 새로 도입하는 것'을 뜻하며, '열린 체계'가 현존하는 생산관계와 공존할 수 있다면 적용 면에서나 전개 면에서 합리성을 띠게 될 것이라고 그는 설명한다. 그리고 그 '열린 체계'란 다름 아니라 '농업 협업화 또는 협업 제도'라고 주창한다.[75]

그렇다면 전통적 경제 발전론에서 거론하는 '선행조건의 충족' 문제는 유인호가 관심을 두고 있는 농업에 어떻게 반영되는 것인가? 결론부터 말한다면 유인호는 '선행조건의 충족'이란 차원에서 농업, 농촌, 농민의 역할에 주목하면서도 그 역할은 비농업 부문을 위한 것이 아니라 당장은 농업, 농촌, 농민을 위한 것이라는 점에 초점을 맞춘다. 이것이 바로 유인호가 주장하는 농업 협업화의 핵심이다. 이하에서 좀 더 구체적으로 유인호의 농업 협업화에 대해 살펴보기로 한다.

농업 협업화, 완전 협업 경영으로

흔히 자본주의 농업을 거론할 때 사람들은 기업농을 떠올린다. 서구 선진

농업 협업화 연구를 위해 1966년 10월에 일곡은 전라북도 진안에 있는 '운장산 협업농장'을 방문하였다.

국의 자본주의 이행 과정에서 농민층이 분화와 분해를 거듭하면서 대규모 기업농(상농 · 上農)이 출현하고 그 과정에서 일부 농민은 농업 노동자로 분화되고 다시 일부는 아예 농촌에서 떼밀려 타 산업, 예컨대 도시의 상공업 노동자로 분해되어가는 모습이 포착되었기 때문이다. 그런데 이미 한국의 농업은 자본주의로 전화할 수 있는 길이 막혔다고 유인호는 평가한다.[76]

유인호는 그 이유를 두 가지로 거론하는데 우선 농촌에서의 농민층 분해가 진행되더라도 타 산업으로 유출, 이른바 타 산업으로 분해되어 흘러들어갈 수 있는 비농업 부문이 충분하지 않다는 점을 든다. 다음으로 농업

자본 형성이 어렵다는 점을 꼽는다. 국내외 독점자본의 압력으로 저곡가 정책과 협상가격차(鋏狀價格差, 시간이 지날수록 농산품값은 내려가고 공산품값은 올라가는 등 이 둘의 가격차가 커지는 현상) 때문에 농업 자본이 제대로 성장해서 농업에 재투자되는 순환구조를 확보하기가 어렵다는 것이다.

여기에 유인호는 한 가지 더 첨가해서 '자본주의의 길'이라는 것이 늘 똑같은 모습으로 나타나는 것이 아니라 장소나 시대에 따라 얼마든지 다를 수 있다는 입장을 밝힌다. 뒤집어 말하자면 한국식 자본주의의 길이 있을 수 있다는 것, 아니 더 정확하게 말하자면 한국의 농업에서 자본주의 길을 대체할 수 있는 방안이 별도로 마련되고 구축될 수 있다는 주장이다. 그러나 당시 연구자들 사이에서 흔히 제기되는 '농업의 근대화'와 '농업의 자본주의의 길'을 동일시하는 오류를 범해서는 안 된다고 강조한다.

이것을 요약하면 농업의 근대화는 1) 비농업부문에의 노동력 공급, 2) 농촌 시장의 확대, 3) 조세 부담처로서의 농업, 4) 국민경제적 입장 등에서 요청되는 것이라고 한다. 만일 농업의 근대화가 이러한 요청에 의하는 것이라고 하면 그것(농업의 근대화)은 농업을 위한 근대화가 아니고 타자를 위한 자체(농업)의 근대화라고 하는 본말전도의 결과가 되며 근대화의 결과도 농민의 제반 지위 향상이 아니고 타자에게 경제적인 가치를 제공하기 위한 자체의 기반 정비라는 결과가 될 것이다.[77]

유인호는 "농업의 근대화는 그것이 농업의 생산력을 발전시키고 농민의 여러 지위를 향상시키므로 결과적으로 국민경제에 이바지하게 되는 것이지, 국민경제 또는 기타 여러 가지 목적에 이바지한다는 것이 목적이 될 수는 없다"고 주장한다. 무엇보다 본말전도를 경계해야 한다는 이야기다. 이는 한국 농업에 자본주의의 길이 불가능하다 판단하고 그 대안으로서 '농업 협업화'를 주장하는 유인호에게는 대단히 중요한 문제였다. 농업 근대화, 농업의 자본주의화, 농업 협업화와 같은 3자를 동일시한다면 농업 협업화라는 주장 또한 결국 궁극적으로 농민의 지위 향상이 아닌 비농업 부문의 요청에 따른 당위적인 역할론(부차적)으로 거론되는 것이 아니냐는 오해에서 벗어날 수 없기 때문이다.

유인호는 농업 협업화를 농업 근대화를 달성하기 위한 수단쯤으로 생각해서는 안 된다고 주장한다. 따라서 유인호는 농업 협업화를 한국 농업이 '자본주의의 길'을 대신할 대안으로 규정하면서 동시에 '농업에 있어서의 자본주의의 길'이라는 획일화된 기존 인식을 경계하는 것이다. 더구나 그에게는 자본주의의 길이 굳이 아니라도 농민의 지위가 향상된다면 별 상관없다는 인식이 뿌리내려 있다. 자본주의를 최고선으로 인식하지도 않는 바에야 만사 제치고 자본주의의 길로 일로매진할 이유는 적어도 유인호에게는 없었을 것이다.

그러나 여러 논자들은 농업 근대화의 방향으로서 농업의 협업화를 주장하면서도 그 논리적 근거에 대해서는 등한하거나 또는 많은 오류를 범하고 있다. 그리고 또 대개의 경우는 협업화에 의하여 성취될 경제적 효과를 협업화의 기본적 목적으로 하거나 그렇지 않으면 협업화에 의하여 성취될 경영 면의 합리성을 협업화의 궁극적 과제인 것처럼 착각하고 있다.[78]

유인호 평전, 사회변혁을 꿈꾼 민중경제학자의 삶

유인호는 협업화를 단순히 '경영의 합리화'라는 논리로 전락시킬 수는 없다는 점을 거듭 강조한다. 일부 협업화 주장자들이 영세 소농의 탈출구는 농업의 협업화라고 하면서도 그것을 제기하는 논리적·법칙적 근거나 또한 사회경제학적 분석도 하지 않고 협업화가 그저 경영 면에서 '소경영의 불합리한 모순'을 극복할 수 있다고 지적함을 비판한다. 대경영의 유리성은 협업화에서뿐만 아니라 자본주의적 경영에서도 실현될 수 있음을 감안할 때 협업화의 기본 목적을 확실히 해야 한다는 것이다.

> 농업 협업화의 기본적 과제(목적)는 농민의 조직화를 통하여 농업의 생산과 분배를 조직하고 그리하여 농업의 생산력을 증대시킴으로써 농민의 지위 향상을 초래케 하는 점에 있다.[79]

유인호가 '조직화를 통한 농민의 지위 향상'을 협업화의 가장 본질적인 측면으로 인식하는 점은 '협업화를 통한 영세농의 규모 확대로 경영 합리화'를 주장하는 최종식[80]이나 '협업 경영의 필요성을 경영 합리화에 의한 대량생산의 유리함'에 두는 구재서[81] 그리고 '농업 협업화를 곧 생산 협동화'로 규정하는 주종환[82] 등과는 조금 다른 입장에 서 있다. 유인호는 농업 협업화를 자본주의 생산양식에 병존하는 제도로서 인식하기 때문에 경영 합리화 내지 사회적 기술로 인식하는 데 대한 반발이 적지 않았던 것이다.

> 우리들은 농업 협업화를 하나의 제도로서 그리고 사회 발전의 법칙적 과

정으로서 파악코자 한다. 즉, 그것은 가족노작적(家族勞作的) 및 자본제적 양식과 대립되는 개념, 대립되는 제도(대립된다 하더라도 그 대립이 적대적일 때는 병존할 수 없지만 비적대적일 때는 병존할 수 있다-이 점에 대한 몰(沒)논리적 이해는 사회 발전을 단식화(單式化)하는 결과가 된다)로서 등장하지만 현실적으로는 대립되는 여러 가지 제도가 상호 의존 상호 관련하면서 전체로서의 경제사회에서 상호 규인(糾引·끌어들임) 상태로 발전하는 것이다.[83]

특정 사회의 생산양식은 전체적으로 보면 주축을 이루는 하나의 생산양식만으로 구성되어 있는 듯 보이지만 구체적으로 보면 주축을 이루는 생산양식 이외에도 여러 가지 다양한 생산양식이 각각의 존재 유인에 따라 병존한다는 것이다. 따라서 유인호는 농업 협업화는 주축을 이루는 자본주의 생산양식 내에 개별적으로 존재할 수 있는 생산양식-제도(종속적인 상태일지라도)로서 파악해야 마땅하며 아울러 주 생산양식과 상호 연관되어 존재할 수 있다고 주장한다.

따라서 농업 협업화가 경영 규모 면이나 생산의 기술적 측면에서 '대농(大農) 경영 우월론'과 비슷하게 보일지라도 이 둘의 동일성만을 강조해서는 안 된다. 농업 협업화와 대농 경영은 의도하는 목적이 전혀 다르고 각각에 적용되는 경제법칙이 전혀 다르다. 대농 경영은 이윤 추구가 초점이지만 농업 협업화는 농민의 조직화로 농업의 생산과 분배를 조직하고 최종적으로 농민의 지위를 향상하는 데 그 목적이 있기 때문이다.

이러한 목적을 관철하기 위해 유인호는 농업 협업화의 구체적 내용으로 '작업의 협업화(협업 작업)'와 '경영의 협업화(협업 경영)' 방식을 거론한다. 협업 작업은 작업의 과정만을 공동으로 영위하고 농가 개별경제의 독립성은 유지되는 것이며 이 단계에서는 아직 공동경영을 꾀하는 기업은 존재하지 않는다. 작업의 협업화는 노동력 또는 농업기계를 조직적으로 활용할 수 있는 범위 내에서 넓은 면적에 이르기까지 가능하기 때문에 생산성 향상도 기대할 수 있지만 아직까지는 공동 작업과 개별 경영의 부조화로 생산력 발전에는 제약이 있다.

반면 협업 경영은 공동 노동과 공동경영을 전제로 하기 때문에 개별 경영체가 감내할 수밖에 없었던 생산력 발전의 여러 제약 요건들을 극복할 수 있다. 협업 경영에는 두 가지 종류가 있는데 협업 경영에 참여하는 사람들이 협업 경영 이외에 개별 경영을 하는 부분 협업 경영과 완전 협업 경영으로 나뉜다. 유인호는 농업 협업화가 제 역할을 할 수 있으려면 협업 작업에 머무르지 않고 협업 경영에까지 도달해야 한다고 본다.

협업 제도는 과연 어떤 점에서 장기적으로 정체 상태에 머물러 있는 농업의 사회적 생산력을 높일 수 있을 것인가? 첫째로 협업 제도하에서는 작업 면에 있어서와 경영 면에 있어서의 활동 방식이 종래의 방식과는 다른 방법으로 이루어진다는 점이다. …… 둘째로 노동력과 생산수단이 종래의 방식하에서는 개별적으로만 활용되었으나 협업 제도하에서는 그것의 조직적 계획적인 배분과 조정이 가능하게 되어 …… 노동능률의 증대와 생산수단의 이용률 증대의 토대가 되는 것이다. 셋째로 교육 면(생산교육과 문화교육)에 있어서 종래의 방식하에서는 개별적 분산적으로 이루어지므로 그것의 보급 효과는 매우 비능률적인데 만하여 협업 제도하에서는 그것이 집단적 중점적으로 이루어지므로 그것의 보급 효과도 매우 능률적으로 나타나게 된다. …… 넷째로 종래의 방식하에서는 자연재해의 극복도 매우 한정된 범위 내에서만 가능하였으나 협업 제도하에서는 그것이 조직적, 집단적으로 발휘되므로 자연재해의 극복은 광범한 범위에서 가능하게 된다.[84]

농업 협업화를 통해 종전의 개별적, 분산적 방식으로 운영된 농가 경영이 계획적, 조직적, 집단적, 중점적으로 전환되면서 농업의 사회적 생산력이 늘어난다는 주장이다. 그러나 문제는 유인호의 농업 협업화 주장에는 조직화, 통일화, 집단화, 중점화 등을 어떻게 구현할 것인지에 대한 논의가 거의 없다는 점이다. 유인호가 농업 협업화에 충분히 의미를 부여하고 있음에도 정작 누가 이 문제의 물꼬를 틀 수 있을 것인지, 조직화의 기본 단위는 어느 정도 규모인지, 통합화를 위한 방안은 단계적으로 추진할 것인지 단숨에 처리할 것인지 등에 대한 논의는 없다. 물론 농업 협업화는 개별 경영의 연장선이 아니라 전혀 종류가 다른 경영이라는 점을 의식하면서 유인호는 이를 위해 두 가지 기본적인 전제 조건이 필요하다는 주장을 잊지 않는다.

첫째는 계획의 청사진이 작성되어 있을 것과 운영 전반에 걸친 공개성과 민주성이 관철되지 않으면 안 된다는 것이다. …… 즉, 협업체의 운영 계획이 몇 사람의 리더 또는 책임자만이 알고 다른 사람은 모르는 식이 되어서는 안 된다. 왜냐하면 구성원 전원이 직접적인 이해 관계자라는 것만이 아니고 구성원 전원이 사업에 대하여 직접적인 책임을 지고 있기 때문이다. 그러므

유인호 평전, 사회변혁을 꿈꾼 민중경제학자의 삶

로 구성원 중 누가 보더라도 알 수 있는 계획서-청사진(협업체를 어떻게 운영할 것인가에 대한)이 필요하게 되면 그 청사진은 구성원에게 항상 공개적이라야만 된다. 둘째는 기장(記帳)과 기록에 의한 회계제도와 농업부기(農業簿記)가 명확해야만 된다. 즉, 협업체의 회계가 기억과 '주먹구구'에 의존될 수는 없으며 하물며 생산 부문과 가계 부문이 하나의 '쌈지' 속에 동거하여서는 안 된다. 협업체의 회계는 구성원의 누가 보더라도 의문이 없을 정도로 명확하지 않으면 안 된다.[85]

문제는 전제 요건에서 거론되는 청사진, 계획서, 기장, 농업부기 등을 어떤 조직에서 누가 만들고 준비할 것인가 하는 점이다. 몇몇 리더나 책임자도 등장하지만 이들은 어떤 조직의 리더인지, 마찬가지로 협업체를 말하고 있지만 협업체의 존재가 어떤 것인지는 분명하지 않다. 유인호가 농업 협업화를 주장하면서 한국의 낙후된 농업 현장을 새롭게 자리매김할 수 있는 비전을 내놓은 것은 분명하지만, 이것의 구체적인 실천 방법에 대해서는 거론하지 않고 모호한 채로 남겨둔 셈이다. 구체적인 실천의 문제가 빠져 있기 때문에 한편으로는 탁상공론처럼 들리며, 특히 '농업 협업화는 단지 대농 경영의 이점을 살리자는 것이 아니다'는 명제를 앞세워 당시의 농업 협업화 논쟁에서 유인호는 동료 연구자들을 비판했지만 과연 그들의 주장과 유인호의 주장이 결과적으로 무엇이 다른지를 확인하기 어려운 지경에 이르고 말았다.

왜 그렇게 되었을까? 사회과학의 어려움은 자연과학과 달리 가설을 세웠다고 해도 이를 구체적으로 실험할 수 있는 방법이 없다는 점이다. 일물

세계를 실험장으로 사용할 수는 없는 일이기 때문이다. 사회과학적 비전의 실험 제약 한계를 극복할 수 있는 방법은 크게 두 가지다. 하나는 협업화 비전을 정부가 앞장서서 정책으로 승화시킬 수 있는 정책화 작업이고 다른 하나는 현장에서 협업화에 공감하는 그룹과 연대하는 방법이다. 정책화 작업은 협업화 관련 법제화나 집행 과정에 정치적·행정적 수단이 개입되기 때문에 그만큼 확실한 측면이 있지만 최종 실행에 이르기까지 많은 장애가 뒤따른다. 또 최종 실행에 이르렀다고 하더라도 정책 대상인 현장에서 협업화를 제대로 받아들이지 못한다면 한갓 정책 실험이라는 비난을 면치 못하는 문제점을 떠안는다.

반면 현장 그룹과의 연대는 정책화 작업과 같은 복잡한 과정을 거치지 않지만 협업화 비전을 공유하기 위해 현장 그룹과 연대하는 과정에 애로가 적지 않고 어렵사리 특정 현장 그룹과 연대한다고 해도 협업화의 비전이 전국적으로 확산된다는 보장이 없다. 가장 바람직한 방안은 비전에 공감하는 현장 그룹이 존재하고 이를 법적·제도적으로 지원하는 것이다. 이런 과정을 전제로 한다면 비전은 구체성을 띠면서 전국적으로 확산될 수 있을 것이다.

그런데 유인호의 농업 협업화는 이 두 가지 방법 중 어느 하나도 확보하지 못한 것으로 보인다. 농림부 자문위원 등을 역임하면서 나름대로 현장을 계속 시찰해왔고 정책 당국자들과 소통하기도 했겠지만 농업 협업화 비전을 정책화로 유도하지 못했고 현장 그룹을 양성하거나 계발하지 못했다. 이론을 주창하고 비전을 제시하는 연구자에게 실행의 성공 여부까지 따지는 것은 다소 지나친 감이 있지만 이를 굳이 거론하는 이유는 유인

유인호 평전, 사회변혁을 꿈꾼 민중경제학자의 삶

호가 농업 협업화를 주장하는 배경에 농촌·농민 공동체의 도래를 바라는 실천적 기대가 컸기 때문이다. 그는 실제로 농업 협업화를 주장했지만 이 비전이 단지 농촌 근대화로 동일화되는 것을 경계하면서 그 너머의 문제를 강조했다.

더구나 그는 애써 농민 공동체, 협업체가 농업 협업화를 추진하는 주체로서, 결코 당시의 소비에트 러시아의 집단농장이나 사회주의적 집단 공동체로 오해되어서는 안 된다고 주장한다.[86] 유인호가 그 같은 오해를 해소할 요량이라면 적극적으로 농업 협업화와 집단농장의 차이점에 대해 지적했어야 하지만 이 점에 대해서는 전혀 논하지 않았다. 오히려 유인호는 농업 협업화를 통해 농촌이 경제적으로는 물론 문화, 의료 등에서도 혜택을 누릴 수 있다는 점을 강조한다.[87] 유인호는 농업 협업화를 통해 농촌에서의 자본주의 생산양식이 아니라 또 다른 사회주의 생산양식의 출연 가능성을 기대한 것으로 보인다.

다만 그는 이러한 기대가 과도한 사회주의 지향성으로 비치지 않도록 유의하였다. 결국 그의 비전은 비전으로만 남고 현장 연대나 정책화 작업은 진전되지 않았다. 이론을 중시하면서 대상을 적절히 사상(捨象)하여 이념형(Idealtypus)으로 주장을 이어가다보면 실제로 당시 영세 농가가 개별 경영에 대해 어떤 불만이 있었는지 판단하는 것에서는 소홀해질 수도 있다.[88] 왜냐하면 한국 농촌의 영세농은 과거의 영세 소작농 시절에 비하면 고율 소작료를 지불하지 않아도 되었기 때문에 개별 경영의 곤궁함이 상대적으로 줄어들었을 것이기 때문이다. 이러한 점을 감안할 때 농업 협업화 주장에 현장성이란 문제가 제기될 수 있다.[89] 즉, 새로운 비전을 뿌리내리는 과정에서 농업 협업화를 위한 현장 연대, 정책화 추진에 소극적이지 않았는가 하는 점이다. 결과적으로 한국 농업의 전개 과정에서 중요한 계기로 작용했을지도 모르는 농업 협업화가 제대로 뿌리내리지도 못하고 과거의 비전으로만 남고 만 것이라면 우리 사회로서는 크나큰 손실인 셈이다.

양평의 실험실 그리고 못 다한 꿈

유인호 등이 농업 협업화를 주창하였음에도 농림부는 여기에 귀를 기울이기보다 농업을 자본주의로 끌어들일 방법을 찾는 데 더 골몰하였다. 서구 선진국들의 농업과 구조적으로 다르다는 점을 인정하면서 그 다름 가운데서 한국 농업의 자본주의화를 모색하겠다는 것이었다. 이른바 기업농 육성이었다.

이는 군사정권이 초기에 농업의 자주적 발전이라는 측면에 관심을 쏟으면서 개척 농장 적지 조사 등을 추진하던 것과는 사뭇 다른 방향이었다. 경제개발5개년계획이 본격적으로 추진되고 농업이 공업화의 들러리로 자리 잡기 시작하면서 농업에 대한 군사정권의 초심은 사라지고 만 것이다. 1967년부터 꾸준히 등장하는 부재(不在)지주 용인과 농가 농지 소유 범위와 관련해 '3정보 상한제 철폐'를 골자로 하는 새 농지 법안이 대표적인 것이다. 상한을 없애면 저절로 기업농이 등장할 것이라는 내용이었다. 유인호는 이를 농림부가 지엽적인 '소(小)'에 치중한 나머지 '대(大)'를 망각한 처사라며 강하게 비판한다.

한국 농업의 근대화를 제약하는 요인이 3정보 상한이라는 법적 제약에 있는 것이 아니라고 할 때 몇몇 이유를 충족하기 위하여 상한제를 철폐한다는 것은 오히려 농촌 사회를 어지럽게 할 뿐만 아니라 사회적·경제적 마찰의 요인만을 누적하는 결과가 된다.[90]

농지법의 개정이 꼭 필요하다면 그것의 정신은 농지법의 계승이라야 하고 또 그것보다 먼저 농업 근대화를 '한국형'으로 설정하는 작업이라 하겠다. 평지풍파를 일으킴으로서 농업 발전에 도움이 되는 것은 아무것도 없다. 또 그것으로써 농정의 미몽(迷夢)이 해결되는 것도 아니다.[91]

그토록 심혈을 기울여 이론을 구축해온 농업 협업화는 현장을 상실한 채로 차츰 일반인들에게서 잊혀가고 정부의 농업에 대한 관심은 공업에 비해 부차적인 것으로 변질됨을 보면서 유인호는 한국적인 국토 활용에 관심을 기울이기 시작한다. 이는 유인호가 늘 주장해온 '국내 자원 활용 주도형 경제'에 부응하는 것으로 산이 많은 한국의 특수성을 역이용하자는 발상이다. 이러한 생각은 유인호가 1962년부터 1963년까지 농림부 자문위원 등을 맡아 전국 농촌을 시찰하면서 싹튼 것으로 보인다. 특히 1962년 8월과 1963년 8월 두 차례에 걸쳐 '백운산농장'을 시찰한 것은 많은 점을 시사해주었다. 백운산농장은 1961년에 김동찬이 전남 광양군에 세운 농장으로, 넓이는 319정보에 이른다. 해발 1200미터인 백운산 동남쪽 산비탈에 자리 잡은 산악 농장이기도 했다.[92]

1976년 봄 양평 농장에 심은 은수원사시나무에 일곡이 시비하고 있다. 그는 현장에서 작업하는 것을 좋아했다.

금년에 다시 본 백운산농장의 모습을 몇 가지 점에서 들어보겠다. 첫째로 겨우 두 돌을 맞이한 백운산농장이 장기 발전의 토대가 마련되었다는 것이다. 즉, 전용 수력발전소(20킬로와트) 완공으로 그들의 당초의 의욕적인 계획이었던 생산물 처리 공장을 가까운 장래에 건설할 수 있게 되었다. 이뿐만 아니라 취사의 전화(電化) 계획도 성취되었다.

둘째로 백운산농장은 자연조건 면에서 매우 불리한 여러 가지 제약을 가지고 있다. 가령 농장 전체의 평균 경사도가 30도 이상이 된다든가, 농장 중간 지점의 위치가 해발 600미터가 된다든가, 산에 기복이 심하다든가, 농장 양쪽에 계곡이 있다든가, 야생초가 많다든가 등등. 그러나 이러한 많은 제약 조건을 백운산농장에서는 거의 완전히 인간에게 유리한 방향으로 이용하고

유인호 평전, 사회변혁을 꿈꾼 민중경제학자의 삶

있다. 이것을 김동찬 씨의 용어 그대로 인용한다면 '마이너스 조건을 플러스 조건으로 전환하는 것'이라고 한다. 과연 김동찬 씨 말대로 가능한 것임을 알았다. 즉, 경사도가 급하기 때문에 운반이 편리하다는 것이다. 이것은 도저히 납득되지 않는 역설 같지만 사실 그러하다. 경사도를 이용하여 간이 이동식 케이블카를 설치한 것이다.[93]

유인호는 우리나라 국토 면적이 9만 8,431제곱킬로미터(993만 정보)인데 1962년 말 현재 경작 면적이 208만 정보, 즉 국토의 20.9퍼센트만을 경지로 이용하고 있다고 지적하고 67.9퍼센트를 차지하는 임야 이용을 적극적으로 고려해야 한다고 주장한다.[94] 이는 국토의 80퍼센트를 경지로 이용하는 영국과 비교할 수 없는 열악한 수준이라는 것이다. 따라서 백운산농장과 같은 산악 농장의 출현, 그것도 협업 제도를 활용하는 농업 현장은 감회가 엄청 깊었을 것이다. 유인호는 이 같은 경우를 산악의 농용지화(農用地化)라고 명명하면서 경작지 확보가 단지 개간만을 생각하는 것은 아니라고 거듭 강조한다. 자연적인 조건을 이용하는 방식과 악조건에 어떻게 접근하느냐에 따라 전혀 다른 결과를 얻는다고 흠뻑 고무되었다.

앞으로 발전할 백운산농장의 '상(像)'을 다음과 같이 그린다. 현재 입주자 23명이 앞으로 50명으로 늘어날 뿐만 아니라 가족까지도 입주해야 할 것이다. 왜냐하면 가까운 장래에 이 농장은 많은 생산물을 처리하는 가공 공장을 가질 것이며 농업도 입체화될 것이므로 많은 노동력을 필요로 한다. 가령 현재의 한우 17두는 한우 자체가 경제성이 매우 낮은 것이므로 젖소의 대치

되어야 하며 현재 가지고 있는 젖소 9두는 목야(牧野) 개량과 같은 방법으로 증가되어 우유 처리 공장도 가져야 할 것이므로. 또한 백운산농장은 현재 계획인 상전(桑田) 30정보를 확보할 때 큰 잠업(蠶業) 산업을 그의 일부로서 가지게 될 뿐만 아니라 제사 공장의 건설은 당연한 것이라 하겠다. 이어 백운산농장은 농업의 비중 못지않게 공업촌이 될 것이며 농장 내에 교육 시설과 문화 시설이 마련될 것이다. 구성원의 생활수준은 앞으로 5년 내에 도시 봉급자만큼 될 것이 그 청사진에서도 나타나고 있으며 이것은 실제로 5년까지 가지 않고 달성될 것이다.[95]

그러나 유인호의 예상은 순조롭게 진행되지 않았던 모양이다. 산악 농장, 농업 협업화 등이 예상과 달리 진전이 없자 유인호는 자신이 스스로 나서려 한다. 백운산농장을 견학한 지 12년 후, 《농업 협업화 연구》를 책으로 펴낸 지 9년 만인 1975년, 유인호는 경기도 양평군 개군면 앙덕리 야산을 매입한다. 마침 부인 김정완이 개업한 지 10년 만에 약국을 접고 그동안 모은 돈으로 독립문 네거리에 5층짜리 건물을 지었는데 유인호는 이것을 팔아서 양평에 산을 구입하자고 김정완을 설득한 것이다. 빌딩을 관리하는 일이 쉽지 않다는 것도 한 이유였지만 그보다는 유인호가 산악 농장에 대한 미련을 버리지 못한 것이 더 큰 배경이었다고 김정완은 회고한다. 정부가 나서지 않고 농민들도 스스로 추진하지 못한다면 자신이라도 나서서 성공 사례를 만들어보고 싶은 마음이 간절했던 것이다.

유인호는 양평 읍내에서 남한강을 따라 10킬로미터쯤 거슬러 올라간 강변의 야산 11만 평을 마련해서 은수원사시나무 15만 주, 호대추 6,000주,

양평 농장은 많은 재야인사들의 놀이터이자 울분을 토해내는 공간이었다. 사진은 1981년 7월에 감방 동기(?) 등과 부부 동반으로 양평농장에서 찍은 것으로, 뒷줄 왼쪽에서 넷째가 유인호다.

오미자 2만 주, 산수유 3만 주를 산 전체에 심었다. 그 외에도 여기에 살구나무 500주, 은행나무 그리고 산자락에 붙어 있던 오동나무, 작약 등을 또 심었다. 실험 농장이 만들어진 것이다. 그때부터 유인호는 주중에는 연구와 교육 그리고 대외 활동을 하고 토요일, 일요일에는 양평 실험 농장에서 살았다. 서울 서대문에서 80킬로미터에 가까운 거리를 오가려면 몇 번이고 차를 갈아타야 했지만 마다하지 않고 다녔다. 당시 중학생인 아들 권은 토요일에 학교가 끝나자마자 아버지 유인호를 따라 농장에 갔다 일요일 밤 늦게 집에 돌아오는 바람에 숙제를 못해서 선생님께 꾸중 듣는 게 다반사였다고 회고한다.

필자는 다른 여러 기회에 전 국토의 67퍼센트의 임야권을 식량권으로 직결시켜보자는 주장을 되풀이한 바 있다. 흔히들 야산만이 식량권으로 생각되어 그 면적이 많다느니 적다느니 그리고 '물'에 연결된다느니 되지 않는다느니 또는 개발비용이 어떻다는 등 난점(難點)을 앞세우면서 개발과 활용을 뒤로 미루는 환경을 조성했다. 활용 방법에 따라서는 산이 가지고 있는 자연경관을 해치지 않고 경제적 가치물로 전환시킬 수 있는 길이 무한히 있다는 것을 필자는 개발 체험(진행 중)에서 확인하고 있다.[96]

유인호에게 '산'은 농업의 다른 이름이었던 셈이다. 한국의 지형적 특수성을 실험하는 현장이었던 것이다. 1980년대 초 해직 교수 시절 유인호의 동료들은 '거시기산악회', '의악새클럽' 등의 이름을 붙여 곧잘 등산을 가곤 했으나 유인호가 이 같은 등산 모임에 적극적으로 참여하지 않았던 이유도 농업 현장에 대한 경외심 때문이었는지 모르겠다.

하지만 양평 농장은 별 성과를 내지 못한다. 김정완은 처음부터 실수 연발이었다고 회상한다. 유인호는 농사를 직접 지어본 경험이 없고 의욕만 앞섰다는 것이다. 대추나무 묘목을 구입할 때도 잔뿌리가 많은 것이 활착 가능성이 높은데 그런 구체적인 농사의 기본을 모르니 부실한 묘목을 사는 일 등이 비일비재했다. 적지만 유일하게 소득으로 이어진 것은 유인호가 날조된 내란음모 사건에 연루되어 옥살이를 한 1980년에 내다 판 오미자 말린 것 10여 근과 서울올림픽을 앞두고 올림픽공원을 조성할 때 판 은수원사시나무 2,000주다.

농업 협업화 차원과 관련해서 유인호 농장은 그에 상응하는 실험조차

하지 못했다. 아무것도 없는 야산에 나무를 심고 관리하는 과정에서 마을 사람들에게 품삯 일을 제공하기는 했으나 그들과 또는 그들끼리 연대할 수 있는 계기를 제공하기는 쉽지 않았기 때문이다. 주중에 관리인을 두고 일손을 빌려 작업을 하였으나 요즘으로 말하자면 주말농장으로 운영되었던 것이나 다를 바 없었다. 매일 농장에 매달려도 성과를 낼까 말까 하는 상황이 아닌가. 그럼에도 유인호는 생을 마감할 때까지 농장에 많은 관심을 쏟았다.

유인호에게 양평 농장은 무엇이었을까? 농업에 대한 관심, 농업 협업화, 산악 농장, 국내 자원 활용 주도형 발전 전략, 한국형 자본주의, 농업을 통한 공동체적 미래 창설 등으로 이어지는 이른바 유인호의 학문적 정신세계의 출발 지점이지 않았을까? 양평 농장은 유인호가 연구자로서, 암울한 시대를 향해 외치는 자로서 늘 초심을 다지고 재확인하는 현장이라는 역할을 맡아주었다.

I7

유인호 경제학은
마르크스주의경제학인가

역사를 인식하는 방법은 매우 다양하다. 그중 둘만 꼽는다면 실증주의와 마르크스주의 역사학일 것이다. 실증주의 역사학이 사후적인 접근이라고 한다면 마르크스주의 역사학은 다분히 선험적(a priori)이다. 실증주의는 '사료(史料 · Quellen)로만 말한다'는 명제 아래 문헌 비판에 초점을 맞추며, 마르크스주의는 역사법칙에 입각한 통사적(統史的)인 발전 과정을 중시한다.

실증주의 역사학은 19세기 독일 역사학파가 중요시한 이후 지금까지도 역사학의 본류를 형성하고 있다. 다만 실증주의 역사학의 문제는 극단적인 사료주의에 빠질 때 빚어진다. 이는 한국에서도 예외가 아니다. 예컨대 일본군위안부에 대해 몇몇 한국의 연구자들이 위안부 강제 모집과 관련한 구체적인 사료가 없다는 이유로 위안부의 존재 자체를 의문시하는 것은 실증주의 역사학에 극단적으로 매몰된 모습이라 하겠다. 특히 한국의

유인호 평전, 사회변혁을 꿈꾼 민중경제학자의 삶

하이게이트 공동묘지에 있는 마르크스의 묘지 앞에서. 1083년 첫 유럽 이행 때 방문했지만 시간이 늦어 제대로 감상하지 못했다. 1989년 9월, 안식년으로 영국에 머물 때 다시 방문했다.

경우 해방 이후 오랫동안 반공주의가 사회를 주도했고 마르크스주의 기피증 등이 적지 않았던 탓에 극단적인 실증주의에 발목이 잡힌 기묘한 아류(Epigone)가 적지 않은 것 또한 사실이다.

마르크스주의 역사학은 역사법칙을 중시한다. 인류의 역사는 경제적 토대의 변화와 더불어 새로운 사회적 관계가 요청되고, 새롭게 만들어진 사회적 관계는 당대의 주도적 사회 구성(사회질서)을 이루어왔고, 앞으로의 역사도 그와 같은 법칙에 따라 진행되리라는 것이다. 이를 카를 마르크스의 말로 바꾸어보면 "하나의 사회질서(사회 구성)는 그 안에서 모든 생산력이 더 이상 발전할 여지가 없을 정도로 발전하지 않으면 결코 붕괴되지 않으며, 새롭게 등장한 고도의 생산관계는 그것의 존재를 위한 물질적 여러 조건이 낡은 사회의 태내에서 성숙되기까지는 결코 낡은 생산관계를 대체하지 못한다"는 것이다. 이로써 인류 역사는 "대략적으로 말하자면 경제적 사회 구성이 진보해가는 단계로서 아시아적, 고대적, 봉건적 그리고 근대 부르주아적 생산양식을 거론할 수 있다"는 것이다.[97] 유물변증법적 역사법칙에 따른 역사 발전의 당위성을 말하고 있다. 이 같은 역사 인식은 유인호의《경제정책원리》에 고스란히 담겨 있다.

사회 발전의 기본 법칙을 사회경제적 구성체의 발전 과정에서 보기로 하자. 즉, 인간은 역사적 발전에 있어서 원시 공동체 사회, 중세 봉건제 사회 그리고 근세 자본주의사회라는 여러 가지 사회경제적 구성을 경험하였다. 그리고 사회의 이러한 발전은 우연적으로 이루어진 것이 아니고 각각의 사회에 있어서의 내재적이고 객관적, 필연적인 발전 법칙에 따라 발전한 것이다.

역사의 발전을 이와 같은 관점에서 볼 때 비로소 사회는 인간의 의사에 의해 좌우되는 것이 아니고 그 스스로의 객관적, 필연적인 발전 법칙을 가지고 있음을 알 수 있다. 즉, 현재 우리들이 생활하고 있는 자본주의사회는 인간의 의사와 독립된 객관적인 법칙에 따라 발전하고 있는 것이다.[98]

유인호가 주장하고 있는 역사의 법칙성, 필연성 그리고 생산력과 생산관계의 순응과 대립·갈등, 그로 인한 경제적 사회 구성의 단계적 이행 등의 논리는 마르크스의 그것과 매우 흡사하다. 다만 한 가지, 유인호는 아시아적 생산양식에 대해서는 따로 거론하지 않을 뿐이다. 이는 아시아적 생산양식이 앞서 소개한 마르크스의 《정치경제학 비판을 위하여》(1859)에서는 거론되었으나 《공산당선언》(1848)에는 거론되지 않을 뿐만 아니라 여기에 말하는 '아시아적'이라는 용어를 해석하는 데 여러 이견이 있음을 감안해 일부러 포함시키지 않은 것으로 보인다.[99] 경제정책론을 펴는 데 그 같은 논란은 그리 중요한 것이 아니었기 때문에 군이 포함시킬 이유도 없었을 것이다.

우노학파와 유인호 경제학

이 같은 내용만 보더라도 유인호의 학문적 기초는 마르크스주의에 뿌리 내려 있다고 할 수 있다. 이 점은 그가 일본에서 마르크스주의경제학의 세례를 받았고 한때 일본 공산당에 가입하여 활동한 적도 있었음을 감안하면 어렵지 않게 짐작할 수 있다. 특히 그가 경제정책론을 풀어가면서 단계론적 접근을 활용한다는 사실에 주목할 필요가 있다. 다시 말하면 원시 공동체 사회, 중세 봉건제 사회 그리고 근세 자본주의사회라는 단계론적인 역사 전개를 전제로 하고 각 시대의 주도적 개념이 존재했으며 그에 상응한 경제정책이 구축됨을 강조하는 대목이다.

이는 특히 1950년을 전후로 하여 본격적으로 일본 마르크스경제학계의 주목을 받기 시작한 우노 코조(宇野弘藏)의 '단계론'과 매우 유사한 접근 태도를 보인다. 그는 전전부터 이어져온 일본 마르크스주의의 두 계보, 즉 강좌파(講座派)와 노농파(勞農派)를 능가하는 제3의 독자적인 흐름의 중심으로서, 전후 일본 마르크스경제학의 주축을 이루는 '우노학파(宇野學派)'의 중심인물이었다. 마르크스의 《자본론》을 기초로 한 그의 연구는 '원리론', '단계론', '현상 분석'으로 구성되어 있다.[100] 이 중 단계론은 각국 자본주의 또는 세계 자본주의가 어떠한 경로를 거쳐서 달려왔으며 각 과정에서 어떤 현상적 특징과 정책적 특징이 있는지를 따지는 것이므로 유인호의 《경제정책원리》의 입장과 그대로 합치되는 대목이다.

유인호의 《경제정책원리》를 차분히 들여다보자. 유인호는 〈제2편 경제학의 역사적 전개〉에서 '중상주의 경제정책', '자유주의 경제정책', '독점자본주의 경제정책'으로 구분하여 다루고 있다. 그의 경제정책론은 당대의 경제정책만을 건드리는 것이 아니라 역사적 접근, 그것도 역사적 필연에 입각한 전개 과정과 그 내용을 다룬다는 점은 마르크스의 유물변증법에 입각한 역사 인식, 특히 우노학파의 단계론과 연계되어 있음을 보여주는 구체적인 증좌다. 예컨대 그의 《경제정책원리》는 보론을 제외하면

총 291쪽인데, 당대의 경제 단계라고 제시하는 독점자본주의 경제정책은 168쪽에 가서야 논의되기 시작한다. 책의 절반 이상을 역사법칙, 단계론적 접근에 많은 공을 들였음을 볼 수 있다.

그렇다고 해서 유인호가 우노학파의 논리를 그대로 수용했다고 보기는 어렵다. 세 가지 이유가 있다. 우선 남북한이 대치하고 있는 한국적 상황에서 마르크스경제학을 드러내놓고 주장할 수 없었다는 점이다. 예컨대 유인호는 경제학 비전공자들을 위한 경제학 교과서 《경제학》(1965)을 출간하는데 그 내용을 살펴보면 당시의 상황을 충분히 짐작할 수 있다.

《경제학》은 지금으로 말하자면 '경제학 개론'과 같은 것인데 목차를 보면 마르크스경제학의 기초 용어와 논리를 주축으로 하되, 신고전파 경제학의 주제들을 어느 정도 포함하였다. "자본주의란 자본가와 지주가 이윤과 지대를 노동자로부터 착취하는 제체"(17쪽), "경제학은 그것이 정치경제학이건 순수경제학이건 또는 'economics'건 간에 부(富)의 생산·교환·분배·소비의 순환과정을 통하여 형성되는 인간의 사회관계를 연구하는 과학이다"(19쪽), "경제학은 궁극적으로는 사회관계의 운동 법칙을 연구하는 학문"(19쪽) 등의 지적을 보면 저서 《경제학》은 참으로 마르크스경제학의 입문서라고 볼 수 있다. '사회관계의 운동 법칙을 연구하는 학문'은 '자본(자본주의)의 운동 법칙을 연구하는 학문'이라고 하는 편이 정확하겠으나 의도적으로 에둘러 표현한 것으로 보인다. 그러면서도 자본주의를 '노동자를 착취하는 체제'라고 분명히 지적한다는 점은 당시로서는 파격적인 설명이 아닐 수 없다. 이어지는 '자본주의 이전의 각 사회의 생산양식과 그 발전법칙'(제2장과 제3장)은 《경제정책원리》에서 피력해온

'마르크스주의 역사법칙론'에 대한 설명이다.

계속하여 생산(제4장), 가치(제5장), 화폐(제6장), 가격(제7장), 임금(제8장), 이윤과 이자(제9장), 지대(제10장) 등은 마르크스의 《자본론》에 담긴 각각의 해당 항목을 간단하게 재구성하여 소개한다. 그리고 여기저기에 신고전학파 경제학의 내용이 조금씩 가미되어 있다. 생산 문제(제4장)에서는 갑자기 콜린 클라크의 1·2·3차 산업 분류가 등장하는가 하면, 상품의 가치(제5장)와 관련해서는 신고전학파 경제학의 핵심 주제인 한계효용가치론을 소개한다. 다음으로는 국민소득(제11장)을 다루면서 생산, 분배, 지출, 국민소득이 결과적으로 같은 것이라는 삼면등가 관계를 소개하면서 신고전학파 경제학을 드러낸다. 이어 경기변동(제12장)을 다루면서는 다시 마르크스경제학에 의거하여 자본주의의 자체 모순에 따른 공황(恐慌)의 발생 배경에 대해 거론한다.

이처럼 유인호의 저작은 마르크스를 말하면서도 마르크스나 레닌의 저작은 고사하고 그 외 일본의 마르크스주의경제학자들의 연구를 인용하는 경우는 전혀 없다. 유일하게 마르크스를 인용할 때는 여러 경제학자들 중 한 사람으로 소개하는 방식을 취하고 책 본문의 전체 내용과 마르크스경제학과는 무관한 태도를 견지한다.

끝으로 자본주의사회의 붕괴에 관한 운동 법칙을 과학적으로 추구하였다는 카를 마르크스의 정치경제학, 즉 그의 대표작인 《Das Kapital(자본론)》에 있어서도 자본제 생산양식이 지배적으로 이루어지는 사회에서 팽대(膨大)한 상품 집적으로서 나타나는 '부'에 관한 기본적 분석이 관심사였던 것

이다.[101]

    유인호는 몇 페이지에 걸쳐서 애덤 스미스를 비롯하여 루리 블랑, 데이비드 리카도, 레온 왈라스, 앨프레드 마셜, 토머스 맬서스, 존 메이너드 케인스 같은 서구의 주류 경제학자들과 그들의 주장을 나열한다. 《경제학》 본문은 대부분 《자본론》에 의존하면서도 마르크스를 여러 경제학자들 중 한 사람으로만 소개한다. 유인호의 특유한 골계(滑稽)와 지혜가 번득인다.

    둘째로 유인호가 우노학파의 주장을 그대로 수용하고 있다고 보기 어려운 이유는 우노 경제학이 추구하는 목표와 관련이 있다. 우노 경제학은 강좌파와 노농파와 달리 정치적 혁명이나 사회주의 이데올로기 또는 마르크스를 신성시하는 이데올로기 등을 일체 수용하지 않았다. 전후 일본 공산당을 중심으로 하는 강좌파 마르크스주의 논자들은 2단계 혁명론, 즉 현 단계는 봉건제와 자본제 생산양식이 병존하고 있으니 우선 부르주아 혁명에 초점을 맞춰야 한다는 주장을 계속한 반면, 노농파는 강좌파와 대척점에 서서 봉건적 유제를 대수롭지 않은 것으로 보면서 프롤레타리아 혁명을 주장했다. 그러나 우노 경제학은 정치적 · 운동론적인 입장을 피하고 오직 학문적 원리와 자본주의사회의 현상 분석에 초점을 맞춘다.[102] 패전 직후 일본의 사상 지형이 옥중에서 풀려난 마르크스주의자들로 가득했으나 강좌파와 노농파는 1930년대 일본 자본주의 논쟁에서 한 걸음도 앞으로 나아가지 못하고 똑같은 논쟁을 반복하였다. 전후 일본 정부의 역주행과 더불어 사상 탄압이 재현됨에 따라 이들의 다툼은 다시 수면 아래로 가라앉았으면서 노선 투쟁과 거리를 둔 우노학파가 실질적인 일본 마르크스경제학의 주류로 부상하기에 이른 것이다.

이는 궁극적으로 사회변혁을 모색하는 유인호로서는 실망스러운 측면이 없지 않았을 듯하다. 이는 유인호가 농업 협업화를 주장하면서 최종적인 목표를 협업 공동체의 자율적이고 활동적인 상태에 두고 있는 것과 비교해보면 잘 알 수 있는 대목이다. 이 점과 관련해 김종걸은 농업 협업화의 사정거리가 훨씬 멀리 있음을 주장하며 변혁을 추구하는 유인호의 진의에 대해 간접적으로 지적한다.

농업 협업화가 여전히 의미를 가지는 것은 그것이 '협동'과 '연대'에 의한 새로운 '참여형' 경제 발전의 가능성을 품고 있기 때문이다. 이러한 생각은 유인호의 협업화론과 관련된 저작에서 체계적으로 표현된 것은 아니었다. 어쩌면 '농업 생산성의 증대'라는 논리에 초점을 맞추면서 공안 당국의 주목을 피하고자 했을 수도 있다. 그러나 저서 곳곳에서 보이는 표현, "협업 경영에 있어서의 주요 생산수단에 대한 새로운 관리관과 지배관의 형성은 생산력의 발전을 장기적으로 약속하게 하는 기본적인 요인이다" 혹은 "협업 경영에 있어서는 농민 내부의 단결력이 강화되며 이것은 농민층 내부에 있어서 계급 분화, 지주제적 수탈을 극복할 수 있는 힘의 작용을 하게 된다"라는 표현들은 애초부터 협업화론이 가지고 있었던 논리적 사정거리가 훨씬 멀리 있었음을 알려준다. 자본제적 소유·지배구조를 넘어선 새로운 생산 조직·인간 조직에 대한 기대감의 반영이 아니었겠는가?[103]

셋째 배경은 둘째 배경과 무관하지 않다. 우노 경제학이 순수 경제 원리에 초점을 맞추고 구체적인 현실 경제 분석에서 한계를 보였다 함은 유인호가 직면한 한국 경제 분석에는 별로 도움이 되지 않았을 것이기 때문이다. 경제학의 범주를 크게 경제 이론, 경제정책, 경제사로 나눈다고 할 때 유인호가 주로 힘을 기울인 분야는 경제 이론이 아니라 경제정책과 경제사였다. 따라서 경제 이론에 초점을 맞춘 우노 경제학과는 자연스럽게 연관이 없었을 것이며 우노 경제학에서 그나마 관심을 기울이고 있었던 단계론, 즉 역사적 접근은 기왕의 마르크스주의 역사학의 범주에서 충분히 이해할 수 있는 정도였음을 감안하면 유인호에게 우노 경제학의 존재감은 그리 크지 못했다고 하겠다.

다만 유인호가 경제정책, 특히 농업경제정책에 많은 관심을 쏟아온 만큼 이른바 후진국 농업의 자본주의 이행 문제를 거론하는 과정에서 마르크스경제학, 우노 경제학의 단계론이 충분히 고려되었을 것이다. 한국 농업의 자본주의 이행 문제와 관련해서는 이 책 제16장에서 다룬 바 있으니 더는 거론하지 않겠다.

한국 경제 재생산 구조의 삼중화

이미 앞서 지적한 대로 유인호는 학문적 기초를 마르크스경제학에 뿌리내렸으나 그 주창하는 바의 도구들은 반드시 마르크스주의의 담론만으로 한정된 것은 아니었다. 신고전학파와 케인스 경제학의 논의에 이르기까지 사용 가능한 모든 원리를 저절하게 구사했다. 그것이 한국적 사상 지평

1970년 11월 3일자 〈동아일보〉 칼럼. 이 글에서 유
인호의 '한국 경제의 재생산구조'에 대한 분석이 시
작되었다.

의 한계 때문이든 유인호의 지혜로운 유연함 때문이든 유인호는 나름의
시각으로 한국 경제의 문제점을 지적해왔다. 그 과정에서 유인호가 유용
하게 활용한 틀이 바로 '한국 경제 재생산 구조의 삼중화(三重化)'다.

원래 재생산 구조는 마르크스의 주요 논제 중 하나다. 상품생산에만 초
점을 맞춘 고전학파 경제학(대표적인 것이 '공급이 수요를 창출한다'는 세이
(Jean B. Say)의 법칙이다)과 달리 상품생산과 유통 과정이 연속적으로 이어
질 때 비로소 화폐를 매개로 한 자본주의적 생산이 한 순환을 마치고 두
번째 순환을 이어갈 수 있다는 '재생산론'은 케인스에도 영향을 끼쳤다.
유통 단계를 거치지 못하는 상품생산은 무의미하며 시장의 실질적인 유

효수요만이 재생산의 전제 조건이라고 케인스가 주장하게 된 배경은 다름 아닌 마르크스경제학의 재생산론, 재생산 구조인 것이다.

유인호는 바로 그러한 입장에서 한국 경제의 재생산 구조에 대해 관심을 갖는다. 한 나라의 경제구조를 총체적으로 파악하기 위해서는 재생산 구조에 대한 이해가 전제되어야 한다는 인식인 셈이다. 이 역시 유인호의 학문적 뿌리를 엿보게 하는 접근이다. 삼중화 현상은 자본주의로의 이행 과정에서도 기묘한 모습을 취한 한국 경제가 선진 자본주의의 변화에 따른 영향이 또다시 다른 모양으로 전이되어 더욱 이상한 모습으로 변질되고 있다는 인식을 기초로 한 것이다.

> '산업 재편성과 합리화'가 부문 간의 불균형을 야기시키고 있는 선진 자본주의 제국(諸國)의 경향이 우리나라에는 다른 모양으로 이식되어 국민경제 재생산 구조의 삼중화 현상에 박차를 가하였을 뿐만 아니라 이 과정이 거의 강력(强力)에 의하여 진행됨에 따라 전체로서 한국 경제를 '소아마비 상태'에 빠뜨리는 결과를 초래하고 말았다.[104]

1970년 11월 신문 칼럼에서 시작된 '한국 경제, 삼분화(三分化) 구조'라는 한국 경제에 대한 유인호의 분석은 이윽고 좀 더 정치(精緻)한 논문으로 재구축된다. 기본적인 문제 인식은 삼분화 구조와 크게 다르지 않지만 유인호는 이를 '재생산 구조 삼중화'로 명명한다. 한국 경제의 재생산 구조와 자본축적 과정은 강력한 관료성과 매판성을 기초 조건으로 이루어졌는데 사실 이것이 매우 아이러니한 사태라는 것이다. 일본 제국주의 체제에서 벗어날 때부터 민족자본 형성이라는 대의명분에서 국가가 동원할 수 있는 모든 경제적 기능을 최대한 발휘하는 데 대해 국민 사이에 이견이 없었지만 결과적으로 최종 형태는 기묘한 모습으로 나타나고야 말았다.

우리나라 자본의 축적 과정은 경제적 자립의 토대라는 대의명분 밑에서 외국에서는 거의 예를 볼 수 없는 관료성과 매판성을 충분히 발휘하면서 단시일에 진행되었다. 이 과정은 분명히 '초경제적(超經濟的)' 시기였으며, 자본축적의 무질서한 시대였던 것이다. 누구든지 관료성과 매판성을 능숙하게만 발휘하면 일확천금의 기회는 부여되던 것이다.[105]

그동안 한국 경제에 대한 특수성을 거론할 때 종종 '이중성'이라는 말을 써왔는데 유인호는 이중성으로는 한국 경제의 구조분석을 정확하게 할 수 없다고 강조한다. 이 경우에 주로 거론되는 이중성 또는 이중구조는 '전근대성과 근대성'으로 나누는 것을 뜻한다 지적하고 이러한 인식이야말로 '비현실적인 구분'[106]으로 일갈한다. 확실히 한국의 자본주의화를 돌이켜볼 때 자본축적의 매판성, 정상적인 자본주의의 길과 대비되는 식민지성, 농업 부문의 봉건성 내지 영세성, 공업 부문의 불균형성 등을 고려한다면 단순히 전통과 근대, 농촌과 도시, 선진국과 후진국 등의 틀로는 담아내기 어려운 점이 많을 것이다. 유인호는 "케인스 이론의 적용을 받을 수 없는 환경에 있는 것이 인도 경제다"라고 지적한 인도의 경제학자 라오(V. K. R. V. Rao) 교수를 인용하면서 "한국 경제는 로스토우 교수나 프리드먼 교수의 이론을 적용할 수 있는 환경에 있지 않다"고 거듭 삼중화

유인호 평전, 사회변혁을 꿈꾼 민중경제학자의 삶

구조의 적격성을 강조한다.

한국 경제의 올바른 분석과 논리화를 위해서는 무엇보다도 한국 자본주의의 특수한 역사적 위치 그리고 그것의 운동 형식의 파악이 전제가 되지 않을 수 없다. 무모하게 자본주의(고도로 발전한) 일반론으로서 또는 어떤 특수한 역사적 과정에서 정식화(定式化)된 이론을 차용하여 한국 경제를 구명하고자 한다면 그것은 결코 한국 경제를 구명할 수 없을 뿐만 아니라 오히려 한국 경제의 진행에 그릇된 견해를 반드시 낳게 할 것이다.[107]

그렇다면 삼중화 구조의 구체적인 내용은 무엇인가? 그것은 1960년대부터 본격화된 한국형 성장 패턴, 즉 불균형성장의 결과로서 나타났으며 독과점형 산업, 중소형 산업, 영세농경형 산업이 바로 그것이다.

자본축적 법칙의 이러한 한국적 표현은 한국 자본주의의 기본적 성격을 규정하며 그것은 '삼중화'의 격차를 확대시키는 모습으로 나타난다. 즉, 종래의 경제 이론을 배격하는 독과점형 산업(여기에는 이제까지의 가격 이론이 적용되지 않는다)과 여전히 고전적 경제 이론에 입각하여 사활의 경쟁을 전개하고 있는 '중소형 산업' 그리고 자본주의 경제원칙의 적용을 거의 받지 못하는 일면 자급자족적인 '영세농경형 산업'으로서 나타나고 있으며 3자 간의 격차 확대로서 표현되고 있다.[108]

유인호는 삼중화된 재생산 구조의 극복 없이 국민경제의 자립화는 궁극적으로는 이룩될 수 없다고 단언한다. 그런데 문제는 유인호가 강조했던 '국내 자원 활용 주도형 발전'과 '삼중화 구조'가 어떤 상관관계가 있는 것일까 하는 점이다. 그와 더불어 삼중화 구조 내부의 연관 관계는 어떻게 이루어지고 있는가 하는 점도 의문이다. 유인호의 재생산 구조 관련 논문은 1970년에 쓴 《동아일보》 칼럼을 발전시켜서 1972년에 잡지 《재정》에 실은 것이 유일하기 때문에 이 같은 의문을 속 시원하게 풀어낼 방법은 별로 없다. 다만 삼중 구조의 상호 연관성에 대해서 유인호가 다음과 같이 지적한 것이 유일하다.

한 울타리 속에 혼거하는 이질적인 3인자(三因子)이지만 그들은 서로의 존립을 위하여 상호 연관되지 않으면 안 되는 입장에 있다. 즉, 서로가 타자를 배격하면서도 연결체로서 서로를 묶음으로만 현실적으로 그 존립이 인정되고 있다. 다시 말하면 독과점 기업은 다른 두 구조체를 전제함으로서만 성립되고 있으며, 중소기업은 위로부터 오는 압박과 아래로부터 오는 반발력에 시달리면서도 스스로에게 남겨진 무대 위에서 오픈 게임을 벌이고 있으며, 영세농경 경영은 전 2자(二者)에게 가치법칙에서 거의 벗어난 수단과 방법에 이끌려 인적·물적 자원을 제공하면서 '강요된 생존'이라는 축소 재생산을 반복하고 있다.[109]

남은 문제는 '국내 자원 활용 주도형 발전 전략'과 '삼중화 구조'의 상관관계다. 이는 적어도 농업 협업화와 산악 농업의 구축이라는 차원에서 영세농경형 산업의 문제를 해소할 수 있다는 주장과 연계하여 보면 영세

농경의 '강요된 생존'이라는 열악한 현실을 떠올릴 수 있겠다. 이와 관련해 김종걸도 몇 가지 비슷한 의문을 제기한다.

1) 독과점 기업은 왜 중소기업과 영세농민 경제를 전제로 하고 있는가?
2) 중소기업이 받는 위로부터의 압박과 아래로부터의 반발력은 무엇인가?
3) 영세 농업경영이 제공하는 인적·물적 자원은 무엇을 의미하는가? 이에 대한 파악은 유인호의 전 저작에 산재해 있는 논리를 재구성함으로써만 가능해진다. 한 가지 재미있는 사실은 유인호의 전 저작 속에 한국의 중소기업에 대한 분석이 전무하다는 것이다. 이것이 유인호가 중소기업의 중요성을 인식하지 않았다는 것을 의미하지 않는다. …… 한국형 재생산 구조의 성격을 규정하는 가장 중요한 요소는 역시 한국 경제성장의 '매판적', '관료적' 성격의 '담당자'였던 재벌 독점기업이었다. 또한 당시 인구의 절대 다수를 차지하며 유인호의 지론이었던 '국내 자원 활용 주도형' 경제성장의 '담당자'였던 영세 소농민이었다. 따라서 재벌 독점기업의 운동 양식, 영세 소농민의 운동 양식과 상호 관계를 분석하는 것이 삼중 구조 파악에서 가장 시급하고 중요한 작업일 수 있다.[110]

삼중화 구조는 요약하자면 각각의 상호 관계에서 최상층에 위치한 독과점형 산업, 즉 재벌 대기업이 중소기업과 영세 소농에 대한 압력을 가속해왔다는 주장이다. 그 세부적인 압력의 내용에 대해서는 판단하기가 쉽지 않지만 대기업과 중소기업의 하청 관계, 독과점 시장에 흔히 벌어지는 가격 창출기(독과점 기업)와 가격 수용자(중소기업) 간의 역학 관계를 예상

할 수 있겠다. 영세 소농의 경우에 대해서는 공업화가 진행되면서 이농 인력들이 노동력을 공급하는 한편, 영세 소농 자체로는 구매력이 충분하지 못하더라도 도시로 진출한 자녀들의 송금을 포함해 독과점형 산업의 상품 시장 노릇을 부족하나마 조금씩 확대해가고 있었음을 감안하면 독과점형 산업의 영세 소농에 대한 압력은 어느 정도 이해할 수 있다. 다만 중소기업 입장에서 아래로부터 반발력은 무엇을 의미하는 것인지 여전히 확실치 않다.

유인호의 삼중화 구조 분석 틀은 1970년 등장한 것이기에 지금과는 시차가 40년 이상 난다. 하지만 오늘날 한국 경제의 문제로 제기되는 대기업과 중소기업, 수출산업과 내수산업의 격차가 여전히 거론되고 있고 공업과 농업의 불균형이 아직 해소되지 못하고 있기 때문에 이 분석 틀은 지금도 어느 정도 유효하다. 다만 오늘날 한국 경제를 구성하는 약 2,500만 명에 이르는 경제활동인구 가운데 600만 명에 육박하는 자영업자들의 존재와 그들이 직면한 문제를 감안하면 삼중화 구조만으로는 분명 분석에 한계가 있음을 부인하기 어렵다. 이는 유인호의 삼중화 구조가 1980년대에 이를 때까지 분석 틀로서 수정 없이 시종일관 관철되었다는 점과 상관있다.[111] 그럼에도 중요한 것은 유인호가 한국 경제를 재단하는 분석 틀을 독자적으로 마련해서 구사했다는 사실이다.

유인호 경제학의 뿌리는 마르크스주의에 닿아 있지만 주장의 전개는 반드시 마르크스주의경제학의 틀에 묶여 있었던 것은 아니다. 1970년대에 들어와 본격화되는 유인호의 정책 비판, 특히 한국 경제에 대한 비판적 평가에 대해 그의 논리적 근거가 마르크스주의이냐 아니냐를 따지는 것은 무의미하다고 본다. 어떤 논리에 입각해 문제를 제기하는가 하는 규정 문제보다 더 중요한 것은 그가 제기하고 촉구하는, 한 나라의 바람직한 경제 위상이 무엇이며 이를 달성하기 위해 무엇을 준비해야 할 것인지를 정확히 읽어내는 일이다. 그가 들이대는 비판의 칼날이 어디를 향하고 있는가를 분명하게 인식하는 일이 중요하다. 이러한 점을 되짚어 생각해볼 때 유인호 경제학은 마르크스주의경제학이라고 평가하기보다 비판경제학의 영역으로 규정하는 편이 더 본질에 가깝다.

실제로 유인호가 마르크스주의 역사 인식으로 무장하고 있었으며 사회민주주의 지향성이라는 변혁 의지가 충만했다 하더라도 그의 현실 경제 분석, 비판에서 쓰인 용어나 툴은 마르크스주의의 그것과 사뭇 달랐다. 대표적으로 그가 주장해왔던 '국내 자원 활용 주도형 발전'은 마르크스주의와 무관하다.

비판경제학으로서의 민중 · 민족 · 민주 경제론

고전학파 · 신고전학파 경제학과 마르크스경제학의 결정적인 차이는 대상, 즉 자본주의를 '설명'을 할 것인지, '비판 · 분석'을 할 것인지에 있다. 주류인 고전학파 · 신고전학파 경제학은 자본주의를 설명하는 데 초점을 맞췄다고 한다면 비주류인 마르크스 · 마르크스주의경제학은 자본주의에 대한 비판과 분석에 심혈을 기울인다.

현상을 설명하는 데 초점을 맞추는 주류경제학은 현상의 변화, 즉 자본주의가 어디에서 왔는지, 어떤 경로를 거쳤는지, 어디로 갈 것인지 등에 대해서는 애초부터 관심이 없다. 눈앞에 펼쳐진 현상과 대상은 그저 처음부터 있는 것으로, 이 틀 안에서 존재하는 사람을 모두 평등하고 자유롭게 선택하는 '근대적 경제인'인 것으로 본다. 지배·피지배의 관계도 없고 사회 구성원은 탈정치화된 채 오로지 이윤 극대화, 경제적 효용 극대화를 위해 움직일 뿐이라는 전제를 달고 있다. 이러한 인식은 신고전학파 경제학의 뒤를 잇는 케인스 경제학, 통화주의, 합리적 기대 가설과 시장 근본주의에도 그대로 적용된다. 아니, 경제학의 순화(純化) 경향은 신고전학파 경제학 이후로 넘어오면서, 재정 정책 등 정부의 개입을 적극적으로 강조하는 케인스 경제학을 제외하면, 더욱 심화되는 경향을 보여왔다. 과연 그것을 순화라고 볼 것인지, 왜소화로 볼 것인지는 논자의 견해에 따라 현격한 차이를 보여준다. 유인호는 이를 '순수경제학'이 아니라 '이론의 유희'라고 정리한 바 있다. 유인호는 '정치경제학(Political Economy)'과 '경제학(Economics)'의 차이에 대해 다음과 같이 지적한다.

19세기 말엽 이후 종래의 'Political Economy'라는 용어 대신 'Economics'라는 용어가 경제학을 의미하는 것으로 많이 사용되게 되었다. 가령 신고전학파의 시조 앨프레드 마셜(Alfred Marshall)은 그의 주저(主著)를 《Principles of Economics》라고 하였다. 'Economics'라는 새로운 용어의 사용은 경제학이 독자적인 영역을 가지는 사회과학으로서 그 지위를 확립하였다는 것을 가리키는 것이라고 하겠다. 그러나 타면에서는 이 용어를 사용함으로써 경제학이 사회적 실천에서 유리되어 '순수'히 경제 현상만을 취급하는 이른바 순수경제학이라야만 된다는 것을 암암리에 의미하는 경향도 가지는 것이다. 이 점에 대해서도 최근 영국의 경제학자 모리스 돕(Maurice Dobb)은 이견(異見)을 제시한다. 즉, 원래 애덤 스미스(A. Smith), 데이비드 리카도(D. Ricardo), 카를 마르크스(K. Marx) 등에 있어서는 경제학은 매우 실천적인 과학이었으나 현대의 경제학(케인스의 '일반이론' 의 등장 이전의 근대경제학)은 그 본래의 실천적인 성격을 상실하고 단순히 이론의 유희화했다고 하여 1937년에 저술한 그의 저서의 제목을 《Political Economy and Capitalism》이라고 하였다.[112]

유인호 경제학의 기본 입장을 피력한 저서에서 발견되는 이 같은 발언은 '실천적인 과학인 경제학' 을 염두에 둔 것이다. 이는 마르크스경제학이 고전학파 경제학, 즉 '정치경제학에 대한 비판' 이라는 실천 과제에서 출발한 것과 같은 이치다. 마르크스의 《정치경제학 비판을 위하여》와 《자본론 1 · 2 · 3》(1867, 1885, 1894)의 핵심 논제가 고전학파 경제학에 대한 비판을 겸하여 자본주의의 실질적인 운동 분석임을 감안하면 유인호는 마르크스경제학을 비판경제학으로 깊이 인식한 셈이다. 가끔 《자본론》을 사회주의혁명을 거론하는 학습서로 착각하는 사람들을 만나지만 그 책이 주장하는 논의의 초점은 자본주의 분석에 있다. 유인호 경제학 역시 한국 경제, 한국 자본주의 분석에 시종 초점을 맞춘다.

더구나 고전학파 경제학의 정치경제학에서 의미하는 정치가 지배와 피지배, 이른바 힘의 관계는 물론이며 당대의 정신사적 배경과 철학적 기반을 총칭하는 것이었다면, 유인호가 연구가로 활동하던 한국 사회의 주류

경제학은 그야말로 '순수'라는 이름으로 포장된 채 경제적 수치들만을 나열할 정도로 왜소해졌다. 정량(定量) 지표에만 주목하고 그 이면에 담긴 내용을 따져보는 정성(定性)분석에는 소홀했던 것이다. 이전보다 늘어난 생산 규모, 성장률, 수출, 1인당 GNP을 과시하듯 거론하는 데에만 열심인 상황, 즉 한국 경제학의 왜소화에 유인호는 비판경제학의 입장에서 여지없이 메스를 들이대기 시작하였다. 이것이 《한국경제의 재평가》와 《민중경제론》의 서문에서 똑같이 확인되는 유인호의 기본 입장이다.

수년 내에 필자는 몇몇 식자들이 성장의 밝은 면에 도취되어 '기적에 가까운 비약의 연대'라고 하고 그러한 관점에서 성장 정책을 위한 이론을 제공하고 있는 것과는 달리, 성장이 발산하는 밝은 면과 어두운 면을 동시에 보려고 노력하였다. 그러다보니 지나칠 정도로 어두운 면이 노출되곤 하였다. 그럴 때마다 필자의 뇌리를 스치는 것은 저 어둡게 자라는 심부가 언젠가는 밝은 면을 삼키고 말지나 않을까? 저 부분이 어떠한 모습으로 전개될 것인가 그리고 어찌하여 이러한 과정이 설사 한때 성장 현상으로 보인다 하더라도 그것이 그대로 국민경제의 자립화로 연결될 수 있는가 등에 대한 검은 그림자였다. 그러므로 필자의 현실 분석은 언제나 성장의 뒷면을 '점검' 하는 형식을 밟지 않을 수 없었다. 화려한 밝은 면에 도취된 생활이 어두운 면을 점검하는 생활을 몰라서 이 길을 지켜온 것은 아니다. …… 제한된 범위 내에서나마 이 주장을 이어오지 않을 수 없었던 것은 뒤도 돌아보지 않은 성장 일변도 정책이 너무나 현실을 무시하고 이루어지기 때문이다.[113]

유인호 경제학이 비판경제학으로서 '한국 경제 고도성장의 그늘' 에 초점을 맞췄다면 비판의 기준은 무엇이었을까? 유인호는 '민중', '민족', '민주' 가 가이드라인 역할을 맡아야 한다고 주장한다.

자주와 자립을 포기함으로서 전개된 경제 과정은 우리들 자손에게 넘길 바람직한 모습이 아니므로 어떻게 하든지 극복되어야 한다. 극복의 방향은 **'민족 · 민주 · 민중'** 의 논리에 맞추어져야 한다. 이 땅 위에서 생활하는 사람들의 잠재력이 자발적으로 동원될 수 있고 모두가 자유로이 말하고 행동하면서 민족의 이익을 높여가는 아름다운 방향으로 극복되어야 한다.

민주주의라는 장치 위에서 민중이 주인이 되고 각자는 스스로의 능력에 따라 자발적으로 '참여의 체제'에 연결되는 그러한 경제를 우리는 만들어야 하고 또 우리는 만들 수 있다. 두 번 다시 '성장을 위한 경제'를 추구해서는 안 되고 '생활을 위한 경제'를 추구하는 데서부터 시작되어야 할 것이다.[114]

우선 '민족' 은 한반도가 일본의 식민지를 경험했기 때문에 비교적 쉽게 이해할 수 있는 개념이다. 독립과 자주, 나아가 통일에 이르기까지 지향해야 할 목표도 어렵지 않게 설정할 수 있다. 특히 유인호는 '민족경제의 자주적 발전' 이란 차원에서 박정희 유신 독재 정권의 해악에 주목했다. 유신 체제의 경제적 해악은 8 · 15와 4 · 19의 시점에서 마땅히 청산되었어야 할 문제와 겹치면서 "대외 종속형의 비자주적 국민경제를 만들었다"[115]고 지적하면서 '민족' 개념의 중심으로 '자주적 국민경제 형성' 을 비전으로 내세웠다. 이를 위해서는 관료 매판성, 일제 식민지 유제(遺制),

반봉건적 생산관계, 대외 의존성 등을 극복하는 것이 무엇보다 중요하다고 강조한다.

> 우리 민족이 당면한 오늘의 구체적인 경제적 과제를 스스로의 문제로 삼아야 한다. 여기서 무엇보다 먼저 제기되어야 할 것은 민족경제의 확립을 저해하는 요인을 명확히 제시하고 그것을 비판해야 된다는 점이다. 이렇게 볼 때 오늘의 한국 자본주의의 기본적 모순을 극복하는 문제가 제기된다. 다름 아닌 관료 매판성의 극복이다. 그리고 나아가서는 한국 경제에 있어서의 자본축적 과정의 모순, 즉 일제 식민지 유제의 온존과 반봉건적 생산관계의 지속에 의한 자본축적 논리 그리고 원조와 외자에 의존(대외 의존성)하여 축적 과정을 전개하는 논리의 모순을 극복하는 것, 여기에 경제학이 존립한다는 뜻이다.[116]

다음으로 '민중' 개념인데 유인호는 저서 곳곳에서 민중을 앞세우고 있으나 민중의 의미에 대해서는 따로 내놓은 논문은 없다. 다만 유인호는 《민중경제론》 서문에서, "70년대란 …… 권력과 민중의 대결장이었으며 대결의 지속은 '민중 시대의 개막'을 알리게 하였다", "역사는 민중의 요구를 외면하고서는 진행될 수 없다는 점이며 경제의 주인은 민중"이라고 주장하며 '민중 시대의 탄생 배경'과 '역사적 주체로서의 민중의 역할'에 대해 지적하고 있다.[117]

유인호가 유학 시절에 쓴 일기에는 민중이라는 말이 아예 등장하지 않는다. 대신 '인민'이라는 말이 자주 나온다. 문제는 인민이란 말에 대한 한국에서의 편견이다. 북한의 공식 국호인 '조선민주주의인민공화국'에서 드러나는 바와 같이 남북이 대치한 국면에서 인민은 사실상 금기어가 되었다. "색안경을 끼고 보려는 사람들로부터 사서 시달림을 당할 필요는 없었을 것"[118]인바, 일단 유인호의 민중은 예의 민족 개념과 연계하여 본다면 식민지 지배에 시달리던 인민이고, 매판 관료에 휘둘리는 백성이요, 반봉건적 생산관계 속에서 억눌린 사람들, 대외 의존성이 팽만한 경제구조의 피해자 등으로 정리할 수 있을 것이다. 이는 민중이란 용어가 1970년대 군사독재 정권 시대에 주로 사용되기 시작했음을 감안하면 유인호의 민중 역시 당대의 시대적 배경과 특징을 그대로 받아들인 것으로 볼 수 있다. 민중은 피동성과 능동성을 동시에 가지고 있어서 피해의 주체이자 문제를 해결하기 위한 실마리이기도 하다.

민중이란 정치권력이라는 관점에서 본다면 피지배 상태에 있는 사람들이고 경제활동이라는 관점에서 본다면 한 사회에 있어서 주로 사회적 생산의 직접 담당자로 되면서 노동의 산물의 소유자로 되지 못하고 노동의 산물에서 소외된 사람들이며, 사회적 지위라는 관점에서는 지도되는 저변에 있는 사람들, 즉 피동적인 성격을 지니는 사람들(시민 또는 대중)이라는 측면을 지니고 있다. 다른 측면에서는 정치권력에 대해서 저항하고 정치 운동에 참여하고 있는 사람들, 노동조합이나 농민조합에서의 활동을 통해 직접적 생산자로서 여러 조건을 개선하려 노력하고 있는 사람들 그리고 기타의 사회적 제 집단에서 저변의 소리를 대표하고 있는 사람들, 즉 능동적 성격을 갖는 사람들(인민 또는 시민)이라는 두 개의 측면을 동시에 갖는 역사적 집단이라고 이야기된다. 이로부터 민중이란 소외된 인간과 소외로부터 회복되리

고 의도하고 있는 인간의 결합된 상태라고 이야기할 수 있다.[119]

유인호의 '민족'이 '대외적인 자주성' 개념으로 요약될 수 있다면 '민중'은 우리 사회 내부의 힘 관계에서 밀리고 처진 이들의 존재이기 때문에 이 둘은 사실상 동전의 양면과 같은 관계다. 보통 유인호 경제학에서는 '민중·민족·민주' 중에서 '민중'이 세 가지 주제어의 포괄적인 개념으로 앞자리에 배치되지만 유인호는 식민지 문제의 청산, 일본과의 관계 등에서는 '민족'을 앞자리에 내세우는 '민족·민주·민중'을 주장한다.

'민중 시대의 주체'들의 적극적인 참여가 제도화된 토대 위에서 이루어지고 그리하여 한국과 일본 간에 진정한 의미에서 선린과 호혜를 바탕으로 한 새로운 경제협력 관계가 마련되어야 한다. 다름 아닌 '민족·민주·민중'의 논리로써 풀어가야 된다는 뜻이다.[120]

마지막 주제어인 유인호의 '민주' 개념은 민중과 민족의 상호 결합 관계를 추구하기 위한 구체적인 수단으로써 제기되고 있다. 특히 '민주'는 절차적 공정성, 투명성을 전제로 하는 것이기 때문에 유인호도 법제화에 초점을 맞춘다. 예컨대 유신 독재 정권의 몰락과 더불어 시작된 '1980년 서울의 봄'[121] 시절에 그간의 독재를 옹호한 헌법 폐기가 주장되고 새로운 헌법 제정이 요청되는 시점에서 유인호는 개헌안에 국민기본권 차원의 경제 조항을 넣어야 한다고 말한다. 당시 개헌의 초점이 정치·권력구조로 집중되는 것은 어쩔 수 없는 상황이라고 할지라도 그렇게 논의가 그쪽으로만 집중되면 정작 민중의 삶과 직결되는 경제 문제는 소홀하게 다뤄질 수밖에 없다는 노파심에서 유인호는 '경제 기본권 7가지 규정'을 제기한다.

1. 분명히 민중의 이익을 희생시킴으로써 형성된 개인의 재산이라고 판정될 때는 그 재산은 민중에게 귀속되어야 하며, 재산권의 행사는 민중에게 있다.

2. 경제 질서는 민중의 기초적 수요를 충족하고 균형 있는 민족경제의 자주화·자립화를 실현하는 방향에서 조정되어야 하며, 항상 사회적 계층 간의 경제적 균형이 유지될 수 있는 '경제활동의 조화'가 이루어지는 것이라야 한다.

3. 근로자와 농어민 그리고 소상품 생산자를 위시한 사회적 약자의 경제적 지위는 보장되어야 하고 시장경제 원리에 따른 희생의 강요는 배제되어야 하며 국가권력의 경제활동(재정·금융적 활동)의 확대에 따른 희생에서도 보호되어야 한다.

4. 근로자·농어민·소상품 생산자의 권리는 법률로써 제한되지 않으며, 다만 그 권리의 행사가 민중의 생활과 민족경제의 균형 있는 발전에 저해적 요인이 되어서는 안 된다.

5. 경제력의 집중에 따른 사회적 형평의 교란은 그 책임을 국가권력이 저야 하므로, 국가권력은 경제력의 집중을 막을 제도적 장치를 가져야 한다.

6. 모든 국민은 노동할 권리를 가지며 정당한 노동 대가를 요구할 수 있으며 또 이것은 국가권력에 의하여 보호되어야 한다.

7. 어떠한 이유에서나 '생활환경'을 파괴하는 산업 활동은 없어야 하며 그것에 의한 파괴는 국가권력에 의하여 보상되어야 한다.[122]

유인호의 경제 기본권 7가지 규정, 즉 부정한 방법의 재산 취득 방지, 경제질서 수립, 사회적 약자 보호, 근로자·농어민·소상품 생산자의 권리 보장, 경제력 집중 방지, 노동권과 환경권 보장은 오늘날 자주 거론되는 '경제 민주화'에 견주면 훨씬 더 본질적인 주장이다. 2012년 18대 대통령 선거를 앞두고 정치권에서 제기하고 있는 경제 민주화는 정의도 확실치 않을 뿐 아니라 주로 대기업과 중소기업의 공정성을 최소한도나마 유지하자는 등의 주장인데 비해 유인호의 경제 기본권 규정은 한국 자본주의를 뿌리째 개혁하자는 획기적인 발상이다. 아울러 유인호는 경제 기본권 규정과 더불어 경제 조항으로 토지공개념 규정, 소작제 금지, 중앙은행의 독립성 보장, 국내 자원 개발 활용 중시 규정, 사인(私人)의 재산권 보장, 소비자 권리 보장 등을 명시적으로 포함시켜야 한다고 주장한다. 일부는 이미 헌법적으로 보장되고 있는 측면도 있으나 유인호는 이를 명문화함으로써 민중 생활의 안정을 확실하게 보장할 수 있을 것으로 내다보았다.

유인호 경제학은 민중, 민족, 민주가 삼위일체로 고리를 형성한 비판경제학으로서의 민중·민족·민주 경제론이라고 정의할 수 있겠다. 민중이란 용어의 무게감이 1987년 6월항쟁 이후 민주화의 진전으로 절실함이 줄어들고 1991년 현실 사회주의의 몰락과 더불어 운동 동력이라는 상징성 또한 눈에 띄게 쇠약해졌다. 하지만 유인호 경제학이 주장해온 민중·민족·민주가 지향하는 바는 여전히 현재형이다. 30여 년 전부터 시작된 유인호의 주장은 아직까지 받아들여지지 않았기 때문이다.

그 사이 한국 자본주의는 겉으로 양적 팽창을 거듭했고 1인당 GDP는 2만 달러를 넘어섰으나 속사정은 유인호의 시대보다 조금도 나아지지 않았다. 경제력 집중은 더욱 심화되었으며, 중산층이 해마다 줄어들고 있고 전체 근로자의 40퍼센트가 비정규직으로 노·노 간의 대립 구조마저 빚어지고 있는 데다 수출 대기업·내수 중소기업의 양극화 문제 등은 해결될 기미가 보이지 않는다. 유인호의 과제는 그가 생존했을 때보다 훨씬 더 첨예하고 심각하게 노정되어 있는 것이다. 따라서 민중·민족·민주 경제론의 지평에서 현 단계 한국자본주의를 분석하고 바람직한 방향을 재촉하는 것이 유인호 경제학의 현대적 계승이라고 하겠다.

18

현장으로 내려온
경제학

앞 장에서 유인호 경제학을 '민중 · 민족 · 민주'를 주요 고리로 삼아 펼치
는 비판경제학으로 정의하였다. 유인호 경제학을 또 다른 각도에서 규정
한다면 '현장으로 내려온 경제학'일 것이다. 사실 그것은 민중 · 민족 · 민
주 경제론의 다른 이름이라고 해도 과언이 아니다. 왜냐하면 민중 · 민
족 · 민주의 지향성은 결국 현장에서 확인되는 반민중 · 반민족 · 반민주
의 현실에서 더욱 극명해지기 때문이다. 유인호 경제학이 강단을 떠나 연
구실을 박차고 나와 현장에서 꿈틀거릴 수밖에 없었던 이유도 바로 그것
이었을 것이다.

경제학은 결코 추상적인 '공론(空論)'에 매달려 현실을 망각한 '개념의
유희'를 일삼는 것이 아니다. 구체적인 오늘, 사람들의 삶의 현장을 떠나서
는 존재할 수 없는 것이 경제학이다. 우리에게 주어진 경제적 현실, 이것을

민족의 발전을 위하여 '개조' 하는 데 사회과학으로서 경제학이 존립할 수 있는 근거다. 아무리 심오한 경제 이론일지라도 그것이 실천성을 가지지 못하거나 추상적인 '범세계성(cosmopolitanism)' 에 머물진대 그것은 사회과학으로서 경제학의 범주에서 제외되어야 한다.[123]

현장에 대한 끊임없는 관심은 결국 이론의 실천으로 이어질 것이며 이러한 과정의 반복을 감안하면 유인호는 결과적으로 '경제학을 현장으로 끌어내린 것' 이라고 말할 수 있겠다. 유인호 경제학의 대략 얼개에 대해서는 지금까지 여러 가지 각도에서 논의해왔으나 다시 한 번 요약하자면 '이면(裏面) 들추기' 라는 표현도 가능하겠다. 확대일로인 GNP, GDP와 1인당 GNI(국민총소득), 높은 수준인 성장률과 수출 증가율 등의 '이면 바로 보기' 가 바로 그것이다. 이 같은 거시 경제지표의 이면 추적과 더불어 유인호가 각별한 관심을 보여온 구체적인 사안을 꼽는다면 물가 문제, 석유 문제, 공해 문제가 될 것이다. 이 세 가지는 민중의 삶, 민중의 경제생활과 직결되는 주제라는 공통점이 있으며, 한국 경제의 대외적인 연관성 속에서 기묘한 종속성의 모습으로 불거지고 있다는 점이 특징이다.

고성장의 그늘, 인플레이션

경제개발5개년계획이 시작된 1962년부터 물가 변동을 보면 1963년부터 1964년까지, 1974년부터 1975년까지(제1자 오일 쇼크), 1979년부터 1981년까지(제2차 오일 쇼크) 등 고물가 시기가 세 차례 있었다. 반면에 1984년부터 1987년까지는 저물가 시기였다. 하지만 개발 연대 전체를 두고 보면 고물가로 점철되었다고 할 수 있다. 1971년부터 1980년까지 연평균 소비자물가 상승률은 16.5퍼센트를 기록했으나 국제금리 하락·국제 유가 하락·원화 환율 하락을 뜻하는 이른바 '3저 시대'를 계기로 1981년부터 1986년까지, 1987년부터 1990년까지에는 각각 8.5퍼센트, 6.9퍼센트로 줄어드는 추세를 보였다. 그러나 1991년부터 1992년까지는 연평균 소비자물가 상승률이 다시 7.7퍼센트로 오름세로 돌아섰다.[124]

이처럼 물가 상승(인플레이션)은 1990년대 이전 개발 연대 한국 경제의 만성적인 현상이었다. 이 시기는 유인호 경제학이 활발하게 문제를 제기할 때와 정확하게 일치한다. 유인호가 인플레이션에 각별한 관심을 기울이고 목소리를 높여온 배경도 그것이 개발 연대 고도성장의 부끄러운 뒷모습 중 하나로 평가되었기 때문이다. 유인호는 개발 연대 고도성장이 안정적 기반에서 이루어진 것이 아니라 여러 가지 불안하고 불확실한 외부 요인에 의해 진행되어왔다고 진단한다.

유인호는 개발 연대 인플레이션의 배경을 세 가지로 요약한 바 있다. 우선 한국 경제의 대외 의존성에 따른 수입 물가 앙등이다. 이자율이 높은 외국 자본과 비싼 외국 원자재 그리고 값비싼 외국의 2차 기술이 그것이다. 비싼 수입 기술에 값싼 국내 노동력을 부가한 다음 어렵사리 국제시장을 개척하지만 수출이 늘어나면 수입도 덩달아 늘어나면서 그 과정에서 내수는 더욱 위축된다. 결국 대외 절대 의존 체질이 구축되는 것이다. 그 와중에 물가 불안이 해마다 반복되는 현실에 유인호는 주목한다.

이러한 무역 의존, 특히 자본과 기술과 원자재 그리고 시장의 절대적 대외 의존은 외국의 경제적 불리성의 거의 대부분을 수입하기 마련이다. 가령 일본의 엔화 가치 상승에 따른 우리의 손해, 미국의 달러 가치 하락에 따른 우리의 손해, 세계 원자재 지배 질서 교란에 따른 우리의 손해 등등으로 이어질 수밖에 없다. 즉, 세계의 인플레 요인은 그 대부분이 수입되기 마련이며, 이것은 무역에 의존하는 우리나라 경제로서는 어찌할 수 없는 '울며 겨자 먹기' 꼴이다.[125]

유인호는 물가 상승의 원인으로 수입 물가를 가장 먼저 꼽았지만 둘째로는 내수에 대한 충분한 공급 능력 부족을 지적한다. 특히 1970년대 중반 이후 중동 경기의 활성화가 낳은 근로자의 임금 상승은 유효수요를 늘려주었으나 그에 상응하는 국내 공급이 수출 제일주의에 밀려 제대로 작동하지 못했다는 것이다. 이 또한 물가 혼란을 부추기는 중요한 요인이 되었다고 본다. 유인호는 이를 "화폐 형태의 소득은 증가되었으나 그것에 맞는 실물 공급이 제때 이뤄지지 못했다"[126]고 지적한다. 고도성장 그 자체가 물가 혼란을 야기하였다는 비판이다.

셋째 물가 상승 요인으로 유인호는 재벌 경제의 경제력 집중을 꼽는 데 주저하지 않았다. "시장을 지배한 독과점 기업은 자본의 생리를 맹목적으로 발휘하게 되고 '공정한 경쟁'이 아닌 소비자 위에 '군림'하는 가격 면의 횡포를 서슴지 않고 나타내기 때문"[127]이라는 것이다. 종합하자면 대외 의존적인 경제구조의 수입 물가 불안, 공급 부족 대응 부재가 낳은 가격 상승, 독과점 기업의 가격 횡포가 초래한 만성적인 물가 상승은 고도성장이 자초하였다는 분석이다.

유인호의 고도성장 비판의 핵심 가운데 유독 물가를 끈질기게 논의한 까닭은 물가 상승이 근로자의 생계를 직접적으로 위협하는 요인이기 때문이다. 다만 물가 상승이 성장 정책의 결과라는 점에서 보면 정부의 물가 문제 해소는 결국 성장 정책의 포기를 뜻하기 때문에 해법에 이르기까지가 쉽지 않았을 것이라는 진단도 내놓는다.

> 과연 '물가 불안 = 경제 불안'의 근본 원인은 무엇인가? …… 외인(外因)에 의한 수출을 동력으로 하고 전개되고 있는 고도성장 정책에서 한쪽 면을 볼 수 있고 다른 한쪽 면은 고도 독과점 체제에 의하여 유도되고 있는 국민경제에서 볼 수 있다.
>
> 이 양쪽이 근원이라고 한다면, 그것을 극복하기 위해서는 큰 골격의 정책이 장기 방향에서 세워지고 그 방향에 맞도록 단기적 시책들이 뒤따라야 할 것이다. 말하기는 쉽지만 실천하기란 참으로 어렵겠다는 것은 충분히 예상된다. 더욱이 그간의 성장 타성에서 깨어나야 되기도 하며, 국민적 합의가 이루어져야 되기도 하고 또한 자주 자립의 민족경제에 대한 인식도 새로워져야 되기 때문이다.[128]

물가는 성장 정책이 낳은 현상이기 때문에 물가 대책은 성장 정책의 전환 내지 개선에 초점을 맞춰야 했지만 실제 물가 대책은 그와 같은 핵심에 전혀 접근하지 못했다는 것이 유인호의 평가다. 물가 상승 문제와 관련해 유인호는 농산물, 특히 식량으로 활용되는 주곡 산업의 위축을 크게 염려했다. 그는 국내 자원 활용 주도형 발전 전략의 하나인 식량 생산에 애로가 발생하였을 경우 그것이 곧바로 농산물발(發) 물가 압력으로 노정될 것이라고 예고한다. 특히 1970년대 초반부터 본격적으로 거론되기 시작한 세계 식량 위기에 대응하는 차원에서 쌀 생산, 토지 활용 문제에 자연스럽게 주목하기 시작한다. 유인호는 '식량 무기화', '농산물 가격 급등이 초래할 물가 상승(애그플레이션, Agflation=Agriculture+Inflation)' 등의 문제를 이미 40여 년 전에 거론한 것이다.

종래의 농업 생산의 제 조건의 개선에는 힘을 기울이지 않고 오직 공업화에 열중함으로써 농업의 생산력은 낙후되고 그 결과 막대한 식량을 선진 공업국(미국)으로부터 수입하여 지탱할 수 있는 상태에 이르고 말았다. 즉, 그들의 농업은 이제야 공업을 위하여 봉사하는 상태 그리고 설사 농업의 쇠퇴가 지속된다 하더라도 공업 성장으로써 메워질 수 있다는 판단에서 낙후의 방임이라는 난센스를 반복함으로써 지속되고 있다. 여기에 식량 위기가 안겨다주는 영향은 지대한 것이 되지 않을 수 없다.[129]

1964년 총 식량 수요는 3843만 석인데 비하여 1973년은 6942만 석으로 10년간에 80퍼센트의 수요 증가를 나타내고 있다. 그러나 반면 토지의 이용 상황은 64년의 경지 면적 217만 1,000정보에 비하여 73년의 그것은 224만 1,000정보로서 10년간의 증가는 겨우 2퍼센트에 불과하다. …… 한편 이것을 식량의 자급화율로 나타내어 보면 64년의 93.6퍼센트에서 73년은 67.3퍼센드로 내려가게 되있다.[170]

물가 걱정에서 시작된 유인호의 식량 문제에 대한 관심은 농업 문제로 귀결되면서 이는 다시 경제 문제 해결의 토대가 된다는 인식에 이른다. 유인호는 "'자원 위기에서 자원 전쟁으로' 이어지는 국제경제의 큰 줄기, 외국 자본과 외국 기술 그리고 외국 자재로써 이룩한 우리나라의 경제성장, 미국과 일본의 경제정책의 변화에 존망이 결정될 것 같은 우리나라 경제의 토대, 무국적 경제 이론에 이끌려온 정책들은 국내 자원 활용을 경시하는 결과를 초래"[131]하였다고 지적한다. 그는 식량의 자급이 국민경제 자립화의 물질적·정신적 토대가 된다는 점을 거듭 강조한 것이다.

유인호의 식량 자급화 논의에서 한결같이 거론되는 주장은 우리나라의 상황에서도 '식량 자급에 충분한 여건'이 존재한다는 것이며, 문제가 되는 것은 식량 자립화를 위한 기본 철학의 부재라고 진단한다.[132] 그 구체적인 내용과 관련하여 유인호는 '농정 방향 설정', '서류(薯類) 식량화', '미(未)이용 식량원 활용', '가격·유통 기구 활용', '생산조직 개편', '농정 기구·농촌 단체 개편', '농림 관계 법령 정비' 등으로 요약한다. 특정 작물의 국내 가격이 올랐다는 이유로 특정 작물을 수입하는 공급 조절책만으로는 장기적으로 해당 작물은 국내에서 고갈 상태에 빠지고 만다는 것이다.

이뿐 아니라 한때 농업 문제·농민 문제·농촌 문제를 해결한다며 '전가의 보도'처럼 논의되었고 실제로 적용된 '이중 곡가제'와 관련해서도 유인호는 치밀하지 못한 농정의 전형이라고 비판한다. 이중 곡가제, 즉 정부가 미곡을 생산자에게 높은 값으로 매입하고 소비자에게는 낮은 가격으로 판매하는 제도는 1969년 처음 보리를 중심으로 도입되었으며 1972년에는 쌀에 대해서도 실시되었다. 겉으로만 보면 이 제도는 생산자 농민과 미곡 소비자에게는 유리한 것으로 보이지만 매입가와 판매가의 차액은 고스란히 정부 재정의 몫으로 떠안아야 한다. 한국 농업의 발전을 제약하는 근본 요인을 제거하지 않은 채 이 제도를 적용하면 장기적으로는 득보다 해가 더 많을 것이라는 지적을 유인호는 거침없이 펼친다.[133] 실제로 이중 곡가제는 1990년 양곡관리기금 적자 규모가 4조 5000억 원에 달하자 슬그머니 폐기로 기울면서 정부는 미곡 유통을 자유시장 기능에 맡기는 쪽으로 선회하고 말았다.

우리나라 농업의 발전을 저해하는 요인의 하나가 저곡가에 있다고 할 때 그것은 반드시 극복되지 않으면 안 된다. 그러나 극복 수단이 현실성을 가지지 못한 것이어서는 안 된다. 확실히 이중 곡가제는 문제 해결에 접근할 수 있는 유력한 수단인 것 같기는 하지만 본론에서 분석한 바와 같이 그것은 현실적인 실현 기반을 갖춘 것이라고는 할 수 없다. 그러므로 그것의 '현실성'은 인정받지 못하는 것이 되고 만다.[134]

현실성이 뒷받침되지 못하는 정책은 결과적으로 일시적인 효과를 보일지라도 그에 따른 부담이 눈덩이처럼 커질 뿐 한국 농업이 처한 근본 문제를 해소하지 못한다는 말이다. 유인호가 주장하는 현실성 보강은 "한국 농업 발전을 저해하는 근본 요인인 생산 기반의 불합리성(농업 구조의 모순성), 즉 소필지성(小筆地性), 경지의 분산성, 토지 형상의 부정형성 그리고 경영 경지의 영세성으로 표현되는 것으로 …… 이는 새로운 기술 도입마저 어렵게 함으로써 노동 생산성 발전을 저해하는 문제"[135]라고 시석한다.

이 같은 본질적인 문제 해소 방안이 결여된 이중 곡가제는 한계에 직면할 수밖에 없을 것이라는 분석이다.

　더구나 이중 곡가제를 운영하려면 재정적인 제약성을 어떻게 극복할 것인가 하는 문제와 더불어 생산자 가격 책정의 적정성, 유통 조직의 개편, 적용 범위 등의 제반 문제에 대한 치밀한 준비가 전제되어야 한다고 강조한다. 유인호의 주장은 민중의 한 축을 이루는 농민의 이익 극대화, 도시 서민의 주곡 비용 부담 최소화에 일차적인 관심을 두지만 그것만으로 초점을 제한하는 것이 아니라 더 포괄적이며 중장기적인 문제를 염두에 두고 있다. 제도 하나가 민중의 미래, 정책의 장래 위상에 이르기까지 어떤 모습으로 자리매김되어야 할 것인가를 논의의 사정거리 안에 담고 있음을 볼 수 있다.

　이러한 문제 인식은 오늘날 한국 경제가 미국, 유럽연합(EU) 등과 자유무역협정(FTA)을 체결하고 중국, 일본 등과 FTA 협상을 새롭게 시작하면서 농산물 수입 개방이 날로 확대되는 국면에서 농정 당국이 고민하고 있는 주제와 정확히 중첩된다. 유인호의 선견지명적인 학적 태도를 새삼 돌아보지 않을 수 없다. 유인호 경제학의 당파성, 즉 친(親)민중적 사고는 단순한 집단 이기주의적 차원의 주장이 아니라 궁극적으로 한국 경제의 바람직한 위상 설정과 이어진다는 점이 더욱 돋보이는 대목이다.

　유인호가 현장으로 끌어내린 경제학은 단기적이고 임기응변적인 해법을 제시하자는 데 있지 않다. 문제의 본질을 현장에서 점검하고 그에 입각해서 정확한 대응책을 모색함으로써 궁극적으로는 민중의 삶과 경제생활을 향상시키려는 것임을 거듭 확인하게 한다.

유인호 평전, 사회변혁을 꿈꾼 민중경제학자의 삶

민중의 삶을 위협하는 석유

유인호 경제학이 민중의 삶, 민중의 경제생활을 최우선적으로 고려한다고 할 때 경제 불안을 제거하는 문제는 그 무엇보다 중요한 과제 중 하나다. 생활 기반이 연약한 민중의 입장에서 경제 불안은 곧바로 생활의 불안, 삶의 동요로 이어질 수밖에 없기 때문이다. 한국 경제의 불안 요인 가운데 빼놓을 수 없는 것이 요동치는 국제 유가다. 필요한 석유를 모두 수입에 의존하기 때문에 국제 유가의 변동성은 고스란히 한국 경제의 불안으로, 민중의 삶의 불안으로 전이된다.

> 돌이켜보건대 '10월 석유 파동' (1973년 1차 오일 쇼크)이 누구에 의해 짜인 것이건 간에 대다수의 석유 소비국은 커다란 경제적 혼란을 면할 수 없는 사정이다. 더욱이 이 혼란은 한 나라의 경제에 머무르지 않고 세계경제라는 '광장(廣場)'에 모여듦으로서 크게 폭발할 가능성이 있다. 이러한 상황에서 다시금 우리나라와 같은 '석유 미인식국(未認識國)'을 내려다볼 때 국민경제를 혼란에 빠뜨리는 원흉이 석유 가격이라는 것은 너무나 자명한 것이다.[136]

군사정권 초기에 유인호가 '정유 공장 국영화'[137]를 주장했던 배경도 바로 그것이다. 그가 정유 공장 국영화를 주장하면서 첫째 이유로 내세운 것은 '가격 조정 기능'이었다. 국영 기업이라야만 산업의 혈액인 휘발유, 경유, 등유 등과 부산물의 생산 물량을 조율함으로써 가격 조정이 가능하다는 것이다. 둘째 이유로 꼽은 '원유 도입선(先)에 대한 탄력적 선택'역시 따지고 보면 가격 안정과 관련된 것이다. 국영화를 통해 국제 메이저 석유 회사에 좌우되지 않고 가장 값싼 원유 수입처를 결정할 수 있다면 유가 안정이 그만큼 수월해질 것이기 때문이다.

그렇다고 유인호가 국영의 문제점을 전혀 의식하지 못한 것은 아니다. 국영이 따르는 병폐가 있지만 이는 국영이라는 제도 때문에 나오는 것이 아니라 '운영'의 잘못에서 비롯된 것인 만큼 이에 충분히 준비해야 한다는 주장과 함께 일정 기간이 지난 뒤에 민영화하는 것을 전제로 한다는 점을 유념할 필요가 있다.[138]

그러나 군사정권은 당초 결정을 뒤집으면서까지 정유 회사 민영화를 밀어붙였고 결과적으로 한국은 1, 2차 오일 쇼크의 폭풍을 고스란히 감당해야 했다. 민중의 삶이 위협에 놓인 것은 두말할 나위도 없다.

'석유' 값으로 시작된 경제적 소용돌이는 독과점 품목의 가격 폭등으로 이어져나가고 있다. 이것이 '경제의 파탄' 이건 아니건 일반 국민의 심리 상태가 생활의 구심점을 찾지 못하고 있는 것만은 사실이다. '기름'의 힘이 이다지도 위대한 것인가에 새삼 놀라지 않을 수 없을 것이다. …… '경제적 자립' 에 국민의 총화가 모인다 하더라도 지금 상태의 석유 조직에서의 그것은 대해(大海)에 던져진 일엽편주와 다를 바 없을 것이다.

석유의 위력이 그의 본성의 일면을 나타내자 당황한 국민의 소리는 각양각색으로 메아리쳤다. "세계적인 석유 재벌과 국내 재벌의 합작으로 이루어진 맘모스 정유 회사들의 막강한 영향력이 다시 한 번 과시된 셈", "메이커의 이익만 보장한 것", "말이 합작 투자지 실질적인 경영권은 몽땅 외국 투자가에 넘겨주다시피하고 있고" …… "결국 우리 정부가 외국 석유 자본과 맺은 투자 협약 조건이 부당하게도 우리에게 불리한 것" 등 끝없는 울부짖음이다.[139]

이 인용문을 보면 아직 1차 오일 쇼크라는 본격적인 태풍이 몰아치기 전에 이미 국제 유가 급등 사태를 유인호가 우려한 것을 볼 수 있다. 폭풍 전야에 선 한국 경제에 유인호는 분명하게 경고한다. '석유 자본에 의한 유류 파동 그리고 그것이 몰고 올 경제적 난국의 가능성'이 복병으로 도사리고 있다고 전망한다. '석유(석유 자본)의 도전'에 대한 인식의 환기(喚起)만이 어려움에 처한 국민경제, 민중경제를 구출할 수 있다고 지적하면서 세 가지 해법을 내놓는다. 다시금 등장한 유인호의 '정유 회사 국영화론'이다.

1) 1972~76년 사이에 새로이 확장할 정유 시설은 국영으로 건설할 것. 그 규모가 현재 3사의 총규모 33만 5,000배럴과 거의 같은 32만 배럴로 계획되고 있으니 국영으로만 건설한다면 그때는 '국제 석유 자본'의 단독 무대로부터 우리나라 경제를 해방시킬 수 있다.

2) 기존 석유 공장에 대한 정책은 제1차적으로 명목상의 '합작'에 구애됨이 없이 시설 확장의 허가를 중지할 것(교섭 중인 것도 국제 관례상 가능하다). 2차적으로는 그들에게 정유 공업의 국영화 방향을 직관케 함으로써 부당한 제반 관계의 개선을 시도할 것.

3) 유류 정책의 무원칙성도 유류 파동의 공동 책임을 면할 수는 없다. 그러므로 정책이 근본적 재검토가 있어야 된다. 안이한 생각으로는 해결될 수 없

〈서울신문〉에 실을 칼럼 〈연료 정책의 모순〉을 쓰면서 연탄공장 취재에 동행했다. 일곡이 현장을 중요
하게 여겼다는 점을 보여준다(1974년 10월).

는 것이 석유 문제다. 그러나 해결하지 않으면 안 될 국민경제적 과제다.[140]

그러나 유인호의 '정유 회사 국영화' 주장은 끝내 받아들여지지 않았다.
현실은 결코 녹록치 않았다. 유인호의 예측처럼 1973년 10월 6일 발발한 4
차 중동전쟁을 핑계 삼아 국제 유가가 폭등하기 시작한 것이다. 당시 '10월
파동'이라고 명명된 이른바 '1차 오일 쇼크' 사태가 벌어지면서 그해 초 배
럴당 2.59달러였던 중동산 원유가는 1년 만에 11.65달러로 거의 네 배가 되
었다. 산유국의 석유공시가격은 겉으로는 산유국이 결정한 것처럼 보이지
만 실상은 국제 석유 자본이 좌우하는 것이기 때문에 그야말로 산유국과 국
제 석유 자본이 같은 배를 타고 공동의 이익을 탐하기 시작한 것이다.[141]

그즈음부터 유인호는 에너지 정책의 전환을 요구하기 시작한다. 더 본질적인 해법이 정유 회사 국영화라고 십수 년에 걸쳐 주장해왔지만 받아들여지지 않았으니 그다음 단계로 석유 의존형 경제구조를 탈피함과 동시에 국내 부존자원(賦存資源)의 활용을 전제로 한 대응을 요구한 것이다.

확실히 원유가 인상은 최대의 관심사가 아닐 수 없다. 에너지 문제를 다루는 이상 원유가 변동을 제외하고는 한마디도 할 수 없을 정도다. 에너지 자원에 있어서 석유가 절대적인 위치를 점하고 있는 우리나라의 경우 5~10 퍼센트의 원유가 인상의 파장은 거의 무한대로 이어져가고 만다. 그것은 물가를 전반적으로 흔들고 말 것이며 국제수지를 압박하며 수출을 억압하게 됨으로서 경기의 불황 국면을 돋보이게 하고 말 것이다.

1973년의 석유 파동 시 우리 국민 모두가 암묵리에 의견의 일치를 본 것은 석유 다소비형 경제를 수정해야 되겠다는 점이었다. 설사 한때 석유의 유통 질서(가격과 공급)가 안정적이라 하더라도 우리는 석유에의 의존을 줄이는 방향으로 국민경제를 이끌어야 한다는 반성을 크게 하였다.[142]

임시방편적인 미봉책으로 연결된 에너지 정책은 경제개발 계획의 토대를 위협할 지경에 이르렀다는 것이 유인호의 판단이다. 따라서 무엇보다 장기적인 에너지 정책을 당장 수립하고 부문별 에너지 활용 방안도 새로 마련해야 한다고 주장한다. 이른바 부존자원인 석탄 활용과 채광 인력의 확보 등 장기적인 전략이 필요하다고 역설한다. 당시 석탄은 개발 정책의 부재로 매년 채탄량이 100만 톤씩 줄어들고 있고 탄광 인력 부족 문제를 감안하면 이에 대한 해결이 필요하다는 것이다. 이뿐 아니라 유인호는 석유를 대체할 수 있는 대체에너지를 거론한다. 대체에너지의 내용에 대해 구체적으로 제시한 것은 아니지만 당시로서는 선구적인 주장이라고 하겠다. 특히 그는 대체에너지 개발 비용이 많이 든다고 할지라도 마땅히 추진해야 한다고 강조한다. 즉, '경제성 원칙'을 다소 수정해도 석유 의존 일변도에서 탈피해야 한다고 주장한다.

> 우리는 비단 에너지에 있어서만이 아니고 모든 경제재에 있어서 부존자원을 적극적으로 활용하는 '훈련'을 지금부터라도 해야 할 것이다. '경제성원칙'은 궁극적으로는 '이윤 원칙'의 표현이겠지만 일국 경제가 자주·자립하기 위해서는 원칙의 변형(이윤을 포기하라는 것이 아니다)이 정부에 의하여 유도되어서 나쁠 것은 없다. 이 경우 근대경제학의 분석 '기법'에만 의지할 수 없는 측면이 크게 나타나게 된다는 것도 미리 알아야 할 것이다.[143]

1978년 12월 호메이니가 주도하는 이슬람혁명으로 이란이 석유 수출을 전면 중단함으로써 1979년 초에 2차 오일 쇼크가 터졌다. 우리나라 수입원유 대부분을 차지하는 중동산의 가격 지표인 두바이산 원유는 배럴당 13달러에서 1980년에는 39달러로 폭등했다. 1차 오일 쇼크 이전에 배럴당 유가가 3달러에도 못 미쳤음을 감안하면 7년 새 거의 열세 배로 뛰어오른 것이다. 한국 경제는 1차 오일 쇼크보다 2차 오일 쇼크의 여파가 훨씬 컸다. 1974년 실질 GDP 성장률은 9.4퍼센트를 기록해 성장률 하락폭이 크지 않았으나 1980년 성장률은 마이너스 1.9퍼센트로 급락했다.[144] 1980년의 성장률 급락을 유가 급등으로만 설명할 수는 없지만 한국 경제가 1차 오일 쇼크보다 더욱 석유 의존도가 높아졌음은 부인할 수 없다. 유인호의 우려에도 오늘날 한국 경제의 석유 의존성은 당시보다 줄어들기는커녕 오히려 더욱 커졌다.

현장으로 내려온 유인호 경제학의 셋째 주요 관심 사안을 거론하기에 앞서 이 주제를 유인호가 중시했던 배경에 대해 조금 점검할 필요가 있다. 김종걸은 유인호 경제학의 현대적 계승과 관련해 '진보적 민중경제학의 복원', '민족경제의 중요성', '경제조직의 공동체성 회복', '경제정책의 민주성'을 전제하면서 특히 '진보적 민중경제학의 복원'을 위해서는 네 가지가 필요하다고 지적한 바 있다.[145] 즉, '사회주의라는 이념의 끈',[146] '경제 분석의 당파성', '사회적 공공성', '국민의 환경·생명적 안정성'이다. 사실 이 네 가지는 현장을 중시하는 유인호 경제학의 특징이자 지향점이며 동력원이다. 특히 '사회주의라는 이념의 끈'이 주는 의미를 살펴봐야 하는데, 소련, 동유럽 등 현실 사회주의의 몰락을 보며 유인호가 내놓은 논평에서 그동안 그가 꿈꿔온 민중의 삶, 민중 생활경제의 비전을 더욱 분명하게 엿볼 수 있다.

'소련 사태'에서 우리가 배워야 할 교훈은 크다. …… 계급적 억압으로부터의 인간 해방을 위한 사회주의가 과연 그 본래적 모습을 지니고 있었던가, 아니면 관료 조직에 의해 독재적 인간 지배 체제로 탈바꿈하지는 않았던가? 만일 후자라면 그것은 사회주의라는 가면을 쓴, 마르크스주의의 탈을 쓴 새로운 인간 억압 체제로 확인해야 할 것이다. 그러므로 그러한 사회주의는 끝립할 수 없고 존립해서도 안 된다. 이것은 지구 상의 다른 사회주의 국가에도 적용되어야 한다. 다음으로 진보주의자들의 실천 과제로서의 사회주의는 마르크스가 그린 '원형' 에서 확인할 수 있듯이 **자유·평등·사랑이 높은 차원에서 보장되는 아름다운 사회조직**인데, 그것의 '실천 강령' 을, 각 민족의 역사적 조건과 문화적 유산을 주요 부분으로 고려하지 않고 '교조적' 으로 적용함으로써 나타나는 문제점이다. **실천 강령을 어떻게 적용하느냐에 따라 아름다운 모습으로 비칠 수도 있고 반대로 인간을 망각한 '조직 괴물' 로 나타날 수도 있다.**[147]

유인호는 '자유·평등·사랑이 높은 차원에서 보장되는 아름다운 사회조직' 을 꿈꿔왔다고 전제하고 이 같은 목표를 자칫 '교조적' 으로 강조하다보면 '인간을 망각한 조직 괴물' 이 등장할 수 있음을 경계한다. 앞서 거론한 '진보적 민중경제학' 을 위한 네 가지 필요 사항은 '조직 괴물' 의 등장을 미연에 막을 수 있는 최소한의 전제이며, 경제학을 현장으로 끌어내린 유인호 경제학의 기본 입장이라고 할 수 있다. 민중의 삶, 민중의 경제생활이라는 눈높이에서 출발하지만 그것이 곧 사회의 공공성을 확보하고 민중의 환경·생명적 안정성을 확보하는 최소한의 전제가 된다고 유인호는 믿고 이를 위해 실천해왔기 때문이다. 민중·민족·민주를 고리로 한 문제 인식에서 '민중과 민족' 을 위한, 이들이 더 이상 좌절하지 않도록 정책을 주장하는 것이 그의 평생의 작업이었다. 이렇게 보면 마르크스경제학에서 출발한 유인호의 경제학은 비판경제학으로 치달았고 최종적으로는 반공해·환경·생명 중시 경제학으로 귀결된다. 이른바 생명을 존중하는 비판경제학이다.

생명을 생각하는 비판경제학

유인호가 유난히 일찍부터 반공해 · 환경 문제에 관심이 많은 것은 그의 일본 유학 시절과 관련이 있다. 그가 체류한 1949년부터 1955년까지는 일본이 1945년 8월 피폭을 경험한 지 얼마 되지 않은 시점이었기 때문에 원폭에 대한 공포감이 사회 전반에 깊이 각인되어 있었다. 더구나 1950년대 초 냉전 체제가 강화되면서 미소 간의 군비경쟁으로 수소폭탄 실험이 잇달아 실시되었고 그 와중에 일본인 어민 중에서도 피폭자가 속출하는 상황이었다. 이 같은 상황은 '신문 읽기와 뉴스 따라잡기'에 늘 주의를 기울인 유인호에게도 적잖은 놀라움과 심각성으로 다가왔을 것이다.

> 남태평양의 마셜 군도 비키니 섬에서 여러 번에 걸친 수소폭탄 실험[148]이 벌어진 결과 낙진을 그대로 뒤집어쓰고 원자병에 걸린 어부들이 발생했고 방사성물질에 오염된 생선 등을 먹은 이들 가운데서도 원자병 환자가 발생했다. 미국이 각국의 반대를 무릅쓰고 강행 추진한 바람에 방사성물질이 섞인 비가 내리고 있어, 수폭 실험의 여파가 한두 사람에 대한 것이 아니라 인류 전체에 대한 피해로 확장되고 있다. …… 이러한 미국의 망동은 막아야 한다. 인류의 영원한 행복을 위해서라도.[149]

대학원생이던 유인호가 자신의 일기장에 당시의 감회를 기록하고 있는데 이는 훗날 환경, 공해, 생명 문제에 관심을 갖게 된 원체험이 되었을 것으로 짐작할 수 있다. 유인호가 한국에서 연구자로서, 사회의 시성으로서 본격적으로 목소리를 내기 시작한 1960년대 초부터 그가 가장 중점을 둔 문제가 성장의 이면이었음을 감안하면 눈부신 성장에 가려 아무도 조명하지 않는 공해 문제는 그가 관심을 쏟지 않을 수 없는 주제였을 것이다. 민중의 삶이 그 때문에 훼손되고 왜곡되고 있었기 때문이다.

더구나 일본의 고도성장의 이면에서 나타난 공해병[150]은 이미 1950년대 중반 이후에 본격적으로 거론되었다는 점을 유념할 필요가 있다. 일본 사정에 정통한 유인호로서는 이 문제를 충분히 숙지하고 있었을 것이다. 게다가 청년 시절 체험한 원폭이 불러온 생태계 파괴에 대해 깊이 우려해온 점을 감안하면 환경 문제, 공해 문제에 자신이 어떻게 대처해야 할지 이미 생각해봤을 것이다. 이뿐만 아니라 일본의 학생운동이 1970년 안보 투쟁의 좌절 이후 때마침 확산되기 시작했던 공해 문제 극복을 새로운 시민·사회운동의 지평으로 수용하면서 사회 밀착형, 생활 밀착형으로 변신하였고 일본 시민·사회운동도 지역사회의 삶을 기초로 공해 문제 등에 깊숙이 개입하기 시작하였다는 점도 유인호를 자극하였을 것이다.[151]

유인호는 공해 문제와 관련한 논문 〈경제성장과 환경 파괴〉(《창작과비평》, 1973년 가을 호)를 발표한다. 이 논문은 국내에서 처음으로 경제학 관점에서 공해 문제·환경 문제를 다룬 선구적인 것이다.[152]

1963년에 한국에서도 공해 방지법이 제정되어 공해에 대한 인식이 확산되고는 있었지만 사람들은 대부분 공해에 대해 매연, 분진, 폐수, 진동, 소음 등 대단히 제한적으로 이해하였을 뿐 그것 자체가 한국 경제의 구조적인 문제의 소산이라는 점을 인식하지 못하였다. 그런데 〈경제성장과 환경 파괴〉는 처음으로 공해를 한국 경제의 구조적 문제로 제기한 것이다.

유인호 자신도 이 논문에 큰 자부심을 느낀다고 고백한 바 있다. 1982년 설립된 한국공해문제연구소가 그 이듬해인 1983년에 일반인 대상으로 개최한 제1회 공개강좌에서 유인호는 "논문 〈경제성장과 환경 파괴〉는 '나의 자부심'"이라고 자평할 정도였다.[153]

유인호의 〈경제성장과 환경 파괴〉는 우선 한국 경제의 고도성장이 갖는 특징을 '대외 의존의 상식화', '낭비형의 고정화', '외부불경제(external dis-economies)의 누적' 등으로 규정하고 그 결과로 공해, 이른바 생활환경의 파괴가 한편에서 진행될 수밖에 없었다고 진단한다. 경제개발5개년계획이 실시된 이후 한국 경제는 성장의 이면에 공해라는 혹을 달게 되었으며 이윽고 그 혹은 전국적인 문제로 확산되고 있다는 것이다.

> 물질문명이 발달하게 되면 적건 크건 생활환경이 파괴형으로 변질되는 것은 사실이다. 그러한 의미에서 본다면 공해 문제를 새삼스럽게 제기하는 것이 오히려 우스꽝스럽다고 하겠지만 그렇게만 볼 수 없는 데 문제가 있는 것이다. 즉, 과거의 공해 현상은 그것이 매우 국부적으로만 나타났을 뿐만 아니라 그것의 피해 범위도 매우 한정적인 것이었다. 그러므로 거기에 있어서는 오늘날과 같이 그 피해 지역을 '전국을 공해 지역'으로 생각할 필요도 없었으며 또한 그것이 전국민의 관심사(사회적 문제)로 등장될 수 있는 것도 아니었다.[154]

그런데 유인호는 한 걸음 더 나아가 공해가 그토록 전국화된 이면에 대해 단지 공업화, 특히 한국 경제의 고도성장의 문제만을 지적하는 것이 아니라 공업화 과정에서 마땅히 지불해야 할 비용을 지출하지 않은 점을 꼽는다. 공업화 과정에서 나타날 수밖에 없는 공해는 공해 유발자의 가치판단이나 이를 감독하는 정부의 적극적인 공해 방지 인식이 있었다면 충분히 방지했을 것이지만 기업은 비용을 의식하고 감독 기구는 그 정도로 치밀하지 못했다는 것이다. 한국 경제에서 공해는 어쩔 수 없는 것이라기보다 인식과 관리 부재에서 비롯되었다는 점을 지적한다.

공해는 경제성장 과정에 있어서 결코 피할 수 없는 것이며 또한 기술적으로도 해결할 수 없는 문제인가? 흔히 공해라고 할 때 그것은 피하기 어렵다는 인상을 일반에게 줌으로써 마치 그것을 자연재해와도 같은 것으로 느끼게 하는 경우가 허다하다. 그러나 공해는 결코 피할 수 없는 것이 아니다. 그것은 어디까지나 사회적 요인에 의하여 생기는 것이므로 자연재해와는 구별되는 성질의 것이다.

…… 그럼에도 공해를 방지하지 못한 이유는 …… 첫째는 공해를 발생시키는 산업의 기업가가 공해 방지를 위한 투자에 소홀하였다는 점이다. 이것은 그 부분의 투자가 이윤 감소와 결부된다는 것이며 '기업의 사회적 책임'의 기피라기보다 외려 '기업의 자각 부재'라고 하는 것이 옳을 것이다.

…… 둘째 측면은 …… 사적 기업 활동이 공해 방지에 소홀한 투자 방식을 택할 때는 마땅히 정부가 그것의 시정을 요구하여야 하며, 시정 명령에 응하지 않을 때는 그 기업가의 투자 활동을 중지시켜야 한다는 것은 정부의 경제 기능(경제 행정)의 중요한 부분에 속한다. 더욱이 '계획' 작성 시에 이미 그러한 문제점이 고려되어 있어야 하며 계획의 집행에 있어서도 이러한 점

을 감안하여 투자가가 선정되어야 한다. 그러나 지나온 과정에서 볼 때 사적 기업가가 이 문제를 기피한 만큼 계획 집행기관에서도 거의 무관심하였거나 또는 문제를 인식하지 못하였다는 것이 결과적으로 증명되고 있다.[155]

공해 대책은 사전적(事前的)으로 실시해야 되며, 그 책임은 전적으로 사적 이익을 추구하는 기업뿐만이 아니라 경제 행정의 담당자인 국가가 맡아야 한다는 것이다. 그러나 한국 경제의 개발 연대 공업화는 태생적으로 정부 주도형으로 단기적인 성장 효과를 좇아왔던 탓에 그 같은 정부의 경제 행정은 사실상 기대하기 어려웠다. 물론 사전적으로 정부가 조치를 취하지 못했다면 사후적으로라도 강력 조치를 취할 수 있겠지만 유인호는 사후적인 대책은 사전적인 조치보다 훨씬 더 많은 비용과 부담이 동반되기 때문에 거의 기대하기 어렵다고 단언한다. 결과적으로 고도성장 정책이 국민경제의 재생산 활동마저 해치는 수준으로 치달을 수밖에 없다는 것이다.

사적 기업가의 공해 방지비의 절약(또는 무시)과 정부의 공해 대책 부재로 인하여 전국을 공해 지역으로 취급해야만 하게 되었다. 확실히 공해는 인위적인 생활환경의 파괴이며 생활권·인권에 대한 침해 행위이다. 이렇듯 공해가 인위적인 생활권의 침해이고 환경의 파괴이므로 그것을 방지하는 것은 가능하며 또한 방지하고 제거하지 않으면 안 된다. 더욱이 창조되는 공해에 대해서는 그 원천을 봉쇄해야 한다. 이 과제 달성에 GNP 신앙이 앞설 수는 없다.[156]

유인호는 한국 경제에서 드러난 공해의 또 다른 특징을 '수입 공해' 라고 꼽는 데 주저함이 없다. 국민경제의 흡수 능력을 충분히 고려하지 않은 채 성과주의에 입각한 개발 연대의 방만한 외자 도입과 그에 자극을 받아 왕성해진 사적 기업 활동 그리고 그 기간에 이루어진 고도성장의 이면이 공해였음을 감안할 때 이 공해의 또 다른 이름은 수입 공해라고 지적할 수밖에 없다는 것이다. "외자에 의한 공업화는 외국의 사양산업, 노후 시설, 공해산업의 이식으로 규정되는 당연한 결과" [157]라고 꼬집고 이 이면에는 국내의 사적 기업가와 그에 연결되어 있는 외국 자본가(직접투자와 합작 투자를 포함하여)가 존재하기 때문에 이들이 비용 부담을 회피하려는 의도를 버리지 않는 이상 공해 대책은 겉돌 수밖에 없다고 비판한다. 아울러 유인호는 수입 공해 사례를 구체적으로는 한일 경제협력 관계에서 찾는다.

우리나라에 있어서 산업공해가 심각한 문제로 대두되고 있는 것은 '한일 국교정상화' 이후 일본과의 경제협력이 급속히 이루어지는 것과 결부되어 있다. 다시 말하면 1960년대 중반에 있어서 한국의 정치권력은 '조국 근대화의 토대로서의 경제성장'을 일본과의 경제협력에 의지하여 추진하려 하였으며, 한편 이 시기의 일본 경제의 과제는 한국동란의 '특수(한국동란에 따른 특별 군수 수요)' 를 물질적 토대로 하여 이루어진 '폭발적인 성장' 과정에서 나타난 모순(공해산업·사양산업·노후 시설)을 처리하는 것이었다. ……
한일 경제협력의 심화 과정은 한국으로서는 일본 경제의 '폭발적인 성장의 찌꺼기' 의 대량 도입에 의한 '고도성장' 으로 나타났고 그 결과로서 공해 문제는 오늘날 우리들의 생존을 위협할 정도가 되고 말았다. [158]

이 같은 시각을 뒷받침하는 근거로서 유인호는 일본《아사히신문》의 문제 제기를 인용한다. "일본 기업의 대한(對韓) 진출에는 여러 가지 일본 내의 사정이 있다. …… 어떻게 연결되건 그것은 일본 국내에서의 공업 소개(疏開)다. …… 공해 기업은 일본의 까다로운 주민을 피하여 '얌전한 땅'으로 옮긴다"[159]는 일본 내부의 고발이 그 증거라고 제시하면서 공해 수입의 현실을 질타한다.[160] 일본에서는 1960년 초에 중화학공업 분야에서 대대적인 시설 갱신이 이루어졌으며 노후화된 플랜트류의 수출 확대가 해당 분야 기업의 중심적인 당면 목표가 되었다. 예컨대 유인호는 1963년 섬유산업의 중심이 화학섬유에서 합섬섬유로 전환되면서 545만 달러에 완전히 노후된 도요 레이온의 사가(滋賀) 공장 설비 일체를 한국에 매각한 미쓰이물산 등을 구체적인 예로 들었다.[161]

공해와 관련하여 선구적으로 문제를 제기해온 유인호는 문제 해결 방안 또한 적극적으로 제시하였다. 앞서 거론한 것처럼 그는 사후적으로 공해 문제를 거론하기보다 사전적인 문제 인식이 중요하다고 강조하면서 정부의 사전적 대책을 촉구하는 한편, 사적 기업에 대한 각성과 환기(喚起) 등 공해에 대한 사회 전반적인 문제 인식의 공유가 필요하다고 주장한다. 여기에서 첫째로 요청되는 것이 성장에 대한 인식을 어떻게 교정할 것인가 하는 이른바 발상의 전환이다. 수많은 문제를 떠안고 있는 고도성장을 택할 것인가? 필요 최소한의 시민적 수요 충족을 취할 것인가? 어느 쪽을 선택할 것이냐는 구성원의 문제 인식 공유에서 비롯될 수밖에 없다는 점을 지적한다. 다만 '필요 최소한의 수요 충족'은 성장을 하지 말자는 주장과는 거리가 있다. 그것은 성장을 꾀하되, 적어도 '성장을 위한 성장'이라는 틀에서 벗어나야 하지 않겠느냐는 의미를 담고 있다.

우리의 과제는 인간으로서 입장에서 '시빌 미니멈(사회보장·사회자본·
사회 건강 등)'을 확립하고 그것의 규범성을 부여하여 모든 것을 거기에 입각
하여 생각한다는 '발상의 전환'을 필요로 한다는 점이다. GNP의 크기가 복
지의 지표일 수 없을 뿐만 아니라 경제가 성장하고 더욱이 그 비율이 연간
10퍼센트나 되었다고 하여 '시빌 미니멈'이 충족되는 것은 아니라고 할 때
시민 생활의 최저 기준에 대한 '합의'가 얻어져야만 되겠다. 이러한 합의를
만드는 것이 앞으로의 숙제다.

지난 10년간의 경제성장이 놀라운 것만은 사실이다. 그러나 그것은 동시
에 너무나 커다란 대가를 남기는 것이 되고 말았다. 이 대가는 아마 전 국민
이 장기간에 걸쳐 치러 나가야만 될 것이다. 이러한 대가 지불 과정에서 가
장 중요하다고 생각되는 것은 얼마만큼 '발상의 전환'을 할 수 있을 것이며
전환의 방향을 '필요 최소한의 시민적 수요 충족'이라는 과제로 집약할 수
있을 것인가 하는 점이다.[162]

유인호가 여기에서 기준으로 제시하는 '시빌 미니멈(civil minimum)'은
도시화 사회에서 시민이 생활하는 데 필요한 최소한의 생활 기준을 뜻한
다. 유인호는 이 개념을 일본 공공정책학회장을 역임한 마쓰시타 게이이
치(松下圭一) 교수의 주장에서 빌려온 것으로 보인다.[163] 마쓰시타 교수는
국민에게 필요한 최소한의 생활기준이란 뜻을 의미하는 '내셔널 미니멈'
이란 기존 개념을 시민이란 뜻으로 좁혀서 '시빌 미니멈'이란 용어를 썼

다. 굳이 유인호가 이 용어를 사용한 배경이 무엇인지는 확실치 않다. 다만 그가 '발상의 전환'이라는 점에 주목한 것을 감안하면 발상 전환의 주체를 민중이 주축이 되는 시민사회로 인식한 듯하다. 물론 시민사회를 거론할 때 정부와 기업을 배제하는 것은 아니지만 공해 문제 해결은 민중·시민운동 차원에서 거론될 수밖에 없음을 시사한다.

현장으로 내려온 경제학은 민중의 삶이라는 눈높이에서 현실을 직시하고 문제를 제기하는 것이기에 필시 비판경제학일 수밖에 없었으며 그 최종적인 귀결점은 민중의 생명이었다. 그리고 비판경제학은 그 동력이 민중의 생명을 담보로 삼고 있을 뿐 아니라 민중의 의지에 기대어 있기 때문에 자연스럽게 민중의 주체적인 역할을 요청하는 쪽으로, 새롭게 형성되기 시작한 시민사회의 역할과 발상의 전환을 요구하는 쪽으로, 즉 시민운동을 촉구하는 방향으로 이어진 것이다. 이것이 현장으로 내려온 경제학의 민얼굴이다.

5 부

한국 자본주의사 연구의 꿈

19
제2의 연구 인생을
계획하다

이 책 1부에서 거론한 대로 '1980년 서울의 봄'을 지나 투옥, 해직 그리고 복직 등을 거치면서 유인호는 비판경제학의 최전선에서 노심초사 달려왔다. 사실 그 같은 행보는 유인호가 1957년부터 대학 강단에 서온 이래, 좀 더 구체적으로는 1960년대 초 현실 경제에 대한 분석과 비판적 제언을 본격적으로 시작하면서부터 초지일관 이어온 것이다.

다만 1980년대 후반에 들어오면서 유인호의 비판경제학에 약간의 변화가 감지된다. 그 구체적인 계기는 확실치 않지만 1987년 6월항쟁과 무관하지 않은 것 같다. 그즈음 또 한 가지 빼놓을 수 없는 것은 1991년 8월로 예정된 그의 대학교수 정년 퇴임이 몇 년 앞으로 다가왔다는 사실이다.

이 두 계기는 우연찮게 시기적으로 맞물린 측면이 있지만 그 내용을 더 들어보면 그의 연구 인생의 당연한 수순으로 귀결된다. 6월항쟁으로 쟁취한 대통령 직선제 개헌이 민주 인사의 집권으로 바로 이어지지는 못했지

유인호 평전, 사회변혁을 꿈꾼 민중경제학자의 삶

만 민중·민족·민주의 틀에서 보면 적지 않은 성과를 얻은 것이기 때문에 그 틀에서 전개해온 유인호의 비판경제학에도 그에 상응한 변화가 요청된 것이라고 볼 수 있다.

그것은 크게 두 가지 측면에서 전개된다. 하나는 유인호의 비판경제학이 비판 그 자체에서 멈추지 않고 대안 모색에 골몰하기 시작했다는 점이다. 이른바 '무엇을 할 것인가'다. 또 하나는 그가 평생을 두고 연구 과제로 삼겠다고 벼른 한국 경제사, 한국 자본주의사 연구를 체계적으로 시작하는 것, 즉 새로운 연구 지평을 넓히는 작업이다.

우선 '무엇을 할 것인가'라는 주장은 그간에도 유인호 경제학의 비판적 제언 속에서 자주 발견되는 주제다. 예컨대 농업 협업화, 정유 공장 국유화, 사전적 공해 방지책 등이 그것이다. 그런데 1980년대 후반 그가 자주 거론하고 있는 '무엇을 할 것인가'의 중심은 민주화 이후의 당면 과제, 즉 경제적 민주주의 추구(경제 민주화)로 모인다. 다음으로 한국 자본주의사 연구는 일찍부터 유인호가 비판경제학의 기초 다지기 차원에서 스스로 제기해온 문제 인식으로 정년 퇴임 이후까지를 염두에 둔 새로운 연구 계획이었다. 경제 민주화가 당장의 과업이라고 한다면 한국 자본주의사 연구는 경제 민주화를 포함한 유인호 경제학의 총체적인 완성이라고 할 수 있기 때문에 이 둘은 전체와 부분으로 얽혀 상호 보완적인 과제라고 할 수 있겠다.

경제 민주화

'무엇을 할 것이냐' 의 테마는 1987년 6월항쟁 이후 유인호의 글과 강연에서 자주 거론된다. 그는 1988년 시점에서 비판경제학의 과제에 대해 사람에 따라 혁명, 변혁, 개혁, 개량 등을 거론하지만 공통된 것은 현대사의 모순을 확인하는 데서 출발한다고 지적한다.[1] 그간의 한국사회를 민중 세력과 독재 세력이 투쟁해온 역사라고 전제하고 6월항쟁 이후의 당면 과제로서 경제적 민주주의의 실현, 즉 경제 민주화를 주장한다. 경제적 민주주의의 목표는 민중이 경제의 주인이 되는 것인데 현실은 정반대로 전개된다. 유인호는 경제 민주화의 구체적인 위상으로서 모든 계층이 골고루 잘살수 있는 경제와 빈부의 차가 적고 산업 사이에 발전이 고르게 이루어지며, 경제성장의 성과가 각 계층에 상대적으로 균등 배분이 실현되는 데 있다고 주장한다. 한마디로 '가짐과 나눔의 상대적 공정화' 로 요약할 수 있다. 유인호가 '가짐과 나눔의 공정화' 를 주장하면서 '상대적' 이라는 단서를 첨부하고 있다는 점에 유의하자. 그것은 유인호가 주장하는 경제 민주화는 구성원 간의 산술적인 평등을 추구하거나 체제 전복적인 주장에 동의하지 않는다는 의미를 담고 있다.

변혁 세력은 1987년 '6월항쟁' , 1991년 '5월 투쟁' [2]의 결과를 냉정히 반성해야 한다. 얻은 것과 잃은 것을 확인해야 한다. 여기서 중요한 것은 어떤 방법으로 변혁을 추구할 것인가? 혁명이냐, 개혁이냐? 전자는 모든 수단을 동원한 체제 전복의 길이고 후자는 주어진 단계에서 변혁의 폭을 넓히고 그

유인호 평전, 사회변혁을 꿈꾼 민중경제학자의 삶

성과를 민중이 공유함으로서 더 높은 수준의 변혁으로 전개하려는 길이다 (민주적 개혁). 변혁의 '교본'은 없다. 우리의 역사적, 문화적 조건에서 선택해야 하는 것이다. 모험주의, 개량주의, 수정주의 등이 비난적 평가의 대상이 되는 것이 아니다.

나는 '개혁'을 택한다. '전부가 아니면 무(無)'라는 논리는 변증법이 아니다. 인류의 역사는 비약의 연속일 수는 없다. 비약이 이루어지기 위해서는 물질적 조건의 준비가 필요하다.[3]

경제 민주화는 변혁을 위한 물질적 조건 마련에서 **빼놓을 수 없는 주제**인 셈이다. 이는 1979년 당시 박정희 유신 독재가 막을 내리면서 새로운 헌법이 논의될 때 유인호가 제언한 '경제 기본권 7가지 규정'과 맞닿아 있는 내용이다.[4] 유인호는 경제 민주화의 세 가지 기본 골격과 네 가지 세부 과제를 거론한다. 우선 세 가지 기본 골격에 대해 유인호는 국민·민중 본위 경제 운영, 경영 민주화·분배 공정화·금융 민주화, 경제정책 결정에서의 왜곡 시정 등을 강조한다.

경제 민주주의란 경제가 진실로 국민 본위, 민중 본위의 방향에서 운영되는 것을 의미하는 것이다. 그래서 이윽고 **가짐과 나눔의 상대적인 공정화**를 지향해야 한다. 이것이 경제 민주주의의 뼈대라고 할 때에 오늘의 여러 조건에서 제시되는 **일차적인 과제는 경영의 민주화, 분배의 공정화 그리고 금융의 민주화**라고 하겠다. …… **경제정책을 민주적으로**(국민의 참여를 토대로 한) 전환함으로서 경제구조와 분배 구조의 왜곡과 불균형을 시정해야 된다는 커다란 틀로서 제시된다.[5]

유인호가 주장하는 '경영의 민주화'는 재벌 독점기업의 경영과 관리를 민주주의적인 참여의 원칙에서 개혁하는 것을 뜻한다. 우선 일차적으로는 재벌 기업에 대한 민주주의적인 규제, 예컨대 원가 공개, 가격·투자·이윤 규제, 독점금지제도의 민주적인 강화 등이 필요하다는 것이다. 경영의 민주화와 관련해서 유인호는 독일이 경제 민주주의 실현 방안의 하나로 운용하고 있는 '노동자의 경영 참가'도 한 방법이라고 제시한다.

이뿐 아니라 독점기업 문제 해소의 연장선상에서 지나친 경제력 집중 배제를 거론한다. "경제력이 지나치게 집중되면 영리를 목적으로 하는 거대한 개인 기업 또는 결합체가 국민경제의 중요한 부분에서 경쟁을 제한할 뿐만이 아니라 다른 기업이 독립하여 사업을 영위하는 것마저도 제한하기 때문"[6]이라는 것이다.

'분배의 공정화'는 분배가 극단적인 양극화 현상을 보이게 되면 경제가 국민 본위·민중 본위로 운영될 수 없기 때문이라는 측면에서 주장하는 것이며, 금융의 민주화는 현재 재벌에 치중된 금융 혜택이 결국 다른 경제주체들의 활동을 억압하는 결과를 낳기 때문이라는 인식에서 출발한다. 유인호는 거듭하여 "경제 민주주의는 자본에 의한 독점적인, 특권적인 지배를 거부하는 것이어야 하고 그와 동시에 관료 기구에 의한 지배를 거부하는 데서 출발해야 한다"고 강조하면서 "모두가 참여하여 자유로이 활동할 수 있는 경제를 실현하고자 하는 것이 경제 민주주의"라고 정의한다.[7] 이어 경제 민주화를 추진하기 위한 세부 방안으로써 유인호는 다음과 같이 제안한다.

첫째로, 국민적인 합의의 경제정책(민주적인 계획화) 수립을 위한 기구를 설치할 필요가 있다. 국민적인 합의의 계획화 기구는 지난날의 계획 기구와는 다른 것이다. 둘째로, 국민경제의 자립화와 국민 구매력 향상을 위하여 국민 생활에 밀착한 산업에 대한 공공투자를 확대해야 한다. 종래의 재벌 기업 중심의 투자 방식은 지양된다. 셋째로, 경제활동의 국민경제적인 효율화를 위하여 대외에 종속되는 재벌 기업 중심의 경제구조와 산업구조를 바꾸어야 한다. 여기에서는 기존의 경제활동을 고려하여 급하고 덜 급한 것의 선택을 엄격히 해야 한다. 넷째로, 위의 세 가지를 이룰 수 있는 직접 수단이 되는 재정과 금융을 민주적으로 개혁해야 한다.[8]

아울러 유인호는 경제 민주화가 결코 저절로 이루어지는 것이 아니라 획득되는 것이라고 강조한다. 민주화를 이룬 민중이 자신들의 생활 안정 문제를 구체적으로 요구하고 실현하는 노력의 결실이 경제 민주화라는 것이다. 따라서 경제 민주화는 민주화, 즉 민중·시민·국민으로서의 기본적인 요구와 바로 연계되어 있으며 우리 민족의 최대 과제인 통일에 이바지할 수 있는 전제가 되어야 하기 때문에 더욱 중요하다고 본다. 민주화, 경제 민주화, 통일이 한 묶음이라는 주장이다.

민주화와 통일을 이룩하는 것, 이것은 우리 시대 최고 최상의 가치다. 이를 앞서는 가치는 있을 수 없다. 민주화가 유보된 통일, 통일이 유보된 민주화는 허깨비다. '체제의 위기, 총체적 위기'를 호도하기 위한 '남북·화해 불가침·교류 협력'이라면 그것은 '술수'에 불과하다.[9]

한국 자본주의사 연구 계획

유인호의 한국 경제사 관련 저작은 조선 말기 토지 소유 제도를 비롯해 식민지기의 토지조사 사업, 해방 후의 농지개혁에 이르기까지를 다룬《한국 농지제도의 연구》(백문당, 1975)와《한일경제 100년의 현장》(일월서각, 1984)이 대표적이다. 그 외 관련 논문으로 〈민족경제의 발전과 왜곡〉(《한국사회 연구 3》, 한길사, 1985), 〈1876년 개항과 조선조 사회경제의 변화〉(《한길역사 강좌 5》, 한길사, 1987), 〈일본자본주의의 논리와 행동〉(《한길역사강좌 9》, 한길사, 1987) 등이 있다.

그러나 그는 한국 경제사 연구에 관한 한 대단한 의욕을 가지고 있었기 때문에 위에 나열한 정도의 연구 성과로는 결코 만족하지 못했다. 그는 조선 말기부터 현대에 이르기까지 약 200여 년을 주요 대상 시기로 삼아 이 시대에 대한 종합적이고 통사적인 연구를 기획한다. 유인호는 저서《한일 경제 100년의 현장》을 한국 경제사 연구 계획의 중간보고로 설정할 정도로 그의 계획은 원대했다.

> 19세기 세계사 전개 속에서 일어나는 아시아의 변화, 그 속에서 중국 대륙이 찢겨가는 모습, 한편 일본의 위기와 그 극복의 특수성, 그 속에서 짓밟히는 우리의 역사, 참으로 '대하소설'로써나 쓸 수 있는 갖가지 양태가 세계사라는 하나의 줄기에 엮어져가는 것이었다. 중국의 근세사와 일본의 근세사는 우리의 근세사를 결정짓는 외곽 벽으로 등장하는 것이었다.[10]

한국 경제사 연구는 한국만을 대상으로 해서는 안 되며 중국과 일본 등 동아시아 전체를 대상으로 삼아 19세기 동아시아의 변화 속에서 따져봐야 한다고 유인호는 주장한다. 이러한 인식과 전체적인 얼개는 우연찮게도 1980년 옥중에서 비롯되었다. 그는 "행인지 불행인지 1980년 여름 이후 바쁜 생활에서 거의 완전히 해방(추방)되어 '독수공방'(?)의 긴 시간을 기점으로 미룬 숙제에 달라붙게 되었다"[11]고 소회한 바 있다. 이후 유인호는 복직과 더불어 강의, 강연, 원고 집필 등 다시 빠듯한 일상으로 복귀함에 따라 그의 경제사 연구 구상은 구체적인 계기를 잡지 못하였다.

그러나 앞서 거론한 대로 6월항쟁 이후 정년 퇴임을 몇 년 앞둔 시점에서 유인호는 경제사 연구 구상을 다시 구체화하기 시작한다. 그 내용은 1988년 10월 중앙대학교 개교 70주년 기념 학술 심포지엄 경제학 분야에 발표한 유인호의 논문 〈한국 자본주의사 연구의 과제〉를 통해서 엿볼 수 있다. 그는 한국 경제사 연구 범위를 봉건사회에서 자본주의로 전환하고, 이후 타율적인 자본주의로의 전개 등의 주제를 포함하는 '한국 자본주의사 연구'로 국한하였다. 그리고 그동안 국내 연구의 문제점으로는 한국 자본주의를 일국 자본주의의 동인으로만 파악하려는 태도를 꼽았다. 동아시아의 지평, 서구 선진 자본주의와 변형된 일본 자본주의의 상호 압력과 갈등과 그로 인한 영향 등 한반도를 둘러싼 대외 요인에 대한 인식이 부족했다는 지적이다.

한국 자본주의의 역사 과정은 어떻게 연구되어야 할 것인가? 필자는 평소 19세기 이후(특히 개항 이후)의 경제사 연구에 대한 기존의 연구 방식에 대하여 의문을 가지고 있다. 즉, 조선조 봉건사회의 해체기는 세계사적으로 볼때 자본주의 생산양식의 세계화 과정이며 특히 조선 왕조의 붕괴기는 자본주의 세계 체제가 확립되어 열강 자본주의의 불균등적 발전과 제국주의적 세계 분할 격화의 시대에 해당한다. 그리고 20세기 개막 이후의 역사는 일본 제국주의에 의한 식민지 지배의 역사로 이어진다. 이러한 역사 과정에 대한 경제사적 연구는 마땅히 중세 봉건사회의 경제 과정을 해명하던 지리적 국가 단위의 개별적 연구로서가 아니고 자본주의 세계 체제의 전개 속에서의 지역적 국가 단위의 국민경제로서 또는 식민지 종주국 경제와의 관련 속에서 연구되어야 한다.[12]

개항 이후 조선 경제가 전개되는 과정이 자본주의적 경제법칙의 세계화 논리와 무관할 수 없으며, 세계 자본주의는 자본 운동의 모순·위기의 극복 차원에서 당시 이미 식민지 경략을 모색하고 있었음을 감안할 때 조선 경제의 해명은 이러한 문제들을 등한시해서는 제대로 본질을 규명할수 없다는 주장이다. 특히 이와 관련해 일본의 변화와 특징에 주목하지 않으면 안 된다고 강조한다.

20세기 개막과 더불어 시작된 일본 제국주의에 의한 식민지 지배 시기의 조선 경제의 역사적 해명에 있어서도 종속적 제국주의로 전환(발전)될 수밖에 없었던 일본 자본주의의 모순·위기의 전가(轉嫁) 현상으로서 식민지 조선 경제의 전개 과정을 해명해야 한다. 즉, 일본 자본주의의 원시적 축적, 산업혁명의 전개, 독점자본주의의 성립 그리고 전시 국가독점자본주의로 이행이라는 발전 과정과 관련된 부속물로서 식민지 조선 경제의 전개 과정은 인식되어야 한다. 식민지 지배 시기의 조선 경제사 연구의 일반적 경향은 일본 제국주의에 의한 수탈의 '기록사'의 굴레를 벗어나지 못하고 있는 실정이다.[13]

유인호는 역사 발전의 기본적 동인을 역사 활동 주체의 자주적, 내재적 요인에서 찾아야 한다는 것이 역사 연구의 일반적 원칙이라고 전제하면서도 다만 그 같은 원칙에 집착함으로써 인류사의 보편적 과정과의 관련성을 경시 또는 무시한 고립적 특수사로서 한국 경제사를 연구해서는 안 된다고 주장한다. 특히 한국의 경우 식민지 경제로 전개되었기 때문에 내적 요인과 더불어 외적 요인의 변질된 모습이라는 양면성에서 파악되어야 한다는 것이다. 이렇듯 유인호는 한국 자본주의사 연구의 초점을 한반도를 둘러싼 대외 요인에 둠으로써 '한국 자본주의의 특수한 역사적 과정'을 다시금 1960년대 이후 이어온 비판경제학의 맥락과 연계한다. 즉, "해방 이후 한국이 자주성 회복이 어렵다는 점에서 민족경제로서 자본주의적 발전에는 이르지 못한 종속적·예속적 한국 자본주의"[14]라는 인식은 그간 유인호 비판경제학의 기본 인식이었다. 한국 자본주의사 연구를 위해서는 한국 자본주의를 결정짓는 외적 요인과 결부된 상태를 의식해야 한다는 유인호의 기본 입장은 이후 안식년을 어디서, 어떻게 보낼 것인가 하는 점과도 연계된다.

유인호는 1989년 가을 학기부터 1년 동안 연구 안식년을 얻게 되는데 당초에는 유학 생활을 한 일본에서 지낼 생각도 없지 않았다. 주변에서도 오랜만에 차분하게 일본에서 휴식과 더불어 연구하는 것이 어떻겠느냐고 제안하였다. 하지만 유인호는 유럽에서 지내기를 원한다. 여기에는 물론 1983년과 1987년 두 번에 걸친 유럽 여행에서 받은 자극도 작용했을 것이다. 여행을 두 번 다 혼자서 다녀왔기에 가족과 더불어 유럽 문화를 다시 한 번 만끽하고 싶다는 바람을 실현하는 것이기도 하였다.[15] 하지만 더 중요한 것은 그의 한국 자본주의사 연구 구상이었을 것이다. 한국 경제사에서 제국주의 열강과 일본 제국주의의 압력이라고 하는 한국적 특수성을 고려해야 한다는 점을 깊이 인식하고 있었던 그로서는 유럽, 특히 영국의 19세기말에서부터 20세기 초까지의 행보에 관심이 지대했을 것이다.

예컨대 영국 런던대학(LSE) 교수인 비즐리(W. G. Beasley)는 1987년에 발표한 《일본 제국주의(Japanese Imperialism)》에서 일본 제국주의의 특수성에 주목한 바 있어, 19세기 말 한반도를 둘러싼 역학 관계 등에 주목한 유인호에게도 의미 있는 학습 기회가 될 것이다. 게이오(慶應)대학 스기야마 신야(杉山伸也) 교수는 비즐리 교수의 저작 《일본 제국주의》에 대해 역자 후기에서 다음과 같이 소개한다.

저자에 따르면 일본은 제국주의사 가운데서도 매우 특이한 위치를 점하고 있다. 그 이유는 일본이 근대 비유럽 지역에서 자본주의화에 성공하고 제국을 형성하기에 이른 유일한 국가라는 점 때문이다. 그간의 구미 제국주의사 연구에서는 일본 제국주의를 구미 제국주의 모델과는 전혀 다른 이질의 것으로 제외시키든지 아니면 구미 제국주의와 공통성을 갖는 모델로서 취급하든지 양자택일의 경향이 강하며 지금까지의 연구사에서 일본 제국주의가 적극적으로 자리매김되는 경우가 없었다. 저자의 일본 제국주의 분석은 이 같은 양자택일적인 것이 아니라 구미 제국주의와의 이질성과 동질성을 동일하게 문제 삼아 구미 중심주의적인 제국주의상(象)에 어느 정도의 수정을 가한다.[16]

1989년 7월 27일부터 유인호가 김수행 교수의 주선으로 런던대학 방문 교수로 1년 동안 안식년을 보내게 된 것은 결코 우연이 아니다. 당시 유인호는 부인 김정완과 막내딸 선진과 함께 안식년을 보냈는데 김정완은 유인호가 런던대학 동양·아프리카연구부(SOAS · School of Oriental and African Studies) 교수들과 자주 회동하였다고 회고한다. SOAS는 비즐리 교수가 1983년 정년 퇴임할 때까지 극동사(極東史) 담당 교수로 재직한 곳으로, 퇴임 이후에도 SOAS의 명예교수로 활약했음을 감안하면 유인호의 런던대학 체류는 단순한 유럽 여행 차원은 아니었을 것 같다.

현재 유인호가 런던대학 체류 당시에 남긴 기록이 없어 확인할 길은 없으나 영국 체류와 SOAS와의 교류는 매우 중요한 단서가 아닐 수 없다. 19세기 말 해가 지지 않는 나라 영국의 동아시아 경략과 그 과정에서 일본과의 정치경제적 교류는 고스란히 일본의 한반도 경략과 연결되는 내용이기 때문이다. 예컨대 일본이 한반도를 식민지로 삼게 되는 중요한 전환점인 러일전쟁은 그에 앞서 1902년에 체결한 제1차 영일동맹을 빼놓고는 거론하기 어렵다. 제2차 세계대전 이후 미국이 세계 경찰 노릇을 자임하고 있었던 것처럼 19세기 말과 20세기 초에는 영국이 그 같은 역할을 맡았는데 영국은 특히 러시아의 남진에 매우 민감하게 반응했다.

실제로 동아시아에서 영국은 대러시아 정책을 일본을 지원하면서 풀어가려고 했고 거꾸로 일본은 영국에 기대어 제국주의 열강과 협조적인 노선을 걸었다. 물론 이 같은 협조적인 관계는 1920년대와 1930년대에 들어오면서 대립적 관계로 비화하지만 어쨌거나 영국과의 동맹, 열강들과의 협조적인 관계의 연장선상에서 일본이 한반도를 병탄하였음을 감안하면 영국 제국주의에 대한 관찰은 한국 자본주의사 연구에서 빼놓을 수 없는 연구 영역으로 자리매김되어야만 한다. 바로 그 점을 유인호는 놓치지 않고 파고들었다. 유인호가 영국에서 안식년을 보내려고 한 진의가 바로 그것이었을 것이다.

정년퇴직 그리고 수술과 투병

그러나 유인호가 런던대학에서 받은 자극은 끝내 빛을 보지 못했다. 본래 유인호가 계획한 한국 자본주의사 연구는 정년 퇴임 이후를 겨냥한 것이었다. 실제로 1990년 7월에 안식년에서 복귀하자 정년은 1년 앞으로 다가왔기 때문에 차분하게 연구에 몰입할 상황이 되지 못하였다. 그런데 그보다 더 큰 문제는 병마였다.

누구보다 건강한 유인호는 뜻밖에도 런던대학 체류 중에 심한 감기 몸살로 몸져눕고 만다. 1989년 12월 말부터 1990년 초까지 가족들과 터키 여행을 하던 중 극심한 오한에 시달려 부랴부랴 영국으로 돌아와 동네 병원 신세를 지게 된다. 당시 영국은 지역 주민뿐만 아니라 체류 외국인까지 누

안식년으로 영국에 머물 때 살던 집 앞에서 부인과 함께. 이곳은 런던 남쪽 외곽인 서리(surry) 지역으로, 은퇴한 노년층이 많이 사는 동네다

구나 동네 병원에 등록만 하면 무료로 치료를 받을 수 있었다. 유인호는
여러 가지 검사를 받았으나 이렇다 할 병명은 확인하지 못했다. 단지 심한
감기 몸살이라는 진단이었음에도 2월 중순이 되어서야 자리를 털고 일어
나 겨우 활동을 재개할 수 있었다.

외국인으로서 국가보건서비스(NHS) 혜택을 누린 유인호는 영국식 복
지 제도에 강한 인상을 받았다. 비용 때문에 아파도 병원에 가기 어려웠던
일본 유학 시절에 유인호가 생각한 '의료 시설의 사회화' 모형을 실제로
경험하게 된 것이다.

> 돈 없는 사람들은 병원을 이용하기 어렵다. 엑스선 사진 한 장 찍는 데
> 750엔(막노동 하루 일당의 3배 이상)이나 된다. 의료 시설의 사회화가 필요
> 하다. 무엇보다 학교, 병원, 도로를 우선 만들어야 한다. 종합병원은 인구 5
> 만 명에 한 곳, 의사는 인구 100명 당 한 명으로 해서 절대 무료로 만들어야
> 한다. 건강한 사람도 연 1회 이상 검진을 받을 수 있도록 해야 한다. 태어난
> 달부터 죽는 달까지 호적등본처럼 건강기록부, 건강표가 있는 사회가 되었
> 으면 한다.[17]

유인호가 구상했던 '호적등본처럼 건강기록부나 건강표'가 있었더라
면 그의 투병은 전혀 다른 결론에 이르렀을 것이다. 하지만 젊은 시절의
구상은 아직까지도 현실화되지 못하였다. 유인호는 당시 영국의 의료 ·
복지 제도의 혜택을 톡톡히 누리면서 거의 한 달 정도 치료를 받았다. 3월
에 들어서는 의사가 음주를 허용할 정도로 회복되었다. 이어 유인호는 내

안식년 기간 동안 일곱 부부는 영국에서 다양한 나라에서 온 젊은 친구들과 함께 영어 공부를 했다 (1989년 9월).

친 김에 혈액검사를 통한 암 검사까지 받았는데 검사 결과는 아무런 문제가 없는 것으로 나왔다. 그렇게 남은 안식년 기간을 무사히 마치고 1990년 7월 20일에 유인호와 가족들은 한국으로 귀국한다.

한국으로 돌아오자 기다리고 있는 것은 정년이었다. 1991년 8월 31일자 정년이었다. 그보다 하루 앞선 8월 30일에 유인호는 서울 프레스센터에서 1970년대와 1980년대에 어깨를 나란히 하며 동고동락하며 달려온 동료 교수, 민주화 운동가 그리고 제자들과 더불어 정년 퇴임 행사를 치렀다. 실제보다 호적상 생년월일이 3년이나 앞서 있기 때문에 정년 퇴임도 역시 3년을 앞당겨 하게 된 셈이다.[18] 억울할 수도 있었지만 지나온 세월을 그렇게 지탱해왔으니 유인호는 그저 담담하게 받아들일 뿐이었다.

사진은 정년 퇴임을 맞아 1991년 8월에 중앙대에서 고별 강연을 하는 장면이다.

    그런데 영국에서 앓던 병세가 다시 도진 것일까? 퇴임한 그해 12월부
터 몸이 점점 마르기 시작하더니 늘 어깨 통증을 호소할 뿐만 아니라 평소
와는 달리 감기가 떨어지지 않는 것이다. 런던에서 치료를 잘못 받은 탓일
까? 진단에 문제가 있었던 것일까? 부인 김정완이 지금까지도 두고두고
아쉬워하는 대목이다. 영국에서 돌아오자마자 종합검진을 했더라면 좀
더 일찍 병근을 발견할 수 있었을 텐데 그렇지 못했다는 것이다. 조마조마
한 마음으로 1992년 2월 7일에 건강검진을 했다. 의사 소견은 청천병력과
도 같았다. 이튿날 다른 병원에서 진찰을 다시 받아봐도 마찬가지였다. 암
이 발견된 것이다. 담낭암이었다. 암이 간에도 전이되었다는 의사의 소견
에 따라 곧바로 수술을 하기로 결정한다.

유인호 평전, 사회변혁을 꿈꾼 민중경제학자의 삶

2월 25일에 강남성모병원에서 유인호는 담낭 제거 수술과 간 일부 절제 술을 받는다. 수술 경과는 아주 좋아서 20일 만에 퇴원하고 4월에는 중앙대 대학원에서 특강을 맡을 정도로 말끔하게 회복한다. 수술 후 경과가 좋아지 자 김정완은 유인호에게 좀 더 일찍 건강검진을 하지 못한 것이 안타깝다는 말을 꺼낸 적이 있는데 유인호는 대뜸 "영국에서 돌아와서 바로 건강검진을 받고 병이 발견되었으면 정년을 채우지 못할 수도 있는데, 그러면 연금도 못 받고 안 된다"고 되받는다.[19] 그 정도 반응이 나오는 것을 보면 마치 자신의 병을 알고 있었던 듯하다. 유인호의 진한 가족 사랑을 다시 한 번 느끼게 하 는 대목이다.

정년을 맞으면서 계획한 한국 자본주의사 연구, 그 본격적인 작업이 채 시작되기도 전에 장애물이 가로놓인 것이다. 우려했던 수술 후유증이 나 타나기 시작했다. 그해 5월 26일 황달 수치가 높아지면서 다시 입원한다. 한 달 정도 입원하여 있는 동안 유인호는 하루하루 수척해간다.

6월 27일 퇴원한 지 열흘 만인 7월 7일, 유인호는 새벽 2시에 다시 응급 실로 내달아야 했다. 수술 후 두 번째 입원이다. 이때부터 그는 다시 두 달 가까이 병원 신세를 진다. 9월 4일 오랜만에 집으로 돌아왔으나 집에 머문 시간은 한 달 정도밖에 되지 않는다. 한 번 몰려온 병마는 지속적인 파상 공세를 반복적으로 펼치면서 유인호를 괴롭혔다.

10월 4일 유인호는 수술 후 세 번째로 입원한다. 이번에는 수술 부위의 출혈 때문이었다. 그리고 유인호는 병원에서 스스로 걸어 나오지 못했다.

입원 일주일 만인 10월 11일 일요일 오전 11시 40분, 유인호는 마치 잠 이 드는 것처럼 조용히 눈을 감았다. 가족들은 모두 애통한 마음 가득했을 테지만 간밤에 유인호의 정신이 맑게 돌아오면서 평소와는 달리 자리에 앉아서 가족들과 충분히 대화를 나눴고 마지막 순간을 함께 교감할 수 있었다는 사실이 그나마 위로가 되었다.

짧았던 그의 삶, 겨우 63년 3개월이었다. 왜 그리 몹쓸 병마가 그의 몸에 뿌리를 내렸을까? 경제적으로 어려웠던 고학 시절에 제대로 먹지도 못하고 고생 고생하며 지낸 세월 때문이었을까? 1980년 옥고의 후유증일까? 일본 교토구치소, 구시로형무소에서 사상투쟁을 벌이는 과정에서 격심했던 스트레스가 이제야 발현한 것일까? 외롭게 비판경제학을 앞세워 세상을 향해 겨눴던 비판의 칼날에 대한 무게감 때문이었을까?

제2의 연구 인생을 계획하면서 한국 자본주의사 연구에 여생을 걸어보려 한 유인호의 꿈은 그렇게 계획으로만 남았다. 아니, 그는 떠나면서 그것을 후학의 몫으로 남겨놓았다.

유인호 평전, 사회변혁을 꿈꾼 민중경제학자의 삶

20

"부족하지만
부끄럽지 않았다"

유인호는 갔다. 그리운 가족을 남기고, 새로운 연구 지평을 넓히려는 꿈조차 뒤로 하고 갔다. 평생을 더 나은 세상, 아름다운 사회를 위한 희망에 부풀어 지내다가 그렇게 갔다. 그런데 그가 40여 년 동안 간직했던 '희망의 새'는 과연 소멸되고 없어진 것일까? '희망의 새'는 유인호가 스무 살 청년일 때 처음으로 쓴 글에 등장하는 표현이었다. 이후 그의 '희망의 새'는 40여 년을 한길로 내달아왔는데 지금은 어찌 되었을까? 날개라도 꺾인 채 오갈 곳 없이 주저앉고 말았을까? 아니면 새로운 비상을 준비하고 있는 것일까?

청춘의 가슴속에 희망의 새가
청춘의 청산(青山)을 찾아가려고
낮과 밤을 모르고 새는 울어도

나아갈 길을 열지 않는 황금의 세월

앞길이 바빠서 희망의 새는
우짖어 가슴을 찢고 나오나
뛰쳐나온 이 새를 품고 나아갈
용기마저 앗아간 황금의 세월

여러 동무들아 희망의 새를 안고
앞날 위하여 배움의 길로 가자
희망의 새는 저 먼저 훨훨 날아가면서
바라보며 방긋방긋 손짓을 하네

따라 나아가자 희망의 새를
젊은이의 앞길을 열어주는 새다
금전의 세월을 깨뜨리는 새다
아름다운 사회, 희망의 사회여[20]

그가 '황금의 세월'이라고 지칭한 금전만능 시대를 지나오며 경제적인 어려움 때문에 숱한 난관을 겪어오면서도 유인호의 삶은 올곧게 의지를 세우고 이를 위해 끊임없이 달려온 세월이었다. 그가 세운 의지의 최종 목표는 희망의 사회, 아름다운 사회를 염두에 두고 있었다. 학생 시절이나 이후 연구자로서 뿌리내리고 민중·민족·민주를 기본적인 고리로 삼아 비판경제학자로서 세상에 목소리를 낼 때도 그의 최종 목표는 달라지지 않았다. 한결같았던 유인호의 열정과 목표가 오늘 우리로 하여금 그를 다시 돌아보게 하는 이유일 것이다. 그렇다면 그의 '희망의 새'는 여전히 현재형을 띠고 있다 하겠다.

더 나은 내일을 꿈꿔온 삶

유인호는 1988년 중앙대 교지《중앙문화》의 편집자에게 〈하고 싶은 말 남기고 싶은 말〉이란 교수 칼럼을 의뢰받고 정년 퇴임을 앞둔 소회를 쓰기

1991년 6월, 일곡이 중앙대학교 경제학과 교수로서 마지막 강의를 마치고 경제학과 학생들과 기념 촬영을 했다.

로 한다. 제목은 '미리 생각해보는 종강의 변'이다. 그 시점은 그가 실제 정년 퇴임을 맞기보다 2년 반이나 앞선 때였기는 하지만 그 글은 30여 년을 한길로 대학 교단을 지킨 유인호의 퇴임사나 다름없다. 정작 정년 퇴임식이 열린 1991년 8월 30일 프레스센터에서 유인호는 이렇다 할 퇴임사를 남겨놓지 않았기 때문이다.

갖은 풍상을 함께 겪어온 민주화의 동지, 동료들은 유인호에 대해 늘 '늙지 않은 사나이, 정열의 사나이' [21]라는 별명을 붙여서 불러주었으나 그런 그조차도 세월의 흐름까지 막을 수는 없었던 모양이다. 유인호는 정년 퇴임이라는 한 시대의 마무리를 그저 차분하게 받아들일 따름이었다. 이미 그 이후의 계획까지 마련해두고 있던 상황인 마당에 거리낄 것은 아무것도 없었다. 그는 자신이 평생을 두고 걸어온 길을 돌아보는 한편, 앞으로도 그 길을 걸을 것이라는 의지 표명과 더불어 자신의 뒤를 이어 계속해서 민중·민족·민주를 앞세우며 달려갈 후학들에게 당부하는 일 또한 잊지 않았다.

"나는 강의 내용과 표현이야 어떠했건 내일(이상)을 앞당기고자 노력하였다"고는 할 수 있겠지. 이 긴 세월 나는 더 나은 내일을 향하여 말도 많이 하고 글도 많이 썼다. …… 원고지 위에서 울기도 하고 웃기도 하였다. 역사의 '장(章)'에 무거움도 많이 느꼈다. 넘겨야 할 한 장 한 장이 왜 그다지도 무거운지 짜증도 부렸다. 이러한 일들을 다음 사람들을 위해서보다는 우선 나 자신을 바로잡고 흔들리지 않게 하기 위하여 노력하였다. 연단에서 토한 말에는 책임을 져야 한다. 그리고 글로써 표현한 작품에 대한 책임도 져야 한다.

이것들은 일차적으로 나 자신을 다지는 일이고 다행히 보는 이 있어 참고가 되었다면 그 이상의 보람은 없는 것이지.[22]

주장을 펼치는 데 힘을 쏟기에 앞서 늘 자신의 발걸음을 돌아보며 앞을 향해 달려왔다는 유인호의 고백이다. 이어 그는 퇴임을 즈음하여 상징적으로 두 사람의 한시(漢詩)를 소개한다. 우선 서산대사가 쓴 시 〈야설(野雪)〉이다.

踏雪野中去(눈 덮인 들판을 걸어갈 제)

不須胡亂行(함부로 어지러이 걷지 말지어다)

今朝我行跡(오늘 내가 걸어간 발자국은)

遂作後人程(반드시 뒷사람의 이정표가 되리니)

유인호는 평소 수업 시간에도 이 시를 자주 인용했는데 자의적인 해석도 마다하지 않았다. 이 한시를 "험난한 우리의 역사 과정, 반드시 올바른 자세를 지녀야 하며, 오늘 우리의 활동은, 새로운 역사 창조의 과정이다"[23] 라고 읽을 수도 있다고 소개한다.

또 다른 한시는 베트남이 낳은 반제국주의 혁명가 호치민(胡志明)이 프랑스의 지배하에서 저항하다가 투옥되었을 때 감옥에서 쓴 것으로 알려진 것이다.[24] 현재 베트남 호치민 시에 있는 전쟁기념관에 가면 그 당시를 재현해놓은 감옥 벽에서 이 시를 만날 수 있다.

身體在獄中(몸은 옥중에 있고)

精神在獄外(마음은 옥밖에 있다)

欲成人事業(큰 사업을 이루고자 한다면)

精神更要大(마음 또한 크게 가져야)

앞서 인용한 서산대사의 시가 유인호 자신을 포함하여 이 땅의 모든 민중이 새 역사를 창조하는 데 동행하는 이들이라는 점을 의식하며 경계를 아끼지 말라고 주장한다면, 뒤에 인용한 혁명가의 시는 후학을 지도해온 교육자로서, 민중·민족·민주를 앞세운 비판경제학자로서 젊은이들에게 큰 뜻을 품으라고 요청하는 것이라 할 수 있다. 둘 다 고단한 민중의 삶 속에서도 민족의 내일을 향한 발걸음을 재촉하는 간절함이 담겨 있다.

이어 유인호는 자기 자신이 이 땅의 역사 앞에서 어떻게 비칠 것인가에 대하여 거론한다. 그는 이 점과 관련해 한마디로 "부족함은 있어도 부끄럽지는 않았다"고 정리한다.

내가 겪은 현대사의 마디마디에 걸린 내 얼굴을 바라본다. 마땅히 '종강'의 맺음말도 거기에서 찾아야 한다. 그리고 맺음말 다음에 이어질 새로운 생활도 지난날의 연속이라야 할 것이고 고집쟁이라 하건 무엇이라 하건 내가 믿는 것은 역사는 발전한다는 것이고 나는 내일을 앞당기고자 노력하는 것 외에 또 무엇을 할 것인가.

먼 훗날, "민족과 역사를 거울로 하여 열심히 살아간 한 사나이"로 남을 수 있다면 분에 넘치는 영광이지 또 무엇을 바랄 것인가. 부족함은 있어도

부끄러움은 없어야 한다.[25]

유인호는 철저하게 '내일을 앞당기는 일'에 뛰어들었고 행여 그 일이 힘에 부치더라도 뒤로 물러서는 부끄러운 모습은 보이지 않았다. 그는 끝까지 민중·민족·민주를 앞세워 비판경제학자의 길을 걸었음은 이미 앞 장들에서 돌이켜본 바대로다.

1992년 10월 13일 아침, 1년 가까이 병마에 시달린 그의 육체가 마침내 긴 휴식을 얻어 그가 생전에 실천 현장으로 삼아 손수 가꾸고 어루만진 양평의 실험 농장으로 모셔질 때 수많은 동료, 제자, 친지들이 한자리에 모여 미래를 앞당기려는 유인호의 강한 마음 다짐을 새롭게 가슴에 담았다. 그의 '희망의 새'는 그렇게 후학들의 가슴에 내려앉았다.

유인호의 정신은 동료, 후학들의 가슴에 뿌리내리고 육신은 경기도 양평군 앙덕리 남한강가 산자락에 터를 잡고 누웠다. 잔잔한 강물, 끝없이 크고 작은 산들이 겹쳐 다가오는 그곳에서 유인호는 꼬박 14년을 지냈다.

고인이 된 지 10년 만인 2002년에 유인호는 '5·18 민주유공자'로 선정된다. 그러나 그의 유택을 원래대로 양평에 둘 것인지, 민주 열사들과 함께 국립 5·18민주묘지로 옮길 것이지 택하기란 쉽지 않았다. 그가 실험 현장으로 가꿔온 양평에 머무는 것도 의미가 적지 않고 민주 열사들과 나란히 자리를 지키는 것 또한 지나온 그의 삶을 돌이켜볼 때 당연한 것 같기도 했다. 결국 묘는 14주기를 넉 달 앞둔 2006년 6월 19일에 광주광역시 소재 국립 5·18 민주묘지로 이장한다. 그때의 풍경을 부인 김정완은 이렇게 묘사한다.

국립 5·18민주묘지. 입구에서 관리소 소장의 안내로 〈임을 위한 행진곡〉을 들으며 맨 앞에 사위가 장인 사진을, 아들이 태극기 덮은 유골함을 들고 뒤에는 가족들과 오신 분들 50여 명이 뒤따랐다. 추모탑 앞에서 아들이 분향하고 나서 천막을 치고 준비해놓은 묘지로 올라갔다. 안장이 잘되도록 명당토라는 고운 흙을 깐 위에 유골함을 놓았다. 오신 분들과 가족들이 명당토 한 줌씩 그 위에 뿌리고 봉분을 만들고 비석도 세웠다.[26]

그렇게 유인호는 국립 5·18민주묘지 4묘역 27호에 둥지를 틀었다. 묘비에는 "민족경제의 수립과 민주 사회의 건설을 위해 열정을 불태운 경제

유인호는 2002년 5·18민주유공자로 지정되어 14년 동안 묻혀 있던 경기도 양평 농장의 유택을 떠나 2006년 6월에 광주 국립 5·18묘지로 이장됐다.

유인호 평전, 사회변혁을 꿈꾼 민중경제학자의 삶

학자 여기에 잠들다"라는 문구가 새겨져 있다. 비록 망월동 그곳은 그가
나서 자란 곳이 아니기 때문에 낯설기 짝이 없겠지만 결코 외롭지는 않을
것이다. '지식인 134인 시국선언'의 주요 발기인인 서남동 전 연세대 교
수, '김대중내란음모 사건'으로 함께 고초를 겪었던 송건호 전《한겨레신
문》사장, 민주화 투쟁의 동지로 더불어 어울린 리영희 전 한양대 교수 등
여러 민주 열사들과 함께 누워 있기 때문이다. 무등산 자락에서 내려오는
포근한 아침 햇발을 받으면서 이 땅의 민중 · 민족 · 민주를 위한 사색에
골몰하거나 아니면 다시 예전처럼 카랑카랑한 목소리로 옛 동료들과 토
론에 열중하여 있을 것이다.

일곡기념사업회의 꿈

고인은 평생 '꿈에 사는 사나이'였습니다. 자신이 그리고 희망하던 '이상(理
想) 사회'를 만들기 위해 쉼 없이 연구하고 강의하고 실천했습니다. 더 나은
미래를 위해 끊임없이 '꿈'을 꾸며, 그 꿈을 실현하기 위해 열정적으로 일했
습니다.

또한 고인은 철저했습니다. 부끄러움 없는 삶을 살기 위해 자신을 철저히
단련하고 노력하는 모습을 늘 옆에서 보았습니다. 학문 연구와 현실 참여의
균형 잡힌 삶을 살면서 누구보다도 치열하게 살았습니다. 더욱이 긴 역사의
소용돌이 속에서 수없이 희생된 분들을 항상 마음속에 닦고 그 뜻을 이어가
고자 에써있습니다.[77]

김정완은 남편 유인호를 누구보다 잘 이해하고 있었다. 그런데 흥미로운 것은 김정완이 기억하는 유인호와 세간에서 평하는 유인호가 크게 다르지 않았다는 점이다. 밖에서는 이렇게 비쳐도 집에서는 저렇게 보이는 것이 장삼이사(張三李四)의 모습이 아닌가. 그런데 그는 달랐다. 유인호의 삶이 가족들에게나, 제자들에게나, 동료들에게나, 안에서나, 밖에서나 똑같이 비칠 수 있다는 것만 봐도 그의 뜻이 언제 어디서나 흐트러지지 않고 이어졌음을 확인하게 한다.

김정완은 유인호를 황망하게 떠나보낸 허전함 때문인지 한동안 마음을 추스르지 못했다. "그를 보내고 처음 5년 동안은 고인에 대한 추억과 회한과 아쉬움으로, 그다음은 홀로 서는 훈련의 시간으로"[28] 보냈노라고 고백한다. 그 같은 심경은 김정완뿐만 아니라 유인호의 네 자녀 권 · 선주 · 선경 · 선진에게도 마찬가지였을 것이다.

가족들은 남편에 대한 그리움, 아버지에 대한 그리움과 아쉬움을 넘어 고인의 뜻을 어떻게 이어갈 것인지 새롭게 모색하기 시작한다. 2006년 초를 전후로 하여 가족들은 중대한 결정을 내린다. 고인의 호 일곡(一谷)을 앞세워 '일곡기념사업회'[29]를 결성하기로 한 것이다. 그저 유인호를 추모하는 형식적인 기념 재단이 아니라 고인의 꿈과 의지를 실질적으로 이어갈 수 있는 기념사업회를 생각한 것이다. 유인호의 꿈이 유족들의 꿈으로, 일곡기념사업회의 꿈으로 전이되어 나타나는 모습이다. 기념사업회의 꿈은 나아가 후학들의 꿈으로 이어지고 연결되고 확대되기 시작한 것이다.

기념회는 우선 후학들을 위한 장학금을 마련하는 한편 학술상을 새로 제정하기로 한다. 장학금은 2006년 가을 학기부터 고인이 오랫동안 재직

한 중앙대 경제학과 학생 중에서 매학기 한 명씩 선발하여 지급하고 있고
학술상은 2008년부터 사업회와 맑스코뮤날레[30]가 공동으로 주관해 수상
자에게 연구 지원금을 제공한다.

　지금까지 일곡유인호학술상을 수상한 사람은 다음과 같다. 2008년 제1
회 때는 박영균 박사(《맑스, 탈현대적 지평을 걷다》), 2009년 제2회 때는 이광
일 박사(《좌파는 어떻게 좌파가 됐나-한국급진노동운동의 형성과 궤적》), 2010
년 제3회 때는 최규진 박사(《조선공산당 재건 운동》), 2011년 제4회 때는 조
정환 도서출판 갈무리 대표(《인지자본주의》)가 수상했다. 2012년 제5회 수
상자는 장석준 씨(《신자유주의의 탄생》)로 결정되었다.

2007년 10월, 일곡기념사업회는 고인의 15주기를 맞아 '유인호의 민중·민족·민주 경제론'이라는
주제도 심포지엄을 개최하였다. 일곡기념사업회 학술위원장 김수행 교수가 인사말을 하고 있다.

또한 일곡기념사업회는 2007년 고인의 15주기를 맞아 기념 심포지엄을 개최하기로 결정하고 학술위원회를 구성하여 유인호 경제학에 대한 평가와 의의를 점검하기로 한다. 유인호 경제학에 대한 학술적 평가는 이번이 처음인 만큼 전체적인 평가와 고인이 생전에 가장 많은 관심을 둔 농업·환경 등의 분야를 따로 나누어 논하기로 한다. 이에 일본 유학파인 김종걸 한양대 교수가 '유인호 경제학의 해제'를 맡고 고인의 제자인 권영근 전 한국농어촌사회연구소 소장이 '유인호의 농업·환경 분야 연구 해제'를 맡기로 한다.

'고 유인호 교수 15주기 기념 심포지엄'은 2007년 10월 10일 프레스센터에서 열렸다. 이 심포지엄은 비평이나 평가에 서로 익숙하지 못한 탓에 '주례사 비평'이라는 말이 나도는 한국적인 학문 풍토에서 보면 대단히 이례적인 학술 행사라고 할 수 있었다. 한 연구자에 대해, 그것도 고인이 된 지 15주년을 맞는 그의 학문을 도마에 올려서 해제를 붙이고 논평과 비판을 하는 것은 상당히 낯선 풍경이기 때문이다. 그러나 초지일관 '내일(이상)을 앞당기기 위해 살아온' 유인호의 학문과 인생을 떠올린다면 '15주기 기념 심포지엄'은 조금도 어려울 것 없는 작업이었다. 유인호에 대한 비판과 평가는 뒤집어 보면 기념 심포지엄에 참가한 이들의 자기 고백이 될 것이었기 때문이다. 실제로 그날 행사는 유인호가 모든 참가자의 가슴에 다시 살아나는 진귀한 체험을 하는 제전(祭典)으로 마무리되었다.

이 모든 결정과 일의 추진은 김정완을 비롯한 가족들의 지혜로운 결정이 없었으면 불가능했을 것이다. 유인호의 치열함은 남은 가족들에게도 고스란히 이어지고 있다 해도 과언이 아니다.

'일곡유인호학술상' 역대 수상자들과 함께한 김정완 일곡기념사업회 이사장(2011년 6월).

기념사업회 결성 이후 또 한 가지 빼놓을 수 없는 것은 '유인호 문고'의 구축이다. 유인호가 생전에 저술한 저서, 논문, 에세이, 칼럼 등을 거의 빼놓지 않고 전자책(E-Book)으로 정리했을 뿐 아니라 일부 고인의 강연, 사진들까지도 디지털화하여 홈페이지(www.memory-yuinho.org)에 손쉽게 볼 수 있도록 한 것이다. 유인호 문고를 열어볼 때마다 생과 사의 기로가 따로 있는 것이 아니라는 느낌이 적지 않다. 고인의 주장이 바로 눈앞에 생생하게 펼쳐지고 있기 때문이다.

2012년, 올해는 민중·민족·민주로 현재와 과거를 분석하고 미래를 가늠한 비판경제학을 접고 유인호가 우리를 떠난 지 꼬박 20주년인 해다. 세상은 과연 달라졌는가? 그가 꿈꾼 내일에 이르렀는가? 내답은 "설혀 아니다"라고 말할 수밖에 없다. 반민중·반민족·반민주의 행태는 조금씩 더 세련된 모습으로 펼쳐지고 있어서 마치 호전된 듯 보이지만 그의 '내일'은 아직 오지 않았다. 그렇기 때문에 민중·민족·민주를 앞세운 그의 비판경제학은 오늘 우리에게 여전히 호소하고 있다. "후학들이여, 스스로 돌아보라. 그리고 내일을 추구하라" 그렇게 외치고 있다. 일곡기념사업회의 꿈이 팔딱거리고 있고 후학들의 뜨거운 가슴이 있는 한 유인호는 민중·민족·민주를 앞세운 비판경제학자로 우리에게 오래 남아 있을 것이다.

주

1부

1   유인호, 〈책을 내는 심정〉, 《좁은 공간 긴 사연—옥중 편지 모음》(양서원, 1991), 3쪽.

2   '역코스'란 말은 원래 일본 《요미우리신문》이 1951년 특집 연재 기사 제목으로 뽑은 것인데 이후 일반적
     으로 널리 사용되면서 뿌리내리게 되었다(三省堂編修所編, 《詳細日本史用語事典》(三省堂, 2008), p.428).
     요시다 유타카(吉田裕) 일본 히토쓰바시대학 교수는 역코스를 "1940년대 말부터 다시 시작된 내셔널리즘
     의 부활 현상"으로 규정한다. 《戰後改革と逆コース(전후개혁과 역코스)》(吉川弘文館, 2004) 참조.

3   유인호의 칼럼, 〈새 시대〉, 《(나의 경제학—수난과 영광》(양서원, 1991), 59쪽)의 마지막 대목. 본래 칼럼
     〈새 시대〉는 1979년 12월 《서울경제신문》 칼럼 '로타리'에 실릴 예정이었으나 당시 신군부의 검열에 걸
     려 게재되지 못하였다.

4   그해 12월 12일 벌어진 제10대 국회의원 선거에서는 대통령이 추천하는 유정회 국회의원 77명을 제외한
     지역구 국회의원 154명을 뽑았는데 여당인 공화당의 득표율은 31.7퍼센트(68명)로 제1야당인 신민당
     32.8퍼센트(61명)보다 1.1퍼센트 포인트 낮았다(무소속 등 25명). 《동아일보》, 1978년 12월 14일자.

5   《訓賀新聞》, 1978년 12월 14일자.

6   유인호, 〈근대화 논의의 쟁점〉, 《대학신문》, 1978년 10월 9일자.

7   유인호, 〈한심한 자원 대책〉, 《서울신문》, 1974년 8월 13일자.

8   유인호, 〈근대화 논의의 쟁점〉, 《대학신문》, 1978년 10월 9일자.

9   유인호, 〈새 장(章)의 출발인가〉, 《서울경제신문》, 1979년 11월 8일자.

10   유인호, 〈내일〉, 《서울경제신문》, 1979년 11월 17일자.

11   유인호, 〈새 경제정책의 모색〉, 《서울경제신문》, 1972년 6월 17일자.

12   장을병, 《옹이 많은 나무》(나무와 숲, 2010), 178쪽. 장 전 총장은 이와 관련해 "각 분야를 유기적으로 연
     결 지을 것이 아니라, 제각기 대비책을 마련해보자는 선에서 이야기가 매듭지어졌다"고 회고하면서 정치
     분야 대비책은 자신이 맡고 경제 분야는 유인호, 노동 분야는 탁희준, 사회·문화 분야는 마땅한 분을 찾
     아서 맡기기로 했다고 밝힌다.

13   유인호, 〈한국경제 어떻게 될 것인가〉, 《한국 YMCA》, 1980년 3월; 유인호, 《나의 경제학—수난과 영광》,
     238쪽.

14   유인호, 〈80년 지식인 시국선언 전말서〉, 《월간 중앙》, 1989년 5월; 유인호, 같은 책, 142~157쪽. 이 부분
     의 본문 내용은 기본적으로 유인호의 〈80년 지식인 시국선언 전말서〉를 의존하고 있다.

15   유인호는 첫 모임 날짜에 대해 《월간 중앙》 1989년 5월 호에서 3월 12일로, 장을병은 3월 2일로 소개한
     다. 송건호도 3월 2일로 지적한다(김삼웅, 《송건호 평전: 시대가 '투사'를 만든 언론선비》(책으로보는세
     상, 2011), 240쪽). 하지만 유인호가 체포된 후 계엄사 합동수사본부에서 조사를 받을 때 진술한 기록에
     도 3월 12일로 되어 있다. '134인 선언' 준비회의에서 유인호는 사회와 서기로서 기록 책임을 맡았기 때
     문에 이 책에서는 3월 12일을 첫 모임일로 본다. 마찬가지로 첫 모임 장소에 대해 장을병, 송건호 모두
     초월다방이라고 전하지만 유인호는 초원다방으로 증언한다.

16   송건호는 자신이 초안을 작성하게 된 데 대해 "신문에서 사설을 많이 써봤기 때문에 필자로서 적임자라
     는 것이었다"고 회고했다. 송건호, 《민주언론 민족언론》(두레, 1987), 227쪽.

17   장을병, 같은 책, 192쪽.

18   유인호 칼럼, 〈80년 5월을 회상하면서〉, 《의혈》, 중앙대총학생회, 1988년 5월 18일자.

19   박형규·신홍범, 《박형규 회고록·나의 민음은 길 위에 있다》(창비, 2010), 304쪽.

20 김정완, 〈편지로 못 다한 옥바라지 이야기〉, 유인호, 《좁은 공간 긴 사연》(양서원, 1991), 305쪽.

21 김삼웅, 〈송건호 평전-시대가 '투사'로 만든 언론선비〉(책으로보는세상, 2011), 251쪽.

22 예춘호는 당시 현역 국회의원 신분으로 5월 17일 밤 부산역에서 체포되었다. 예춘호 인터뷰 녹취록, 2011년 2월 14일.

23 유인호가 20일 이상 구속된 것은 이번이 세 번째다. 첫 번째와 두 번째 구속 사건에 대해서는 이 책 제3부에서 그리고 그 배경과 전개 과정에 대해서는 제2부와 제3부에서 소개하기로 한다.

24 유인호, 같은 책, 306쪽.

25 유인호, 같은 책, 16쪽.

26 유인호, 같은 책, 13쪽.

27 당시 구속자 가족들은 옥중에서 보내온 편지를 서로 돌려가며 읽고 같이 울고 웃었다. "편지 쓰러 왔다"는 얘기가 나온 것도 그 때문이었다. 9월 9일 옥중 16신에 이렇게 기록되어 있다. "그리고 요즘 여기 서대문에서는 편지 쓰기 운동이 벌어진 것 같아. 몇몇 사람은 나 때문에 큰 피해(?)를 입고 있다고 하고." 유인호, 같은 책, 77쪽. 이런 대목도 있다. "나는 '우연히 주어진 한가한 시간'을 최대한 활용하려고 하고 있지. 그러다보니 별명의 하나는 '공부하러 온 사람'이고 또 하나는 우리 동료들이 '애처가'로 부르게 되었고 다른 하나는 '편지 쓰러 온 사람'이 되었구나. 별명은 많은 게 좋을 것 같아. 어때 좋지?" 유인호, 같은 책, 126쪽.

28 맏딸 선주(당시 고등학교 3학년)가 8월 15일 쓴 편지, 같은 책, 21쪽.

29 막내딸 선진(당시 초등학교 6학년)이 8월 15일에 쓴 편지, 같은 책, 16쪽.

30 둘째 딸 선경(당시 중학교 3학년)이 8월 27일에 쓴 편지, 같은 책, 45쪽.

31 유인호, 〈8월 21일자 옥중 6신〉, 같은 책, 30쪽.

32 유인호, 〈8월 22일자 옥중 7신〉, 같은 책, 35쪽.

33 육본 보통군법회의 김정완, 암취록(1980년 5월 28일) 중.

34 김정완, 〈편지로 못 다한 옥바라지 이야기〉, 유인호, 같은 책, 311쪽,

35 유인호, 같은 책, 46쪽. 선진은 그날 편지에서 "잠을 자려고 누우니 잠이 와야죠. 그 당당한 태도 우렁찬 목소리로 강연을 하시듯 진술을 하셨다는 얘기를 듣고 가슴이 뭉클하여 눈물이 나왔어요. 아버지, 이런 눈물은 흘려도 괜찮죠?"라고 썼다.

36 8월 30일에 쓴 아들 권의 편지, 같은 책, 51쪽.

37 유인호, 〈9월 5일자 옥중 13신〉, 같은 책, 60쪽.

38 유인호의 최후진술(1980년 9월 12일), 육본 보통군법회의 암취록 '최후진술' 중에서.

39 유인호 칼럼, 〈80년 5월을 회상하면서〉, 중앙대 《의혈》, 1988년 5월 18일자. 유인호의 《좁은 공간 긴 사연》, 126쪽에 수록.

40 유인호, 〈10월 13일자 옥중 37신〉, 같은 책, 184쪽. "고등군법회의 재판은 또 어떤 것이 되는지 모르지만 구경꾼으로 생각하고 따라 다녀보는 거지. 구경도 재미가 있어야 손님이 모이는 것인데, 두고 볼 일이지. 과연 손님이 모이게 될는지. 아마 구경은 끝장났고 손님은 그 권속들뿐이겠지. 그 몇 사람을 위해서는 시간과 비용이 아깝지. 투자 효과는 제로야. 그러면 국가적으로는 손해야. …… 이 재판을 치르고 있는 당사자인 내가 구경한다는 것은 좀 이상하지만 나는 정말로 구경하는 심정이야. 그래서 여러 가지를 관조할 수 있을 것 같아."

41 육본 계엄고등군법회의 4회 공판(1980년 10월 28일) 암취록 중에서.

42 이하의 내용은 같은 글을 참조.

43 유인호, 〈11월 5일 옥중 53-1신〉, 같은 책, 273쪽.

44 유인호, 같은 편지, 같은 책, 274쪽.

45 유인호, 〈11월 5일 옥중 53-2신〉, 같은 책, 275쪽.

46 양평의 실험 농장에 대해서는 이 책 제16장을 참조.

47 유인호, 〈8월 27일 옥중 10신〉, 같은 책, 41~42쪽.

48 유인호는 선주, 선경, 선진 세 딸을 한꺼번에 부를 때 주·경·진으로 줄여 불렀다.

49 단식을 했으니 그릇을 치우지 않아도 된다는 뜻이다.

50 유인호, 〈11월 3일 옥중 52신〉, 같은 책, 267쪽.

51 대학에서 처음 쫓겨난 것은 4·19 직후 동국대에서였다. 이 대목에 대해서는 이 책 제15장을 참조.

52 유인호, 〈1980년 8월 18일 옥중 3신〉, 같은 책, 27쪽.

53 김정완, 〈편지로 못 다한 옥바라지 이야기〉, 유인호, 《좁은 공간 긴 사연》, 315쪽.

54 유인호의 강연 메모, 1981-02-24('한국사회연구─경제적 측면, 회고와 전망', 아카데미하우스). 유인호는 모든 것을 기록으로 남겼으며 강연 원고도 메모 형태로 남아 있다. 다만 대부분 주제의 맥락과 함께 필요한 통계나 예시, 결론적 주장 등이 간략하게 기입돼 있는 편이지만 강연 메모 '1981-02-24'는 '출감 후 첫 강연'이라는 의미 때문이었는지 강연을 전후한 심정을 매우 자세하게 기록하고 있다.

55 같은 표현은 유인호의 《민중경제론》(평민서당, 1982) 서문(5쪽)에도 등장한다. 당시 그에게는 고도성장의 이면의 문제를 고발하고 지적하는 것이 사명처럼 각인되어 있었다.

56 유인호 칼럼, 〈80년 5월을 회상하면서〉, 《의혈》, 중대총학생회, 1988년 8월 18일.

57 김삼웅, 《리영희 평전》(책으로보는세상, 2010), 355~356쪽.

58 양평농장에 대해서는 이 책 제16장을 참조.

59 유인호, 〈해직 4년, 얻은 것 잃은 것〉, 《한국일보》 1984년 6월 17일자.

60 유인호의 여행일지, 1983-05-04.

61 유인호의 강연 메모, 1983-05-08.

62 유인호의 여행일지, 1983-05-14.

63 유인호의 여행일지, 1983-05-11.

64 유인호, 같은 글.

65 유인호의 여행일지, 1983-05-16.

66 유인호의 여행일지, 1983-05-17.

67 유인호의 강연 메모, 1983-06-21.

68 유인호의 여행일지, 1983-06-23. 그 이유에 대해서는 이 책 제3부를 참조.

69 유인호가 다녔던 경제학부와 대학원 경제학 연구과는 1965년 기누가사캠퍼스를 거쳐 1998년 비와코쿠사쓰캠퍼스로 이전했다. 현재 수자쿠캠퍼스에는 대학 본부와 로스쿨, 경영관리대학원 등만 있다.

70 유인호의 여행일지, 1983-06-21.

71 유인호, 〈책머리에〉, 《민중경제론》(평민사, 1982), 2~3쪽.

72 유인호, 〈필자의 변, 민중경제론을 펴내고〉, 《대우가족》, 1982년 12월 호. 유인호의 《나의 경제학─수난과 영광》, 20쪽에 수록.

73 유인호, 《한국경제의 재평가─기로에 선 고도성장》(백문당, 1972), 7쪽.

74 유인호, 같은 글.

75 유인호, 《한일 경제 100년의 현장》(일월서각, 1983), 3쪽.

76 유인호, 같은 책, 2쪽.

77 유인호, 같은 책, 12~22쪽 참조.

78 B · C급 전범이란 제2차 세계대전 전승국인 연합국이 포고한 국제군사재판소 조례와 극동국제군사재판 (도쿄전범재판) 조례에 따른 전쟁범죄 유형 가운데 'B항'(통례의 의한 전쟁범죄)과 'C항'(인도에 관한 죄)에 해당되는 사람을 말한다. B · C급 전범 중에는 일제에 의해 징병 내지 징용된 조선인(당시)이 148 명이 포함되어 있다. 이 가운데 세 명은 군인(두 명은 징병), 통역 열여섯 명, 포로수용소 감시인 129명이 며, 여덟 명은 사형에 처해졌으며 나머지는 징역 형을 살았다. 일본인으로 강제 동원되었다가 일본인으로 전범이 되었으나 형기를 마치고 출옥한 뒤로는 외국인으로 간주되어 일본 정부로부터 일체의 보상이나 원호를 받지 못하였다. 강제로 동원되어 억지로 임무를 맡았다가 전범이 된 것도 억울한데 그에 대한 일 본 정부의 사과나 보상도 없다는 점을 유인호는 지적하는 것이다. 지금도 이 문제는 미해결된 채 시민단 체를 중심으로 소송을 제기하고 일본 정부에 시정을 요청하고 있는 형편이다.

79 유인호, 같은 책, 24쪽.

80 유인호, 같은 책, 143~144쪽.

81 유인호, 같은 책, 163쪽.

82 유인호, 같은 책, 128쪽.

83 유인호, 같은 책, 6~8쪽.

84 김정남, 《진실, 광장에 서다―민주화 운동 30년의 역정》(창비, 2005), 459~460쪽.

85 유화 정책으로 전환한 배경에 대해서는 여러 가지 설들이 거론된다. 김정남은 "한편으로는 전두환 정권의 자신감의 표현이기도 했지만, 다른 한편으로는 군부의 철권 통치에 대한 대내외의 비판적 시선이 너무도 따가웠기 때문"이라고 분석한다(김정남, 같은 책, 476쪽). 정치 일정으로만 보면 랭군 테러 사태 직후인 10 월 15일 정부는 희생된 각료의 후임을 임명하는 등 심기일전 차원의 개각을 단행한다.

86 〈해직 교수에 빛이 오는 소리〉, 《동아일보》, 1983년 12월 8일자.

87 장을병, 《옹이 많은 나무》, 213쪽.

88 원래 해직교수협의회는 유신 체제 말기인 1978년 4월 13일 결성되었다. 1970년대 중반부터 유신 체제에 대한 지식인들의 반발이 거세지고 이에 대한 유신 정부의 지식인 말살이 극에 이르면서 해직 교수가 늘 어갔다. 특히 1976년 전국의 대학교수 460명을 동시에 파면 · 해직시킨 '교육계 대학살'이 진행된 이후 체계적으로 해직 교수의 목소리를 내기 위해 성내운 전 연세대 교수를 회장으로 하여 결성한 것이다. 이 해직교수협의회와 변형윤, 장을병, 유인호 등이 중심이 되었던 해직교수협의회는 다르지만 구성원은 일 부 중복되어 있었다. 민주화 운동기념사업회 한국민주주의연구소 엮음, 《한국민주화 운동사 2》(돌베개, 2009), 463~465쪽.

89 장을병, 같은 책, 214쪽.

90 《동아일보》, 1984년 6월 15일자.

91 해직교수협의회 1984년 9월 22일 성명서. 강만길, 《역사가의 시간》(창비, 2010), 270쪽에 수록.

92 유인호, 〈해직 4년, 얻은 것 잃은 것〉, 《한국일보》 1984년 6월 17일자.

93 유인호의 신문 대담, 〈복직의 변(辯)〉, 《중대신문》, 1984년 8월 16일자.

94 일곡 화갑 기념 논문집 간행위원회 편, 《일곡 유인호 교수 화갑 기념 논문집―우리 시대 민족운동의 과 제》, 한길사, 1986.

95 일곡 화갑 기념 논문집 간행위원회 편, 같은 책, 4쪽.

96 유인호의 생년이 바뀌게 된 사연은 이 책 제6장을 참조.

97 유인호, 〈경제성장과 환경 파과―성장과 대가로 본 경제성장〉, 《창작과비평》, 1973년 가을 호.

98 유인호의 강연 메모, 1983-02-21. 공해문제연구소 제1회 공개 강좌에서 유인호는 '공해란 무엇인가―사 회과학적 측면에서 본 공해'를 강연하였다. 강연 노트에서 유인호는 1973년 《창작과비평》에 게재한 〈경

제성장과 환경 파괴〉에 대해 '나의 자부심'이라고 평가하고 있다.

99 유인호, 〈사람이 만든 공해, 사람이 제거할 수 있다〉, 《환경살림 통신》 창간호, 1991년 5월 3일. 유인호, 《나의 경제학―수난과 영광》, 46~47쪽에 수록.

100 유인호 신문 대담, 〈복직의 변(辯)〉, 《중대신문》, 1984년 8월 16일자.

101 유인호 칼럼, 〈우리 시대 최고의 가치〉, 《중앙문화》, 1987. 유인호의 같은 책, 132쪽에 수록.

102 〈정치 안정의 새로운 출발―유신적 질서 청산 위한 개혁 모색 있어야(사설)〉, 《동아일보》, 1985년 2월 14일자.

103 신민당은 서울에서만 48.9퍼센트의 득표율을 얻었다. 《동아일보》 1985년 2월 14일자.

104 학원안정법 시안은 학원 소요와 관련된 문제 학생을 대상으로 6개월 이내의 선도 교육을 실시하며, 반국가 단체의 사상이나 이념을 전파 또는 교육하거나 그 사상이나 이념이 표현된 문서, 도서, 기타 표현물을 제작, 인쇄, 수입, 복사, 소지, 운반, 배포, 판매 또는 취득하여 학원 소요를 선동·조장하는 행위를 한 자에 대해 7년 이하 징역 또는 700만 원 이하 벌금에 처하는 등을 내용으로 하는 전문 11조와 부칙 3항이다. 네이버 지식사전 참조.

105 "제자들의 일부를 수용소에 인계하고 남은 학생들 앞에 우리는 과연 어떻게 설 것이며, 또 가사 '선도'된 학생들이 학원에 돌아왔을 때 우리는 무슨 낯으로 저들을 대할 것인가"가 반대 서명에 임한 교수들의 입장이었다. 김정남, 같은 책, 483쪽.

106 조용래, 〈한국자본주의의 성격문제에 대하여〉, 조용래 외, 《자본주의사회를 보는 두 시각》(율곡, 1994), 363~382쪽 참조. 자본주의 성격에 관한 논의는 근대경제학 분야에서는 거론하지 않는 테마라는 점을 감안하면 이미 한국에서 1980년대 초 이전부터 마르크스경제학적 분석이 진행되고 있었다고 하겠다.

107 당시 《자본론》을 번역한 출판사 이론과실천사 대표는 그 때문에 이듬해 구속당하기도 했다. 이 문제에 대해서는 김수행, 《한국에서 마르크스주의 경제학의 도입과 전개과정》(서울대학교출판부, 2004)을 참조.

108 중앙대학교 경영경제대학 경제학과 (서울) 2011년 교과과정표 참조.

109 김수행, 같은 책, 3쪽.

110 박종철 고문치사 은폐 사건이 알려지면서 1987년 5월 27일 재야 민주 단체와 통일민주당을 망라해서 광범위한 민주 세력이 결집해 탄생한 민주헌법쟁취국민운동본부가 6월 10일 민정당 대통령 후보 선출 전당대회에 맞추어 개최한 '박종철군 고문살인 조작 범국민 규탄대회'를 말한다. 특히 6월 9일 시위에서 연세대 이한열이 경찰이 쏜 최루탄에 직격당하여 부상한다(7월 5일 사망). 6월항쟁의 막이 오르는 순간이다. 김정남, 같은 책, 579~581쪽 참조.

111 유인호의 여행일지, 1987-06-21.

112 유인호의 여행일지, 1987-06-27.

113 필자는 당시 도쿄의 유학생들과 더불어 직선 개헌 지지 성명을 준비하는 과정에서 대통령 직선제 수용을 담은 6·29선언이 나와서 그만둔 경험이 있다.

114 유인호의 여행일지, 1987-07-01.

115 유인호의 여행일지, 1987-06-27.

2부

1 유인호가 다닌 산내공립보통학교(현 산내초등학교) 학적부에는 그의 생년월일이 1928년 6월 12일로 기록되어 있다. 하지만 유인호는 생전에 스스로 1929년생임을 밝힌 바 있기 때문에 학적부에 착오가 있었던 것으로 보인다.

2 일기, 1949-05-01; 1949-05-31. 유인호는 젊었을 때부터 일기를 꾸준히 써왔다. 현재 남아 있는 것은

1948년 7월 20일에서 8월 10일까지, 1949년에서 1951년까지, 1952년 1월 1일부터 2월 28일까지로, 1952년 3월 이후에는 일기 대신 교토구치소와 홋카이도교도소에서의 기록만이 남아 있다. 1953년은 일기가 아니라 월별로 회고한 기록이 있을 뿐이다. 1954년 일기가 있다. 기묘하게도 유인호는 한국에 귀국한 이후에는 일기를 쓰지 않았다. 그 이유는 이 항에서 거론하고 있는 내용, 즉 귀국에 앞서 그가 본적지를 새로 바꾸게 된 사연과 무관하지 않을 것으로 보인다. 유인호의 일기는 이 책 제4장에서 거론했던 것처럼 유인호의 유학 시절 친구인 모토오카 아키요시 교수가 보관하고 있던 것이다.

3   일기, 1949-01-01; 1949-02-18.

4   대구에서 교사로 재직한 김구보 회고담, 2006년 1월.

5   일기, 1949-01-07; 1949-01-20.

6   육군본부 계엄보통군법회의 검찰부, 피의자 신문조서(제1회), 1980년 7월 19일.

7   일기, 1949-12-19.

8   유인호의 친형수 김필순의 회고담 녹취록, 2009년 5월 20일.

9   일기, 1954-01-23.

10 일기, 1954-01-02; 1954-01-23. 유인호는 힘든 일본 유학 생활 중, 형 병준의 생일을 기억하면서 "고집 센 어린 시절 자라서는 아니지만, 형과 많이 충돌했다. 그 형님이 보고 싶다"고 쓰고 있다. 그는 형 병준이 1927년 1월 23일 태어났고, 자신보다 2년 반 정도 먼저라고 기억했다.

11 예춘호 인터뷰 녹취록, 2011년 2월 24일. 예춘호는 고향에 '한지골'이란 지명이 있기 때문에 '일곡'이란 아호를 쓰고 싶었다고 말한다.

12 일기, 1950-01-30. 유인호는 그날 일기에서 "한 번도 정식 중학교에 다녀본 적이 없다"고 회고하고 있다.

13 김구보는 유인호와 함께 1947년 말까지 경주역에서 근무했다고 말했으나 유인호 자신은 1947년 중반까지만 경주역에서 일하고 이후 근무지를 부산역으로 옮긴 것으로 기억하고 있다. 이 책 제7장 참조.

14 일기, 1949-01-01.

15 일기, 1949-01-07.

16 일기, 1949-01-02.

17 일기, 1949-02-02.

18 일기, 1949-01-09.

19 일기, 1949-01-13.

20 일기, 1949-01-27.

21 일기, 1949-02-10~02-15.

22 "이래서야 살 수 있나. 물가는 약 800배나 등귀, 봉급은 겨우 90배 올랐을 뿐. …… 조선은행에서 조사한 봉급지수를 보면 지난 2월 물가는 1936년도에 비하면 놀랍게도 평균 800배, 월급은 그중 대우가 좋은 교원이 9,400원으로 164배가 올랐다고 하나 물가에 비하면 5분의 1밖에 안 되는 셈이다. 그리고 관공리(官公吏)가 그중 최저로 4,380원에 87배가 늘었을 따름이다." 강준만, 《한국현대사산책-1940년대편 2권》(인물과사상사, 2004), 277쪽에서 재인용.

23 일기, 1949-03-07.

24 당시는 해방 직후 시절이라 어수선한 상황이었기 때문에 한반도에서 일본으로 불법 입국(밀항)하려는 사람이 적지 않았다. 《경향신문》은 일본 도쿄발 기사에서 "1945년 8월 15일 이후부터 1946년 10월 17일 현재 일본 경찰이 파악하고 있는 한국인 밀항자는 1만 4,833명이며 이 가운데 7,000여 명은 이미 한국으로 송환됐다"며 "밀항자 규모를 대략 연 1만 명 정도"라고 추정한다. 《경향신문》 1946년 10월 30일자.

25 일기, 1949-03-10.

유인호 평전, 사회변혁을 꿈꾼 민중경제학자의 삶

26 일기, 1949-03-18.

27 유석준에 대해서는 이 책 제9장을 참조.

28 유원근은 촌수로는 유석준의 조카지만 나이가 비슷해 이전부터 교류가 많이 있었던 것으로 보인다. 유인호 역시도 유원근이 조카뻘에 해당하지만 나이가 많아서 일기에도 꼬박꼬박 '원근 씨'라고 쓰고 있다.

29 김필순 회고담.

30 일기, 1949-04-02.

31 일기, 1949-04-04.

32 일기, 1949-04-08.

33 일기, 1949-04-17.

34 일기, 1949-04-22.

35 일기, 1949-05-01.

36 《동아일보》, 1949년 9월 13일자. 한국 내 밀항단이 부산, 서울을 비롯해 전국 주요 도시에서 활동하고 있으며 밀항 비용은 대략 2만 원에서 3만 원 정도인 것으로 《동아일보》가 보도했다. 아울러 《동아일보》는 《마이니치신문》의 보도를 인용해 패전 후 매년 1만 명 정도가 한국에서 일본으로 밀항했다고 소개했다

37 일본 출입국관리청은 1951년 4월에는 동일본 지역을 관리하기 위해 나가사키 현의 오무라 수용소 외에 요코하마에 입국자 수용소를 추가로 설치하고 밀입국자에 대해 적극적으로 대응한다. Wikipedea, '大村收容所' 참조.

38 일기, 1949-05-08.

39 최상용, 《미군정과 한국민족주의》(나남, 1998), 85쪽.

40 강준만, 《한국현대사산책-1940년대편1》(인물과사상사, 2006), 163~164쪽에서 재인용.

41 이우용, 《해방 공간의 민족문학사론》(태학사, 1991), 205~206쪽에서 재인용.

42 전상인, 〈해방 공간의 사회사〉, 박지향 외 엮음, 《해방 전후사의 재인식 2》(책세상, 2006), 165쪽.

43 강준만, 같은 책, 36~37쪽.

44 강준만, 같은 책, 67쪽.

45 강준만, 같은 책, 145쪽

46 강준만, 같은 책, 202~203쪽에서 재인용.

47 전상인, 같은 글, 150~151쪽.

48 전상인, 같은 글, 160쪽. 미군정은 쌀을 포함한 생활필수품 아홉 개의 가격을 통제하기 위해 1946년 5월부터 최고 가격제를 실시하지만 암시장 가격은 이를 크게 웃돌았다.

49 안재성, 《한국노동운동사 2-해방 이후에서 1987년 대파업까지》(삶이보이는창, 2008), 19쪽.

50 정영태, 〈노동운동〉, 《한국사 18》(한길사, 1994), 200~201쪽.

51 정영태, 같은 글, 200쪽.

52 안재성, 같은 책, 19~20쪽. 그러나 1948년 말 5인 이상 공장의 총노동자 수가 13만 1,116명에 불과했음을 감안하면(김형기, 《한국의 독점자본과 임노동》(까치, 1988), 154쪽) 조합원 55만 명은 다르게 해석해야 한다. 이에 박지향은, 50만 조합원설(說)은 실업자를 포함하여 조직 가능한 비농업 종사자들을 총괄한 것이라고 봤다. 미국 국무부 자료를 인용하여 전평 소속 조합원의 취업 노동자와 실업자를 다 포함한 것이며 여기에 노동자의 가족, 친척, 청년 단체, 부녀 단체 등을 합한 것이라고 지적한다(박지향, 〈한국의 노동운동과 미국 1945~1950〉 박지향 외 엮음 같은 책 119~120쪽)

53 철도 노동자 시절 동료 김구보의 회상, 이 책 제6장 참조. 경주역 근무는 1947년 중반까지 이어진다.

54 김태승, 〈미군정기 노동운동과 전평의 운동노선〉, 《해방전후사의 인식 3》(한길사, 1987), 342쪽.

55   정영태, 같은 글, 316~317쪽.

56   《8월테제》에 대해서는 김남식, 〈박헌영과 8월테제〉, 《해방전후사의 인식 2》(한길사, 1985), 104~142쪽)을 참조.

57   일기 1949-07-04; 1949-11-01; 1950-07-09.

58   안재성, 같은 책, 24쪽.

59   안재성, 같은 책, 40쪽. 1946년 말 남성 근로자의 일일 평균 임금 90원이었는데 1948년 말에는 189원으로 배 정도로 올랐지만 물가는 같은 기간 열 배로 뛰었다. 1946년 9월 13일 서울 용산의 철도노조원은 미 군정청 운수부 철도국장을 상대로 "일급제 반대, 기본급 인상, 가족수당 일인당 600원 지불, 물가수당 1,200원을 2,000원으로 증액할 것, 식량은 본인에게 4홉, 가족에게 3홉씩 배급할 것, 운수부 직원에 대하여도 같은 대우를 할 것" 등을 요구했다(강준만, 같은 책, 289~290쪽).

60   강준만, 같은 책, 294쪽.

61   김태승, 같은 글, 342쪽.

62   강준만, 같은 책, 295쪽.

63   남로당은 조선공산당, 남조선신민당, 조선인민당이 합당해서 창당했으나 1947년 5월 24일 좌익계이면서도 공산주의자가 아닌 일부 그룹(여운영 등)이 근로인민당을 만들면서 좌익계 단체들은 남로당과 근로인민당으로 양분되었다. 좌익계 세 정당의 합당과 관련해서는 김남식, 〈조선공산당과 3당 합당〉, 《해방전후사의 인식 3》, 140~183쪽을 참조.

64   강준만, 같은 책, 312쪽.

65   김태승, 같은 글, 345쪽. 요구 사항은 '3·1절 기념대회에서 만행한 경찰관을 즉시 처벌하라', '박헌영의 체포령을 취소하라' 등 정치적 요구 일색이었다.

66   김태승, 앞 글, 345쪽.

67   일기, 1949-01-01; 1951-12-13. 이는 유인호의 동료 김구보의 회상과는 약간 차이가 나는 대목이다. 김구보는 유인호와 함께 1947년 말까지 경주역에서 근무했다고 밝힌 바 있다(이 책 제6장).

68   유인호는 그때의 야간 중학교를 '배달중학'이라고 기억하고 있다. 일기, 1949-06-18.

69   일기, 1951-10-26.

70   김태승은 2·7구국투쟁이 민전(민주주의민족전선)이 주도한 것으로, "1946년 10월 봉기와는 달리 사전에 계획된 조직적이고 폭력적인 투쟁이었으며 이를 계기로 무장투쟁전술로 넘어가는 중요한 계기가 되었다"고 설명한다. 김태승, 같은 글, 346쪽. 민전은 1946년 2월에 결성된 해방 공간의 좌익 세력 연합체적 성격을 띤 조직이다. 이에 대해서는 양동주, 〈해방 후 좌익운동과 민주주의민족전선〉, 《해방전후사의 인식 3》, 77~139쪽) 참조.

71   이동원·조성남, 《미군정기의 사회이동: 배경, 특성, 그리고 그 영향》(이화여대출판부, 1997), 54~55쪽.

72   김기원, 〈미군정기의 사회경제〉, 《한국사 18》(한길사, 1994), 68쪽.

73   김기원, 같은 글, 64쪽에서 재인용.

74   일기, 1949-01-01.

75   일기, 1951-12-31.

76   일기, 1948-07-21.

77   일기, 1948-07-23.

78   일기, 1948-07-27.

79   일기, 1948-07-28.

80   일기, 1948-08-06.

81 일기, 1948-08-05.

82 일기, 1948-08-06.

83 일기, 1948-08-07.

84 일기, 1948-08-10.

85 일기, 1949-07-21.

86 '심파'는 심퍼사이저(sympathizer · 동조자)에서 온 말이다. 당시에는 사회주의 · 공산주의에 경도되어 추종하는 사람이라는 의미로 주로 쓰였다. 일본어로 심퍼사이저를 줄여서 '심파(シンパ)'라고 하는 말에서 비롯된 것이다. 경우에 따라서는 '심파'를 사회주의자 · 공산주의자를 지칭하기도 한다.

87 대한예수교장로회 부산중앙교회는 1994년 부산시 수영구 남천동에 교회당을 새로 지어 옮겨갔다.

88 일기, 1949-01-19; 1949-01-23.

89 일기, 1949-02-01.

90 일기, 1949-02-11.

91 이 문제와 관련해 유인호는 '빨간 십자군'을 거론한다. "마르크스의 예언을 믿고 레닌 혁명을 신봉하는 순교자가 지상에 천국을 만들어가는 빨간 십자군. '한 알의 밀알이 땅에 떨어져 죽지 아니하면 한 알 그대로 있고 죽으면 많은 열매를 맺느니라'(요한복음 12장 24절)와 같이 우리가 한 사람의 빨간 보리알이 되어야 한다"고 쓰고 있다. 일기, 1949-05-24.

92 일기, 1949-07-21.

93 유근희는 유인호의 존재에 대해서조차 잘 알지 못했다. 유인호가 유석준의 집 식객으로 있을 때 겨우 세 살이었으니 기억을 못하는 것은 당연하다. 유근희의 동생 유정근(俞正根)은 교토교회 장로로서 아버지의 뒤를 잇고 있었다. 유인호는 1983년 일본을 방문했을 때 유석준 장로를 만나 저녁을 같이 먹었다고 기록한 바 있다. 유인호의 여행일지, 1983-06-21.

94 일기, 1949-06-26; 1949-07-16.

95 일기, 1949-06-26.

96 일기, 1949-06-27; 1949-07-07.

97 일기, 1949-07-24.

98 일기, 1949-07-16.

99 일기, 1949-08-28.

100 1949년 5월 10일부터 시작한 유석준의 식객 노릇을 5개월 만에 마무리한다. 일기, 1949-10-11. 그러나 이후로도 유인호는 일본에 체류하는 동안 유석준과 소통하면서 음으로 양으로 도움을 받았노라고 고백한다.

101 일기, 1949-10-23.

102 일기, 1949-12-10.

103 일기, 1949-05-09.

104 현재 시모노세키 요시미 역은 무인 간이역으로 운영 중이다.

105 《동아일보》, 1949년 9월 13일자.

106 일기, 1949-06-13. 〈그날을 찾아〉라는 글이다. 본문 중간쯤의 '모형제(母兄弟)'는 제대로 된 표현이라면 '부모형제'가 맞겠지만 유인호에게 아버지는 이미 사실상 지워진 인물이나 다름없었기 때문에 일부러 그렇게 쓴 것으로 보인다.

3부

1 井村喜代子, 《現代日本經濟論―敗戰から〈經濟大國〉を經て(패전에서부터 '경제 대국'을 거쳐)》(有斐閣, 1993),

    p.49.

2   伊藤元重 · 猪木武徳など編集, 《日本經濟事典》(日本經濟新聞社, 1996), p.70.

3   井村喜代子, 같은 책, 25~26쪽.

4   재일 한국 · 조선인은 남한과 북한의 정부 수립(1948년 8월과 9월) 이후 일본에 거주하는 교포를 한데 묶어서 지칭하는 말인데 엄밀히 따지자면 재일 한국인은 한국 국적자, 재일 조선인은 북한 국적자다. 현재 일본 사회에서는 '자이니치(재일 · 在日)'란 말 자체가 고유명사로 굳어 재일 한국 · 조선인(재일 코리안)을 지칭하기도 한다. 이 책에서는 남북한 정부 수립 이전의 재일 교포들에 대해 재일 조선인으로 쓰기로 한다.

5   강재언 · 김동훈 · 하우봉 · 홍성덕, 《재일 한국 · 조선인—역사와 전망》(소화, 1999), 161~162쪽.

6   외국인등록령과 그 이후의 재일 한국 · 조선인 문제에 대해서는 다음을 참조. 조용래, 8장 〈마지막 칙령의 희생자, 재일 한국 · 조선인〉, 《천황제 코드》(논형, 2009), 179~208쪽.

7   강재언 외, 같은 책, 164쪽.

8   재일본조선인연맹(조련)은 전전의 공산주의 활동가와 민족주의자 등 좌우를 포함한 재일 조선인들의 단체를 망라한 조직으로 준비되어 일본 패전 직후 재일 조선인 운동의 중심기관 역할을 담당하였다. 그러나 1949년 9월 8일 GHQ가 '폭력주의 단체'로 지목하여 강제 해산되었다. 오늘날의 재일본대한민국민단(민단, 1946년 10월 창립)은 조련과 대립해 출발한 조선건국촉진청년동맹(건청, 1945년 11월)과 신조선건국동맹(건동, 1946년 1월)에서 그 뿌리를 찾을 수 있고, 재일본조선인총연합회(총련, 1955년 5월)는 조련을 계승한다. 조련에 대해서는 다음을 참조. 김인덕, 《재일본조선인연맹 전체대회 연구》(선인, 2007).

9   오자와 유사쿠, 이충호 옮김, 《재일 조선인 교육의 역사》(혜안, 1999), 193쪽. 민족 교육의 열기는 일본 패전 후 1년여 만인 1946년 10월 현재 초등학교급 민족학교가 전국에 525곳이나 될 정도로 뜨거웠다.

10   강재언, 같은 책, 166쪽.

11   '1948년 1 · 24 통지' 이후의 상황에 대해서는 다음을 참조. 松下佳弘, 〈占領期朝鮮人學校閉鎖にかかわる法的枠組みとその運用(점령기 조선인학교 폐쇄와 관련된 법적 틀과 그 운용)〉, 《教育史 · 比較教育論考》(北海道大學教育學部, 2010년 6月), pp.25~47.

12   金慶海, 〈四 · 二四教育鬪爭〉, ほるもん文化編集委員會, 《在日朝鮮人民族教育の行方—ほるもん文化 5》(新幹社, 1995), pp.183~196. 김경해는 '4 · 24교육투쟁'의 시발은 이미 그해 3 · 1절 기념식장에서 '1 · 24 통지'를 전해 들은 교포들을 중심으로 시작되었다고 지적한다(187쪽).

13   같은 글, 31쪽.

14   일기, 1949-05-20; 1949-05-21.

15   일기, 1949-05-28.

16   일기, 1949-06-06.

17   일기, 1949-06-7; 1949-06-13.

18   일기, 1949-06-18.

19   일기, 1949-07-23.

20   일기, 1949-07-09.

21   일기, 1949-07-20.

22   일기, 1949-07-21.

23   일기, 1949-08-07.

24   민청은 조련 산하의 청년 조직으로 1947년 3월 6일 설립되어 조련의 경비대, 전위대 역할을 맡았으나 1949년 9월 8일 GHQ가 조련과 함께 강제 해산시킨다. 민청은 이후 민애청(재일조선민주애국청년동맹), 조청(재일조선청년동맹)으로 이어진다.

유인호 평전, 사회변혁을 꿈꾼 민중경제학자의 삶

25 일기, 1949-08-08.

26 유인호가 민청 사람을 만난 것은 1949년 7월 29일이 처음이다. 그날 유인호는 건국소학교 운영과 관련해 건청이 지원하고 있는 만큼 민청으로부터도 도움을 받았으면 한다고 부탁할 예정이었으나 마침 위원장이 도쿄에 출장 중이어서 조직부장과 인사를 나눈 것이 전부다(일기, 1949-07-29). 이어 며칠 후 민청 위원장과 만났으나 민청 위원장은 조선인학교 문제보다 유인호의 조직 참여를 요구하는 한편 가입하자면 절차를 지켜야 한다는 등의 내용만 강조하는 바람에 유인호는 당장은 학교 운영이 가장 중요하니 그럴 생각이 없다고 돌아선다(일기, 1949-08-04).

27 아라시야마는 교토분지의 남서쪽에 자리한 관광지다. 봄에는 벚꽃, 가을에는 단풍으로 유명하다. 유인호에게 아라시야마는 고향 같은 곳이다. 유인호가 1983년 6월 교토를 28년 만에 다시 찾았을 때도 아라시야마를 둘러볼 정도로 아라시야마와 산 동쪽에 바짝 붙어 흐르는 강 가쓰라가와(桂川)에는 적지 않은 추억이 깃들어 있다. 유인호의 여행일지, 1983-06-22.

28 일기, 1949-08-24 ; 1949-8-29.

29 일기, 1949-08-31.

30 객지에서의 명절은 참 견디기 어려운 것이었다. 유인호가 종종 추석(秋夕)을 수석(愁夕)으로 쓰는 이유다. 일기, 1951-0913. 가을 '추(秋)'와 시름 '수(愁)'는 일본어 발음(슈)이 같기 때문이다.

31 일기, 1949-10-06.

32 정확하게는 우메즈소학원(梅津小學院)이다. 松下佳弘, 〈京都における朝鮮人學校閉鎖期(1948~1950年)の狀況〉, 《京都·滋賀の民族教育-4·24鬪爭60周年を迎えて(교토·시가 민족 교육-4·24교육투쟁 60주년을 맞아)》(演劇·パネルディスカッション(패널 디스커션)實行委員會編, 2008年 5月 1日), p. 16. 이 책은 교토 도시샤대학에서 열린 4·24교육투쟁 60주년 기념행사 자료집이다.

33 松下佳弘, 같은 글, 15~16쪽. 이날 주제 강연에서 마쓰시타 요시히로(松下佳弘)는 교토연락조정사무국 문서를 중심으로 조사한 결과, 당시 교토에는 아침부터 수업하는 학교가 중학교를 포함해 여덟 곳, 방과후나 야간에 수업하는 학교가 열네 곳, 야간에 수업하는 학교 한 곳 등 모두 스물세 곳이라고 밝혔다.

34 松下佳弘, 같은 글, 13~14쪽.

35 일기, 1049-10-19.

36 일기, 1949-10-21.

37 각종학교란 일본의 '학교교육법 1조에 규정된 학교(1조 학교, 유치원, 초·중·고등학교, 중등교육학교, 대학(전문학교, 대학원 포함), 고등전문학교)' 이외의 학교로, 학교 교육에 상응하는 교육을 행하는 곳으로 소정의 요건을 채우고 있는 교육 시설을 뜻한다. 각종학교 가운데 공립은 도도부현(都道府道) 교육위원회가 인가하고, 사립은 도도부현 지사가 인가한다. 일본어학교, 자동차교습소, 인터내셔널스쿨, 조선학교 등 민족학교도 여기에 속한다. 1조 학교는 일본 정부의 검정교과서 사용 의무와 학습지도요령을 따라야 하기 때문에 지금도 조선학교는 대부분 각종학교로 운영되고 있다.일기, 1949-11-04.

38 일기, 1949-11-04.

39 일기, 1949-11-08.

40 일기, 1949-11-19.

41 일기, 1949-11-17.

42 《4·24교육투쟁 60주년 기념행사자료집》, 18쪽.

43 일본 패전 직후 일본 각지에서 앞을 다투어 생겨나 조선인학교가 자발적이고 자율적인 학교 운영이라는 점에서 모두 자주학교에 속한다. 각종학교는 정부의 간섭을 최소화한다는 점에서 일종의 자주학교로 볼 수 있다.

44 마쓰시타의 강연에는 교토에서 1953년 3월말 6학년 졸업식을 마치고 폐쇄된 조선인학교는 니시진(西陣)

소학교 뿐인 것으로 지적하고 있으나(松下佳弘, 같은 글, 15쪽), 유인호는 우메즈소학교도 3월 27일 졸업식을 끝으로 폐쇄됐다고 말한다(일기, 1950-03-27), 마쓰시타는 교토부의 공식 문서만을 가지고 분석했기 때문에 당시의 사실과 문서에 괴리가 있었던 것으로 보인다.

45 일기, 1950-02-10.

46 일기, 1949-08-10.

47 일기, 1950-01-08.

48 일기, 1950-02-02.

49 일본의 학교는 주로 3학기제다. 4월부터 여름방학까지 1학기, 9월 말이나 10월 초부터 1월 초까지 2학기(연말 연초를 끼고 약 이삼 주 정도 방학), 1월 초부터 3월말까지 3학기(3월 말 봄방학 포함)로 구분된다.

50 일기, 1950-01-12.

51 일기, 1950-01-12.

52 일기, 1950-03-25.

53 일기, 1950-03-27.

54 일기, 1950-04-18.

55 일기, 1951-01-10.

56 일기, 1950-07-13.

57 일기, 1949-07-17.

58 일기, 1951-02-25.

59 일기, 1951-03-15.

60 일기, 1951-03-12.

61 일기, 1951-03-24.

62 민전은 조련이 강제 해산된 이후 조련의 전국 조직을 계승하기 위해 1951년 1월 9일 전국 조직으로 결성된 단체다. 한국에서 1946년 2월 결성된 민전(민주주의민족전선)과는 무관하다.

63 일기, 1951-04-10.

64 일기, 1951-06-09.

65 일기, 1951-06-12.

66 일기, 1951-06-19.

67 일기, 1951-07-01.

68 일기, 1951-07-17.

69 일기, 1951-08-29.

70 맹자, 〈진심장(盡心章)〉, 《맹자》.

71 '존황'이란 도쿠가와 막부가 당시 허울뿐이었던 교토의 천황에 대한 존경심을 백성들에게 요구하면서 실질적으로는 막부의 지배 질서를 강화할 목적으로 만들어낸 개념이다. 그런데 막부 말기 지방 권력(사쓰마 조슈 등의 번주)들과 천황 가신들 사이에서는 '타도 막부'를 뜻하는 말로 전화되었다. 사이온지는 교토의 천황 가신 출신으로 천황 숭배론자, 즉 존황론자에 속한다. 그리고 1869년은 천황이 정치 전면으로 나와 지배 구조의 정점으로 복귀한 메이지유신(1868년) 바로 이듬해다.

72 리쓰메이칸대학의 설립 연도는 나카가와가 1900년 세운 교토법정학교(京都法政學校)의 기준에 따른다. 대학령에 따른 대학 창립 연도는 1922년이다. 리쓰메이칸대학 홈페이지 대학 소개 참조. www.ritsumei.jp

73 일기, 1949-07-06.

74 리쓰메이칸대학 홈페이지 참조.

75 재일본조선유학생동맹(조학동)은 전후 재일 조선인들의 전국 조직인 재일본조선인연맹(조련)보다 조금 앞선 1945년 9월 14일 탄생한 재일 조선인대학생을 지원하는 전국 조직이다. 1955년 5월 25일 재일본조선인총연합회(조선총련)가 결성되면서 조학동은 그해 6월 18일 재일본조선유학생동맹(유학동)으로 이름을 바꾸었다. 재일본조선유학생동맹 중앙본부 홈페이지 www.ryuhaktong.org 참조.

76 이 기숙사는 이 장의 뒷부분에서 거론하는 '청구기숙사' 다.

77 일기, 1949-08-03.

78 일기, 1950-02-01.

79 일기, 1950-03-16.

80 일기, 1952-02-26; 1954-02-25.

81 일기, 1950-04-24.

82 일기, 1950-04-03.

83 일기, 1950-04-16.

84 일기, 1950-04-24.

85 이른바 '다키가와 사건(瀧川事件)' 이다. 다키가와 교수의 강제 휴직에 항의해 당시 교토대 법학부 교수 대부분이 사표를 제출했고 대학 당국이 미흡하나마 해법을 제시한 후 일부 교수들은 복귀했으나 스에카와 등은 끝까지 복귀하지 않고 사립대학(스에카와의 경우는 오사카상과대학(현 오사카시립대학))으로 옮겼다. 이 사건 이후 전국적으로 '대학자유옹호연맹' 이 결성되는 등 그 여파가 적지 않았다. Wikipedea, '瀧川事件' 참조.

86 일기, 1950-06-17.

87 末川博, 《法學入門》(有斐閣, 1967), p. 20.

88 와다쓰미(わだつみ)회는 일본전몰학생기념회가 전국의 전몰 학생들이 남긴 수기, 유언 등을 모아서 편집·출판한 《聞け, わだつみの聲(들으라, 와다쓰미의 목소리)》(東京大學協同組合出版會1949)에서 따온 말이다. 와다쓰미는 바다를 지배하는 해신(海神)을 뜻한다.

89 일기, 1951-12-8.

90 이 과정에서 교토 경찰은 리쓰메이칸대학의 '와다쓰미 기념 동상 반입' 이 반국가적 인식을 조장한다고 보고 이를 환영하는 학생들을 무력으로 진압해 수많은 학생들이 부상당하는 사태가 빚어졌다. 와다쓰미 회에 대해서는 반전 문제와 국가적 책임을 지적한 것이라는 의견이 대부분인 반면, 당시 국가주의에 경도된 젊은이들의 감상에 불과하다는 비판, 똑같은 총알받이로 나가 죽은 전몰자들 가운데 대학생 출신이라고 더 기념하고 우대하는 것은 옳지 않다는 비판 등이 끊이지 않고 있지만 전후 일본의 반전·평화를 상징하는 것 중 하나라고 하겠다. 12월 8일은 일본이 태평양전쟁을 도발한 날로, 리쓰메이칸대학에서는 매년 이날 반전 집회가 열린다.

91 스에카와 총장의 휘호가 담긴 비문은 와다쓰미 기념 동상과 더불어 1953년에는 히로코지캠퍼스에 있었으나 현재는 리쓰메이칸대학 기누가사캠퍼스 국제평화박물관 1층 전시실에 있다.

92 일기, 1950-07-27.

93 일기, 1951-01-26.

94 이 책 제11장과 제12장을 참조.

95 일기, 1954-03-21.

96 일기, 1951-02-17.

97 일기, 1950-05-10.

98　일기, 1950-06-17.

99　일기, 1950-06-18.

100　일기, 1950-06-09.

101　일본 대학·대학원의 수업 운영은 1년 단위로 진행된다. 따라서 평가에 중간고사는 없으며 기말시험 또
　　　는 학년말 시험(리포트) 등으로 한다. 수업은 크게 '강의'와 '연습'으로 나뉘는데 연습은 참가자가 각각
　　　발표하는 수업을 말한다. 아베 교수는 유인호의 발표 논문 리포트를 받고 "1학년 학생으로 리포트를 낸
　　　사람은 유인호뿐"이라며 격려해준다(일기, 1950-12-08).

102　일기, 1950-12-08.

103　일기, 1954-02-18.

104　일기, 1950-10-04.

105　이 책 제11장을 참조.

106　이 책 제12장을 참조.

107　關廂三郎 〈故武藤守一先生を偲んで(고 무토 슈이치 선생님을 기리며)〉, 《立命館經濟學(立命館大學經濟學
　　　經濟學部, 1970)第19卷第5號》 p.170.

108　清水俊貞, 같은 논문집, pp.172~173

109　일기, 1954-02-18.

110　清水俊貞, 같은 논문집.

111　일기, 1954-01-21.

112　辛榮浩, 〈小說一靑丘寮〉, 立命館大學우리同窓會編, 《玄海灘6號》(ウインかもがわ, 2002), pp.91~110.

113　장기중 인터뷰, 2011년 11월 26일.

114　장기중 인터뷰, 2007년 6월 20일.

115　소설 〈청구기숙사〉, 91~92쪽.

116　같은 글, 93쪽.

117　파방법은 파괴활동방지법의 약칭으로 일본 공산당과 재일 조선인 단체를 염두에 두고 마련된 것으로 폭
　　　력주의적 파괴 활동을 행한 단체에 대해 적용하는 법률이다. 유인호는 당시 '우쿄(右京)세무서 투척 사건'
　　　에 연루되어 '폭력 행위 등 처벌에 관한 법' 위반 혐의로 1952년 2월 28일 체포된다. 따라서 장기중의 설
　　　명은 정확하지 않다. 더구나 파방법은 1952년 7월에 시행되었으니 유인호의 건과 파방법은 무관하다. 이
　　　사건과 관련해 체포, 수감, 석방, 최종 판결 등 자세한 것은 이 책 제11장을 참조.

118　장기중은 하야시 변호사로 기억하고 있으나 유인호는 고바야시(小林) 변호사라고 말하고 있다. 고바야시 변
　　　호사는 이 사건뿐 아니라 그다음 사건에서도 유인호의 변호를 맡아주었음을 감안하면 고바야시가 정확한
　　　것 같다. 마찬가지로 사회당 계열의 변호사라고 증언하고 있지만 일본 공산당 계열이 맞다.

119　리쓰메이칸대학 1952년 졸업생인 장기중은 그때를 1952년 3월로 기억하고 있으나(2007년 6월 20일 인
　　　터뷰) 정확하지 않다. 장기중이 바로 앞에 소개한 에피소드(앞 주를 참조)와 시기적으로 중복된다. 또
　　　1953년 졸업식에는 당시 유인호가 사상적 갈등으로 사람들과의 대면을 일부러 피하던 시기였음을 감안
　　　하면 1951년 3월인 듯하다.

120　張基重, 〈思い出靑丘寮(추억의 청구기숙사)〉, 立命館大學우리同窓會編, 《玄海灘7號》(ウインかもがわ,
　　　2012), pp.123~124.

121　일기, 1954-10-02.

122　일기, 1952-01-15.

123　기록 1952-1, 3쪽. 기록 1952-1은 유인호가 그해 2월 28일 체포된 이후 교토구치소에서 쓴 총 88쪽짜리

기록이다. 필자는 2011년 11월 26일 리쓰메이칸대학 우리동창회 신준우(申俊雨) 회장의 도움을 받아 장기 중을 인터뷰했는데 아쉽게도 충분히 의견을 교환할 수가 없었다. 당시 장기중은 노환으로 청력이 극심하 게 나빠진 상태였기 때문에 그의 기억과 유인호의 일기 내용을 하나하나 거론하면서 대조해보려는 필자 의 시도는 인터뷰 질문 자체가 정확하게 전달되지 못하여 이룰 수 없었다. 다만 우리동창회가 10년에 한 번 펴내는 〈현해탄〉 7호(2012년 3월 간행)에 게재한 장기중의 원고는 노환이 그리 심하지 않았던 그해 여 름에 쓴 것이라고 신준우 회장은 전한다.

124 좌파 내부에서의 사상적 갈등 문제에 대해서는 이 책 제12장을 참조.

125 일기, 1954-07-11.

126 이날 유인호는 무토 교수 집을 찾아간다. 이후에도 무토 교수와 자주 만나 함께 산보도 하며 학문을 이 야기한다(일기, 1954-07-22, 1954-08-05).

127 인공 수로를 따라 양편에 펼쳐진 이 길은 '철학의 길'이라고 불리는 교토의 명소다. 봄에는 벚꽃이, 가을 이면 단풍이 인공 수로와 어우러져 절경을 이룬다. 일본 철학자 니시다 기타로가 자주 산책을 했다고 하 여 '철학의 길'이라고 명명된 것은 1970년대에 들어와서이지만 유인호가 살던 그 시절에도 풍광은 크게 다르지 않았을 것이다.

128 雨宮昭一, 《占領と改革─シリーズ日本近現代史⑦》(岩波新書, 2008), p.134.

129 같은 책, 160~161쪽.

130 한쪽에서는 '레드 퍼지'가 벌어지고 다른 한쪽에서는 그동안 공직 추방당했던 군국주의와 국가주의 관계 자들이 대부분 해제되었다. 정치학자 다나카 히로시(田中浩)는 '레드 퍼지'와 '공직자 해금'을 대표적인 역주행으로 본다(田中浩, 《戰後日本政治史》(講談社學術文庫, 1996), p.132). 당시 각 분야에서 레드 퍼지로 현직에서 추방당한 사람은 1만 2,000명 이상일 것으로 추측된다(平凡社編, 《日本史事典》(平凡社, 2001), p.712).

131 雨宮昭一, 같은 책, 169쪽.

132 일기, 1951-02-16.

133 일기, 1951-03-20.

134 일기, 1951-04-16.

135 일기, 1951-05-15.

136 일기, 1951-05-16.

137 일기, 1951-05-20.

138 일기, 1951-06-20.

139 일기, 1951-01-26.

140 샌프란시스코평화조약에는 재일 조선인의 국적이 외국인으로 변경되어야 한다는 조항은 없었다. 일본 정 부가 샌프란시스코조약이 발효되기에 앞서 1952년 4월 19일 법무부 민사국장 통지로 밝힌 '구식민지 출 신자의 일본 국적 상실'은 어디까지나 일본 정부의 자의적인 견해였다. 조용래, 《천황제 코드》(논형, 2009), 192쪽; 田中宏, 《在日外國人 :法の壁, 心の溝(법의 장애, 마음의 간격)》(岩波新書, 2008), pp.66~69. 참조.

141 일기, 1951-9-19.

142 민단은 조련(재일 조선인연맹)에서 이탈한 반공 청년단을 중심으로 결성한 건청(조선건국촉진청년동맹, 1945)과 건동(신조선건설동맹, 1946)이 결합하여 1946년 10월 3일 재일본조선거류민단으로 출범하였다. 대한민국 정부수립 직후인 1948년 9월 한국 정부의 공인 단체가 되었으며 이후 재일본대한민국거류민단 (1040), 재일본대한민국민단(1994)으로 명칭을 바꿔 오늘에 이른다. www.mindan.org 참조.

143 일기, 1951-09-22.

144 일기, 1951-09-21.

145 1952년 10월 4일 공포, 같은 해 11월 1일부터 시행된 법률로서 외국인의 재류 자격·강제 퇴거 조건 등을 다루고 있다. 1952년 4월 28일 '포츠담선언 수락에 따라 발하는 명령에 관한 건에 기초한 외무성 관계 제 명령 조치에 관한 법률'(법률 제126호)로 일부 개정되었으며 1982년 '출입국관리 및 난민인정법'으로 명칭이 바뀌었다. 전전부터 일본에 거주해온 재일 조선인의 재류 자격(126-2-6)의 근거도 법률 제126호 제2조 6항에서 비롯된 것이다. 강재언·김동훈·하우봉·홍성덕, 《재일 한국·조선인-역사와 전망》(소화, 1999), 178~179쪽 참조.

146 출입국관리령 제24조의 강제 퇴거를 거론한 내용이다. 하루아침에 외국인으로 규정된 재일 교포들은 범죄를 저지르거나, 빈곤자, 심지어 자의적으로 위험분자로 간주되는 사람에 대해서는 강제 퇴거를 명령할 수 있다는 것이다. 일본 정부가 재일 교포들 중 생활보호자나 정신장애자 등에 대해 이 조항에 적용한 적은 없지만 징역형을 받은 사람에 대해 강제 퇴거 조치를 취한 적은 있다. 같은 책, 179쪽.

147 일기, 1951-10-3.

148 일기, 1951-11-14.

149 일기, 1951-12-11.

150 전학련은 1948년 9월 일본의 145개 국립, 공립, 사립대학 학생자치회로 결성되었으나 결성 과정에서 '학생층'이라는 독자적인 계층의 존재를 강조한 만큼 학생을 '소(小)부르주아 인텔리' 정도로만 자리매김하고 독자성을 인정하지 않았던 일본 공산당 중앙과 의견 대립이 적지 않았다. 그렇지만 전학련 초기에는 일본 공산당의 영향이 적지 않았으며 적어도 1951년 6월 이후에는 일본 공산당 주류의 소감파, 민청단의 노선을 적극 수용하는 입장이었다. 1955년 9월 일본 공산당이 무장투쟁 노선에 대한 반성과 함께 이 노선의 폐기를 선언한 이후 전학련은 독자 노선을 걷는다.

151 유인호는 이미 1950년 여름에 입당을 결심했다(일기, 1950-08-29). '나 입당한다'라는 혈서를 쓰기까지 했다(일기, 1950-09-1). 하지만 학업을 생각하는 마음, 입당에는 여러 가지 절차가 복잡하다는 점에서 미뤄졌다.

152 가지무라 히데키, 김인덕 옮김, 《재일 조선인운동-1945~1965》(현음사, 1994), 51쪽. 가지무라 히데키(梶村秀樹) 교수는 전후 일본 공산당이 사태 변화를 제대로 인식하지 못하고 있을 때 재일 조선인 당원들은 일본 패망에 대한 강한 기대감에 입각해 전후 전략을 상정하고 있었기 때문에 일본 공산당 재건에 재일 조선인 당원의 역할이 매우 지대했다고 평가한다(24쪽). 姜在彦, 〈民戰時代の私〉, 《體臉で語る解放後の在日朝鮮人運動(체험으로 말하는 해방 후 재일 조선인)》(神戸學生青年センター出版部, 1989), pp.142~144 참조.

153 일기, 1951-12-28; 1952-01-10.

154 일기, 1952-01-22.

155 일기, 1952-02-09; 1952-02-11.

156 《每日新聞》, 1952년 2월 24일자 조간.

157 일기, 1952-02-25.

158 이 일기는 유인호가 나중에 써넣은 것으로 보인다. 당초 일기에는 투석했다는 내용을 직접 기록하지는 않았다고 유인호는 밝히고 있기 때문이다(기록 1952-1, 60쪽).

159 기록 1952-1, 3쪽.

160 《京都新聞》, 1952년 3월 2일자 석간. 유인호는 2월 28일 새벽에 체포되었다고 하나(일기, 1952-02-28; 기록, 1952-1, 3쪽) 《교토신문》은 29일 밤으로 보도한다. 유인호의 나이나 직업에 대한 기술도 정확하지

없다. 2월 28일 일기는 유인호가 풀려난 이후 그 날짜에 써넣은 것으로 미루어봐서 유인호는 28일로 확실히 기억하고 있다. 따라서 이 책에서도 체포일은 28일로 쓴다.

161 기록 1952-1.

162 기록 1952-1, 25쪽.

163 기록 1952-1, 29쪽.

164 구류이유개시(拘留理由開示)는 형사 피의자가 재판소의 구류 결정에 대해 불복할 때 공개 법정에서 재판장에 대해 요청할 수 있는 권리를 말한다. 구류 이유는 구류장 또는 구류 질문으로 고지할 수 있으나 그것만으로는 피의자의 인권 방어 차원에서 불충분하다고 인정돼 전후에 도입된 일본의 제도다. 다시 한번 구류 이유를 개시(開示)함으로 구류 취소와 구류에 대한 준(準)항고 권리를 행사할 수 있다. 일본국 헌법 제34조, 형사소송법 82조 참조.

165 유인호가 먼 친척인 유석준 집에 얹혀 지내다가 독립해서 조선인학교 교사, 대학 입학, 야학 교사 등의 시절을 거쳐 1952년 여름까지 살았던 주소다. '우메즈단마치(梅津段町) 101번지'.

166 청구기숙사 주소다.

167 《京都新聞》, 1953년 6월 13일자 조간.

168 이 책 제12장을 참조.

169 일기, 1954-01-01.

170 일기, 1952-01-01.

171 무토 슈이치 교수에 대해서는 이 책 제10장을 참조.

172 일기, 1950-08-29.

173 기록 1952-2, 54쪽. '기록 1952-2'는 이 장에서 소개하고 있는 대로 1952년 9월 16일부터 10월 25일까지 40일 동안 홋카이도 구시로형무소를 거쳐 교토구치소에 갇혀 지내는 동안 유인호가 쓴 기록이다. 이 장에서는 이 기록과 관련해 괄호 안에 '기록 1952-2'의 쪽수만을 표시한다.

174 교토는 격자 모양으로 계획된 도시인데 도시 정 중앙인 헤이안구(平安宮)를 중심으로 동쪽인 왼쪽을 사쿄구, 서쪽인 오른쪽은 우쿄쿠로 구분한다. 전통적으로 사쿄쿠에 번화가, 고급 주택가가 자리 잡고 있었으며 우쿄쿠는 주로 서민들의 거주 지역이었다. 교포들은 우쿄쿠에 많이 살고 있었으며 유인호가 주로 활동했던 조선인학교, 야학이 있던 우메즈도 우쿄쿠에 속한다. 우쿄쿠에서 더 서쪽으로 가면 교토의 서쪽 끝이라는 뜻으로 사이쿄고쿠(西京極)라고 부르는데 가츠라(桂), 아라시야마(嵐山) 등이 이곳이다.

175 기록 1952-2, 55쪽.

176 기록 1952-2, 54쪽.

177 이 책 제9장을 참조.

178 기록 1952-2, 56쪽.

179 기록 1952-2, 61쪽.

180 기록 1952-2, 63~65쪽.

181 기록 1952-2, 58쪽.

182 기록 1952-2, 33쪽.

183 기록 1952-2, 64쪽.

184 기록 1952-2, 62쪽.

185 기록 1952-2, 67쪽.

186 기록 1952-2, 33쪽.

187 제2차 세계대전 말 구소련이 일본에 선전포고를 하고 일본이 포츠담선언을 **수용한**(일본의 항복을 의미한

다) 14일 이후 홋카이도 동북 해안 앞 바다에 늘어서 있는 네 개 섬을 점령했다. 현재 일본이 러시아에 대한 '북방 영토' 반환을 요구하며 대립하고 있는 네 개 섬, 즉 구나시리, 에토로후, 하보마이, 시코탄이 그것이다. 구나시리는 홋카이도에 가장 가깝게 있으며, 면적은 1490제곱킬로미터로 강화도의 다섯 배 정도 되는데 북방 4도 중 에토로후에 이어 둘째로 큰 섬이다.

188 이 책 제10장을 참조.

189 기록 1952-2, 5쪽.

190 기록 1952-2, 7~8쪽.

191 기록 1952-2, 6쪽.

192 기록 1952-2, 7쪽.

193 시게모리 켄(重森健)은 유인호가 일본 유학 시절 아르바이트할 때 주로 사용했던 이름, 즉 통명(通名)이다. 재일 교포들이 일본 사회에서 비즈니스상 흔히 쓰는 일본 이름을 통명이라고 한다. 유인호는 시게모리 켄이라는 통명 외에도 1953년 이후 오사카의 파친코 가게에서 아르바이트할 때는 아사야마(朝山)란 이름을 썼다.

194 기록 1952-2, 10쪽.

195 기록 1952-2, 11쪽.

196 기록 1952-2, 12~15쪽.

197 기록 1952-2, 15쪽

198 기록 1952-2, 20쪽.

199 기록 1952-2, 19쪽.

200 기록 1952-2, 25쪽.

201 기록 1952-2, 30쪽.

202 기록 1952-2, 37쪽.

203 기록 1952-2, 38쪽.

204 반전학생동맹에 대해서는 이 책 제11장을 참조.

205 기록 1953, 6쪽.

206 기록 1952-2, 68쪽.

207 기록 1953, 6쪽.

208 죄익·우익 기회주의에 대해서는 다음을 참조. V. I. 레닌, 김남섭 옮김, 《공산주의에서의 좌익 소아병》(돌베개, 1989).

209 기록 1953, 7쪽.

210 일기, 1954-11-11.

211 일기, 1951-2-14.

212 일기, 1950-11-13.

213 일기, 1951-02-22.

214 일기, 1951-10-07.

215 유인호의 귀국 시점이 정확하지 않지만 이 책에서는 대략 1955년 3월로 추정한다. 자세한 것은 이 책 제14장을 참조.

216 일기, 1952-02-19.

217 일기, 1949-08-26.

218 일기, 1949-06-11; 1949-06-18.

219 일기, 1950-07-18.

220 일기, 1950-07-28.

221 식량관리제도는 1947년 식량관리법(법률 제40호)에 입각해 쌀, 보리 등 주곡의 생산·유통·소비를 일본 정부가 직·간접적으로 관리하는 내용이다. 식량관리법 위반인 암시장의 쌀 거래에 대해 흔히 재일 한국·조선인, 재일 중국·대만인(이른바 제3국인) 등 때문에 빚어졌고 결과적으로 이들의 불법적 행동이 일본 경제를 교란하였다는 차별적 견해가 일본 사회에 적지 않게 퍼져 있으나 암시장 참여자는 대부분 일본인이었다는 연구가 적지 않게 쏟아지고 있다. 水野直樹, 〈第三國人の起源と流布についての考察〉, 在日朝鮮人運動史研究會遍, 《在日朝鮮人史研究30》(綠蔭書房, 2000), pp.22~23; 朴慶植, 〈在日朝鮮人の運動史の視点〉, 《體驗で語る解放後の在日朝鮮人運動》(神戸學生·靑年センター出版部, 1989), pp.26~27. 참조.

222 위법 행위에 대해 우선 유인호 등은 유치장에서 하루를 지내면서 신원조사를 받은 후 풀려났지만 사건은 이것으로 끝나지 않고 검찰에 넘겨져 조사를 다시 받았으며(일기, 1951-09-05), 최종적으로 벌금 2,000엔을 물게 되었다(일기, 1952-02-22).

223 일기, 1951-08-05.

224 일기, 1950-09-12.

225 일기, 1954-10-02.

226 기록 1953, 2쪽.

227 기록 1953, 3쪽.

228 기록 1953, 5쪽.

229 기록 1953, 7~8쪽.

230 일기, 1954-03-15.

231 기록 1953, 11쪽.

232 기록 1953, 12쪽.

233 기록 1953, 13쪽.

234 일기, 1954-01-05.

235 일기, 1954-01-10.

236 일기, 1954-01-31.

237 일기, 1954-02-09.

238 연습(演習)은 '제미(ゼミ·제미, seminar의 일본식 표현)'라고 부르며 주로 발표식 수업을 말한다. 학생의 발표와 이에 대한 학생들 간의 토론, 그리고 담당 교수의 논평 등으로 진행된다.

239 일본 대학의 과목 운영은 한국처럼 학기 단위가 아니라 1년 단위로 진행된다. 보통 4학점짜리 한 과목은 매주 한 번씩 90분 수업을 1년 동안(봄, 가을, 겨울 등 3학기) 진행한다.

240 일기, 1954-02-1.

241 유인호도 졸업식 날인 1954년 3월 21일 일기에서 자신에게 경제학을 깨닫게 해주신 선생님들로 무토, 아베, 가케하시, 이노우에 교수를 꼽는 데 주저함이 없다. 일기, 1954-03-21.

242 일기, 1954-03-02.

243 일기, 1954-03-12.

244 일기, 1954-04-21.

245 일기, 1954-04-25.

246 유인호는 음악, 특히 악기 연주에 대한 관심이 많았다. 스스로 오르간, 피리, 바이올린을 배우려고 시도한 바 있다. 바이올린도 제대로 배운 것은 아니고 소리를 잘 내지는 못하는 것으로 보이지만 후기 일본 유

학 시절에 줄곧 함께해왔다.

247   일기, 1954-04-27.

248   일기, 1954-06-11. 제목 '고통'.

249   일기, 1954-07-01.

250   일기, 1954-07-02.

251   일기, 1954-07-06.

252   일기, 1954-07-23.

253   일기, 1954-08-15.

254   필자가 2011년 취재차 몇 차례 오카사를 방문해 강재성을 찾았으나 확인하기 어려웠다. 그해 11월 리쓰메이칸대학 우리동창회 신준우 회장의 도움을 얻어 어렵게 연락처를 확보하기는 했으나 그는 이미 고인이 된 다음이었다.

255   일기, 1954-08-16.

256   일기, 1954-09-20.

4부

1   일본 내각부 홈페이지 참조. http://www5.cao.go.jp/keizai3/keizaiwp/wp-je56/wp-je56-0000i1.html

2   '더 이상 전후가 아니다'라는 말은 《1956년 경제백서》의 총괄 결론 부분에 등장하는데 전후 문맥으로 볼 때 향후 경기에 대한 불안감을 드러낸 표현이었다. 그간의 일본 경제의 성과는 국제 환경, 특히 한국전쟁의 특별 수요에 힘입은 타율적인 것이었다는 문제의식에서 앞으로 일본 경제가 어떻게 성장해갈 것인가 하는 불안감이 담긴 비유였다. 하지만 이후 일본 경제가 고도성장기로 바로 이어지면서 이 말은 패전 후 10년 만에 전쟁의 폐허에서 빠르게 회복했다는 뜻으로 쓰이게 되었다.

3   한국은행 경제통계시스템(ECOS). 한국경제60년사편찬위원회편, 《한국경제60년사 제1권 경제일반》(2010 95~96쪽)에는 당시의 경제 상황을 다음과 같이 개괄한다. "달러 표시 1인당 GNP도 1953년 67달러에서 1961년 82달러로 증가하는 데 그쳤다. 국민 대다수가 빈곤을 벗어나지 못함에 따라 '저소득→저저축 및 저투자→저소득의 지속'이라는 악순환이 지속되었다. …… 1953~1955년에도 물가 상승률은 연평균 55퍼센트에 달하였다."

4   일기, 1954-09-21.

5   일기, 1954-10-04.

6   일기, 1949-07-24.

7   일기, 1954-08-23.

8   일기, 1954-10-05.

9   일기, 1954-12-20.

10   유인호는 전이진에 대해 당초에는 그리 좋은 감정은 아니었다. 전이진이 리쓰메이칸대학에 적을 두면서 밀무역에만 힘을 쏟았다는 점은 학업에 초점을 뒀던 유인호의 눈에는 그리 좋게 비치지 않았던 것이다. 그가 부산 소식통이었기 때문에 유인호는 1953년 봄 전이진이 리쓰메이칸대학에 편입학하면서 알게 된 이후 가끔씩 만나게 되었다. 일기, 1954-01-15.

11   일기, 1954-12-24.

12   일기, 1954-12-27.

13   《육군본부 계엄보통군법회의 검찰부 피의자 신문조서(제1회)》, 1980년 7월 19일.

유인호 평전, 사회변혁을 꿈꾼 민중경제학자의 삶

14 유인호의 강연 메모, 1983-06-21.

15 예춘호 인터뷰 녹취록, 2011년 2월 24일.

16 김필순 회고담 녹취록, 2009년 5월 20일.

17 일기, 1954-12-31.

18 일기, 1954-11-10.

19 김필순 회고담 녹취록.

20 김정완은 당시 《부산일보》에 그 같은 내용으로 보도되었다는 유인호의 이야기를 들은 바 있다고 했지만 기사의 실체는 확인하지 못했다.

21 이 내용과 관련해서는 이 책 제6장을 참조.

22 일기, 1951-10-20.

23 그즈음 유인호는 일본 공산당 입당을 적극적으로 추진할 정도로 좌편향적 인식에 매몰되어 있었기 때문에 이 같은 표현이 나온 것으로 보인다. 이 책 제11장을 참조

24 일기, 1951-11-12.

25 기록 1957, 1~2쪽.

26 기록 1957, 2쪽.

27 기록 1959, 1~2쪽.

28 일기, 1954-05-09.

29 기록 1952-2, 54쪽.

30 일기, 1951-01-24; 1951-02-24.

31 일기, 1951-01-20; 1951-02-12; 1954-01-28.

32 일기 1951-02-12; 1951-04-03.

33 일기, 1951-12-07.

34 일기, 1954-01-17.

35 일기, 1954-01-17.

36 일기, 1954-03-23.

37 김정완 회고담 녹취록.

38 김필순 회고담 녹취록.

39 김정완 회고담 녹취록.

40 기록 1959년, 3~5쪽.

41 이승만 대통령이 주장하는 대통령 직선제와 야당이 주장한 내각책임제 개헌안을 발췌 내지 절충하여 마련한 개헌안이라는 뜻이다. 그러나 발췌개헌안은 그해 1월 대통령 직선제 개헌안이 국회에서 부결되었음을 감안할 때 한 번 표결에서 부결된 안을 같은 회기 중에 다시 제출, 논의할 수 없다는 일사부재의(一事不再議) 원칙에 어긋날 뿐 아니라 제대로 된 토론도 없이 공고 기간이 만료되기도 전에 기립 표결로 의결이 강행되었다는 점에서 위헌성이 농후하다. 민주화운동기념사업회 한국민주주의연구소 엮음, 《한국민주화운동사 1》(돌베개, 2008), 40~45쪽, 참조

42 '초대 대통령에 한해 중임 제한 철폐'를 주 내용으로 하는 개헌안에 대해 실시한 1954년 11월 국회 표결은 재적 의원 203명, 출석 의원 202명, 찬성 135표, 반대 60표, 기권 7표로 나타났다. 개헌안 의결 정족수는 재적 의원 3분의 2인 136명이었기에 부결된 것으로 선포되었으나 여당인 자유당은 재적 의원 3분의 2는 수리적으로 따지면 135.33명인데, 0.33명은 있을 수 없고 반올림을 하면 소수점 이하는 삭제하는 것이 옳다며 135표를 가결한 것으로 주장한 것이다. 이른바 '사사오입개헌'으로, 이승만은 1956년 선

거에서 3선에 성공한다. 민주화운동기념사업회 한국민주주의연구소 엮음, 같은 책, 45~50쪽 참조.

43   민주화운동기념사업회 한국민주주의연구소 엮음, 같은 책, 113쪽.

44   민주화운동기념사업회 한국민주주의연구소 엮음, 같은 책, 122~124쪽.

45   민주화운동기념사업회 한국민주주의연구소 엮음, 같은 책, 129쪽. 외신은 4월 19일 경찰의 발포로 전국에서 123명이 사망했다고 전한다(《동아일보》, 1960년 4월 20일자). 4·19혁명의 전체적인 희생자 수는 186명이다(같은 책, 146쪽).

46   《동아일보》, 1960년 4월 20일자.

47   기록 1960.

48   민주화운동기념사업회 한국민주주의연구소 엮음, 같은 책, 221쪽.

49   민주화운동기념사업회 한국민주주의연구소 엮음, 같은 책, 224쪽. 화폐 단위 '환'은 1962년 7월 통화 개혁에 따라 '원'으로 바뀌는데 10환이 1원으로 대체되었기 때문에 10억 환은 액면가로는 1억 원이나 오늘날의 가치로 따지면 25~30억 원에 해당한다.

50   민주화운동기념사업회 한국민주주의연구소 엮음, 같은 책, 20~21쪽. '4·26 시위'란 비상계엄하에서 4월 26일 새벽 5시부터 세종로로 모여든 사람들이 이승만 정권 퇴진을 요구한 시위를 말한다. 이날 오전 10시 30분 라디오는 이승만 사임을 알렸다(민주화운동기념사업회 한국민주주의연구소 엮음, 같은 책, 142쪽).

51   통계청 통계(KOSIS)의 '종사자 규모별 주요 지표(1960~1998)'를 보면 1960년 500인 이상 대기업 평균 임금은 연 42만 3,999환이었다. 100만 환은 이들 월급의 28.3배이며 고용 노동부 자료로는 2011년 300인 이상 대기업 상용직 근로자 평균 월급은 417만 5,000원이었기에 단순 계산하면 1억 1815만 원에 해당한다.

52   기록 1959.

53   《재정》(1959년 7·8·9월호)에 게재.

54   경제학은 크게 두 구분한다면 주류 경제학(근대경제학)과 비주류 경제학(마르크스경제학)으로 나뉜다. 근대경제학은 애덤 스미스 이래 경제학의 주류를 형성하면서 고전학파, 신고전학파, 케인스주의, 통화주의, 합리적 기대이론 등으로 이어지고 마르크스경제학은 주류 경제학을 완전히 뒤집어엎었다고 해서 비주류 경제학으로 분류된다. 조용래 외, 〈정치경제학이란 무엇인가〉, 《자본주의사회를 보는 두 시각》(율곡 출판사, 1994), 19~34쪽 참조.

55   권영근, 〈이론과 실천의 통일의 경제학〉, 일곡기념사업회, 《일곡 유인호 민중·민족·민주경제론−고 유인호 교수 15주기 기념 심포지엄 자료집》(2007), 78쪽. 권영근은 나머지 세 단계에 대해 '현실 토착화와 농업 문제 및 민중경제학의 시대(1960년대 중반~1970년대), 민족과 경제사의 시대(공해 및 석유 포함, 1980년대 이후), 민주주의와 경제 민주화의 시기'로 평가했다.

56   유인호의 교재 만들기는 1965년 3월에 경제학 비전공자들을 위한 입문서 《경제학》을 내놓지만 실질적인 교안 구축은 대략 1960년대 초반에 완료된 것으로 보인다. 《경제학》에 대한 내용은 이 책 제17장에서 거론한다.

57   유인호, 〈경제 자립의 논리−돕의 후진국 발전론을 중심으로〉, 《농토》, 제2권 제2호(1961년 송년호), 99쪽.

58   한국경제60년사편찬위원회 편, 《한국 경제 60년사 제1권−경제일반》(2010), 102~103쪽.

59   조갑제, 《내 무덤에 침을 뱉어라》(조선일보사, 2001), 380쪽. 조갑제는 〈정유 공장 계획안〉이라는 항목에서 유인호가 군사정권으로부터 단독으로 의뢰를 받아 정유 공장 계획안을 마련했으며 그 내용은 대단히 "민족주의적인 냄새를 강하게 풍기고 있다"고 평가한다.

60   유인호, 〈정유 공장 운영시비〉, 《조선일보》, 1962년 1월 29일자. 유인호는 논단에서 석유를 '혈액적 존재'

라고 지적하면서 국영론을 폈다. 이 인용문 이하에서는 정유 공장을 왜 국영으로 해야 하는가에 대해 거론하고 있으나 내용은 앞에서 소개한 대로다.

61 유인호, 《좁은 공간 긴 사연—옥중 편지 모음》(양서원, 1991), 33쪽.

62 한국은행, 《국민계정》, 1994.

63 유인호, 〈2판 서문〉, 《한국농업협업화의 연구》(한국연구원, 1972), 7쪽.

64 일기, 1954-10-06.

65 阿部矢二, 〈農地改革の結果の二三について(농지개혁의 결과 두세 가지에 대하여)〉, 《立命館經濟學》(1951), 第1卷 第5·6號, p.14.

66 유인호, 《한국농지제도의 연구—토지조사사업과 농지개혁의 성격분석》(백문당, 1975). 이 책은 한일합병 직후부터 일제가 행한 토지조사 사업과 해방 후의 농지개혁에 대한 비교 분석을 경제사적으로 전개하고 있는데 서문에서 유인호는 다음과 같이 농지개혁의 문제점을 지적하고 있다. "해방 후 토지개혁으로 집약된 토지 문제의 해결책이 근본적으로는 토지개혁을 반대하는 층에 의하여 농지개혁으로 실시됨으로서 토지 소유 면에서의 봉건적 제(諸) 관계는 불식되었지만 농업을 전진적 방향으로 전개될 수 있게 하는 것은 아니었다"(6쪽). 마치 아베 교수가 한국의 농지개혁에 대해 논평하는 것 같은 내용이다.

67 《농업경제》(농림부, 1962), 제4호에 수록.

68 유인호, 《한국농업협업화의 연구》, 19~20쪽.

69 유인호, 〈경제자립의 논리—톱의 후진국발전론을 중심으로〉, 《농토》, 제2권 제2호(1961년 송년 호), 91~94쪽; 유인호, 《경제정책원리》(지문사, 1962), 300~303쪽. 당시 선진국 내부에서 거론된 후진국 개발론, 즉 소극적 발전론, 선진국에 대한 경제적 종속성을 유지하면서 개발이 이루어지는 노동집약적인 산업 발전, 개발 불가능론 등을 비판하고 있다.

70 유인호, 같은 글, 99쪽. 이 책 제15장 참조.

71 유인호, 같은 글, 97쪽. "공업화의 초기 단계에 있어서 발전을 제약하는 요인으로서는 해외로부터의 수입에 의해서만 획득될 수 있는 종류의 공업 설비(발전소, 용광로 설비, 기관차, 화차 공작기계 등)를 수입하는 문제가 그것이다"라고 지적하고 중화학공업 분야의 선택적 육성을 시사한다.

72 김종걸, 〈유인호 경제학과 한국 사회: 새로운 패러다임으로서 민중·민족·민주경제론〉, 《일곡 유인호의 민중·민족·민주경제론—고 유인호 교수 15주기 기념 심포지엄 자료집》(2007), 49쪽.

73 유인호, 《한국농업협업화의 연구》, 20쪽.

74 유인호, 같은 책, 55~56쪽.

75 유인호, 같은 책, 57쪽.

76 유인호, 같은 책, 85~86쪽.

77 유인호, 같은 책, 89~90쪽.

78 유인호, 같은 책, 94~95쪽.

79 유인호, 같은 책, 93쪽.

80 최종식, 《농업협동조합론신강》(일신사, 1965).

81 구재서, 《농업경영학》(농협중앙회, 1965).

82 주종환, 〈영세농 대책과 생산협동화의 문제점〉, 《농업경제》(농림부, 1965), 제12호.

83 유인호, 같은 책, 101쪽.

84 유인호, 같은 책, 152~153쪽.

85 유인호, 같은 책, 135쪽.

86 유인호, 같은 책, 136쪽. "우리나라에서 '협업화'를 '집단화'와 동의로 해석하고 또한 그것을 사회주의의

'집단농장' 시하는 일부 견해가 한때 있었다는 것은 '협업화'가 '공동화'와 본래적으로 같은 뜻이라는 점에서 유래된 것이라 하겠다"

87 유인호, 같은 책, 184~185쪽.

88 유인호도 협업농에 대해 조사한 바 있다면서 1967년 현재 "확실한 경영 체제를 갖춘 것만도 400에 가깝다"(유인호, 〈기업농 육성이라는 환상〉, 《조선일보》, 1967년 11월 21일자)고 말하고 있으나 그 구체적인 사례에 대해서는 더 이상 논의가 없다.

89 유인호는 《농촌경제》(제4호, 농림부, 1962)와 《소보》(창간호, 경기교육연구소, 1963)에 각각 '백운산농장 시찰기'를 싣고 백운산농장이 농업 협업화의 귀한 사례라고 소개하고 있지만 이곳은 산악 지형에 걸맞은 협업화 대응이라는 평가는 가능할지라도 일반 경작지에서의 농업 협업화 일반 사례로 소개하기에는 적절하지 않다. 이렇게 보면 현장성의 문제는 여전히 남는다.

90 유인호, 〈농지제도 후퇴는 불가〉, 《동아일보》 1967년 11월 14일자. 유인호, 《농업경제의 실상과 허상》(평민사, 1979), 156쪽에 수록.

91 유인호, 〈농지법 개정은 필요한가〉, 《대학신문》 1979년 9월 17일자. 유인호, 《나의 경제학-수난과 영광》(양서원, 1992), 269쪽에 수록. 결국 '농지 3정보 상한 보유 규제'는 1993년 농어촌발전특별조치법 개정에 따라 3헥타르(약 3정보)에서 10헥타르(시장, 군수의 승인을 받을 경우 10헥타르까지 허용)로 확대되었다.

92 당시의 백운산농장은 2012년 현재 확인할 수 없었다. 백운산 주변에 같은 상호를 쓰는 농장 몇 곳을 확인하고 연락을 해보았으나 대부분 2000년 전후에 자리를 잡았다고 한다. 기세 좋게 출발했던 백운산농장이 오랜 세월 속에 뿌리내리지 못하고 좌절한 것이 아닌지 모르겠다.

93 유인호, 〈백운산농장 시찰기〉, 《소보》(창간호, 경기도교육연구소, 1963), 21쪽.

94 유인호, 같은 글, 18~19쪽.

95 유인호, 같은 글, 22쪽.

96 유인호, 〈산을 생각한다〉, 《한국일보》 1976년 10월 9일자. 유인호, 《농업경제의 실상과 허상》, 211쪽에 수록.

97 카를 마르크스, 〈서문〉, 《정치경제학 비판을 위하여》(1985/1989). 번역은 岩波文庫의 武田隆夫 外 3人譯 참조, p.14.

98 유인호, 《경제정책원리》(지문사, 1963), 22쪽.

99 에릭 홉스봄, 〈해제〉, 성낙선 옮김, 카를 마르크스, 《자본주의적 생산에 선행하는 제형태》(신지평, 1993).

100 宇野弘藏, 《經濟原論の序論》, 《宇野弘藏著作集第1卷》(岩波書店, 1973), pp.17~18. 우노는 경제학의 연구 분야를 순(純)이론적 체계, 자본주의의 세계사적 발전 단계, 개별 국가의 자본주의 혹은 세계 자본주의에 대한 구체적인 분석으로 나눈다. 우노 경제학이 세간에 널리 알려지게 된 것은 《가치론》(河出書房, 1947), 《경제원론》(岩波書店, 1950~1952), 《공황론》(岩波書店, 1953), 《경제정책론-개정판》(弘文堂, 1954) 등이 간행된 시점으로 이는 유인호의 일본 유학 시점과 일치한다.

101 유인호, 《경제학》(진명문화사, 1965), 18쪽.

102 후리하타 세쓰오(降旗節雄) 전 쓰쿠바대 교수는 우노학파가 결과적으로 강좌파, 노농파의 대체 이론으로 기능하지 못했다고 비판한다. "우노의 만년의 저작 《경제학방법론》은 우노 이론에 대한 방법적인 총괄이라고 볼 수 있으나 거의 대부분을 원리론과 단계론의 고찰에 초점을 맞추고 있을 뿐 현상 분석에 대해서는 단 7쪽 정도를 할애하고 있는 데 불과하고 현대자본주의에 대해 거의 거론하지 않고 있다. 우노는 경제학 연구의 궁극적인 목표는 현상 분석이라고 말하고 있으며 현재는 이미 제국주의 단계가 아니라고 결론 내렸으면서도 현대를 분석하는 명확한 방법을 내놓지 못했다. 여기에 우노 이론의 아킬레스건이 있다"降旗節雄, 《解體する宇野學派》(論創社, 1983), p.12.

103 김종걸, 같은 글, 52~53쪽

104 유인호, 〈한국 경제, 그 삼분화 구조〉, 《동아일보》, 1970년 11월 3일자. 유인호, 《나의 경제학-수난과 영광》(양서원, 1991), 189쪽에 수록.

105 유인호, 〈한국 경제의 재생산 구조〉, 《재정》, 1972년 1월 호: 유인호, 《민중경제론》(평민사, 1982), 18~19쪽.

106 유인호, 같은 글, 25쪽.

107 유인호, 같은 글, 25~26쪽.

108 유인호, 같은 글, 19쪽.

109 유인호, 같은 글, 22쪽.

110 김종걸, 같은 글, 39~40쪽.

111 논문 〈한국경제의 재생산 구조〉는 1970년 11월 《동아일보》에 칼럼으로 기본 틀이 제시된 데 이어 《재정》 (1972년 1월 호)에 논문화되었으며 이후 유인호의 대표적인 저작, 즉 《한국경제의 재평가》, 《한국경제의 실상과 허상》, 《민중경제론》 등에 같은 제목으로 수정 없이 실려 있다. 그만큼 '삼중화 구조'는 한국 경제를 분석하는 유인호의 중요한 접근 틀이었으나 한국 경제의 변화에 상응한 분석 틀의 대응은 따르지 못했던 것으로 보인다.

112 유인호, 《경제학》, 15쪽 주.

113 유인호, 《한국경제의 재평가》, 5~6쪽: 유인호, 《민중경제론》, 3쪽.

114 유인호, 〈유신 경제, 그 신화의 허실〉, 《민족경제의 발전과 왜곡》(평민사, 1985), 70쪽.

115 유인호, 같은 글, 54쪽.

116 유인호, 〈민족경제의 발전과 왜곡〉, 같은 책, 52쪽.

117 유인호, 〈책머리에〉, 《민중경제론》(평민사, 1982), 2~3쪽.

118 백낙청, 〈민중은 누구인가〉, 《한국민중론》(한국신학연구소, 1984), 14쪽.

119 박현채, 〈민중과 경제〉, 같은 책, 224~225쪽.

120 유인호, 〈한일 경제협력의 실상〉, 같은 책, 131~132쪽. 같은 책 70쪽에도 '민족·민주·민중'이라는 표현이 나온다.

121 '1980년 서울의 봄'에 대해서는 이 책 제1장과 제2장을 참조.

122 유인호, 〈개헌안, 경제 조항은 이렇게〉, 《이코노미스트》, 1980년 4월 호: 유인호, 《나의 경제학-수난과 영광》, 44~45쪽에 수록. 유인호는 1986년 7월 신민당이 주최하고 장을병 교수 등과 함께 패널로 참여한 개헌 공청회에서 앞으로 개정될 헌법에는 이 '경제 기본권 7가지 규정'이 꼭 포함되어야 한다고 주장한 바 있다.

123 유인호, 〈민족경제의 발전과 왜곡〉, 《민족경제의 발전과 왜곡》(평민사, 1985), 52쪽.

124 변형윤·장시원·김기원 공저, 《한국경제론》(한국방송통신대학교, 1994), 296~298쪽.

125 유인호, 〈봇물 터진 물가, 어떻게 막나〉, 《신동아》, 1979년 4월 호. 유인호, 《나의 경제학-수난과 영광》, 225~226쪽에 수록.

126 유인호, 같은 글, 227쪽.

127 유인호, 같은 글, 229~228쪽.

128 유인호, 같은 글, 232~233쪽.

129 유인호, 〈쌀과 토지〉, 《농업경제의 실상과 허상》(평민사, 1979), 96~97쪽. 《세대》, 1974년 12월 호에 수록.

130 유인호, 같은 글, 99쪽. 2008년 경제협력개발기구(OECD)가 발표한 식량 자급률(사료 곡물 포함)을 보면 한국은 25.3퍼센트를 기록해 회원국들 중 꼴찌 그룹에 속해 있다.

131 유인호, 〈식량자급과 식량 생산〉, 같은 책, 115쪽. 《세대》, 1973년 9월 호에 수록.

132 유인호, 〈식량자급을 위한 기본철학〉, 같은 책, 126~129쪽. 《신동아》, 1975년 8월 호에 수록.

133 유인호, 〈이중 곡가제의 당위선과 한계성〉, 같은 책, 142~154쪽. 《세대》, 1909년 7월 호에 수록.

134 유인호, 같은 글, 153쪽.

135 유인호, 같은 글, 146쪽.

136 유인호, 〈외국 석유 자본에 대한 도전장〉, 《서울신문》, 1974년 1월 25일자. 유인호, 《나의 경제학-수난과 영광》, 290쪽에 수록.

137 '정유 공장 국영화'에 대해서는 이 책 제15장을 참조. 국영화를 주장하는 유인호의 셋째 이유는 국영으로 출발했다가 나중에 민영화하면 '국민주' 매입을 통해 국민들이 소액 자본을 투자할 수 있어 국내 저축을 늘리는 수단이 될 수 있다는 것이었다.

138 유인호, 〈정유 공장 운영 시비〉, 《조선일보》, 1962년 1월 29일자.

139 유인호, 〈석유 파동과 국민경제〉, 《조선일보》 1971년 9월 6·7일자. 유인호, 같은 책, 285~289쪽에 수록.

140 유인호, 같은 글. 유인호, 같은 책, 288~289쪽에 수록.

141 유인호, 〈외국 석유 자본에 대한 도전장〉, 《서울신문》, 1974년 1월 25일자. 유인호, 같은 책, 291쪽에 수록.

142 유인호, 〈석유가 인상과 에너지 정책의 방향〉, 《서울경제신문》, 1976년 12월 22일자. 유인호, 같은 책, 294쪽에 수록.

143 같은 글. 같은 책, 296~297쪽에 수록.

144 한국은행 경제통계시스템(ECOS).

145 김종걸, 〈유인호 경제학과 한국 사회: 새로운 패러다임으로써 민중·민족·민주경제론〉, 《일곱 유인호의 민중·민족·민주경제론-고 유인호 교수 15주기 기념 심포지엄 자료집》(2007), 63~73쪽.

146 이 말은 구소련 등 현실 사회주의가 몰락한 것과 관련해 "죽은 것이 있다고 한다면 그것은 소련과 동유럽에서 실천한 사회주의적 사회체제일 뿐 사상으로서 사회주의가 죽은 것은 아니다"는 유인호의 인식을 정확하게 짚어낸 것이라 하겠다. 유인호, 〈권두언-사회주의권의 동요와 한국의 진보주의자〉, 《사회평론》, 1991년 11월 호.

147 유인호, 같은 글.

148 미국이 비키니 섬에서 첫 수소폭탄 실험을 벌인 것은 1952년 11월인데 이후 67회나 실험이 반복되었다. 이 실험 이후 피폭환자들이 속출했다. 대표적인 것이 비키니 섬 부근에서 조업하던 참치잡이 일본 어선 다이고후쿠류마루(第五福龍丸)호다.

149 일기, 1954-06-06.

150 일본의 공해병으로는 미나마타병, 이타이이타이병, 제2미나마타병, 집단 천식 등이 대표적이다

151 일본의 시민운동과 관련해서는 다음을 참조. 조용래, 〈반천황제와 시민운동: 기대와 전망〉, 《천황제 코드》 (shsgud, 2009), 235~260쪽.

152 홍성태 상지대 교수는 1995년 발표한 글에서 유인호의 〈경제성장과 환경 파괴〉에 대해 "20년도 더 지난 논문이지만 이 글에서 지적되고 있는 공해의 실태는 오늘날에도 여전히 타당하다. …… 공업화에 의한 환경오염을 극소화하는 것이야말로 공업화의 기본 전략이 되어야 한다는 유인호 교수의 평가 역시 여전히 그 시의성을 잃지 않고 있다"고 논한 바 있다. 홍성태, 〈지방자치, 지역개발 그리고 환경문제〉, 《인재 제일》(삼성 사외보, 1995).

153 강연 메모, 1983-02-21. 당시 강연 제목은 '공해란 무엇인가-사회과학적 측면에서'였다. 이 책 제5장을 참조.

154 유인호, 〈경제성장과 환경 파괴-성장과 대가에서 본 경제성장〉, 《창작과비평》, 1973년 가을호, 885쪽.

155 유인호, 같은 글, 885~887쪽.

156 유인호, 같은 글, 888쪽.

157 유인호, 같은 글, 886쪽.

158 유인호, 〈경제성장과 공해〉, 《대학주보》, 1985년 1월 1일자. 유인호, 《나의 경제학—수난과 영광》, 214쪽에 수록.

159 《아사히신문》, 1973년 7월 31일자.

160 유인호는 《아사히신문》이 1973년께 일본이 석유콤비나트, 가구 산업과 같은 공해산업을 한국으로 수출하는 것에 대해 연일 보도하고 있다고 자세히 소개한다. 유인호, 《민중경제론》(평민사, 1982), 323~326쪽.

161 유인호의 일본 NHK TV 인터뷰 메모, 1992-04-12. 도요 레이온은 현 '도레이(Toray)'이며 당시 한국 측 파트너 기업은 한국나일론(현 '코오롱인더스트리')이었다.

162 유인호, 〈경제성장과 환경 파괴—성장과 대가에서 본 경제성장〉, 《창작과비평》, 896쪽.

163 松下圭一, 《シビル・ミニマムの思想(시빌 미니멈의 사상)》(東京大學出版會, 1971)을 참조.

5부

1   유인호의 강의 메모, 〈한국경제의 기본 모순과 극복의 논리〉, 1989-06-19.

2   1990년 3당 합당 이후 거대 여당 민자당의 탄생과 더불어 민주 세력에 대한 전면적 탄압에 대한 반발 투쟁이다. "1991년 5월 투쟁은 노태우 정권을 정치적 위기 상황으로 몰아간 6공화국 최대의 대중 투쟁으로 이른바 '백골단'에 의해 강경대 사망 사건이 발생한 4월 26일부터 투쟁 지도부가 명동성당에서 완전히 철수하는 6월 29일까지 약 60여 일에 걸쳐 전개되었다" 민주화운동기념사업회 한국민주주의연구소 엮음, 《한국민주화운동사 3》(돌베개, 2010), 464쪽.

3   유인호, 〈진보를 위한 변혁, 오늘의 실천 과제입니다〉, 《중대신문》, 1992년 1월 1일자.

4   '경제 기본권 7가지 규정'에 대해서는 이 책 제17장을 참조.

5   유인호, 〈경제 민주주의의 실현〉, 《샘이깊은물》, 1987년 11월 호, 45~46쪽.

6   유인호, 같은 글, 45쪽.

7   유인호, 같은 글, 46쪽.

8   유인호, 같은 글, 46쪽.

9   유인호, 〈진보를 위한 변혁, 오늘의 실천 과제입니다〉, 《중대신문》, 1992년 1월 1일자.

10 유인호, 서문 〈연구의 중간보고를 내는 변명〉, 《한일경제 100년의 현장》(일월서각, 1984), 7쪽. 이 책 제4장 참조.

11 유인호, 서문 〈연구의 중간보고를 내는 변명〉, 같은 책. 유인호의 한국 경제사 연구 구상에 대해서는 이 책 제4장을 참조.

12 유인호, 〈한국 자본주의사 연구의 과제〉, 《한국근대학문의 성찰》(중앙대학교 개교 70주년 기념 학술 심포지엄 자료집, 중앙문화연구원, 1988), 18~19쪽.

13 유인호, 같은 글, 19쪽.

14 유인호, 같은 글, 27쪽.

15 유인호의 여행 일지 기록(1987-06-27)를 보면 두 번째 유럽 여행을 마친 후 귀국하는 비행기 안에서 '다음엔 홀로가 아니라 꼭 가족과 함께 유럽을 다시 찾아야지'라고 결심한 바 있다. 유인호의 유럽 여행에 대해서는 이 책 제4장과 제5장 참조.

16 杉山伸也譯, 《譯者あとがき(역자 후기)》, W. G. ビーズリー, 《日本帝國主義(역자 후기)》, W. G. ビーズリー, 《日本帝國主義 1894~1945: 居留地制度と東アジア(거류지 제도와 동아시아)》(岩波書店, 1990), pp.304~305.

17 일기, 1954-01-08.

18　유인호는 원래 1929년생이었으나 곡절이 있어 호적상으로는 1926년생으로 되어 있다. 이 책 제6장을 참조.

19　김정완 회고담 녹취록.

20　유인호의 〈기록-나의 생활사(生活詞)〉에 담겨 있는 〈희망의 새〉라는 시로 그가 1949년 2월 24일 쓴 것이다. 시 말미에 "내가 처음으로 지은 글월"이라는 설명이 붙어 있다.

21　장을병 전 성균관대 총장은 유인호 화갑 기념 논문집 서문에서 '남달리 정열적이고 늙기에 인색한 유인호 교수'가 화갑 잔치를 않겠다고 해서 애를 먹었다고 소개한 바 있다. 일곡화갑기념논문집간행위원회 편, 《일곡 유인호 교수 화갑기념논문집-우리 시대 민족운동의 과제》(한길사, 1986), 4쪽. 이 책 제5장 참조.

22　유인호, 〈미리 생각해 보는 종강의 변〉, 《중앙문화》(1988). 유인호, 《나의 경제학-수난과 영광》, 352쪽에 수록.

23　유인호, 같은 글, 353쪽.

24　유인호는 〈미리 생각해 보는 종강의 변〉에서 호치민을 시의 저자로 소개하지 않았다. 다만 괄호 안에 '작자는 훗날 밝히기로 하고'라고 적었을 뿐이다. 베트남의 독립과 공산 통일을 이끈 호치민을 편하게 소개하지 못할 정도로 1988년 당시 한국 사회의 지형은 여전히 자유롭지 못했던 탓이다.

25　유인호, 같은 글, 354쪽.

26　김정완, 〈밀레〉, 《에세이플러스》, 2006년 10월 호. 《고 유인호 교수 15주기 기념 심포지엄 자료집-일곡 유인호의 민중·민족·민주경제론》(일곡기념사업회 학술위원회, 2007), 96쪽에 수록.

27　김정완, 〈꿈에 사는 사나이, 인간 유인호를 그리며〉, 《고 유인호 교수 15주기 기념 심포지엄 자료집》, 3쪽.

28　김정완, 같은 글, 같은 쪽.

29　일곡기념사업회 홈페이지 참조. www.memory-yuinho.org

30　맑스코뮤날레 홈페이지 참조. www.communnale.net

참고 문헌

기본 사료
1. 일기
1) 1948년 7월 20일~8월 10일, 2) 1949년, 3) 1950년, 4) 1951년, 5) 1952년 1월 1일~2월 28일, 6) 1954년

2. 여행일지
1) 1983년 5월 1일~6월 30일, 2) 1987년 6월 21일~7월 6일

3. 기록·메모
1) 기록 1952–1, 2) 기록 1952–2, 3) 기록 1953, 4) 기록 1957, 5) 기록 1959, 6) 메모 1959~1963,
7) 가계부 메모(1960년 4월~1982년 12월), 8) 나의 생활사(生活詞)

4. 인터뷰·회고담 녹취록
1) 육본 계엄보통군법회의 암취록(暗取錄), 1980년 5월 28일
2) 육본 계엄보통군법회의 검찰부, 제1회 피의자 신문조서, 1980년 7월 19일
3) 육본 계엄보통군법회의 유인호 최후진술 암취록, 1980년 9월 12일
4) 육본 계엄고등군법회의 4회 공판 암취록, 1980년 10월 28일
5) 김구보 회고담 녹취록, 2006년 1월
6) 장기중 인터뷰 녹취록(1·2), 2007년 6월 20일과 2011년 11월 26일
7) 김세균 회고담, 2009년 1월 19일
8) 김필순 회고담 녹취록, 2009년 5월 20일
9) 예춘호 인터뷰 녹취록, 2011년 2월 14일
10) 김정완 회고담(1~4), 2011년 2월~2012년 3월

한국 문헌(가나다순)

가지무라 히데키(梶村秀樹), 김인덕 옮김, 《재일조선인운동–1945~1965》, 현음사, 1994.

강만길, 《20세기 우리 역사》, 창작과비평사, 1999.

강만길, 《역사가의 시간》, 창비, 2010.

강재언·김동훈·하우봉·홍성덕 공저, 《재일한국·조선인–역사와 전망》, 소화, 1999.

강준만, 《한국현대사산책–1940년대 편 1·2권》, 인물과사상사, 2004·2006.

구재서, 《농업경영학》, 농협중앙회, 1965.

권영근, 〈이론과 실천의 통일의 경제학〉 《일곡 유인호 민중·민족·민주경제론–고 유인호 교수 15주기 기념 심
        포지엄 자료집》, 일곡기념사업회, 2007.

김기원, 〈미군정기의 사회경제〉, 《한국사 18》, 한길사, 1994

김남식, 〈박헌영과 8월 테제〉, 《해방전후사의 인식 2》, 한길사, 1985.

김남식, 〈조선공산당과 3당 합당〉, 《해방전후사의 인식 3》, 한길사, 1985.

김동리, 〈좌우간의 좌우〉, 《백민》, 1946년 11월 호.

김민환, 《미군정 공보기구의 언론활동》, 서강대언론문화연구소, 1991.

김삼웅, 《리영희 평전》, 책으로보는세상, 2010.

김삼웅, 《송건호 평전 : 시대가 '투사'를 만든 언론선비》, 책으로보는세상, 2011.

김수행, 《한국에서 마르크스주의 경제학의 도입과 전개과정》, 서울대학교출판부, 2004.

김인덕, 《재일본조선인연맹 전체대회 연구》, 선인, 2007.

김정남, 《진실, 광장에 서다-민주화운동 30년의 역정》, 창비, 2005.

김정완, 〈편지로 못 다한 옥바라지 이야기〉, 《좁은 공간 긴 사연》, 양서원, 1991.

김종걸, 〈유인호경제학과 한국 사회: 새로운 패러다임으로서의 민중·민족·민주경제론〉, 《일곡 유인호의 민중·민족·민주경제론-고 유인호 교수 15주기 기념 심포지엄 자료집》, 2007.

김태승, 〈미군정기 노동운동과 전평의 운동노선〉, 《해방전후사의 인식 3》, 한길사, 1987.

김형기, 《한국의 독점자본과 임노동》, 까치, 1988

김형수, 《문익환 평전》, 실천문학사, 2004.

V. I. 레닌, 김남섭 옮김, 《공산주의에서의 좌익 소아병》, 돌베개, 1989.

카를 마르크스, 성낙선 옮김, 《자본주의적 생산에 선행하는 제형태》, 신지평, 1993.

민주화운동기념사업회 한국민주주의연구소 엮음, 《한국민주화운동사 1·2·3》, 돌베개, 2008~2010.

박지향, 〈한국의 노동운동과 미국, 1945~1950〉, 박지향 외 엮음, 《해방 전후사의 재인식 2》, 책세상, 2006.

박현채, 〈민중과 경제〉, 《한국민중론》, 한국신학연구소, 1984.

박형규, 신홍범 정리, 《박형규 회고록, 나의 믿음은 길 위에 있다》, 창비, 2010.

백낙청, 〈민중은 누구인가〉, 《한국민중론》, 한국신학연구소, 1984.

변형윤·장시원·김기원 공저, 《한국경제론》, 한국방송통신대학교, 1994.

브루스 커밍스, 김자동 옮김, 《한국전쟁의 기원》, 일월서각, 1986.

서중석, 《남북협상 : 김규식의 길, 김구의 길》, 한울, 2000.

송건호, 《민주언론 민족언론》, 두레, 1987.

안재성, 《한국노동운동사 2-해방 이후에서 1987년 대파업까지》, 삶이보이는창, 2008.

양동주, 〈해방후 좌익운동과 민주주의민족전선〉, 《해방전후사의 인식 3》, 한길사, 1987.

오자와 유사쿠, 이충호 옮김, 《재일조선인 교육의 역사》, 혜안, 1999.

이동원·조성남, 《미군정기의 사회이동 : 배경, 특성, 그리고 그 영향》, 이화여대출판부, 1997.

이우용, 《해방공간의 민족문학사론》, 태학사, 1991.

일곡기념사업회 학술위원회, 《고 유인호 교수 15주기 기념 심포지엄 자료집-일곡 유인호의 민중·민족·민주경제론》, 2007.

일곡화갑기념논문집간행위원회 편, 《일곡 유인호 교수 화갑 기념 논문집-우리 시대 민족운동의 과제》, 한길사, 1986.

장을병, 《옹이 많은 나무》, 나무와 숲, 2010.

전상인, 〈해방공간의 사회사〉, 박지향 외 엮음, 《해방 전후사의 재인식 2》, 책세상, 2006.

정영태, 〈노동운동〉, 《한국사 18》, 한길사, 1994.

조갑제, 《내 무덤에 침을 뱉어라》, 조선일보사, 2001.

조용래·김재익·김승욱·유원근 공저, 《자본주의사회를 보는 두 시각》, 율곡, 1994.

조용래, 《천황제 코드》, 논형, 2009.

주종환, 〈영세농 대책과 생산협동화의 문제점〉, 《농업경제》, 제12호, 농림부, 1965.

최상용, 《미군정과 한국민족주의》, 나남, 1998.

최종식, 《농업협동조합론신강》, 일신사, 1965.

피터 현, 《세계를 구름처럼 떠도는 사나이》, 푸른숲, 1996.

한국경제60년사편찬위원회 편,《한국경제 60년사 제1권－경제일반》, 2010.

한국은행,《국민계정》, 1994.

일본 문헌(연도순)

張基重,〈思い出の青丘寮〉, 立命館大学우리同窓会編,《玄海灘7号》, ウインかもがわ, 2012.

松下佳弘,〈占領期朝鮮人学校閉鎖にかかわる法的枠組みとその運用〉,《教育史·比較教育論考》, 北海道大学教育学部, 2010年 6月.

雨宮昭一,《占領と改革─シリーズ日本近現代史⑦》, 岩波新書, 2008.

松下佳弘,〈京都における朝鮮人学校閉鎖期(1948~1950年)の状況〉, 演劇·パネルディスカッション実行委員会編,《京都·滋賀の民族教育ー4·24教育闘争60周年を迎えてー》, 2008年 5月 1日.

三省堂編修所編,《詳細日本史用語事典》, 三省堂, 2008.

田中宏,《在日外国人：法の壁, 心の溝》, 岩波新書, 2008.

吉田裕編,《戦後改革と逆コース》, 吉川弘文館, 2004.

辛榮浩,〈小説ー青丘寮〉, 立命館大学우리同窓会編,《玄海灘6号》, ウインかもがわ, 2002.

平凡社編,《日本史事典》, 平凡社, 2001.

水野直樹,〈第三国人の起源と流布についての考察〉, 在日朝鮮人運動史研究会編,《在日朝鮮人史研究30号》, 緑蔭書房, 2000.

伊藤元重·猪木武徳など編集,《日本経済事典》, 日本経済新聞社, 1996.

田中浩,《戦後日本政治史》, 講談社学術文庫, 1996

金慶海,〈四·二四教育闘争〉, ほるもん文化編集委員会,《在日朝鮮人民族教育の行方─ほるもん文化5》, 新幹社, 1995.

井村喜代子,《現代日本経済論-敗戦から<経済大国>を経て》, 有斐閣, 1993.

ビーズリー, 杉山伸也訳,《日本帝国主義 1894~1945: 居留地制度と東アジア》, 岩波書店, 1990.

姜在彦,〈民戦時代の私〉,《体験で語る解放後の在日朝鮮人運動》, 神戸学生青年センター出版部, 1989.

朴慶植,〈在日朝鮮人の運動史の視点〉,《体験で語る解放後の在日朝鮮人運動》, 神戸学生青年センター出版部, 1989.

カール·マルクス,《政治経済学批判》, 武田隆夫外訳, 岩波文庫, 1985.

降旗節雄,《解体する宇野学派》, 論創社, 1983.

宇野弘蔵,《宇野弘蔵著作集第1巻》, 岩波書店, 1973.

松下圭一,《シビル·ミニマムの思想》, 東京大学出版会, 1971.

関弥三郎,〈故武藤守一先生を偲んで〉,《立命館経済学》, 第19巻第5号, 立命館大学経済学部, 1970.

清水俊貞,〈故武藤守一先生を偲んで〉,《立命館経済学》, 第19巻第5号, 立命館大学経済学部, 1970.

末川博,《法学入門》, 有斐閣, 1967.

阿部矢二,〈農地改革の結果の二三について〉,《立命館経済学》, 第1巻第5·6号, 立命館大学経済学部, 1951.

東京大学協同組合出版会編,《聞け, わだつみの声》, 1949.

Wikipedea, '大村収容所', '瀧川事件'.

리쓰메이칸대학 홈페이지 www.ritsumei.jp

재일본조선유학생동맹 중앙본부 홈페이지 www.ryuhaktong.org

재일본대한민국민단 홈페이지 www.mindan.org

일본 내각부 홈페이지 http://www5.cao.go.jp

연보 *

1929년 7월 17일	경남 밀양시 산내면 가인리 2231번지에서 아버지 유진영과 어머니 이분석의 차남으로 출생(음력 6월 12일)
1937년 4월	산내공립보통학교(현 산내초등학교) 입학
1942년 4월	포항공립보통학교(현 포항초등학교)로 전학
1943년 3월	포항공립보통학교 졸업
1945년	경주역 철도국 구내 담당으로 근무(~1947년 중반)
1947년 중반	부산역 안내 담당으로 근무(1948년 2월)
7월께	남로당 가입
1948년 2월 7일	부산 철도경찰서에서 구류 10일(철도노조 파업 관련, ~17일)
4월	해운회사 KBM 등에서 외항선원으로 근무(~8월)
1949년 5월 8일	부산 다대포항에서 일본으로 밀입국
5월 10일	일본 시모노세키를 거처 교토(京都) 도착
6월 18일	교토 건국소학교(조선인학교) 교사(~8월 12일)
10월 13일	교토 우메즈(梅津)소학교(조선인학교) 교사(~1950년 3월 27일)
1950년 4월 24일	리쓰메이칸대학 경제학부 입학
1951년 3월 15일	우메즈조선인야학 교사(~8월 29일)
8월 5일	아키타(秋田) 현 유자와(湯沢)경찰서 구치소 구류 1일(식량관리법 위반)
11월 14일	일본 공산당 비주류파인 반전학생동맹(반학동) 가입
12월	일본 공산당 가입
1952년 2월 28일	교토구치소 수감(2월 23일 우쿄세무서 투석 사건, ~3월 24일)
3월	재일조선통일민주전선(민전) 산하 교육동맹 교토 지부장으로 선출
9월 16일	홋카이도 쿠시로(釧路)형무소 · 교토구치소 수감(소련으로 밀출국 기도 건, 집행유예 중 신고 없이 거주지를 이탈한 건, ~10월 14일)
12월께	일본 공산당 출당
1953년 6월 12일	교토 지방법원, 최종 공판에서 징역 1년 6개월과 집행유예 2년 판결
1954년 3월 21일	리쓰메이칸대학 경제학부 졸업
5월 10일	리쓰메이칸대학 대학원 경제학연구과 입학

---

* 저서는 '〈 〉'로, 논문은 '〈 〉'로, 강연 · 토론 · 발표 · 인터뷰 · 대담 · 좌담은 작은따옴표로 묶었다.

유인호 평전, 사회변혁을 꿈꾼 민중경제학자의 삶

1955년 4월	리쓰메이칸대학 대학원 경제학연구과 과정 수료
봄	귀국
9월	부산 동아대 강사
1956년 3월	부산대 강사, 경남 양산 통도사에서 요양과 공부
6월	'경제학의 이론과 역사와 정책' 주제 발표, 부산대학교 경제학회
1957년 9월	고려대, 동국대 강사
10월	〈통화 및 물가문제에 관한 논리적 귀결점〉, 《재정》
	〈사회과학의 확립과정-전체과학으로서의 철학의 유대에서 분화발전되는 과정〉, 《동대시보》 65호
11월	〈사회기원의 논리-사회발생의 논리적 역사적 측면〉, 《동대시보》 69호
11·12월	〈J. Robinson, 맑스·마샬·케인즈 1·2〉(번역), 《고시계》
1958년	동국대 전임강사, 중앙대, 고려대, 경기대, 한양대, 숙명여대 강사
	한국농업문제연구회(회장 주석균) 연구회원으로 활동(~1962년)
1월	〈J. Robinson, 맑스·마샬·케인즈 3〉(번역), 《고시계》
2·3월	〈경제학과 현대-J. Robinson, 都留重人, 木村健康 좌담〉(번역), 《고시계》
4월	〈자본주의정신으로서의 영리심-영리심에 관한 논리적 고찰〉, 《재정》
	〈영리심에 관한 논리적 고찰-자본주의 정신에 관하여〉, 《동대시보》 74호
5월	〈경제이론과 경제정책-과학으로서의 정책학의 검토〉, 《재정》
	'과학의 대상' 발표, 한국농업문제연구회
6월	〈A. Smith의 '생산적 노동'의 개념규정에 관하여〉, 《재정》
	〈R. L. Meek, 경제사상에 있어서의 케인즈의 위치〉(번역), 《고시계》
7월	'과학방법론' 발표, 한국농업문제연구회
8월	〈농업국이 공업화 하는 길-농업국에 있어서의 공업화에 관한 약간의 문제: M. Dobb: Some Aspects of Economic Development의 제2강〉(번역) 《재정》
9월	〈위기의 극복〉, 《동대학보》 창간호
	〈자본주의하의 경제발전의 길: M. Dobb: Some Aspects of Economic Development의 제1강〉(번역), 《재정》
10월	'봉건지대와 자본주의적 발전' 발표, 한국농업문제연구회
11월	〈2차대전 후의 미국의 농업정책〉, 《재정》
12월	"현대' 자본주의의 성격' 발표, 한국농업문제연구회
1959년 4월	동국대학교 경제학과 조교수
	한국농업경제학회 이사(~1975년)
1월	〈현대경제정책의 성격〉, 《재정》
2월	〈미국의 대외원조정책의 전망-1957년 3월의 제보고가 시사하는 것〉, 《농토》 제10권 1호
7월	〈경제학의 철학 1-과학하는 태도〉, 《재정》
8월	〈인플레이션논에 관한 약사의 음미-한국 인플레이션의 출발과 그 이론적 서설〉, 《산업경제》 63호

	〈경제학의 철학 2—경제학 방법론에의 접근 서설〉, 《재정》
9월	〈경제학의 철학 3—사회과학의 인식방법〉, 《재정》
1960년	저서 《경제정책론》(지범사) 출간
	역서 《후진국 경제개발론》(M. 돕 저, 일한도서출판사) 출간
	역서 《경제정책의 이론》(J. 틴버겐 저, 이정재·유인호 공역, 박영사) 출간
1월 24일	김정완과 약혼
4월 9일	결혼(천도교 수운회관)
9월	〈경제유감〉, 《재정》
10월	한국경제학회 평의원(~1962년 9월)
12월 24일	동국대학교에서 파면(학원 민주화 운동의 일환으로 비리 척결 총장 퇴진 운동과 관련하여)
1961년	고려대, 한양대 강사
2월	아들 권(權) 태어남
6월	국가재건최고회의 기획위원회 재경소위 상근 전문위원(~12월)
12월	〈경제자립의 논리—M. Dobb의 후진국 개발론을 중심으로〉, 《농토》 제2권 2호
1962년	저서 《경제정책원리》(지문사) 출간
1월	〈정유공장 운영시비—국영으로 출발하라〉, 《조선일보》
6월	〈두 차례 통화개혁의 비교〉, 《동대신문》
7월	농림부 농업구조정책심의회 위원(~1964년 3월)
8월	백운산 개척 농장 시찰
10월	라디오 HLKV(한국문화방송) 출연(방송 첫 출연)
11월	농림부 농업개혁사편찬위원회 위원(~1965년 5월)
	'농산물 가격정책의 장래 방향' 토론, 서울대학교 상과대학 농업경제연구회
12월	큰딸 선주(鮮珠) 태어남
	〈농업의 고도화와 협업—농업발전의 방향〉, 《농업경제 Ⅳ》
1963년 3월	중앙대학교 경제학과 부교수
1월	농림부 농업관측심의위원회 위원(~1965년 5월)
	〈기적은 산에서 시작되다〉, 《신사조》
4월	농림부 중앙개척농장사업추진위원회 위원(~1965년 5월)
5월	'한국경제개발을 위한 자본형성' 토론, 연세대학교 상경연우회
6월	〈Cogito—이성·과학·변혁〉, 《중대신문》
7월	국제연합식량농업기구(FAO) 한국협회 경제전문위원회 위원(~1972년 5월)
8월	〈발등의 불을 어떻게 끄며, 어떻게 하면 식량부족을 항구적으로 면할까〉, 《비지니스》
	백운산 개척농장 시찰
11월	〈B. A. 정책강화의 배경—최근 미국경제사정의 변화와 관련해서〉, 《재무》
	〈미국의 국제수지변화가 우리나라 경제에 미치는 영향에 관한 연구〉, 《경제학논집》(중대경상대학) 6-1
12월	〈농업의 새로운 형태—백운산 농장 시찰기〉, 《소보(경기도 교육연구소)》 창간호
	〈좌담: 물가·임금·시장·경영〉, 《한국생산성본부》

1964년 4월	국무총리실 중앙식량증산대책본부 위원(~1976년 3월)
5월	서대문구 현저동으로 이사
6월	현저동 집 1층에 도성약국 개업(부인 김정완이 약사로 근무하며 경영)
12월	〈한국농업의 방향 모색을 위한 현상분석-농업협업화에 관한 연구서설〉, 《조사연구집》(FAO한국협회)
1965년	저서 《경제학》(진명문화사) 출간
3월	〈한국농업의 구조적 모순에 관한 연구〉, 《경제학논집》 7-2
7월	〈수지면에서 본 한국농업〉, 《경상신문》 제7호
8월	둘째딸 선경(鮮累) 태어남
12월	〈농업협업화의 논리-우리나라 농업근대화의 방향으로서의 농업협업화〉, 《논문집》(중앙대학교) 제10호
	〈농업협업화의 논리성〉, 《경상신문》 제12호
1966년 3월	〈농업근대화에 관한 제론비판〉, 《비지니스》
4월	'농업문제 심포지엄' 토론, 서울대학교 농과대학 학생회
5월	〈Karl Marx의 생애와 학설〉, 《경상학보》제22집
10월	운장산 협업 개척 농장 시찰
	〈오늘의 문제, 내일의 과제-경제분야에서〉, 《중대신문》
11월	〈협업제도하에서의 사회적 생산력〉, 《구재서 교수 회갑기념논문집》
12월	〈농업협업화의 형태구분에 관한 약간의 문제점〉, 《조사연구집》(FAO한국협회)
1967년	저서 《한국농업협업화의 연구》(한국연구원) 출간
3월	〈경제적 측면에서 본 농업기본법〉, 《농원》
8월	〈농업기계화는 실현될 수 있을까-기계화의 효과와 제약요인의 검토〉, 《농원》
	〈농업의 협업화와 생산성 제고〉, 《창립10주년기념논문집》(K.P.C)
10월	〈농업근대화의 접근방식에 대한 제론〉, 《녹원》 69호
11월	〈농업기계화에 관한 약간의 제도적 문제-농업협업화와의 관련에서 본 농업기계화〉, 《경제학논집》 제10권
	〈농지제도의 후퇴는 불가-현행제도의 보완에 그치라〉, 《동아일보》
	〈기업농 육성이라는 환상-농지법을 둘러싼 논란에 부쳐〉, 《조선일보》
12월	〈농업에 있어서의 제도개혁과 기술혁신에 관한 약간의 문제〉, 《조사연구집》(FAO한국협회)
1968년 3월	〈농업의 근대화와 농지제도〉, 《세대》
10월	'한국경제의 진로' 토론, 중앙대학교 경상대학 학생회
11월	'농산물가격 현실화에 따른 농가경제의 전망' 강연, 중앙대학교 경상대학
12월	〈농업근대화의 방향에 관한 고찰〉, 《조사연구집》(FAO한국협회)
1969년	한국협업농업연구소 창립 및 소장을 맡음(~1970년)
1월	〈고도성장하의 경제적 허점〉, 《비지니스》
	〈쌀값 성책의 검토-과연 '통제'는 타당한가〉, 《조선일보》
2월	셋째딸 선진(鮮眞) 태어남

5월	〈새 생활의 발견-새것과 헌것, 우리 것의 발견, 주견 있는 생활〉, 《중대신문》(MBC라디오 1~2월 6회 방송 원고 중 3회)
6월	〈모자라는 '일손'을 어떻게 해결하나-협업화를 통한 방법〉, 《새농민》
	〈협업화의 문제점-어떤 형태라야 되는가〉, 《농업한국》
7월	〈이중 곡가제의 당위성과 한계성-농업정책의 장기적 안목에서〉, 《세대》
	〈농업근대화와 농업기계화에 관한 연구-농업근대화의 방향과 제도개혁에 의한 기술혁신의 문제〉, 《논문집》(중대) 제14집
9월	〈식량기근은 구제될 것인가-식량기근의 원인을 파헤쳐본다〉, 《중앙문화》
	〈근대화를 위한 경제발전과 국가〉, 《중대신문》
11월	〈농민은 왜 못사는가-수지맞지 않는 농업〉, 《신동아》
1970년	한국농업정책학회 발기인 · 이사(~1980년)
2월	〈한국농업의 재생산구조-농업경제의 해부〉, 《정경논집》 제2집
	〈농업근대화에 관한 연구〉, 《박근창교수 회갑기념논문집》
4월	〈농업생산과 기계화에 대한 고찰〉, 《새농민》
	〈한국경제의 재생산구조-3중 구조적 성격의 검토〉, 《중대신문》
5월	'한국경제의 삼중 구조적 성격에 관한 검토' 주제 발표, 중앙대학교 아카데미 데이
11월	〈한국의 경제학과 경제학자-그 시대적 사명과 책임-3분화 구조〉, 《동아일보》
1971년 1월	〈경제행정의 의식구조-정책좌표와의 관련에서〉, 《신동아》
	〈적정성장률의 재검토-안정 · 긴축에만 얽매일 때가 아니다〉, 《현대경제일보》
2월	〈농업협업화에 관한 연구〉, 《정경논집》 제3 · 4합병호
	〈3차 5개년계획, 그 허와 실-농업〉, 《동아일보》
3월	《LIFE》와 인터뷰하다
6월	〈수곡수매가의 적정선은?〉, 《서울경제신문》
	〈읽기 싫은 글〉, 《중대신문》
7월	'미일경제와 대 중공정책' 발표, 고려대학교 아세아연구소
	가나야마(金山) 주한 일본 대사와 면담
9월	〈새해 예산 삭감론〉, 《동아일보》
	〈석유파동과 국민경제〉, 《조선일보》
	〈곡학아세〉, 《매일경제신문》
	〈산학협동-잘못된 인식〉, 《중대신문》
	'미·일 경제의 중공접근과 우리의 자세' 강연, 서울대학교 법과대학 학생회 시국대강연회, 중앙대학교 경우회
	국제석유독점자본의 횡포와 자립경제' 강연, 민주수호청년협의회
	'국제경제의 파동과 한국의 경기불황' 강연, 서울대학교 문리과대학 학생회 시국대강연회
	'간담회, 석유문제-석유산업의 운영문제' 강연, 남서울 로터리클럽
	'일본경제, 그 폭발적 성장과 앞으로의 과제: 1970년대의 세계정치와 일본-한일 협력의 문제점' 주제 발표, 한국국제관계연구소
	'한국경제의 국제적 전망' 강연, 자유지성동우회 제1회 지성논단
	'70년대 한국경제의 전망과 농업 문제' 강연, 서울대학교 상과대학 농업경제학회
10월	〈달러 시대의 낙조-원인과 전망〉, 《다리》

	'국제경제의 동향과 우리의 자세' 강연, 서울대학교 교양과정부 학생회
	'한국의 현실과 대학생의 좌표—경제적 측면에서 고찰' 강연, 전남대학교 총학생회
	'국제경제의 변동과 우리의 자세(한국법치 20년의 회고와 전망)' 강연, 중앙대학교 법대 학생회
	'섬유류 자율규제협정 가조인' 강연, 영등포로터리클럽 간담회
11월	〈물가는 어디까지 가나〉, 《여성동아》
	〈본격화된 외채상환〉, 《창조》
	〈추곡수매가와 양곡정책〉, 《서울경제신문》
12월	〈국제석유자본과 한국경제〉, 《신동아》
	〈특집 '중공 개입의 "남북" 문제 – '북' 권 제 국의 논리와 체질〉, 《정경연구》
	〈시평, 위기설의 진부〉, 《창조》
	〈72년도 양곡수급계획의 문제점〉, 《서울경제신문》
	〈추곡매상정책과 농업정책〉, 《민주농민》
1972년	저서 《한국경제의 재평가》(백문당) 출간
1월	〈일본의 대한원조내막〉, 《다리》
	〈시평, 72년도 예산안의 문제점〉, 《창조》
	〈한국경제의 재생산구조—구조의 삼분화 현상〉, 《재정》
	〈만상이화—곡학아세, 주구=충견〉, 《민족》 창간호
	'좌담, 72년도 경제정책과 기업인의 자세', 《현대경제일보》
2월	〈시평, 판단의 총화체제〉, 《창조》
	'인터뷰, 경기부양정책의 향방', 《서울경제신문》
	'제국주의: 신식민지주의' 강연, 이화여대 새얼모임
3월	〈시평, 경기대책자세의 비과학성〉, 《창조》
	〈권두언, 어려움을 이겨내는 슬기〉, 《재정》
	〈시평, 일석이조의 마술〉, 《재정》
	〈북경회담의 정치경제학〉, 《중대신문》
4월	〈일본경제—그 폭발적 성장과 앞으로의 과제〉, 《국제관계연구》 3–2
	〈안 올리면 안 되나—공공요금 인상과 서민생활〉, 《여성동아》
	〈시평, 급변하는 국제환경속의 한국경제〉, 《재정》
	〈농협재건의 방향〉, 《서울경제신문》
	〈적자생존의 원리〉, 《무역협회지》
	'좌담, 먼저 의식혁명 일어나야', 《현대경영》
5월	〈일본의 경제현황과 정책전망〉, 《국제문제》
	〈농협재건의 방향〉, 《서울경제신문》
	〈농업협업화—농업근대화의 한국적 방향〉, 《서울신문》
	〈'옹고집'은 뒤진다〉, 《샘터》
	'민족사의 재인식—한국경제의 어제, 오늘, 내일' 강연, 서울대학교 문리대 한얼회
6월	〈농업경영조직의 방향—농업협업화를 중심으로〉, 《창조》
	〈경제난국—그 논단과 처방〉, 《비지니스》
	〈국제경제변화와 한국경제의 향방〉, 《자유공론》 6·7합병호
	〈신문화 형성기의 경제상황〉, 《중대신문》
	〈새 경제징책의 모색〉, 《서울경제신문》

	〈협업에 의한 한국농업 개편문제〉, 《엽연초》 제29호
	'신문화형성기에 있어서의 경제현황' 발표, 중앙대학교 국제문화연구소 학술 심포지엄
7월	〈재연되는 고미가 논란—올 수매가는 어떻게〉, 《서울경제신문》
8월	〈8·3 조치와 계〉, 《동아일보》
	〈Formation of Modern Economic Relation in Korea〉, 《Korea Journal(UNESCO 한국협회)》 Vol.2, No.11.
9월	'국제정세의 변화와 한국의 문제—경제적 측면' 강연, 이화여대 문리대 학생회
	'추계학술대강연회—한국경제의 문제점' 강연, 고려대학교 총학생회
10월	〈북경행 특급열차〉, 《동아일보》
	'국내외 경제동향—미·일·중공의 국교 정상화가 한국 경제에 미치는 영향과 국내 경제 실정' 강연, 한국노동조합총연맹
	'한국 경제의 현실' 강연, 영등포 노동자협의회
11월	〈유인호 경제에세이 ①—제한받지 않는 반성〉, 《세대》; 장기 연재물로 계약하였으나 유신 선포와 관련된 비상계엄령으로 1회 만에 중단됨
	〈식민지화와 근대적 경제관계의 형성〉, 《문학과 지성사》
	'한국 경제의 문제점' 강연, 한국스레트
12월	〈올 가을 물가전망—무너지는 동결선에 흔들리는 부엌〉, 《여성동아》; 계엄군의 검열에서 게재 불허
1973년 2월	'좌담, 100억불 수출 시대 한국경제 전망', 《세대》
4월	'경제협력과 한국경제—60년대의 미·일의 대한 차곡을 중심으로' 강연, 서울대학교 상과대학 학생회
5월	서대문구 교북동에 독립문빌딩 짓기 시작
6월	'한·일 경제 관계' 강연, 서울대학교 법과대학 학생회
7월	〈세계의 자원난과 한국—공업원료 확보의 길〉, 《서울신문》
8월	〈산업화와 국민복지—경제성장의 반성과 과제〉, 《신동아》
9월	〈자원위기—한국의 자원사정과 대책: 농산물·식량문제를 중심으로〉, 《세대》
	〈한일경제협력의 제 문제〉, 《중앙문화》 8호
	〈경제성장과 환경 파괴〉, 《창작과비평》
	〈자원위기에 대한 대책〉, 《여성》
	'인터뷰, '석유'의 도전 불티는 어디까지', 《서울신문》
	'관광한국과 여성—한·일 경제 관계' 강연, 이화여대 총학생회
10월	서대문구 교북동으로 이사
11월	〈원고료 분쟁〉, 《중대신문》
	〈경제협력인가, 경제원조인가—일본의 대한경제정책은 근본적으로 수정되어야 한다〉, 《세대》
	'인터뷰, 에너지 대책—절약 방안 빈틈은 없나', 《서울신문》
12월	〈經濟援助か 經濟協力か〉, 《アジア公論》
	'인터뷰, 새 내각에 바란다', 《서울신문》
1974년 1월	〈석유값, 그 적정선〉, 《서울신문》
2월	〈농지상한 상향 조정 시비—지상공청 독후감〉, 《경향신문》
	주요산업지구—경인지구, 구미공단, 임해공단 시찰

3월	〈경제발전과 한국의 자원〉, 《신동아》
	〈신식민지주의의 수난—일본경제제국이 동남아에서 겪은 수모를 중심으로〉, 《세대》
	〈한국인의 사상—경제성장 · 대외의존 · 환경파괴〉, 《현대인의 사상 ⑫》
	'국제적인 인플레 · 자원난과 한국경제' 강연, 한국투자공사
4월	〈한국경제—이것이 문제: 발상의 전환이 필요하다〉, 《현대인》 창간호
	〈공업현장을 본 경제학도의 주문〉, 《주요산업지구시찰보고서》(전경련)
	〈일제하 경제발전의 성격〉, 《이화》 29호
5월	〈일본을 말한다—일본경제의 현재와 장래〉, 《중대신문》
	'경제대국으로서의 일본' 강연, 기독교방송 정기강좌
6월	〈일본의 산업경제〉, 《세계대백과사전》
	'경제성장과 국민생활' 강연, 서울대학교 공과대학 제14회 불암제
8월	〈특집, 이것이 일본이다—한일경제협력은 어느 정도인가〉, 《신동아》
	〈자원대책 점검〉, 《서울신문》
10월	〈뛰는 물가 앞에 벙어리가 된 경제학자—경제학의 수난과 영광〉, 《현대인》
	〈연료정책의 모순〉, 《서울신문》
	'한국경제의 오늘의 과제' 강연, 중앙대학교 법학과 학생회
	'현대 한국인의 가치관' 강연, 중앙대학교 민족사상연구회
11월	'주부가 알아야 할 한국경제와 세계경제(식량, 연료문제를 중심으로)' 강연, 여성저축
	생활중앙회
	'인터뷰, High Price, More Farms Urged', 《The Korea Times》
12월	〈쌀과 토지〉, 《세대》
1975년	저서 《한국농지제도의 연구》(백문당) 출간
1월	〈75년, 무엇이 달라질까—물가〉, 《주부생활》
	'인터뷰, 경기회복 될 전망 없어', 《서울경제신문》
2월	〈경제성장의 명암〉, 《강좌 시리이즈》 Ⅲ(방송통신대학)
3월	경기도 양평군 개군면 양덕리 산 매입
	〈광복 30년 경제회복〉, 《동화그라프》
4월	'세계경제적 동향과 한국경제' 강연, 서울변호사회
5월	전국경제인연합회 자문위원(~1980년)
	〈한국문화의 진단—경제적 측면〉, 《중대신문》
6월	〈나의 사전철〉, 《독서신문》
8월	〈식량자급은 달성되었는가〉, 《신동아》
9월	서대문구 홍제동으로 이사
10월	〈원유가 10% 인상의 파문〉, 《서울평론》 100호
	〈검약은 어느 때나 미덕이다〉, 《여성동아》
	'한국경제와 노동운동' 강연, 전국자동차노조 서울버스지부
	'인터뷰, 갈수록 흐지부지—물자절약', 《서울신문》
11월	〈증산의욕 외면한 추곡수매가〉, 《한국일보》
12월	〈원유가인상 이후의 국내외경제〉, 《신동아》
1976년	역서 《국부론 Ⅰ · Ⅱ》(아담 스미스 저, 동서문화사) 출간
1월	〈올해를 어떻게 살 것인가〉, 《여성동아》

	'석유의 경제학' 강연, 남서울로터리클럽
	'인플레하에서의 임금인상 문제' 강연, 전국화학노총 임금인상요구 전국대표자대회
2월	〈인구자원〉, 〈생활지도〉(중대 학생지도연구소)
	'1976년 국내외 경제전망' 강연, 문화방송·경향신문 연수 교육
3월	〈국제석유자본의 본질과 행태〉, 《신동아》
	〈'농업위기' 인식의 토지제도사적 접근〉, 《최종식교수회갑기념논문집》
	〈개항 100주년–경제적 의의〉, 《중대신문》
6월	〈절약도 창조다–여성들의 새로운 경제감각을 위하여〉, 《앨레강스》
10월	〈투자우선순위〉, 《서울경제신문》
	〈산을 생각한다〉, 《한국일보》
	〈투자배분〉, 《서울경제신문》
	〈소비와 저축〉, 《서울경제신문》
	〈질과 양〉, 《서울경제신문》
12월	〈원유가인상과 에너지 정책의 방향〉, 《서울경제신문》
	'좌담, 송년특집–우리는 76년을 이렇게 살았다', 《주간 시민》
	'원유가인상과 에너지정책의 방향' 토론, 제12회 월례경제토론회 서울경제신문 전경련 공동 주최
1977년	저서 《한국농업문제의 인식》(공저, 도서출판 물결) 출간
1월	〈세계경제의 전망〉, 《월간 상의》
	'제4차 경제개발계획의 출발년도', CBS 라디오 칼럼
	'재수생 대책은 어떻게 되고 있는가', CBS 라디오 칼럼
	'카터대통령에게 바란다', CBS 라디오 칼럼
	'전력난 문제', CBS 라디오 칼럼
2월	〈자문위원과의 대화, 상반되는 두가지 견해〉, 《전경련회보》
	'품팔이 서민대책은 세워져 있는가', CBS 라디오 칼럼
	'식료품값이 오르는 원인과 그 대책', CBS 라디오 칼럼
	'공해업소에 검찰권 발동', CBS 라디오 칼럼
	'민간요법도 개발하자', CBS 라디오 칼럼
3월	〈나의 애송시–청산별곡〉, 《여성동아》
	〈세계무역의 뜨거운 대립〉, 《이코노미스트》
	'경기 부양정책과 주택산업', CBS 라디오 칼럼
	'봄을 기다리는 마음', CBS 라디오 칼럼
	'우리의 힘을 토대로 삼자', CBS 라디오 칼럼
	'수출이 더 어려워지는 국제환경', CBS 라디오 칼럼
	'우리나라의 경제성장과 그 문제점' 강연, 서광산업
4월	〈토지조사사업의 토지제도사적 의의〉, 《조기준교수회갑기념논집》
	'나무 심는 계절에 생각되는 문제들', CBS 라디오 칼럼
	'개방체제하의 신산업 정책' 토론, 전경련·《매일경제신문》 공동 주최
5월	〈한일간의 현안문제–경제적 측면〉, 《중대신문》
6월	'대학생의 농촌활동' 강연, 서울대학교 향토개척단
7월	〈한미일의 무역구조의 문제점〉, 《신동아》
	'한국경제의 문제점' 강연, 한국기독교청년협의회

유인호 평전, 사회변혁을 꿈꾼 민중경제학자의 삶

8월	〈한일경제협력의 실태〉, 《월간 대화》
10월	〈농업근대화의 방향에 관한 제 문제〉, 《대학신문》
	'대담(황성모 교수와), 철군상황에서 본 주체와 의존', 《アジア公論》
11월	'외국경제에 비쳐본 한국의 경제사정' 강연, YWCA
12월	'식량문제와 농산물가격' 강연, 농촌운동자협의회(국민문화연구소 부설)
	'고도성장정책의 문제점―자립경제와의 관련에서' 강연, 흥사단
1978년	저서 《한국경제의 실상과 허상》(평민사) 출간
1월	〈1978년 경제전망〉, 《대보증권주보》 127호
2월	〈경제심리〉, 《주간한국》
3월	〈농업개항정책과 그 문제점〉, 《조사연구보 I 》(기독교산업문제연구원)
	〈한국경제는 자립할 수 있는가〉, 《한신대학보》
4월	'국내외 경제사정' 강연, 대보증권
5월	〈물질문명의 반성〉, 《주부생활》
	'인간화를 위한 경제―경제학 · 경제학도의 사명 및 현실' 강연, 한양대학교 국제경제학회
	'한국농업의 협업화 방안' 강연, 신용협동조합연합회
	'성장정책의 제 문제' 강연, 성균관대학교 언어문화연구회
6월	〈성장과 복지의 이율배반성〉, 《이코노미스트》
	〈경부간 용수운하〉, 《현대경제일보》
	〈경제성장과 공해〉, 《현대경제일보》
	〈GNP의 허구성〉, 《현대경제일보》
	〈경제학자의 공동성명〉, 《현대경제일보》
	'6 · 13 조치와 하반기 경제의 진로' 토론, 제30회 월례경제토론회 《서울경제신문》 · 전경련 공동 주최
	'좌담, 현 단계 한국 농촌과 그 문제점', 《숙대신문》
7월	'대학생의 농촌봉사활동과 한국농업의 제 문제' 강연, 흥사단
9월	〈중일 평화조약과 한반도―경제적 측면〉, 《숙대신문》
	'고도성장하의 안정문제―고도성장과 투자방향' 발표, 월례경제토론회 대한상공회의소 한국경제연구센터
	'경제성장의 사회경제적 측면' 강연, 서강대 경제학과
10월	〈한국근대화 논의의 쟁점―고도성장 · 불균형성장〉, 《대학신문》
	'한국경제의 진단과 반성' 강연, 이화여대 학생회
11월	〈백억불과 고추값〉, 《중대신문》
1979년	저서 《농업경제의 실상과 허상》(평민사) 출간
	《해방전후사의 인식》(공저, 한길사) 출간
1월	〈1979년도 경제전망〉, 《대보증권주보》
	〈새해의 한국경제〉, 《동방증권주보》
	〈80년대를 향한 한국경제의 좌표〉, 《건설》
	〈물가가 염려다〉, 《주간한국》
	〈더 바쁜 겨울〉, 《농민신문》
	'한국의 농산물가격안정대책' 토론, 월례경제토론회 대한상공회의소 한국경제연구센터
2월	〈낭비의 제도화〉, 《주간한국》

	〈한국의 외자도입, 에너지 소비구조〉, 《세계대백과사전》
	'물가안정이 급선무다', CBS 라디오 칼럼
	'생활환경의 파괴를 막자', CBS 라디오 칼럼
	'풀기 어려운 두 가지 경제문제', CBS 라디오 칼럼
	'믿음성이 모자라는 정책', CBS 라디오 칼럼
	'미·일·중국과 한국경제' 강연, 중앙대학교 경제학과
3월	〈조령모개식 정책〉, 《주간한국》
	'양담배의 수입 논의', CBS 라디오 칼럼
	'주택장관과 복부인들의 숨바꼭질', CBS 라디오 칼럼
	'물질문명과 물자절약의 이율배반성', CBS 라디오 칼럼
	'물자절약은 정부의 솔선수범에서', CBS 라디오 칼럼
4월	〈물가구조의 병리-봇물터진 물가, 어떻게 막나〉, 《신동아》
	'미국 원자력발전소의 사고', CBS 라디오 칼럼
	'무리한 수출 드라이브 정책', CBS 라디오 칼럼
	'왜 놀랄 일들이 연발하는가', CBS 라디오 칼럼
	'공해를 방치해서는 안된다', CBS 라디오 칼럼
5월	'쌀 350만석의 긴급수입', CBS 라디오 칼럼
	'농정당국자와 농사', CBS 라디오 칼럼
	'주택건설의 부진', CBS 라디오 칼럼
	'물가와 공해', CBS 라디오 칼럼
	'발상의 전환이 요망된다', CBS 라디오 칼럼
6월	'한국경제의 반성과 전망-70년대를 회고하며' 강연, 한국외국어대학교 갈무리회
	'한국경제의 당면과제-물가 공해 수출을 중심으로' 강연, 서울경동교회 청년회
7월	〈한국경제의 고민과 좌표-경제성장의 실상과 허상〉, 《중대신문》
	'국내외 경제동향' 강연, 대한노총 간부 교육
8월	'국내외 경제동향' 강연, 기독교장로회 선교교육원 간부 교육, 대한주택공사 연수 교육, 예수교장로회 목회자 훈련
9월	〈OPEC와 메이저와 한국경제-제2차 석유파동의 원인과 그 영향〉, 《신동아》
	〈골고루 나눠 갖지 못한 소득〉, 《연세춘추》
	〈농지법 개정은 필요한가-농개법 정신은 지켜야 한다〉, 《대학신문》
	〈악몽의 오일쇼크-삶의 지혜〉, 《주부생활》
	〈내가 본 KBS 방송, 많은 시청자를 가지려면〉, 《방송월보》
9월 17일	통혁당재건위사건에 연루되어 반공법 위반 등으로 재판을 받고 있던 박현채 선생의 공판에 증인으로 출석하여 '박현채 선생 저서의 의미와 학문적인 기여, 경제학자로서의 역할' 등을 증언함
	'국내외 경제동향' 강연, 기독교장로회 선교교육원 대학원과정
10월	〈신국제경제질서와 한국경제〉, 《NCCK 국제회의 주제 발표문》
	; 10월 29일부터 회의 개최 예정이었으나, 10·26사태 후 회의 개최 취소됨
	'한국경제-어디쯤 가고 있을까' 강연, 서울 YWCA 대학생부
11월	〈할일이 많구나〉, 《서울경제신문》
	〈새 장의 출발인가〉, 《서울경제신문》
	〈민족전진의 합창〉, 《서울경제신문》 ; 계엄사 검열에서 압수당함
	〈내일〉, 《서울경제신문》

유인호 평전, 사회변혁을 꿈꾼 민중경제학자의 삶

12월	〈새 시대〉, 《서울경제신문》 ; 계엄사 검열에서 압수당함
	〈기분 좋지 않다〉, 《서울경제신문》
	〈마술의 묘미〉, 《서울경제신문》 ; 계엄사 검열에서 원고의 약 3분의 1이 삭제됨
	〈선각자의 그림자〉, 《삼양 사보》
	'수출산업으로서의 중화학공업의 육성과제' 토론, 제48회 월례경제토론회 《서울경제신문》·전경련 공동 주최
	'80년대 한국경제 전망과 농촌운동의 과제' 강연, 대한YMCA 제3회 농민지도자 연수회
1980년	1월 〈70년대 경제성장의 회고-반성과 전망〉, 《창작과 비평》
	〈정담, 저속성장 감내할 새 태세 긴요〉, 《서울경제신문》
	'CBS 교양강좌-80년대를 전망한다' 강연, CBS
	'사회발전과 교회-경제적 측면' 강연, 예수교장로회 새시대선교연구회
2월	〈1·12 경제조치와 물가〉, 《전경련》
	〈우리나라 농업의 회고와 전망〉, 《엽연초》
	〈한국경제-회고와 전망〉, 《충남대신문》
	'좌담, 80년의 한국을 진단한다', 《동화그라프》
	'한국경제-70년대의 문제점과 80년대의 과제' 강연, 감리교 전국청년총회
	'경제의 정의-부의 측면에서' 강연, YMCA본부 시민논단
	'한국경제의 전망' 강연, 기독교청년협의회
3월	〈어떻게 될 것인가-위기 맞은 국민경제〉, 《한국YWCA》
	〈80년대의 경제와 사회정의〉, 《기독교장로회 지도자협의회》
	'세계경제의 현황을 알아본다', YWCA 제1회 청년강좌
	'인터뷰, 새 역사 속의 농민운동', 《연세춘추》
4월	〈개헌안, 경제조항은 이렇게〉, 《이코노미스트》
	〈임 총장께 드리는 글-사퇴와 신임총장 선출에 부쳐〉, 《중대신문》
	'한국의 경제현황과 경제논리' 강연, YWCA 제1회 청년강좌
	'한국경제의 현실' 강연, 예수교장로회 총회전도부
	'농촌경제-근로자와 농민의 관계' 강연, 이화여대 여성문제연구소
4월 24일	'서울지역 14개 종합대학 교수 361명 학원민주화 선언' 발표
5월	〈서평, 변형윤 저 '한국경제의 진단과 반성'〉, 《신동아》
	〈한국경제의 반민주성〉, 《월간 조선》
	'한국경제의 현실' 강연, 정치문화연구회
	'학생회의 진로' 강연, 중앙대학교 총학생회
5월 15일	'지식인 134인 시국선언' 발표 기자회견
5월 17일	피신(~5월 23일)
6월 26일	남산 합동수사본부에 연행
7월 15일	서대문형무소(서울구치소)에 수감
8월 5일	중앙대학교에서 해직
8월 14일	육군본부 보통군법회의 1차 공판
9월 11일	보통군법회의에서 징역 4년 구형
9월 17일	보통군법회의에서 징역 3년 6개월 선고
10월 24일	고등군법회의 공판 진행(~30일)

11월 3일	고등군법회의에서 징역 2년 선고됨. 남한산성 육군교도소로 이감
12월 11일	형집행정지로 석방
1981년 2월	'한국사회연구—경제적 측면에서의 회고와 전망' 강연, 예수교장로회 총회사회부 제4차 지도자 훈련
3월	'한국경제, 70년대의 회고와 80년대의 전망' 강연, NCCK 선교정책협의회
4월	'한국경제, 회고와 전망' 강연, 서울제일교회 조찬모임
6월	'80년대 한국경제전망과 농촌개발의 방향' 토론, 대한YMCA연맹
	양평 농장에서 한길사 야유회
7월	'한국경제와 농촌문제' 강연, 기독교사회문제연구원 기독교농민회
	'경제적 측면에서의 한국사회연구' 강연, 기독교 사회선교협의회
8월	'한국사회연구—경제적 측면' 강연, 예수교장로회 총회 사회부
10월	'경제성장과 공해문제' 강연, 기독교사회문제연구원 공해분과위
11월	'제3세계의 경제개발' 강연, YWCA 수요강좌
	'오늘의 우리나라 경제인식' 강연, YWCA 직원연수
	'선진국경제의 동향—세계경제인식의 좌표' 강연, 기독교 사회선교협의회
12월	'한국사회연구—한국의 경제' 강연, 예수교장로회 총회사회부 신학대학원
1982년	저서 《민중경제론》(평민사) 출간
	《현대경제학의 위기》(편저, 한길사) 출간
	《역사와 인간》(공저, 두레) 출간
	한국공해문제연구소 이사(~1988년)
1월	〈식민지하의 민중과 경제〉, 《역사와 기독교》
	'한국경제의 당면과제' 강연, 감리교 총회 선교국
	'경제발전과 농업' 강연, 정농회
	'한국경제의 당면과제' 강연, 한국기독청년협의회 여성회
2월	〈한국에 있어서의 기독교와 이데올로기—사회·경제적 관점에서의 이데올로기〉, 《NCC 이념문제 협의》
	'한국경제의 당면과제' 강연, 예수교장로회 총회사회부 진주노회, 경북노회, 제6차 교회 지도자 훈련
	'우리에게 비쳐진 경제문제들' 강연, 산업은행 노조 연수
	'한국경제의 반성과 과제' 강연, 감리교 청년회총회
3월	'한국경제의 당면과제' 강연, 감리교 충주지방지도자대회, 예수교장로회 총회사회부 신학대학원, 영등포 산업선교회
5월	'한국경제의 당면과제' 강연, 예수교장로회 총회사회부 부산노회 선교대회, 신학대학원
6월	'시민논단—경제난국을 극복하는 길' 강연, 울산 YMCA
7월	〈일제의 조선침략사고—그 연속성과 미결의 장〉, 《이돈명변호사 회갑기념논문집》
	'경제난국을 극복하는 길' 강연, 영등포 산업선교회, 예수교장로회 신학대학원
	'다국적기업의 이해와 한국경제' 강연, 영등포 산업선교회
9월	'한국경제의 당면문제—농업경제적 측면' 강연, 경북 기독교농민회
	'한일경제관계의 구조 재조명' 강연, 흥사단
	'82년의 한국경제전망' 강연, 기독교사회문제연구원
	'한국경제의 이모저모' 강연, 대한성공회 어머니회, 기독교장로회 천호동교회

유인호 평전, 사회변혁을 꿈꾼 민중경제학자의 삶

	'일제치하의 경제정책–민족자주성 정립을 위한 역사이해' 강연, 서울 YMCA 시민논단
	'현대국제경제질서와 경제적 정의–기독교와 경제적 정의' 강연, KSCF(한국기독학생회총연맹)
10월	'다국적기업의 이해와 한국경제' 강연, 한국교회 다국적기업문제협의회
	'82년의 한국경제전망' 강연, 감리교 산업선교회
	'한국경제의 이모저모' 강연, 천주교 인천교구 청년금요강좌
	'경제성장은 정말 좋은 것인가?(한국경제의 반성과 과제)' 강연, 천주교 인천교구 청년금요강좌
11월	〈필자의 변, 《민중경제론》을 펴내고〉, 《대우가족》
	'한국경제의 이모저모' 강연, 예수교장로회 총회 전도부 산업선교정책협의회
	'한국경제에 대한 대학인의 접근' 강연, 82 서강 학술 심포지움; 강연 불허됨
	'한국경제의 반성과 과제' 강연, 산업은행 노동조합 간부 수련회
12월	'한국경제의 반성과 과제' 강연, 기독교장로회 초원교회 목사 모임, 목민 선교회 교양강좌, 감리교 목사 모임, 안동교회 여신도회
1983년	저서 《내땅이 죽어간다》(공저, 일월서각) 출간
1월	〈별책 자본주의와 사회주의 –베른슈타인의 사상과 학문, 힐퍼딩의 사상과 학문〉, 《신동아》
	'한국경제의 반성과 과제' 강연, NCCK 제천협의회 기독교농민회
2월	'국제경제의 상황변화–한국경제의 과제와 겸하여' 강연, 감리교청년회 전국연합회총회
	'공해란 무엇인가–사회과학적 측면에서 본 공해' 강연, 공해문제연구소 제1회 공개강좌
	'한국경제의 반성과 과제' 강연, 예수교장로회 총회사회부 제7차 지도자 훈련, 성남주민교회 3·1절 기념 강연회
3월	'한국경제의 반성과 과제' 강연, YMCA 전국활동가 교육, 예수교장로회 총회사회부 제8차 지도자훈련
4월	〈한일관계인식의 기본시각〉, 《이우정교수 화갑기념논문집》
	'한국경제의 반성과 과제' 강연, 기독교장로회 군산 목사 모임
4월 30일	NCCK의 주선으로 네덜란드 자유대학의 '한국의 경제개발 연구프로젝트' 협력 연구자 자격으로 방문. 이후 독일, 오스트리아, 이탈리아, 스위스, 프랑스, 영국, 일본을 여행(~6월 30일)
5월	'한국경제의 반성과 과제' 강연, 서독 뒤스부르크, 베를린, 프랑크푸르트 한국 유학생 모임과 한인교회
	'韓國의 經濟와 民衆 –韓國經濟의 問題點' 강연, 도시샤(同志社)대학 신학부
7월	'일제 이후 4·19까지의 경제의 흐름' 강연, 천주교 인천교구 청년금요강좌
	'공해는 추방될 수 있다–목포시민의 영산호 지키기 운동' 강연, 기독교장로회 목포시찰위원회
8월	복권됨
	'한국경제의 반성과 과제' 강연, 감리교 청년회 충남총회(남부연합회, 중부연합회), 사회선교협의회 농촌분과위원회
9월	'한국경제의 반성과 과제' 강연, 기독교장로회 목사 정기교육, 사회선교협의회 훈련분과위원회, 한빛교회 수요강좌
10월	〈한일경제협력의 반성〉, 《홍남순변호사 고희기념논문집》
	'한국경제의 반성과 과제' 강연, 전주 기독교 농촌개발원
11월	'변화하는 세계의 한국경제' 강연, 서울YWCA 화요청년강좌

	'한일경제관계의 구조(재조명)' 강연, 기독교장로회 수원교회 청년회, 전주 기독교 농촌개발원
	'변화하는 경제와 대학인·지식인' 강연, 상명여대 학도호국단, 기독교장로회 충북청원 목사 모임
12월	'한국경제의 반성과 과제' 강연, 기독교장로회 교사위원회, 감리교 아산방사경회, 청주 NCC, NCCK 인권위
1984년	저서 《한일경제 100년의 현장》(일월서각) 출간
	《민족·통일·해방의 논리》(공저, 형성사) 출간
1월	해직교수협의회 발족
	'한일경제관계의 구조(재조명)' 강연, 전남 기독교장로회 청년회
	'다국적기업의 이해와 한국경제' 강연, 기독교농민회
	'한국경제의 반성과 과제' 강연, 전남 함평 기독교장로회 청년회, 제주 기독교 농촌개발원
2월	'한국경제의 반성과 과제' 강연, 대전 기독교농민회, 기독교장로회 부여지구, 온양 감리교 목사 모임
3월	'한국경제의 문제점-민주주의와 경제' 강연, 광주가톨릭센터 시민교양강좌
4월	'한국경제의 반성과 과제' 강연, 마산 가톨릭 여성회관, NCCK 인권위 충청지역협의회, 경남북협의회
	'한국경제의 문제점-민주주의와 경제' 강연, NCCK 인권위
5월	'한국경제의 반성과 과제' 강연, NCCK 인권위 강원협의회, 원주협의회, 전주 기독교 농촌개발원
	'한국경제의 명암(과제)' 강연, 성균관대학 서클연합회
6월	〈한일경제협력-무엇이 문제인가〉, 《국민대학보》
	〈해직 4년, 얻은 것 잃은 것〉, 《한국일보》
	'인간과 환경' 강연, 제6회 CBS 문화강좌
	'한국경제의 명암(과제)' 강연, 전주 기독교 농촌개발원, 예수교장로회 경북노회 산업선교위원회
7월	'전후자본주의 세계경제의 체제적 인식: 선진국경제의 동향-세계경제인식의 좌표' 강연, 중앙대학교
8월	〈한일협력의 반성〉, 《숭전대학보》
	〈일제의 청산은 오늘의 과제〉, 《여성동아》
	〈복직교수 인터뷰〉, 《중대신문》
	〈박경리 《토지》를 읽고 쓴 편지〉, 《녹지》 제18집
	'인터뷰, 한일경제협력', 《중대신문》
	'한국경제의 위기적 상황과 근원적 모순' 강연, 연세대학교 학도호국단(여름청송캠프), 전북지역 교역자 교육
	'한일경제관계의 기본성격과 현실' 강연, 기독학생총연맹, 가톨릭농민회, 감리교신학대학 현장 학습
	'한국경제의 구조와 성격' 강연, 민중대학 인천가톨릭청년회
	'한국의 무역과 적자' 강연, 민중대학 인천가톨릭청년회
	'한일경제관계를 보는 시각과 한일경제협력의 논리' 강연, 명동성당 청년연합회
9월	〈한일협력, 무엇이 문제인가〉, 《성심여대신문》

	〈한국경제, 잘못의 1번지-부의 편재〉, 《마당》
	'한국의 농업경제' 강연, 민중대학 인천가톨릭청년회
10월	〈특집 '유신 체제를 평가한다' : 경제적 측면-고도성장, 그 신화의 허실〉, 《신동아》
	〈특집 '한일관계의 반성'-한일경제협력 얼마나 도움됐나〉, 《교회와 세계》(NCCK)
	'한국경제의 명암(과제)' 강연, 기독교장로회 수도교회
11월	〈80년대 한일경제관계의 제 문제〉, 《기독교사상》
	〈한일경제협력의 귀결점〉, 《성심》 12
	〈'유신체제' 하의 고도성장의 분석〉, 《한신》 제2호
	'한국경제의 명암(과제)' 강연, 천주교 부평교회
	'전후자본주의 세계경제의 체제적 인식: 선진국경제의 동향-세계경제인식의 좌표' 강연, 사회선교협의회
	'한일경제관계의 기본성격과 현실' 강연, 동덕여대 학도호국단
	'한국경제 상황의 인식', 강연, 천주교 광주대교구 제9기 시민교양강좌
	'한국국제경제의 상향의 인식', '국제경제의 동향과 한국경제' 강연, 천주교 광주대교구 제9기 시민교양강좌
12월	'한국경제의 명암(과제)' 강연, 가톨릭농민회 경기도농민회, 전주 기독교농촌개발원
	'한일경제관계의 기본성격과 현실' 강연, 전주 기독교농촌개발원
1985년	저서 《민족경제의 발전과 왜곡》(평민사) 출간
	《제3세계와 국제경제질서》(편역, 평민사) 출간
	《민족이론》(공저, 지성사) 출간
	《유신체제와 민주화운동》(공저, 삼민사) 출간
1월	〈경제성장과 공해〉, 《대학주보》
	〈한국의 경제〉, 《대한변협회보》
	'한국의 경제' 강연, 대한변호사협회 연수회, 제주 기독교농민회개발원, 부천 천주교청년회, 천주교 안동교구 정평위
	'한국경제, 무엇이 문제인가' 강연, 제2기 민중대학 인천가톨릭청년회(천주교 인천교구 홍보교육국)
2월	〈한국경제, 잘못의 2번지-빚더미: 걱정되는 나라 빚〉, 《마당》
3월	〈민족경제의 발전과 왜곡〉, 《한국사회연구3》(한길사)
	〈한일회담의 정치경제적 의미〉, 《연세춘추》
4월	'한국의 경제' 강연, 장신대 대학원, 민주헌정연구회
	'성심여대 4월혁명 심포지움: 4월에서 5월로' 강연
	'개방화 논의의 허상과 실상' 강연, 흥사단 금요강좌
	'한국경제, 무엇이 문제인가(한국경제 오늘의 과제)' 강연, 서울 YMCA 월요시민강좌, 전남대학교 경영대 학생회
	'한국경제와 외채문제' 강연, 광주 YMCA 시민논단
5월	〈유신경제-허구의 고도성장〉, 《대학주보》
	〈한국경제는 파산하고 있는가〉, 《민주헌정》 제3호
	'한국경제, 무엇이 문제인가(한국경제 오늘의 과제)' 강연, 성균관대학교 수원캠퍼스 학생회, 서울대학교 농대 학생회, 한양대학교 경상대 학생회, 기독교 대전청년연합회, 중앙대학교 학생회 문화부, 서강대학교 국제경제연구회, 중앙대학교 안성캠퍼스 학생회
	'한국경제의 미래상, 바람직한 모습' 강연, 가톨릭농민회

6월	〈특별대담, 통일의 주체와 실체는 무엇인가〉, 《고대신문》 1000호
	'한일경제관계를 보는 시각과 한일경제협력의 논리' 강연, 서울시립대학교 학생회
	'한국경제, 오늘의 과제' 강연, 건국대학교 총학생회, 개방대학교 학생회, 숙명여대 학생회, 여성사회연구회
7월	〈새 장을 열자〉, 《금성가족》; 검열에서 게재 불허
	'한국경제의 미래상, 바람직한 모습' 강연, 천주교정의구현사제단
	'한국경제의 허상과 실상' 강연, 민주통일민중운동연합, 제1기 민족학교
	'한국경제, 40년의 평가' 강연, CBS 문화강좌, 덕수궁 로터리클럽,
	'한국경제와 농업경제―농촌활동을 위한 자세' 강연, 명동성당 청년회
8월	〈한국자본주의, 80년대의 귀결〉, 《서강》 No. 15
	〈경제성장과 공해〉, 《영남문화》 No. 18
	'한국경제, 오늘의 과제' 강연, 천주교 인천교구 신학생
	'한국경제의 미래상, 바람직한 모습' 강연, 경복궁 로터리
	'한국경제의 과제―경제발전과 민생문제' 강연, NCCK 교역자대책협의회, 예수교장로회 총회사회부 지도자훈련
9월	〈해방40년과 민족경제의 과제〉, 《기독교사상》
	'한국경제, 40년의 평가' 강연, 조선대학교 40주년 축제
	'한국경제의 과제―경제발전과 민생문제' 강연, 광주NCC 인권위, 천주교 광주대교구 시민교양강좌, 광주 가톨릭대학교 학생회, 목포 가톨릭센터 시민강좌, 천주교 영주교회 시민강좌
	'외채가 민족경제에 미치는 영향' 강연, 부천 YMCA
10월	〈경제발전과 민생문제〉, 《교회와 세계》
	'《민족경제의 발전과 왜곡》―독자와의 대화' 강연, 흥사단
	'한국경제, 위기극복의 정도' 강연, 경희대학교 총학생회, 인천대학교 여학생회, 한남대학교 총학생회, 전진상 월요강좌, 경기대학교 경상대 학생회
	'한국경제, 어디로 가야 할 것인가' 강연, 중앙대학교 안성캠퍼스 총학생회, 외국어대학교 학생회
	'학생의 날과 대학인의 자세' 강연, 중앙대학교 총학생회
11월	'한국경제, 무엇이 문제인가' 강연, 제3기 민중대학 인천가톨릭청년회
	'한국경제, 위기극복의 정도' 강연, NCCK 선교훈련원 신학대학원 연합회, 원주 가톨릭 학생연합회
	'외채와 국민경제' 강연, YMCA서울지부
12월	〈'해방정국의 쟁점' 토지개혁 시말〉, 《중앙일보》
1986년	저서 《한국의 사회경제사》(공저, 한길사) 출간
1월	'한국경제, 80년대의 귀결―민족의 활로' 강연, 민족문제연구소
1월 28일	국립대만대학교 국문연구소 초청으로 상경대학에서의 토론회, 대만 행정원 농업위원회 방문하여 좌담. 이후 대만, 홍콩, 태국, 싱가포르, 말레이시아 여행(~2월 27일)
2월	〈외채와 수출로 사는 시대 지났다〉, 《월간 조선》
3월	〈'학생지도' 유감〉, 《공해연구》 통권 12호
	'한국경제의 상황과 해결책의 모색' 강연, 한양로터리
4월	'대학생과 가치관―신입생을 위한 교양강좌' 강연, 중앙대학교,

	'한국경제의 상황과 해결책의 모색' 강연, 서울아남로터리, 서서울로터리
	'4·19혁명, 오늘의 의의' 강연, 중앙대학교 총학생회
	'경제위기: 어떻게 극복할 것인가' 강연, 기독교장로회 전북노회
5월	'공해문제의 올바른 인식-경제성장과 공해의 관계' 강연, 한국공해문제연구소 제1기 주부공해강좌
	'민족경제의 과제와 오늘의 상황' 강연, 경희대학교 치과대, 아주대학교 문리대
	'경제위기: 어떻게 극복할 것인가' 강연, 상주 천주교 서문동 성당
	'한국경제와 민중의 삶' 강연, 천주교 전주교구, 민주통일민중운동연합 서울지부
6월	'한국경제구조와 인권' 강연, NCCK 인권위
	'6·3사태와 한일경제관계의 재조명' 강연, 건국대학교 학생회
	'민족경제의 과제와 오늘의 상황' 전북대학 사범대, 가정법률상담소, 제천 인권위, 천주교 대방동성당
7월	〈한국경제-모순의 실상과 극복논리의 모색〉, 《동아정경》
	〈한국경제 구조와 인권〉, 《교회와 세계》 52호
	'한국경제의 상황과 해결책의 모색' 강연, 가톨릭 원주 교구, 오룡동 성당 시민강좌, 홍성 YMCA 농촌지도자세미나
	'개헌 공청회-개헌논의의 초점, 경제적 민주주의의 구현' 발표, 신민당
8월	〈경제의 민주화-경제적 민주주의 시론〉, 《민주사상》 창간호
	'한일경제관계를 보는 시각과 한일경제협력의 논리' 강연, 안동사랑
	'한국경제의 상황과 해결책의 모색' 강연, 가톨릭 전국학생수련회
	'민족자주와 민중의 생존' 강연, 고 장준하 선생 11주기 추모 강연
9월	〈한일경제, 반성과 전망〉, 《새벽》(천주교 서울교구)
	〈새 장을 열자〉, 《주부생활》
	〈경제와 민주주의〉, 《리쿠르트》
	〈우리시대 최고의 가치〉, 《중앙문화》
	〈일본 자본의 한국침투 20년의 현장〉, 《대학주보》
	'한국경제의 상황과 해결책의 모색' 강연, 단국대학교 총학생회, 성균관대학교 수원캠퍼스 총학생회, 가정법률상담소 주부교실, 전진상 교육관
10월	'한국경제의 상황과 해결책의 모색' 강연, 대한교련 자체정신교육, 중앙대교 총학생회
	'한국경제의 위기상황과 극복의 논리' 강연, 한국신학대학교 경제학과 학생회, 김제 천주교 요촌리성당, 예수교장로회 총회사회부 제15차 지도자훈련
11월	회갑기념논문집 출간 《우리시대 민족운동의 과제》(공저, 한길사)
	'한국경제의 위기상황과 극복의 논리' 강연, 호남지역 인권협의회, 한남대학교 총학생회, 예수교장로회 총회사회부 제16차 지도자훈련
	'민족경제의 과제-한국자본주의의 역사와 구조(현대사의 경제적 과제)' 강연, 제4기 민중대학 인천가톨릭청년회
12월	'한국경제의 위기상황과 극복의 논리' 강연, 천주교 원주교구 사회교육부
1987년	저서 《오늘의 일본을 해부한다(한길역사강좌 9)》(공저, 한길사) 출간
2월	〈민주화와 국민경제〉, 《교회와 세계》 58호
3월	'민족경제의 과제-한국자본주의의 역사와 구조(현대사의 경제적 과제)' 강연, 장신대 대학원 춘계목요강좌
4월	〈1970년 개항과 그 전후 사회경제의 변화〉, 《한길역사강좌 5》

	〈경제적 민주주의의 구도〉, 《중대신문》
	'민족경제의 과제―한국자본주의의 역사와 구조(현대사의 경제적 과제)' 강연, 국민대학교 청무회, 장신대 총학생회, 중앙대학교 불교학생회, 가톨릭청년회 제8지구
5월	민주헌법쟁취 국민운동본부 발기인
	'민족경제의 과제―한국자본주의의 역사와 구조(현대사의 경제적 과제)' 강연, 가톨릭 수원교구(단식기도회), 중앙대학교 안성캠퍼스 학생회, 인천 가톨릭 실업자, 서강대학교 국제경제연구회
6월	'민족경제의 과제―한국자본주의의 역사와 구조(현대사의 경제적 과제)' 강연, 감리교 인천지구 목사 모임
6월 21일	독일 브레멘대학 경제학부 하이데(Holger Heide) 교수의 초청으로 독일 방문(~7월 6일)
	'한국의 산업화과정에 있어서의 농업정책의 역할' 발표, 브레멘대학
	'인터뷰, 한국의 민주화', 라디오 브레멘
	'왜 한국은 불타고 있는가, 동터오르는 민주조국의 현장' 강연, 브레멘대학 한국학생회, 베를린 한국학생회, 한독문화협회, 아헨 한국학생회, 프랑크푸르트 한인교회
	'인터뷰, 오늘의 한국상황과 민주화', 《베를린신문》
8월	〈무엇을 극복할 것인가―현대사의 새로운 정립을 위한 제언〉, 《중대신문》
	'학원 정상화를 위한 좌담회, 이 시련을 중앙의 도약대로', 《중대신문》
	'민족경제의 과제―한국자본주의의 역사와 구조(현대사의 경제적 과제)' 강연, 백범기념사업회
9월	서울 민중연합 민족학교 이사장(~1989년)
	〈일본자본주의의 논리와 행동―일본자본주의의 형성과 성격〉, 《한길역사강좌 9》
	'대담, 오늘의 한국경제를 논한다', 《기독교 사상》
	'민족경제의 과제―한국자본주의의 역사와 구조(현대사의 경제적 과제)' 강연, 민족민주학교, 국민운동 삼척지부 결성식, 건국대학교 상경대 학생회, 중대신문사 기자강습 특강
10월	'민족경제의 과제―한국자본주의의 역사와 구조(현대사의 경제적 과제)' 강연, 수원인권위, 인천대학교 총학생회
11월	〈경제적 민주주의의 구상〉, 《샘이깊은물》
	〈돈 주고도 못할 구경〉, 《서대협신문》
	군정종식단일화쟁취국민협의회 발기인
	'한일경제, 협력이냐 종속이냐' 강연, 연세대학교 호우회
	'민족경제의 과제―한국자본주의의 역사와 구조(현대사의 경제적 과제)' 강연, 제5기 민중대학 인천가톨릭청년회, 천주교 민·자·생 운동, 예수교장로회 총회사회부
12월	〈제5공화국 7년을 평가한다―경제적 모순의 폭발적인 확대재생산 과정〉, 《신동아》
1988년	공해추방운동연합 고문(~1992년)
	한국농어촌사회연구소 이사장(~1992년)
1월	〈해방후 60대 사건으로 본 현대사―장영자사건〉, 《신동아》부록
	〈특집, 민주한국 개막시대: 권력형 부정축재 처리되어야 한다―부정부패의 역사와 극복방향〉, 《월간 중앙》
	'좌담, 1988년 한국경제의 과제와 전망', 《월간 조선》
2월	'민족경제의 과제―한국자본주의의 역사와 구조(현대사의 경제적 과제)' 강연, 예수교

	장로회 총회사회부

3월 〈······조심하시오〉, 《중대신문》
  '대학생이란 누구인가' 강연, 중앙대학교 총학생회 신입생 환영회, 중대방송국 신입기자 교양강좌

4월 '민족경제의 과제–한국자본주의의 역사와 구조(현대사의 경제적 과제)' 강연, 가톨릭농민회 춘천협의회, 대구 YMCA 시민강좌, 한국농어촌사회연구소, 조선대학교 경상대학, 중앙대학교 사회개발대학원
  '한국공해문제의 인식과 전망' 강연, 한국공해문제연구소 제2기 청년교육강좌

5월 〈80년 5월을 회상하며〉, 《의협》 제6호
  '현대사의 경제적 과제' 강연, 민족학교

6월 〈역사창조의 산실, 농활–최고최선의 교육, 농활〉, 《중대신문》
  '민족경제의 과제–한국자본주의의 역사와 구조' 강연, YWCA 버들캠프
  '공해문제의 올바른 인식–경제성장과 공해의 관계' 강연, 공해반대시민협의회

7월 〈서울경제신문과 나〉, 《서울경제신문》 복간호
  '제5공화국의 비리척결' 발표, 통일민주당 토론회

8월 자주민주통일 국민회의 공동의장(~1989년)
  '민족경제의 과제–한국자본주의의 역사와 구조(현대사의 경제적 과제)' 강연, 쌍용 중견사원 교육, 인천 민주시민대학, 피어리스 중견사원교육
  '바람직한 경제의 모습' 강연, 쌍용 신입 사원 연수 교육

9월 〈한국자본주의사 연구의 과제〉, 《중대개교70주년 기념집》
  〈賀序〉, 《문병집교수 회갑기념논문집》
  '민족경제의 과제–한국자본주의의 역사와 구조(현대사의 경제적 과제)' 강연, 성남 시민학교
  '우리민족의 최상의 과제–민주화와 통일'(청와대 오찬 초대받아 이야기할 내용을 정리했지만 참석하지 않음. 불참 이유: 당초 약속은 다섯 명으로 하겠다고 했으나 아홉 명으로 확대. 결국 악수하고 한두 마디 인사교환으로 끝날 것이므로 만나는 의의가 없다고 판단)

10월 '지성인과 미래사회' 강연, 건국대학교
  '공해문제의 올바른 인식–경제성장과 공해의 관계' 강연, 공해반대시민협의회

11월 〈미리 생각해보는 '종강'의 변〉, 《중앙문화》 제21집
  '민족경제의 과제–한국자본주의의 역사와 구조' 강연, 민족학교 제7기, 민족학교 제8기

1989년

2월 〈육군 장교의 명예선언〉, 《비전(월간 군사)》
  '민족경제의 과제–한국자본주의의 역사와 구조(현대사의 경제적 과제)' 강연, 민족학교 제9기
  '인터뷰, 농촌위기 좌시할 수 없다', 《국민일보》
  '공해문제의 올바른 인식–경제성장과 공해의 관계' 강연, 공해반대시민협의회

3월 '대담, 이론과 실천을 함께 엮어내는 상아탑 돼야', 《중대신문》
  '잘 사는 길' 강연, 동원교회

4월 '민족경제의 과제–한국자본주의의 역사와 구조(현대사의 경제적 과제)' 강연, 민족학교 제10기, 원주 시민학교

5월 〈1000년 '지식인 134인 시국선언' 전말서〉, 《월간 중앙》

6월	〈1989년 1학기를 되돌아보면서〉, 《중대신문》
	'제17회 세계환경의 날 기념강연–공해와 핵이 없는 세상을'
	'한국경제의 기본 모순과 극복의 논리' 강연, 대전 중앙농촌선교개발원
	'민주민족운동의 전망과 진로' 강연, 민족학교
7월	〈우리시대 최고의 가치〉, 《조아라 장로 희수 기념문집》
	'대학과 대학인' 강연, 중대신문사 기자 특강
7월 27일	안식년을 맞아 런던대학교 방문 교수로 영국에서 1년 동안 체류(~1990년 7월 20일). SOAS 소속 교수·학생, 영국 전역의 유학생들과 교류, 영국 여행과 영어 공부를 하면서 정년 이후의 연구 계획을 세움.
12월 29일	터키 이스탄불 여행(~1990년 1월 8일)
1990년 3월 10일	독일 베를린 여행(~12일)
4월 6일	네덜란드 여행(~9일)
5월 11일	독일 브레멘대학의 하이데(Holger Heide) 교수 방문(~13일)
6월 15일	부인, 두 딸, 송건호 선생 부인, 한승헌 변호사 부인과 유럽 여행(~7월 15일)
8월	〈10년 사이〉, 《중대신문》
9월	〈한반도는 하나〉, 《중대방송국》
9월 14일	우루과이라운드협상 반대 성명서 발표 기자회견
10월	〈'유감'과 '사죄' 사이–일본과 북과의 공동선언을 보고〉, 《중대신문》
11월	〈범민족통일음악회〉, 《중대방송국》
	〈→1990→1991년으로〉, 《중대신문》
1991년	저서 《나의 경제학, 수난과 영광》(양서원) 출간
	《좁은 공간 긴 사연》(양서원) 출간
2월	'국회의원 뇌물외교', CBS 라디오 칼럼
	'물가가 오른다', CBS 라디오 칼럼
	'총체적 부패–장영자 사건과 수서특혜', CBS 라디오 칼럼
	'진정한 국민화합', CBS 라디오 칼럼
3월	〈대학의 문을 여는 젊은이들에게–학문에 임하는 자세〉, 《월간 캠퍼스저널》
	'현대사의 올바른 인식' 강연, 서서울청년회의소
5월	〈사람이 만든 공해, 사람이 제거할 수 있다〉, 《환경살림통신》 창간호
8월	〈賀序〉, 《김낙중 선생 회갑기념논문집》
	중앙대학교에서 정년 퇴임
8월 30일	정년 퇴임·출판 기념회
9월	〈격동 35년, 나의 학문과 사상〉, 《농민과 사회》
	〈경제학 한평생, 수난과 영광–정년의 변〉, 《중대신문》
	'공해문제–정치경제학적 측면' 강연, 환경살림
10월	'핵무기를 없애자', CBS 라디오 칼럼
	'새로운 발상이 요구되는 시점', CBS 라디오 칼럼
	'강물의 오염–공장폐수와 골프장 독소', CBS 라디오 칼럼
	'범죄의 뿌리는 경제적 모순', CBS 라디오 칼럼
	'추곡수매가와 농민', CBS 라디오 칼럼
	'일제시기 식민지 지배정책과 경성방직 및 화신산업' 강연, 역사문제연구소 한국사

	교실 18기
11월	〈권두언, 사회주의권의 동요와 한국의 진보주의자: 진보주의자의 변혁운동—이론과 실천, 이상과 현실〉, 《사회평론》
	'현대그룹의 1,361억원 추징과 한국의 권력 및 재벌', CBS 라디오 칼럼
	'자동차 시대와 교통문제', CBS 라디오 칼럼
	'쌀시장의 개방은 안된다', CBS 라디오 칼럼
	'중병 앓은 수출, 근본원인은?', CBS 라디오 칼럼
12월	'휴경농지의 확대와 식량문제', CBS 라디오 칼럼
	'침체의 늪과 헤어날 수 있는 계획', CBS 라디오 칼럼
	'남북간의 합의서 서명과 민족통일의 길', CBS 라디오 칼럼
1992년 1월	〈전진을 위한 성찰〉, 《중대신문》
	'정담, 1992년을 시작하며', CBS 라디오
	'부시 대통령 일행의 방한 목적', CBS 라디오 칼럼
	'물가불안에 어두운 새해', CBS 라디오 칼럼
	'노사관계의 안정화를 위하여', CBS 라디오 칼럼
	'기여입학제 구상은 잘못', CBS 라디오 칼럼
2월	담낭암 1차 수술
4월	중앙대학교 경제학과 대학원 강의
	'인터뷰, 일본 공해산업의 대한국 이전 문제', NHK
	'공청회, 정신대 문제와 한·일 정부의 책임—한일협정과 정신대문제' 발표, 한국정신대문제대책협의회
5월	'공해문제—정치경제학적 측면' 강연, 경제정의실천시민연합
5월 23일	2차 입원(~6월 27일), 재수술
7월 7일	재입원(~9월 4일)
10월 4일	재입원
10월 11일	작고(오전 11시 40분)

유인호 평전,

사회변혁을 꿈꾼 민중경제학자의 삶

ⓒ 조용래, 2012

초판 1쇄 2012년 10월 4일 찍음
초판 1쇄 2012년 10월 11일 펴냄

지은이 | 조용래
펴낸이 | 강준우
기획 · 편집 | 김진원, 문형숙, 심장원, 이동국
디자인 | 이은혜, 최진영
마케팅 | 박상철, 이태준
인쇄 · 제본 | 대정인쇄공사

펴낸곳 | 인물과사상사
출판등록 | 제17-204호 1998년 3월 11일

주소 | (121-839) 서울시 마포구 서교동 392-4 삼양E&R빌딩 2층
전화 | 02-325-6364
팩스 | 02-474-1413
www.inmul.co.kr | insa1998@gmail.com

ISBN 978-89-5906-223-2 03990

값 20,000원